최대리
전산회계 2급
(실기 + 필기)

최남규 편저

도서출판 최대리

들어가기 전에

1. 본서의 특징
① 최신 기출문제 출제경향을 완벽 반영한 2025년 최신 개정판
② 이론 학습 후 관련 실기를 바로 풀어보며 이론을 정리할 수 있도록 연결하여 집필하였다.
③ 실기 프로그램의 단계적인 학습을 위해 [길라잡이] ➞ [따라하기] ➞ [연습문제]로 전개하였다.
　㉠ [길라잡이] : 한국세무사회 KcLep(케이렙) 프로그램을 세부 메뉴별로 자세하게 설명하고 있다.
　㉡ [따라하기] : 책을 보고 순서대로 따라하기만 해도 프로그램을 다룰 수 있도록 작업진행 단계별로 화면을 캡쳐하여 제공하고 있다.
④ 기출 모의고사(총 10회)를 통하여 자격시험에 적응력을 높이도록 하였다.
⑤ 네이버 카페(최대리 전산회계)에서 **무료강의(풀영상)를 제공**하고 있으니 최대리와 함께 공부하실 수 있습니다.

2. 프로그램 다운받아 설치하기

① 한국세무사회 자격시험 홈페이지(http://license.kacpta.or.kr)에 접속하여 좌측 하단에 케이렙(수험용) 다운로드 베너를 클릭하여 프로그램을 바탕화면에 저장하고 더블클릭하여 설치한다.
② 본서(1쇄) 출간 시점 현재의 저장된 파일의 이름은 KcLepSetup_2024.04.19.이다. 추후에 업데이트되면 새로운 버전으로 업데이트 한다.

※ 설치동영상 : 네이버 카페(최대리 전산회계)의 [도서출판 최대리]>[DATA 자료실]에서 제공 ※

http://cafe.naver.com/choidairi

네이버 카페의 [도서출판 최대리] > [정오표] 게시판을 꼭 확인해 주세요.

일련번호 : **account701**

전산회계2급 기출문제 해설강의 최대 70강 무료제공 !!

STEP 1.	STEP 2.	STEP 3.
와우패스 홈페이지 접속	핵심용어강의 버튼 클릭	일련번호 입력
검색창에 와우패스 또는 www.wowpass.com 을 입력하세요.	홈페이지 하단 중앙의 「핵심용어강의」를 클릭하세요.	교재에 표시된 일련번호를 입력하세요.

　본서를 구입하신 후에도 네이버 카페 최대리 전산회계(http://cafe.naver.com/choidairi)에서 자격시험 및 교재와 관련된 궁금증을 언제든지 도움 받을 수 있으며, 추후에 일부 개정된 내용이 발표되면 네이버 카페 [도서출판 최대리]>[개정 자료실] 게시판에서 관련 자료를 문서로 정리하여 제공해 드리는 사후서비스를 제공하고 있습니다. 최선을 다했으나 미처 발견하지 못한 오류는 없는지 두려움이 남습니다. 부족한 부분은 독자 여러분의 격려와 충고를 통해 계속하여 보완해 나갈 것을 약속드립니다.

　본서가 전산회계 자격취득을 희망하는 여러분에게 좋은 지침서가 될 것으로 확신하며, 수험생 여러분의 앞날에 합격의 영광이 있기를 기원합니다.

2025. 2.

최남규

2025년 전산세무회계자격시험 시행공고

2025년도 시행 국가공인 전산세무회계자격시험과 한국세무사회인증 세무회계자격시험의 시행계획을 다음과 같이 공고합니다.

1. 시험일정

회 별	등 급	인터넷 원서접수	시험일자	합격자 발표
제118회	전 산 세 무 (1·2급) 전 산 회 계 (1·2급)	01.02. ~ 01.08.	02.09(일)	02.27(목)
제119회		03.06. ~ 03.12.	04.05(토)	04.24(목)
제120회		05.02. ~ 05.08.	06.07(토)	06.26(목)
제123회		07.03. ~ 07.09.	08.02(토)	08.21(목)
제122회		08.28. ~ 09.03.	09.28(일)	10.23(목)
제123회		10.30. ~ 11.05.	12.06(토)	12.24(수)

2. 시험시간

종 목	전산세무회계			
등 급	전산세무 1급	전산세무 2급	전산회계 1급	전산회계 2급
시험시간	15:00 ~ 16:30	12:30 ~ 14:00	15:00 ~ 16:00	12:30 ~ 13:30
	90분	90분	60분	60분

3. 시험종목 및 평가범위

종목	등급		평가범위
전산세무회계	전산세무 1급	이론	재무회계(10%), 원가회계(10%), 세무회계(10%)
		실무	재무회계 및 원가회계(15%), 부가가치세(15%), 원천제세(10%), 법인세무조정(30%)
	전산세무 2급	이론	재무회계(10%), 원가회계(10%), 세무회계(10%)
		실무	재무회계 및 원가회계(35%), 부가가치세(20%), 원천제세(15%)
	전산회계 1급	이론	회계원리(15%), 원가회계(10%), 세무회계(5%)
		실무	기초정보의 등록·수정(15%), 거래 자료의 입력(30%), 부가가치세(15%), 입력자료 및 제 장부 조회(10%)
	전산회계 2급	이론	회계원리(30%)
		실무	기초정보의 등록·수정(20%), 거래 자료의 입력(40%), 입력자료 및 제 장부 조회(10%)

⇨ 세부적인 평가범위는 홈페이지의 "수험정보"의 "개요 및 요강"란을 참고하기 바람.

4. 시험장소

　서울, 부산, 대구, 광주, 대전, 인천, 울산, 춘천, 원주, 안양, 안산, 수원, 평택, 의정부, 청주, 천안, 당진, 포항, 구미, 안동, 창원, 김해, 진주, 전주, 순천, 목포, 제주 등
- 상기지역은 상설시험장이 설치된 지역이나 응시인원이 일정 인원에 미달할 때는 인근지역을 통합하여 실시함.
- 상기지역 내에서의 시험장 위치는 응시원서 접수결과에 따라 시험시행일 일주일 전부터 한국세무사회 홈페이지에 공고함.

5. 시험방법

　이론시험(30%)은 객관식 4지 선다형 필기시험으로, 실무시험(70%)는 PC에 설치된 전산세무회계프로그램을 이용한 실기시험으로 함.

⇨ 수험용 프로그램 : 전산세무회계 자격시험용 표준프로그램 KcLep(케이렙)

6. 합격자 결정기준

- 전산세무 1급 · 2급, 전산회계 1급 · 2급 : 100점 만점에 70점 이상

7. 응시자격

제한 없음.

8. 원서접수

- 접수기간 : 각 회별 원서접수기간 내 접수
- 접수방법 : 한국세무사회 자격시험 홈페이지(http://license.kacpta.or.kr)로 접속하여 단체 및 개인별 접수(회원가입 및 사진등록)
- 응시료 납부방법 : 원서접수시 공지되는 입금기간 내에 금융기관을 통한 계좌이체

종 목	전산세무회계			
등 급	전산세무 1급	전산세무 2급	전산회계 1급	전산회계 2급
응시료	30,000원	30,000원	30,000원	30,000원

9. 합격자발표

- 해당 합격자 발표일에 한국세무사회 홈페이지에 공고하며, 자동응답전화(060-700-1921)를 통해 확인할 수 있음.
- 자격증은 홈페이지의 [자격증발급] 메뉴에서 신청가능하며, 취업희망자는 한국세무사회의 인력뱅크를 이용하시기 바람.

10. 기타 사항

기타 자세한 사항은 한국세무사회 자격시험 홈페이지(http://license.kacpta.or.kr)를 참고하거나 전화로 문의바람.

문의 : TEL (02) 521-8398, FAX (02) 521-8396

차 례

제1부 기초정보관리

제1장 부기와 기업경영   12
     제1절 부기의 기본개념   12
     제2절 기업의 재무상태   14
     제3절 기업의 경영성과   17

제2장 회사등록   29

제3장 거래처등록   41

제4장 거래와 계정   49
     제1절 거래   49
     제2절 계정   51

제5장 계정과목 및 적요등록   59

제6장 전기이월 작업   66
     제1절 전기분 재무상태표   66
     제2절 전기분 손익계산서   71
     제3절 거래처별 초기이월   79

제2부 전표입력 및 장부

제1장 분개와 전기	88
제2장 일반전표입력	91
제3장 전표출력	102
제4장 분개장	104

제3부 계정과목별 회계처리

제1장 유동자산	110
제1절 당좌자산	110
제2절 재고자산	164
제2장 비유동자산	175
제1절 투자자산	175
제2절 유형자산	178
제3절 무형자산	199
제4절 기타비유동자산	200
제3장 부채	205
제1절 유동부채	205
제2절 비유동부채	224
제4장 자본	228

제5장 손익계산서 계정   233
    제1절 매출액 · 매출원가   233
    제2절 판매비와관리비   242
    제3절 영업외수익 · 비용   258

제4부 결산 및 재무제표

제1장 결산의 의의 및 절차   268
    제1절 결산의 의의   268
    제2절 결산의 절차   271

제2장 결산의 예비절차   272
    제1절 시산표의 작성   272
    제2절 재고조사표   275
    제3절 결산정리분개   279

제3장 결산의 본절차   288
    제1절 손익 계정의 설정   288
    제2절 수익 · 비용 계정의 마감   288
    제3절 순손익의 자본 계정 대체   289
    제4절 재무상태표 계정의 마감   290

제4장 재무제표 작성   299
    제1절 손익계산서   300
    제2절 재무상태표   302

제5장 마감후 이월   308

제5부 제 장부의 조회

제1장 현금출납장	315
제2장 계정별원장	316
제3장 거래처원장	317
제4장 일계표(월계표)	318
제5장 합계잔액시산표	320
제6장 총계정원장	321
제7장 분개장	323

[부록] 기출 모의고사(총 10회)   331

▣ 답안 및 해설	447

제1부

기초정보관리

 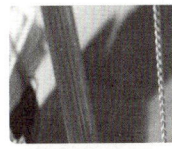 

↘ 제1장 부기와 기업경영
↘ 제2장 회사등록
↘ 제3장 거래처등록
↘ 제4장 거래와 계정
↘ 제5장 계정과목 및 적요등록
↘ 제6장 전기이월 작업

제 1 장 부기와 기업경영

제1절 부기의 기본개념

1. 부기의 뜻

부기(book-keeping)란 장부기록의 약칭으로서 기업의 경영활동에 따른 재산의 증감 변화를 일정한 원리와 원칙에 따라 장부에 기록·계산·정리하여 그 원인과 결과를 명백히 밝히는 방법이다.

2. 부기의 목적

(1) 주목적

① 일정시점에 있어서 기업의 재무상태를 파악 ⇨ 재무상태표 작성
② 일정기간 동안의 기업의 경영성과를 파악 ⇨ 손익계산서 작성

(2) 부목적

① 기업이해관계자(경영자, 주주, 채권자, 종업원, 정부기관 등)의 의사결정에 필요한 정보를 제공
② 경영자에게 과거의 업적을 검토하고 미래의 경영방침을 수립할 수 있는 자료를 제공
③ 각종 세금부과의 근거자료를 제공
④ 각종 분쟁에서 증거자료를 제공

3. 부기와 회계

부기는 회계정보를 산출하기 위하여 수행되는 기술적 측면만을 가리키는 것이며, 회계는 기업의 이해관계자들이 합리적인 판단이나 의사결정을 할 수 있도록 기업실체에 관한 유용한 경제적 정보를 식별·측정·전달하는 과정으로, 부기를 포함하는 넓은 개념이다.

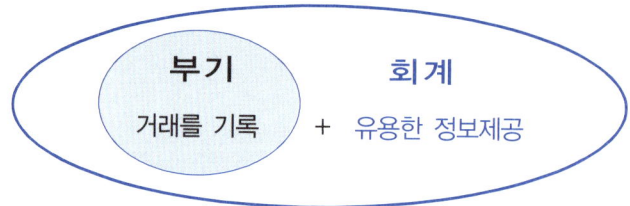

4. 부기의 종류

(1) 기록 · 계산하는 방법에 따른 분류

① 단식부기 : 일정한 원리 · 원칙 없이 거래내용을 상식적으로 기록 · 계산하는 방법이다. 단식부기는 단순히 재산의 증감만을 기록하므로 손익의 발생원인을 알 수 없는 불완전한 부기이며, 가계나 소규모기업에서 이용한다.

② 복식부기 : 일정한 원리 · 원칙에 따라 기업 재산의 증감 변화를 조직적이고 체계적으로 기록 · 계산하는 방법이다. 복식부기는 재산의 증감 변화를 이중으로 기록함으로써 자동적으로 오류를 발견할 수 있는 자기검증의 기능을 가진다.

(2) 경제주체의 영리성 유무에 따른 분류

① 영리부기 : 영리를 목적으로 하는 경제주체에서 사용하는 부기로서 기업부기라고도 한다. 영리부기는 기업 경영활동의 성격에 따라 상업부기, 공업부기, 은행부기, 농업부기 등으로 분류한다.

② 비영리부기 : 영리를 목적으로 하지 않는 경제주체에서 사용하는 부기로서 학교부기, 가계부기, 재단부기, 관청부기 등이 있다.

5. 회계단위와 회계연도

(1) 회계단위

부기에 있어서 재산의 증감 변화를 기록 · 계산하는 "장소적 범위"를 회계단위라고 한다. 한 기업의 회계단위는 기업 전체가 하나의 회계단위가 되는 것이 일반적이겠지만, 한 기업에 본점과 지점 또는 본사와 공장이 있는 경우에는 필요에 따라서 이들을 각각의 회계단위로 설정하여 기록 · 계산할 수도 있다.

(2) 회계연도

기업의 경영활동은 영업을 시작한 날로부터 폐업하는 날까지 계속적으로 이루어지므로 기업의 경영성과를 계산하여 보고하기 위해서는 인위적으로 기간을 설정하여 그 범위를 정할 필요가 있다. 이와 같이 경영성과를 계산하는 "기간적 범위"를 회계연도 또는 회계기간이라고 한다. 한 회계연도가 시작되는 시점을 기초라 하고, 끝나는 시점을 기말이라 한다. 기초와 기말의 사이는 "1회계연도"가 되며 이것을 당기라 한다. 회계연도는 1년을 초과할 수 없다.

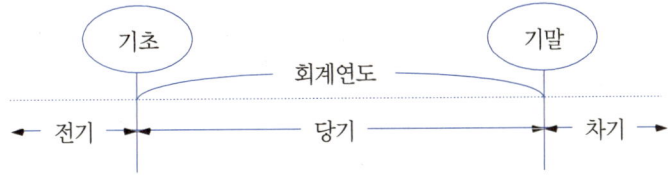

제2절 기업의 재무상태

재무상태란 기업의 자산·부채·자본의 상태를 말하며, 일정한 시점에 기업의 재무상태를 파악하여 기업의 이해관계자들에게 제공하는 일람표를 재무상태표라 한다.

1. 자산

(1) 자산의 뜻

자산(assets)이란 기업이 보유하고 있는 각종 재화와 채권을 총칭하는 것으로서, 기업의 경제적 자원을 화폐단위로 표시한 것이다.

(2) 자산의 분류

자산은 1년을 기준으로 유동자산과 비유동자산으로 분류한다.

① **유동자산** : 보고기간 종료일로부터 1년 이내에 현금화 또는 실현될 것으로 예상되는 자산
  ㉠ **당좌자산** : 판매과정을 거치지 않고 보고기간 종료일로부터 1년 이내에 현금화 할 수 있는 자산
    예 현금및현금성자산, 단기금융상품, 단기매매증권, 매출채권, 단기대여금 등
  ㉡ **재고자산** : 판매과정을 거쳐 보고기간 종료일로부터 1년 이내에 현금화 할 수 있는 자산
    예 상품, 제품 등

② **비유동자산** : 장기적인 투자수익을 얻을 목적이나 장기간 영업활동에 사용할 목적으로 보유하고 있는 자산
  ㉠ **투자자산** : 장기적인 투자수익을 얻을 목적으로 보유하고 있는 자산
    예 장기금융상품, 장기대여금 등
  ㉡ **유형자산** : 장기간 영업활동에 사용할 목적으로 보유하고 있는 물리적인 형체가 있는 자산
    예 토지, 건물, 차량운반구, 비품 등
  ㉢ **무형자산** : 장기간 영업활동에 사용할 목적으로 보유하고 있는 물리적인 형체가 없는 자산
    예 산업재산권, 저작권, 개발비 등
  ㉣ **기타비유동자산** : 비유동자산 중 투자자산, 유형자산, 무형자산에 속하지 않는 자산
    예 임차보증금, 장기매출채권, 장기미수금 등

2. 부채

(1) 부채의 뜻

부채(liabilities)란 기업이 미래에 타인에게 지급해야 할 경제적 의무, 즉 채무를 화폐단위로 표시한 것이다.

(2) 부채의 분류

부채는 1년을 기준으로 유동부채와 비유동부채로 분류한다.

① 유동부채 : 상환기간이 보고기간 종료일로부터 1년 이내에 도래하는 부채
  예) 매입채무, 단기차입금, 미지급금, 선수금, 예수금 등

② 비유동부채 : 상환기간이 보고기간 종료일로부터 1년 이후에 도래하는 부채
  예) 사채, 장기차입금, 장기성매입채무, 장기미지급금 등

3. 자본

(1) 자본의 뜻

자본(capital)이란 기업이 소유하고 있는 자산총액에서 타인에게 지급해야 할 부채총액을 차감한 잔액(순자산)을 말한다. 자본은 다음과 같이 표시할 수 있다.

> 자본 등식 : 자산 - 부채 = 자본

(2) 자본의 분류

법인기업의 자본은 변동원천과 법률적 요구를 기준으로 자본금, 자본잉여금, 자본조정, 기타포괄손익누계액 및 이익잉여금으로 분류하지만 개인기업의 자본은 자본금 계정만 존재한다. 전산회계 2급에서는 개인기업을 다루고 있으므로 법인기업의 자본은 구성 항목만 살펴보고 자세한 내용은 전산회계 1급에서 학습하기로 한다.

① 자본금 : 주주가 납입한 법정자본금
② 자본잉여금 : 주주와의 거래(자본거래)에서 발생하여 자본을 증가시키는 잉여금
③ 자본조정 : 자본거래에 해당하나 자본금이나 자본잉여금으로 분류할 수 없는 임시적인 자본 항목
④ 기타포괄손익누계액 : 손익계산서의 당기손익으로 분류하기 어려운 손익 항목의 잔액
⑤ 이익잉여금 : 기업의 영업활동에 의하여 축적된 이익으로서 사외로 유출되지 않고 기업내부에 유보된 금액

4. 재무상태표

(1) 재무상태표의 정의

재무상태표(statement of financial position, F/P)란 일정 시점에 기업의 자산·부채·자본의 상태(재무상태)를 나타내는 일람표로서 "대차대조표(balance sheet, B/S)"라고도 한다.

> 재무상태표 등식 : 자산 = 부채 + 자본

(2) 재무상태표의 양식

재무상태표를 작성하는 양식에는 보고식과 계정식이 있다. 일반기업회계기준에서는 재무상태표 양식의 예시를 보고식으로 하고 있으나, 학습용으로는 계정식을 많이 사용한다.

① 계정식 : 계정식은 재무상태표를 왼쪽과 오른쪽으로 구분하여 왼쪽(차변)에는 자산을 기입하고, 오른쪽(대변)에는 부채와 자본을 기입하는 형식이다. 예를 들어, 자산은 100,000원이고 부채와 자본은 각각 20,000원과 80,000원이라고 한다면 계정식에 의한 재무상태표는 다음과 같이 작성된다.

재 무 상 태 표
회사명 : 최대리   제 ×기 20××년 ×월 ×일 현재   (단위 : 원)

자 산	100,000	부 채	20,000
		자 본	80,000

② 보고식 : 보고식은 자산 → 부채 → 자본의 순으로 위에서 아래로 기입하는 형식이다.

재 무 상 태 표
회사명 : 최대리   제 ×기 20××년 ×월 ×일 현재   (단위 : 원)

자 산	100,000
부 채	20,000
자 본	80,000

(3) 재무상태표의 목적 및 작성기준 *(일반기업회계기준 제2장)*

재무상태표는 일정 시점 현재 기업이 보유하고 있는 경제적 자원인 자산과 경제적 의무인 부채, 그리고 자본에 대한 정보를 제공하는 재무보고서로서, 정보이용자들이 기업의 유동성, 재무적 탄력성, 수익성과 위험 등을 평가하는 데 유용한 정보를 제공한다.

① 구분표시 : 재무상태표의 구성요소인 자산, 부채, 자본은 각각 다음과 같이 구분한다.
  ㉠ 자산은 유동자산과 비유동자산으로 구분한다. 유동자산은 당좌자산과 재고자산으로 구분하고, 비유동자산은 투자자산, 유형자산, 무형자산, 기타비유동자산으로 구분한다.

ⓒ 부채는 유동부채와 비유동부채로 구분한다.
ⓒ 자본은 자본금, 자본잉여금, 자본조정, 기타포괄손익누계액 및 이익잉여금(또는 결손금)으로 구분한다.
② 유동성 배열 : 자산과 부채는 유동성(자산의 경우 손실없이 현금화 할 수 있는 정도)이 큰 항목부터 배열하는 것을 원칙으로 한다.
③ 유동성과 비유동성 구분 : 자산은 1년을 기준으로 유동자산과 비유동자산으로 분류하고, 부채는 1년을 기준으로 유동부채와 비유동부채로 분류한다.
④ 항목의 구분과 통합표시 : 자산·부채·자본 중 중요한 항목은 재무상태표 본문에 별도 항목으로 구분하여 표시한다. 중요하지 않은 항목은 성격 또는 기능이 유사한 항목에 통합하여 표시할 수 있으며, 통합할 적절한 항목이 없는 경우에는 기타 항목으로 통합할 수 있다.
⑤ 자산과 부채의 총액표시 : 자산과 부채는 원칙적으로 상계하여 표시하지 않는다. 다만, 다른 일반기업회계기준에서 요구하거나 허용하는 경우에는 예외로 한다.
⑥ 재무상태표의 표시와 분류방법은 기업의 재무상태를 쉽게 이해할 수 있도록 결정되어야 한다.

제3절 기업의 경영성과

경영성과란 일정기간 동안 기업이 경영활동을 수행한 결과 나타난 경제적 성과를 말한다. 경영성과는 수익과 비용을 비교하여 파악할 수 있으며, 일정기간 동안의 경영성과를 측정하여 기업의 이해관계자들에게 제공하는 일람표를 손익계산서라 한다.

1. 수익

(1) 수익의 뜻

수익(revenues)이란 기업이 일정기간 동안 경영활동을 수행하는 과정에서 획득한 대가로 인하여 발생하는 자산의 유입 또는 부채의 감소이다.

(2) 수익의 분류

① 매출액 : 기업의 주된 영업활동으로부터 발생한 상품, 제품 등의 순매출액
  예) 상품매출, 제품매출

② 영업외수익 : 기업의 주된 영업활동이 아닌 활동으로부터 발생한 수익과 차익
  예) 이자수익, 배당금수익, 단기매매증권처분이익, 유형자산처분이익 등

2. 비용

(1) 비용의 뜻

비용(expenses)이란 기업이 일정기간 동안 수익을 획득하기 위하여 발생한 자산의 유출이나 사용 또는 부채의 증가이다.

(2) 비용의 분류

① **매출원가** : 매출액에 대응하는 원가로서 판매된 상품이나 제품 등에 대한 매입원가 또는 제조원가
  - 예) 상품매출원가, 제품매출원가

② **판매비와관리비** : 기업의 판매활동과 관리활동에서 발생하는 비용으로서 매출원가에 속하지 아니하는 모든 영업비용
  - 예) 급여, 복리후생비, 임차료, 감가상각비, 세금과공과금, 대손상각비 등

③ **영업외비용** : 기업의 주된 영업활동이 아닌 활동으로부터 발생한 비용과 차손
  - 예) 이자비용, 기타의대손상각비, 단기매매증권처분손실, 단기매매증권평가손실 등

참고 … 수익과 비용은 계속적이고 반복적으로 발생하는데 반하여, 차익(gain)과 차손(loss)은 비경상적이고 비반복적으로 발생한다.

3. 손익계산서

(1) 손익계산서의 정의

손익계산서(income statement, I/S)란 일정기간 동안의 경영성과를 나타내는 일람표이다. 손익계산서는 다음과 같은 손익계산서 등식에 의하여 작성된다.

> 손익계산서 등식 : 총비용 + 순이익 = 총수익
> 총비용 = 총수익 + 순손실

(2) 손익계산서의 양식

손익계산서를 작성하는 양식에는 재무상태표와 마찬가지로 보고식과 계정식이 있다. 일반기업회계기준에서는 손익계산서 양식의 예시를 보고식으로 하고 있으나, 학습용으로는 계정식을 많이 사용한다.

① **계정식** : 계정식은 손익계산서를 왼쪽과 오른쪽으로 구분하여 왼쪽(차변)에는 비용을, 오른쪽(대변)에는 수익을 기입하는 형식을 말한다. 예를 들어, 수익은 100,000원이고 비용은 70,000원이라고 한다면 계정식에 의한 손익계산서는 다음과 같이 작성된다.

회사명 : 최대리	손 익 계 산 서 제×기 20××년×월×일부터 ×월 ×일까지		(단위 : 원)
비 용	70,000	수 익	100,000
순이익	30,000		

② 보고식 : 보고식은 수익 → 비용의 순으로 위에서 아래로 기입하는 형식이다.

회사명 : 최대리	손 익 계 산 서 제×기 20××년×월×일부터 ×월 ×일까지	(단위 : 원)
	수 익	100,000
	비 용	70,000
	순이익	30,000

(3) 손익계산서의 목적 및 작성기준 (일반기업회계기준 제2장)

손익계산서는 일정기간 동안 기업의 경영성과에 대한 정보를 제공하는 재무보고서이다. 손익계산서는 당해 회계기간의 경영성과를 나타낼 뿐만 아니라 기업의 미래현금흐름과 수익창출능력 등의 예측에 유용한 정보를 제공한다.

① 구분표시 : 손익계산서는 매출액, 매출원가, 매출총손익, 판매비와관리비, 영업손익, 영업외수익, 영업외비용, 법인세비용차감전순손익, 법인세비용, 당기순손익으로 구분하여 표시한다[1]. 다만, 제조업, 판매업 및 건설업 외의 업종에 속하는 기업은 매출총손익의 구분표시를 생략할 수 있다.

② 수익과 비용의 총액표시 : 수익과 비용은 각각 총액으로 보고하는 것을 원칙으로 한다. 다만, 다른 장에서 요구하거나 허용하는 경우에는 수익과 비용을 상계하여 표시할 수 있다.

4. 순손익의 계산방법

(1) 재산법

재산법은 재무상태표상 기말자본과 기초자본을 비교하여 순손익을 계산하는 방법이다. 즉, 기말자본이 기초자본을 초과하는 경우에 그 차액은 순이익이 되고, 기말자본이 기초자본보다 작은 경우에 그 차액은 순손실이 된다.

> 기말자본 - 기초자본 = 순이익
> 기초자본 - 기말자본 = 순손실

---

[1] 전산회계 2급의 범위를 벗어나므로 중단사업손익이 없는 경우로 표시한 것임

(2) 손익법

손익법이란 일정기간 동안의 수익총액과 비용총액을 비교하여 순손익을 계산하는 방법이다. 즉, 일정기간 동안 발생한 수익총액이 비용총액을 초과하는 경우에 그 차액은 순이익이 되고, 수익총액이 비용총액보다 작은 경우에 그 차액은 순손실이 된다.

> 수익 총액 − 비용 총액 = 순이익
> 비용 총액 − 수익 총액 = 순손실

예제

다음 ( ) 안에 알맞은 금액을 기입하시오.

자본		수익총액	비용총액	순손익
기 초	기 말			
270,000	① (　　　)	190,000	160,000	② (　　　)
③ (　　　)	420,000	300,000	④ (　　　)	120,000
350,000	320,000	⑤ (　　　)	180,000	⑥ (　　　)

풀이

① 기말자본 = 기초자본(270,000) + 순이익(30,000) = 300,000원
② 순손익 = 수익총액(190,000) − 비용총액(160,000) = 30,000원(순이익)
③ 기초자본 = 기말자본(420,000) − 순이익(120,000) = 300,000원
④ 비용총액 = 수익총액(300,000) − 순이익(120,000) = 180,000원
⑤ 수익총액 = 비용총액(180,000) − 순손실(30,000) = 150,000원
⑥ 순손익 = 기말자본(320,000) − 기초자본(350,000) = −30,000원(순손실)

기/출/문/제 (필기)

01 다음 중 부기의 주목적에 해당하는 것은?

① 새로운 경영방침 수립에 필요한 자료를 제공한다.
② 기업의 재무상태와 경영성과를 파악한다.
③ 이해관계자에게 필요한 정보를 제공한다.
④ 과세의 근거자료를 제공한다.

02 부기의 가장 중요한 목적은?

① 영업성적과 재무상태 파악
② 거래활동의 증빙자료 제공
③ 미래의 경영방침 설정에 필요한 자료제공
④ 투자자들의 투자유치

03 다음 중 회계의 궁극적인 목적으로 볼 수 있는 것은?

① 기업 내에서 일어나는 모든 거래사실을 기록, 분류, 요약한다.
② 기업의 모든 이해관계자에게 의사결정을 위한 유용한 회계정보를 제공한다.
③ 기업이 자금조달을 원활히 할 수 있도록 채권자에게 경영상황을 보고한다.
④ 기업의 소유주인 주주를 위해 기업의 경제적 사실을 화폐로 측정하여 보고한다.

04 다음 중 회계의 기본 목적을 가장 잘 설명한 것은?

① 기업의 재무상태와 경영성과를 파악하고자 한다.
② 기업의 경영성과만 파악하고자 한다.
③ 기업의 재무상태만 파악하고자 한다.
④ 기업에서 단순히 장부 정리하는 작업이다.

05 부기의 기록계산이 이루어지는 장소적인 범위를 무엇이라 하는가?

① 회계연도 ② 회계단위
③ 결산 ④ 회계기간

06 회계기간에 관한 다음 설명 중 틀린 것은?

① 회계기간은 원칙적으로 1년을 초과할 수 없다.
② 인위적으로 구분한 기간으로, 회계연도라고도 한다.

③ 기업의 경영성과를 파악하기 위하여 설정한 시간적인 구분이다.
④ 기업의 각종 재산 및 자본의 증감변화를 기록, 계산하기 위하여 설정한 장소적 범위이다.

[풀이] 회계기간은 경영성과를 계산하는 기간적인 범위이다.

07 다음 중 회계기간을 설명한 것으로 알맞은 것은?

① 기업의 경영활동을 기록·계산하는 기간적 범위이다.
② 기업의 경영활동을 기록·계산하는 장소적 범위이다.
③ 거래가 발생하면 각 항목별로 기록하는 단위이다.
④ 채권과 채무가 소멸할 때까지를 말한다.

08 회계기간에 관한 설명 중 틀린 것은?

① 회계기간은 원칙적으로 1년을 초과할 수 없다.
② 인위적으로 구분한 기간으로 회계연도라고도 한다.
③ 한 회계기간은 전기부터 차기까지를 의미한다.
④ 경영성과와 재무상태를 파악하기 위한 시간적 개념이다.

[풀이] 한 회계기간은 기초부터 기말까지를 의미한다.

09 기업의 재무상태와 경영성과를 명백히 하기 위해 인위적으로 1년 이내의 기간적 범위를 정하는 것을 무엇이라 하는가?

① 회계정의   ② 회계목적   ③ 회계연도   ④ 회계거래

10 다음 표의 (가)에 들어갈 올바른 내용은?

• 20×1년 (전기)   • 20×2년 (당기)   • 20×3년 (가)

① 후기   ② 차기   ③ 기초   ④ 기말

11 개인기업의 재무상태를 나타내는 회계요소만으로 짝지어진 것은?

① 자산·부채·자본
② 자산·수익·비용
③ 부채·자본·비용
④ 자산·자본·비용

12 다음 중 부채에 대한 설명으로 옳은 것은?

① 기업이 소유하는 재화와 채권
② 수익을 얻기 위해 지출한 금액
③ 자산총액에서 부채총액을 차감한 금액
④ 기업이 장래에 타인에게 지급해야 할 의무

13 회계상의 자산, 부채, 자본에 관한 설명 중 틀린 것은?

① 자산, 부채, 수익은 재무상태표의 구성요소이다.
② 부채는 장래 일정한 금액을 타인에게 지급해야 할 의무이다.
③ 자산에서 부채를 차감한 금액은 자본이다.
④ 자산은 기업이 소유하고 있는 각종 재화와 채권을 말한다.
[풀이] 재무상태표의 구성요소는 자산, 부채, 자본이다.

14 회계상 자산·부채 및 자본에 관한 설명으로 틀린 것은?

① 자산총액과 부채총액을 합한 금액이 자본이다.
② 자산, 부채, 자본은 재무상태표의 구성요소이다.
③ 자산은 기업이 소유하고 있는 각종 재화와 채권 등을 말한다.
④ 부채는 장래 일정 금액을 타인에게 지급해야 하는 의무이다.
[풀이] 자산총액에서 부채총액을 차감한 금액이 자본이다.

15 다음 설명 중 틀린 것은?

① 부채는 유동부채, 비유동부채 및 자본으로 구분한다.
② 재무상태표는 자산, 부채 및 자본으로 구성된다.
③ 자산은 유동자산, 비유동자산으로 구분한다.
④ 재무상태표란 일정 시점에 기업의 재무상태에 관한 정보를 제공해 주는 보고서이다.
[풀이] 부채는 유동부채와 비유동부채로 구분한다.

16 다음 자본에 관한 등식 중 틀린 것은?

① 자본 = 자산 - 부채
② 기말자본 - 기초자본 = 순이익
③ 기말자산 + 총비용 = 기말부채 + 기초자본 + 총수익
④ 자산 - 자기자본 = 자본
[풀이] 자산 - 자기자본 = 부채, ③은 시산표 등식으로 "제4부 결산 및 재무제표"에서 학습하기로 한다.

17 다음 중 재무상태표 등식으로 맞는 것은?

① 자본 = 자산 + 부채   ② 부채 = 자산 + 자본
③ 자산 = 부채 + 자본   ④ 자산 = 부채 - 자본

18 다음 중 일정한 시점에서 기업의 재무상태를 나타내는 재무제표는?

① 재무상태표   ② 손익계산서
③ 현금흐름표   ④ 이익잉여금처분계산서

19 재무상태표의 작성에 관한 내용 중 틀린 것은?

① 재무상태표 등식은 [자산 = 부채 + 자본] 이다.
② 일정기간의 기업의 재무상태를 나타내는 회계보고서이다.
③ 외상매입금과 지급어음을 합하여 "매입채무"로 표시한다.
④ 재무제표에는 기업명, 보고기간 종료일 또는 회계기간, 보고통화 및 금액단위를 표시하여야 한다.

[풀이] 재무상태표는 일정시점의 기업의 재무상태를 나타내는 회계보고서이다. ③에 관한 내용은 추후에 "제3부 계정과목별 회계처리"에서 학습하기로 한다.

20 다음 〈보기〉에서 밑줄 친 ㈎의 의미는?

〈 보 기 〉
재무상태표에 기재하는 자산과 부채의 항목 배열은 ㈎현금화가 빠른 것부터 먼저 기재하고 느린 것을 차례로 뒤에 기재하는 것을 말한다. 즉, 자산은 유동자산 · 비유동자산 순서로… (생략)

① 총액표시의 원칙　　　　　　　② 잉여금구분의 원칙
③ 유동성배열법의 원칙　　　　　④ 구분표시의 원칙

21 (A), (B)에 들어갈 용어를 바르게 짝지은 것은?

일정한 시점에 (A)을(를) 나타낸 표를 재무상태표라 하고, 일정기간의 (B)을(를) 나타낸 표를 손익계산서라 한다.

① (A)재무상태　　(B)경영성과　　　② (A)경영성과　　(B)재무상태
③ (A)거래의 이중성　(B)대차평균의 원리　④ (A)대차평균의 원리　(B)거래의 이중성

22 다음 손익계산서 관련 등식 중 잘못된 것은?

① 총수익 = 총비용 + 당기순손실　　② 총비용 + 당기순이익 = 총수익
③ 총수익 - 당기순이익 = 총비용　　④ 총비용 - 총수익 = 당기순손실

[풀이] 총수익 = 총비용 + 당기순이익

23 다음의 재무상태표 등식과 손익계산서 등식 중에서 올바른 것만 선택한 것은?

㉮ 자산 = 부채 + 자본　　　　㉯ 부채 = 자산 + 자본
㉰ 총비용 + 당기순이익 = 총수익　㉱ 총비용 + 당기순손실 = 총수익

① ㉮, ㉰　　　② ㉮, ㉱　　　③ ㉯, ㉰　　　④ ㉯, ㉱

24 자본에 관한 다음 산식 중 올바르지 않은 것은?

① 기초자산 = 기초부채 + 기초자본
② 기말자본 - 기초자본 = 당기순이익
③ 기말자산 = 기말부채 + 기초자본 + 당기순이익
④ 기말자본 - 기말부채 = 당기순손익

25 다음 중 빈칸에 가장 알맞은 것은?

- 기초자산 = 기초부채 + (㉠)
- 기말자산 = 기말부채 + 기초자본 + (㉡)

① ㉠기초자본, ㉡당기순이익
② ㉠기말자산, ㉡당기순이익
③ ㉠기말부채, ㉡기말자본
④ ㉠기말자산, ㉡기초부채

26 다음의 자료에서 기초자본액은 얼마인가?

- 기초자본 (   )
- 기말자본 200,000원
- 총수익 100,000원
- 총비용 80,000원

① 170,000원   ② 180,000원   ③ 190,000원   ④ 200,000원

[풀이] 기초자본 + 순이익(100,000 - 80,000) = 기말자본(200,000)
∴ 기초자본 180,000원

27 총수익 1,800,000원, 총비용 1,450,000원, 기말자본 600,000원이면 기초자본은 얼마인가?

① 200,000원   ② 250,000원   ③ 300,000원   ④ 350,000원

[풀이] 기초자본 + 순이익(1,800,000 - 1,450,000) = 기말자본(600,000)
∴ 기초자본 250,000원

28 개인기업인 영동상점의 기초자본을 구하면 얼마인가?

- 기말자본금 3,000,000원
- 기업주인출금 100,000원
- 총수익 5,000,000원
- 총비용 3,500,000원

① 1,400,000원   ② 1,500,000원   ③ 1,600,000원   ④ 1,700,000원

[풀이] 기초자본 - 기업주인출금(100,000) + 순이익(5,000,000 - 3,500,000) = 기말자본(3,000,000)
∴ 기초자본 1,600,000원

29 다음 자료에서 기말자본을 계산하면?

- 기초자본 100,000원
- 기말자본 (   )
- 총비용 150,000원
- 당기순이익 50,000원

① 100,000원   ② 150,000원   ③ 200,000원   ④ 250,000원

[풀이] 기초자본(100,000) + 당기순이익(50,000) = 150,000원(기말자본)

30 다음 자료에서 기말자본은?

- 기초자본 5,000원
- 당기 수익총액 4,000원
- 당기 비용총액 5,000원

① 4,000원   ② 5,000원   ③ 6,000원   ④ 9,000원

[풀이] 기초자본(5,000) + 순손실(4,000 − 5,000) = 4,000원(기말자본)

31 개인기업 대한상사의 기초자본금 500,000원, 추가출자액 100,000원, 당기순이익 50,000원인 경우 기말자본금은?

① 350,000원   ② 450,000원   ③ 550,000원   ④ 650,000원

[풀이] 기초자본(500,000) + 추가출자액(100,000) + 순이익(50,000) = 기말자본금 650,000원

32 다음 자료는 당기의 자산과 부채의 변동액이다. 기말자본은 얼마인가?

- 기초자산 200,000원
- 기초부채 100,000원
- 당기 자산증가분 120,000원
- 당기 부채감소분 40,000원

① 140,000원   ② 180,000원   ③ 200,000원   ④ 260,000원

[풀이] 기말자산(기초자산+당기자산증가분) − 기말부채(기초부채−당기부채감소분) = 기말자본
    └ (200,000 + 120,000) − (100,000 − 40,000) = 260,000원

33 다음 자료에서 당기총수익은 얼마인가?

- 당기 총수익 (   )
- 당기 총비용 6,000,000원
- 기초자본 5,000,000원
- 기말자본 9,000,000원

① 10,000,000원   ② 8,000,000원   ③ 9,000,000원   ④ 7,000,000원

[풀이] 기말자본(9,000,000) − 기초자본(5,000,000) = 순이익 4,000,000원
    당기 총수익 − 당기 총비용(6,000,000) = 순이익(4,000,000)
    ∴ 총수익 10,000,000원

34 현금 500,000원을 출자하여 영업을 시작한 진품상점의 기말자본금은 600,000원이었다. 회계기간 동안에 발생한 수익총액이 750,000원이라면 같은 회계기간 동안에 발생한 비용의 총액은?

① 550,000원　　② 600,000원　　③ 650,000원　　④ 700,000원

[풀이] 기말자본금(600,000) − 기초자본금(500,000) = 순이익 100,000원
　　　수익총액(750,000) − 비용총액 = 순이익(100,000)　　∴ 비용총액 650,000원

35 기말 장부를 조사하여 다음과 같은 자료를 얻었다. 기초에 자산총액이 700,000원이었다면 기초의 부채총액은 얼마인가?

• 자산총액	1,500,000원	• 부채총액	800,000원
• 1년간 수익총액	3,000,000원	• 1년간 비용총액	2,800,000원

① 100,000원　　② 200,000원　　③ 300,000원　　④ 400,000원

[풀이] 기말자본(기말자산−기말부채) − 순이익(수익총액−비용총액) = 기초자본
　　　기말자본(1,500,000 − 800,000) − 순이익(3,000,000 − 2,800,000) = 500,000원(기초자본)
　　　기초자산(700,000) − 기초부채 = 기초자본(500,000)　　∴ 기초부채 200,000원

36 다음 자료에서 기말부채를 계산하면 얼마인가?

• 기초자산	3,000,000원	• 기초부채	2,000,000원
• 기초자본	1,000,000원	• 기말자산	5,000,000원
• 당기순이익	1,000,000원		

① 1,000,000원　　② 2,000,000원　　③ 3,000,000원　　④ 5,000,000원

[풀이] 기말자산 − 기말부채 = 기말자본(기초자본 + 당기순이익)
　　　└ 5,000,000 − 기말부채 = (1,000,000 + 1,000,000)　　∴ 기말부채는 3,000,000원

37 다음 빈칸에 알맞은 금액은 얼마인가?

구분	자산	부채	자본
남항상사	500,000원	(가)	200,000원
북항상사	(나)	350,000원	300,000원

① (가) 300,000원　(나) 300,000원　　② (가) 650,000원　(나) 650,000원
③ (가) 650,000원　(나) 300,000원　　④ (가) 300,000원　(나) 650,000원

[풀이] 자산(500,000) − 자본(200,000) = 부채 300,000원
　　　부채(350,000) + 자본(300,000) = 자산 650,000원

38 다음 중 빈 칸에 들어갈 값으로 옳은 것은?

기초			기말			당기순손실
자산	부채	자본	자산	부채	자본	
1,300,000	㉮	740,000	㉯	950,000	㉰	150,000

	㉮	㉯	㉰			㉮	㉯	㉰
①	550,000	1,510,000	560,000		②	550,000	1,520,000	570,000
③	560,000	1,530,000	580,000		④	560,000	1,540,000	590,000

[풀이] 기초자산(1,300,000) − 기초자본(740,000) = ㉮기초부채 560,000원
기초자본(740,000) − 당기순손실(150,000) = ㉰기말자본 590,000원
기말부채(950,000) + 기말자본(590,000) = ㉯기말자산 1,540,000원

39 다음 자료를 이용하여 제2기 기말자본금을 계산한 금액으로 옳은 것은?

회계연도	기초자본금	추가출자액	기업주인출액	당기순이익
제 1기	1,000원	500원	300원	200원
제 2기	(?)	300원	0원	100원

① 1,400원   ② 1,500원   ③ 1,800원   ④ 1,900원

[풀이] 1기 기초자본(1,000) + 추가출자액(500) − 인출액(300) + 순이익(200) = 기말자본 1,400원
1기 기말자본은 2기 기초자본이다.
2기 기초자본(1,400) + 추가출자액(300) + 순이익(100) = 기말자본 1,800원

정답

1. ②	2. ①	3. ②	4. ①	5. ②	6. ④	7. ①	8. ③	9. ③	10. ②
11. ①	12. ④	13. ①	14. ①	15. ①	16. ④	17. ③	18. ①	19. ②	20. ③
21. ①	22. ①	23. ①	24. ④	25. ①	26. ②	27. ②	28. ③	29. ②	30. ①
31. ④	32. ④	33. ①	34. ③	35. ②	36. ③	37. ④	38. ④	39. ③	

제 2 장 회사등록

[회사등록] 메뉴는 회계처리 하고자 하는 회사를 프로그램에 등록하는 작업으로 프로그램 운영상 가장 먼저 실행해야 하는 작업이다. [회사등록] 메뉴에 입력된 내용은 각종 신고서 및 출력물 등 프로그램 전반에 걸쳐 사용되므로 정확하게 입력해야 한다. 회사등록은 사업자등록증을 보고 입력한다.

KcLep 길라잡이

- 처음으로 회사를 등록하는 경우에는 바탕화면에 아이콘을 더블클릭하면 나타나는 화면(이하 "[로그인] 화면"이라 한다)에서 종목선택(전산회계2급)과 드라이브(C:\KcLepDB)를 선택하고, 화면 우측 하단에 있는 을 클릭하면 다음과 같은 화면이 나타난다.

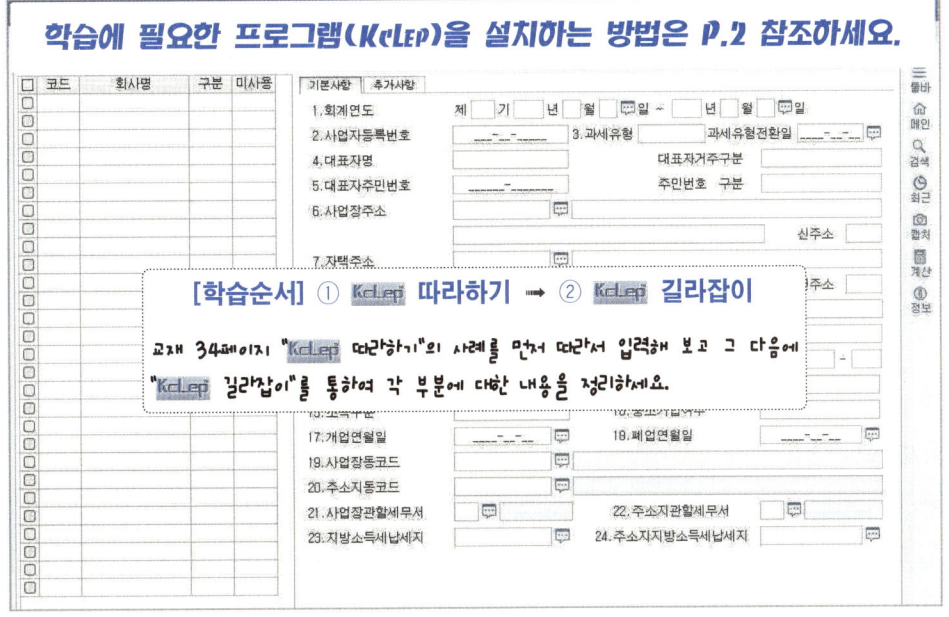

• [회사등록(개인)] 화면 •

[참고] 회사 추가등록

이미 등록한 회사 이외에 또 다른 회사를 추가로 등록하고자 하는 경우에는 [로그인] 화면에서 "종목선택"과 "드라이브"를 선택하고 [회사코드]란에서 📋을 클릭한다. 「회사코드도움」 보조창에서 기존에 등록된 회사코드를 선택하고 확인(Enter)을 클릭한다. 그리고 [재무회계]>[기초정보관리]>[회사등록] 메뉴를 선택하고 회사를 추가로 등록할 수도 있다.

☐	코드	회사명	구분	미사용
☐				

▶ **코드**

등록할 회사의 코드 번호를 "101 ~ 9999"까지의 범위 안에서 숫자로 입력한다.

▶ **회사명**

사업자등록증에 기재된 상호명을 입력한다.

▶ **구분**(1:법인, 2:개인)

등록할 회사가 법인인 경우에는 "1:법인"을 선택하고, 개인인 경우에는 "2:개인"을 선택한다. 전산회계 2급 자격시험의 회계처리 대상은 개인사업자이다.

▶ **미사용**(0:사용, 1:미사용)

해당 회사의 사용 여부를 선택한다. 키보드의 Enter↲ 키를 치면 "0:사용"이 기본값으로 입력된다. 해당 회사를 더 이상 사용하지 않을 경우 "1:미사용"을 선택하면 [로그인] 화면에서 🔍 을 클릭해도 조회되지 않는다.

✱ 『기본사항』 탭

기본사항	추가사항							
1.회계연도		제　기	년	월	💬일 ~	년	월	💬일
2.사업자등록번호	___-__-_____	3.과세유형		과세유형전환일	____-__-__ 💬			

1.회계연도

회사의 기수와 회계연도를 입력한다. [회계연도]란은 회사를 임의로 등록하여 연습하고자 할 경우 회사등록에 필요한 최소한의 내용이므로 반드시 기수와 회계연도를 모두 정확히 입력해야 프로그램이 정상적으로 실행된다.

2.사업자등록번호

사업자등록증상의 사업자등록번호를 입력한다.

참고　**사업자등록번호 검증기능**

사업자등록번호는 일정한 규칙에 의하여 부여된 번호이다. 그러므로 잘못된 번호를 입력하면 프로그램에서는 이를 검증하여 적색으로 표시하도록 되어 있다. 사업자등록번호(×××-××-×××××) 10자리는 다음과 같이 구성되어 있다.
- 최초 3자리 : 최초로 사업자 등록을 한 사업장의 세무서코드

- 마지막 5자리 : 앞 4자리는 일련번호이고 마지막 1자리는 검증번호이다.

3.과세유형(1.일반과세, 2.간이과세, 3.면세사업자) / 과세유형전환일

부가가치세법상 사업자의 과세유형을 선택한다. 키보드의 [Enter↵] 키를 치면 "1.일반과세"가 기본값으로 입력된다. 전산회계 2급 자격시험의 사업자 과세유형은 일반과세자이다. 과세유형이 변경된 경우 해당 일자를 입력한다.

[참고] **사업자의 과세유형**
부가가치세 과세대상인 재화 또는 용역을 공급하는 사업자를 "과세사업자"라고 하며, 부가가치세 면세대상인 재화 또는 용역을 공급하는 사업자를 "면세사업자"라 한다. 과세사업자 중에서 직전 연도 공급대가의 합계액이 8,000만원(또는 4,800만원)에 미달하는 개인사업자를 "간이과세자"라고 한다.

4.대표자명 / 대표자 거주구분(1.거주자, 2.비거주자)

사업자등록증상의 대표자명을 입력한다. 대표자의 거주구분을 선택한다. 키보드의 [Enter↵] 키를 치면 "1.거주자"가 기본값으로 입력된다.

[참고] **거주자와 비거주자**
거주자란 국내에 주소를 두거나 183일 이상 거소(주소지 외의 장소 중 상당기간에 걸쳐 거주하는 장소로서 주소와 같이 밀접한 일반적인 생활관계가 형성되지 아니한 장소)를 둔 개인을 말하며, 비거주자란 거주자가 아닌 개인을 말한다.

5.대표자 주민번호 / 주민번호 구분

대표자의 주민등록번호를 입력한다. 입력된 주민등록번호가 정상이면 [주민번호 구분]란은 "1.정상"으로 자동 입력된다.

6.사업장주소

사업자등록증상의 사업장소재지를 입력한다. 우편번호와 함께 입력하고자 하는 경우에는 [⬚⬚⬚⬚]란에 커서가 위치할 때 💬를 클릭하거나, 키보드의 F2 키를 누르면 나타나는 「우편번호 검색」 보조창에서 [시도]란을 선택하고, [검색어]란에 도로명을 입력하고 키보드의 Enter↵ 키를 친다. 해당 주소를 찾아 선택(◉)하고 나머지 주소를 입력한다.

> **한마디** … 모든 메뉴에서 도움말 보조창은 💬를 클릭하거나 키보드의 F2 키를 누르면 나타난다. 이하 본서에서는 그 중에서 키보드의 F2 키를 누르는 방법으로 설명하기로 한다.

```
7. 자택주소       [      💬                              ]
                 [                              신주소    ]
8. 업태          [              ]  9. 종목  [              ]
10. 주업종코드    [      💬                              ]
11. 사업장전화번호 [   ) - ]   12. 팩스번호  [   ) - ]
13. 자 택 전 화 번 호 [   ) - ]   14. 공동사업장여부 [    ]
```

7. 자택주소

대표자의 자택주소를 입력한다(우편번호와 함께 입력하는 방법은 [사업장주소]란의 방법과 동일하다).

8. 업태 / 9. 종목

사업자등록증상의 업태와 종목을 입력한다.

> **[참고] 업태와 종목**
> 업태란 어떤 형태의 사업을 하는가를 나타내는 부분이며(예 제조, 도매, 소매, 서비스 등), 종목이란 해당 업태에서 무엇을 제조·판매하는가 하는 구체적인 취급 품목을 입력하는 부분이다(예 문구, 가방, 가구 등).

10. 주업종코드

전자신고에 수록되는 사업장의 주업종코드를 입력한다. 키보드의 F2 키를 누르고 「주업종도움」 보조창의 [전체]란에 업종을 입력하고, 해당 업종을 선택하고 확인(Enter)을 클릭한다.

11. 사업장 전화번호 / 12. 팩스번호

사업장 전화번호와 팩스번호를 지역번호와 함께 입력한다.

13. 자택 전화번호 / 14. 공동사업장 여부(0.부, 1.여)

대표자의 자택 전화번호를 지역번호와 함께 입력하고, 공동사업장 여부를 선택한다.

15.소득구분(30.부동산임대, 32.주택임대, 40.사업소득) / 16.중소기업 여부(0.부, 1.여)

대표자의 종합소득세 소득구분을 선택하고, 중소기업 여부를 선택한다.

17.개업연월일 / 18.폐업연월일

사업자등록증상의 개업 연, 월, 일을 입력한다. 사업장 폐업시 폐업 연, 월, 일을 입력한다.

19.사업장동코드 / 20.주소지동코드

사업장과 대표자의 주소지 법정동코드를 입력한다. 키보드의 F2 키를 누르면 나타나는 「동코드도움」 보조창 상단의 [검색]란에 동명을 입력하고 키보드의 Enter↵ 키를 친다. 해당 동을 선택하고 확인(Enter) 을 클릭한다.

21.사업장 관할세무서 / 22.주소지 관할세무서

사업장 관할세무서와 대표자의 주소지 관할세무서를 코드번호 세 자리로 입력한다. 키보드의 F2 키를 누르면 나타나는 「세무서도움」 보조창 상단의 [전체]란에 세무서명을 입력하고 확인(Enter) 을 클릭한다(위 [사업장동코드]란과 [주소지동코드]란을 입력하면 자동 반영됨).

23.지방소득세 납세지 / 24.주소지 지방소득세 납세지

지방소득세 납세지명을 입력한다. 지방소득세(종업원분)의 납세지는 사업장소재지(23란)이며, 지방소득세(소득분)의 납세지는 대표자의 주소지(24란)이다(위 [사업장동코드]란과 [주소지동코드]란을 입력하면 자동 반영됨).

한마디 … 『추가사항』 탭 전체의 내용은 자격시험과 무관하므로 설명을 생략한다.

 **KcLep 따라하기**

회사등록 따라하기

다음은 최대리의 사업자등록증이다. [회사등록] 메뉴에 코드 4001번으로 등록하시오. 회계연도는 제15기(2025.1.1. ~ 2025.12.31.)이다. 제시된 자료 이외의 내용은 기본값을 적용하거나 입력을 생략한다.

사 업 자 등 록 증
(일반과세자)
등록번호 : 141 - 61 - 12341

상　　호 : 최대리
성　　명 : 최남규
개 업 연월일 : 2011년 01월 01일　　　생년월일 : 1988년 12월 25일
사업장소재지 : 경기도 파주시 책향기로 371

사업의 종류 : [업태] 도소매업　　　[종목] 가방

발 급 사 유 : 신규
공 동 사업자 :

사업자단위 적용사업자 여부 : 여(　)　부(∨)
전자세금계산서 전용 전자우편주소 :

2011년 1월 10일
파 주 세 무 서 장　(인)

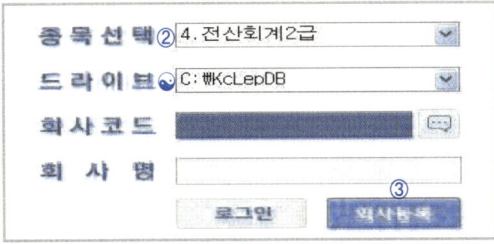

① 바탕화면에 아이콘을 더블클릭한다.
② "로그인" 화면에서 종목선택(전산회계2급) 및 드라이브(C:₩KcLepDB)를 선택한다.
③ 화면 우측 하단의 [회사등록]을 클릭한다.

　　　… [드라이브]란은 작업한 데이터가 저장될 장소를 선택하는 것이다.

④ [코드]란에 코드번호 "4001"을 입력한다.
⑤ [회사명]란에 상호 "최대리"를 입력한다.
⑥ 개인사업자이므로 [구분]란에 "2"를 입력하고 [미사용]란에 "0"을 입력한다.

⑦ [회계연도]란에 기수 "15"를 입력하고 키보드의 [Enter↵] 키를 치고 "2025 01 01 ~ 2025 12 31"을 입력한다. 기수는 개업연도인 2011년이 제1기이므로 2025년은 제15기이다.
⑧ [사업자등록번호]란에 "141 61 12341"을 입력하고 [3.과세유형]란에서 [Enter↵] 키를 친다.
⑨ [대표자명]란에 "최남규"를 입력하고 [대표자거주구분]란에서 [Enter↵] 키를 친다.
⑩ [대표자주민번호]란과 [주민번호구분]란에서 [Enter↵] 키를 친다.
⑪ [사업장주소]란에 "경기도 파주시 책향기로 371"을 입력한다(우편번호 입력 생략).
⑫ [업태]란에 "도소매업"을 입력하고 [종목]란에 "가방"을 입력한다.
⑬ [소득구분]란에서 "40.사업소득"을 선택하고 [16.중소기업여부]란에서 [Enter↵] 키를 친다.

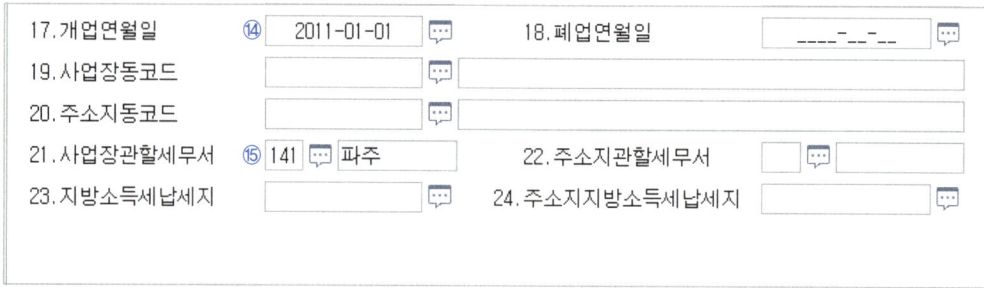

⑭ [개업연월일]란에 "2011 01 01"을 입력한다.

⑮ [사업장관할세무서]란에서 키보드의 F2 키를 누르고 「세무서도움」 보조창 상단의 [전체]란에 "파주"를 입력하고 확인(Enter)을 클릭한다.

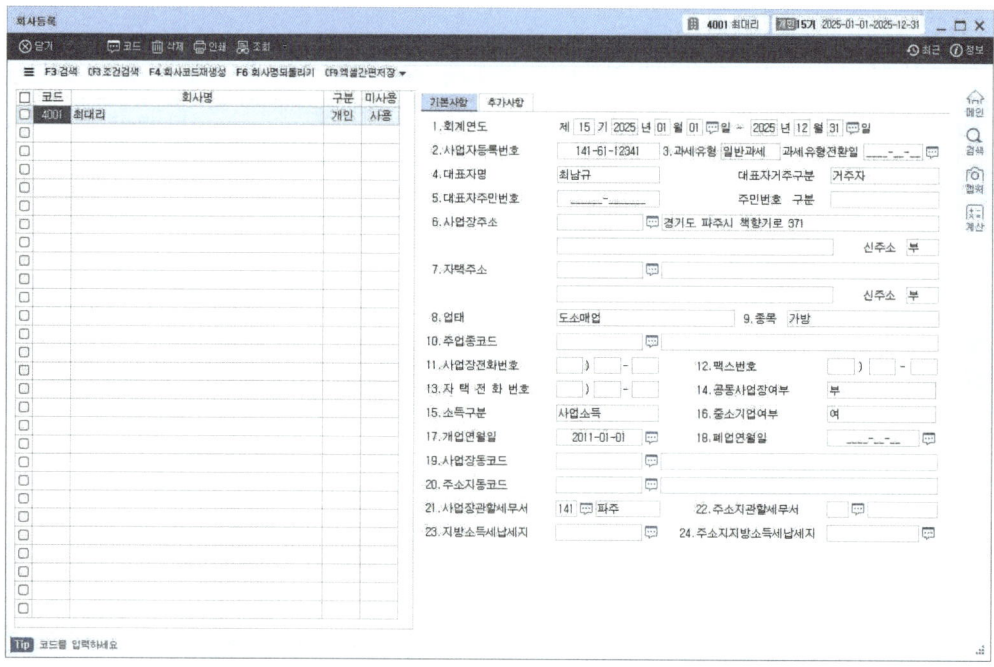

본서(1쇄) 출간시점의 프로그램 버전은 v20240419입니다. 이후 업데이트로 인하여 메뉴에 변동이 생기면 네이버 카페(**최대리 전산회계**)의 [도서출판 최대리] > [개정 자료실] 게시판에 해당 원고를 올리도록 하겠습니다.

네이버 카페 : 최대리 전산회계(https://cafe.naver.com/choidairi)

데이터 설치하기

연습문제(실기)를 학습하기 위해서는 다음과 같이 작업할 회사(4002.세연상사, 4003.세희상사)의 데이터를 설치해야 합니다.

> **본 작업 전에 프로그램(KcLep)이 설치되어 있어야 합니다(P.2 참조).**
> **KcLep 길라잡이**

❶ 네이버 카페 최대리 전산회계(http://cafe.naver.com/choidairi)에 접속한다.

❷ [도서출판 최대리]>[DATA 자료실] 게시판에서 "[2025] 최대리 전산회계2급(실기+필기) Data"의 첨부파일(1)을 바탕화면(또는 본인이 원하는 위치)에 다운받는다.

❸ 다운받은 파일을 마우스 오른쪽 클릭하고 보조창에서 "2025 최대리 전산회계2급(실기+필기)…"에 압축풀기(W)를 클릭한다.

❹ 압축이 풀린 폴더를 더블클릭하고 그 속에 숫자 4자리 폴더(4002와 4003)를 복사해서 로컬 디스크(C:)에 KcLepDB > KcLep 폴더 속에 붙여 넣는다.

❺ 케이렙 프로그램을 실행하고 [로그인] 화면 [종목선택]란에 "전산회계2급", [드라이브]란에 "C:\KcLepDB", [회사코드]란에서 "4001.최대리"를 선택하고 확인(Enter) 을 클릭한다.

❻ [재무회계]>[기초정보관리]>[회사등록] 메뉴에서 상단 툴바의 "F4 회사코드재생성" 버튼을 클릭한다.

❼ [전체메뉴]로 돌아와서 우측 상단에 회사 버튼을 클릭한다. 「회사변경」 보조창에서 작업할 회사코드를 선택하고 변경 을 클릭한다.

※ 도서출판 최대리 홈페이지(http://www.choidairi.co.kr)의 [자료실]>[데이터 자료실] 에서도 다운 받을 수 있습니다.

> 데이터 설치하기가 잘 안되시는 분은 네이버 카페의 [도서출판 최대리] > [DATA 자료실] 게시판에서 "[2025] 최대리 전산회계2급(실기+필기) 데이터 설치하기" 동영상을 수강하세요.

기/출/문/제 (실기)

01 다음은 세연상사(회사코드 : 4002)의 사업자등록증이다. [회사등록] 메뉴에 입력된 내용을 검토하여 누락분은 추가입력하고 잘못된 부분은 정정하시오(주소 입력시 우편번호는 입력하지 않아도 무방함).

사 업 자 등 록 증

(일반과세자)

등록번호 : 106 - 25 - 12340

1. 상　　　호 : 세연상사
2. 성　　　명 : 최세연
3. 개 업 연월일 : 2011년 10월 13일
4. 생 년 월 일 : 1970년 12월 13일
5. 사업장소재지 : 서울시 용산구 이태원로 29
6. 사업의 종류 : [업태] 도소매업　　[종목] 컴퓨터 및 주변장치
7. 발 급 사 유 : 신규
8. 공 동 사 업 자 :
9. 주류판매신고번호 :
10. 사업자단위과세 적용사업자 여부 : 여(　) 부(∨)
11. 전자세금계산서 전용메일주소 :

2011년 10월 13일

용 산 세 무 서 장　(인)

02 다음은 세희상사(회사코드 : 4003)의 사업자등록증이다. [회사등록] 메뉴에 입력된 내용을 검토하여 누락분은 추가입력하고 잘못된 부분은 정정하시오(주소 입력시 우편번호는 입력하지 않아도 무방함).

http://cafe.naver.com/choidairi

사 업 자 등 록 증
(일반과세자)
등록번호 : 106 - 45 - 12348

1. 상   호 : 세희상사
2. 성   명 : 최세희
3. 개 업 연월일 : 2011년 4월 13일
4. 생 년 월 일 : 1978년 5월 23일
5. 사업장소재지 : 서울시 용산구 이태원로 59
6. 사업의 종류 : [업태] 도소매업   [종목] 장난감완구
7. 발 급 사 유 : 신규
8. 공 동 사 업 자 :
9. 주류판매신고번호 :
10. 사업자단위과세 적용사업자 여부 : 여(   ) 부(∨)
11. 전자세금계산서 전용메일주소 :

2011년 4월 15일

용 산 세 무 서 장   (인)

한마디 … 본 과정을 학습하기 위해서는 P.37의 **데이터 설치하기**에 따라 데이터가 설치되어 있어야 합니다.

🔑 KcLep 도우미

해설 1

- 바탕화면에 아이콘을 더블클릭하고 [로그인] 화면에서 종목선택(전산회계2급) 및 드라이브 (C:\KcLepDB)를 선택한다. [회사코드]란의 를 클릭하면 나타나는 「회사코드도움」 보조창에서 "4002.세연상사"를 선택하고 확인(Enter)을 클릭한다.

- [재무회계]>[기초정보관리]>[회사등록]을 선택하고 제시된 자료에 따라 수정 또는 추가 입력한다.

① [사업장주소] : "서울시 광진구 강변북로 332" ➡ "서울시 용산구 이태원로 29"로 수정 입력
② [종목] : "전자계산기, 복사기" ➡ "컴퓨터 및 주변장치"로 수정 입력
③ [사업장관할세무서] : "206.성동" ➡ "106.용산"으로 수정 입력

해설 2

- [전체메뉴] 우측 상단의 회사 버튼을 클릭하여 회사를 "4003.세희상사"로 변경한다.
- [재무회계]>[기초정보관리]>[회사등록]을 선택하고 제시된 자료에 따라 수정 또는 추가 입력한다.
    ① [사업자등록번호] : "621-45-13356" ➡ "106-45-12348"로 수정 입력
    ② [업태] : "제조업" ➡ "도소매업"으로 수정 입력
    ③ [개업연월일] : "2011-01-01" ➡ "2011-04-13"으로 수정 입력

한대디 … [회사등록] 메뉴에서 출제되는 문제의 형태는 문제지에 제시된 사업자등록증을 보고 이미 등록된 회사의 『기본사항』 탭의 내용과 문제지에 제시된 사업자등록증을 비교하여, 잘못 입력된 부분은 수정하고 누락된 부분은 추가로 입력하는 형태이다.

제 3 장 거래처등록

[거래처등록] 메뉴에는 거래처원장에서 관리하고자 하는 거래처를 등록한다. 등록된 거래처는 [재무회계]>[전표입력]>[일반전표입력] 메뉴에서 거래 자료 입력시 [거래처]란에 코드번호를 입력해주면 보조원장인 거래처원장이 자동으로 작성된다. 거래처등록은 회사등록과 마찬가지로 거래처의 사업자등록증 사본을 받아 등록하는 것이 가장 정확하지만, 사업자등록증의 내용이 그대로 반영되어 있는 세금계산서나 일반영수증을 보고 입력할 수도 있다.

 KcLep 길라잡이

- [재무회계]>[기초정보관리]>[거래처등록]을 선택하면 다음과 같은 화면이 나타난다.

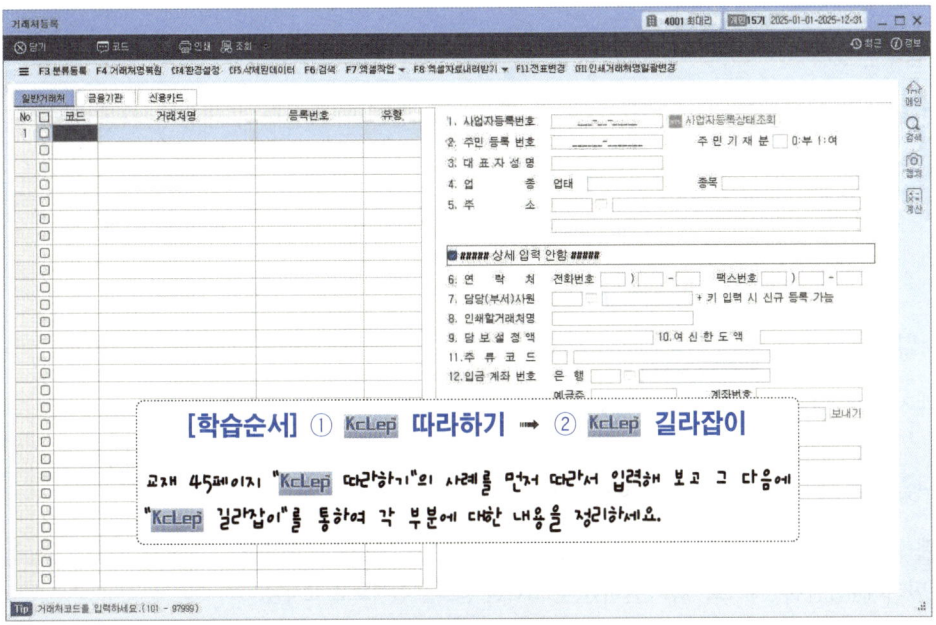

• [거래처등록] 화면 •

❶ 『일반거래처』탭

▶ 코드

"101 ~ 97999"의 범위 내에서 코드번호를 입력한다. 코드범위를 벗어난 숫자를 입력하면 입력되지 않는다(이하 본 메뉴는 모두 동일).

▶ 거래처명

거래처의 사업자등록증상 상호명(비사업자인 경우 성명)을 입력한다.

▶ 등록번호

화면 우측 [1.사업자등록번호]란 또는 [2.주민등록번호]란에 입력된 내용이 자동 반영된다.

▶ 유형(1:매출, 2:매입, 3:동시)

거래처의 유형을 선택한다.

1.사업자등록번호

거래처의 사업자등록번호를 입력한다(잘못 입력된 번호는 적색으로 표시됨).

2.주민등록번호 / 주민기재분(0:부, 1:여)

거래처가 사업자등록증이 없는 일반인(비사업자)인 경우에는 주민등록번호를 입력하면 우측 [주민기재분]란은 "여"로 입력된다(잘못 입력된 번호는 적색으로 표시됨).

3.대표자 성명

거래처의 대표자 성명을 입력한다.

4.업종

거래처의 사업자등록증상의 업태와 종목을 입력한다.

5.주소

거래처의 사업장소재지를 입력한다. 우편번호와 함께 입력하고자 하는 경우에는 [　　]란에 커서가 위치할 때 키보드의 F2 키를 누르면 나타나는 「우편번호 검색」 보조창에서 [시도]란을 선택하고, [검색어]란에서 도로명을 입력하고 키보드의 Enter↵ 키를 친다. 해당 주소를 찾아 선택(◉)하고 나머지 주소를 입력한다.

> 한마디 … 『일반거래처』 탭의 나머지 내용은 자격시험과 무관하므로 설명을 생략한다.

❷ 『금융기관』 탭

▶ 코드

"98000 ~ 99599"의 범위 내에서 코드번호를 입력한다. 순차적으로 코드번호를 부여하고자 하는 경우에는 98000번은 "0"을 입력하고, 98001번은 "1"을 입력하면 빠르게 입력할 수 있다.

▶ 거래처명

금융기관명을 입력한다.

▶ 계좌번호

화면 우측 [계좌번호]란에 입력된 내용이 자동 반영된다.

▶ 유형(1:보통예금, 2:당좌예금, 3:정기적금, 4:정기예금, 5:기타)

해당 금융기관의 금융상품 유형을 선택한다.

1.계좌번호

해당 금융상품의 계좌번호를 입력한다.

> 한마디 … 『금융기관』 탭의 나머지 내용은 자격시험과 무관하므로 설명을 생략한다.

❸ 『신용카드』 탭

▶ 코드

"99600 ~ 99999"의 범위 내에서 코드번호를 입력한다. 순차적으로 코드번호를 부여하고자 하는 경우에는 99600번은 "0"을 입력하고, 99601번은 "1"을 입력하면 빠르게 입력할 수 있다.

▶ 거래처명 / 가맹점(카드)번호

카드명(또는 카드사명)을 입력한다. [가맹점(카드)번호]란은 화면 우측에 입력된 내용이 자동 반영된다.

▶ 유형(1:매출, 2:매입)

[거래처명]란이 카드인 경우 "2:매입"을 선택하고, [거래처명]란이 카드사인 경우 "1:매출"을 선택한다.

1.사업자등록번호 / 2.가맹점번호 / 3.카드번호(매입)

[유형]란이 "1:매출"인 경우 카드사의 사업자등록번호와 가맹점번호를 입력하고, [유형]란이 "2:매입"인 경우 카드사의 사업자등록번호와 카드번호를 입력한다.

> 한대리 … 『신용카드』 탭의 나머지 내용은 자격시험과 무관하므로 설명을 생략한다.

[참고] 거래처 삭제 및 변경
등록된 거래처를 삭제하고자 할 때는 해당 거래처에 커서를 놓고 키보드의 F5 키를 누르면 나타나는 대화창에서 [예(Y)]를 클릭한다. 한번 등록된 거래처의 코드번호는 변경할 수 없으며 거래처명은 변경할 수 있다. 실무상 거래처의 코드번호를 변경해야 할 일이 발생하였다면 [재무회계]>[데이터관리]>[기타코드변환(거래처코드변환)] 메뉴를 이용하면 된다. 다만, 자격시험에서는 이러한 기능을 사용하지 않으므로 거래처 등록시 코드번호가 잘못 입력된 경우에는 삭제하고 다시 입력한다.

[참고] 삭제된 데이터 복구 및 완전삭제
삭제된 거래처를 복구하고자 할 경우에는 상단 툴바의 [CF5 삭제된데이타]를 클릭하면 나타나는 「삭제된 거래처 관리」 보조창에서 복구할 거래처를 선택하고 [데이터 복구(F4)]를 클릭하고 대화창에서 [예(Y)]를 클릭한다. 삭제된 데이터를 완전히 삭제하고자 하는 경우에는 「삭제된 거래처관리」 보조창에서 완전히 삭제할 거래처를 선택하고 [휴지통 비우기(F5)]를 클릭하고 대화창에서 [예(Y)]를 클릭한다.

KcLep 따라하기

거래처등록 따라하기

다음 자료에 의하여 최대리(회사코드 : 4001)의 일반거래처(유형 : 동시) 및 금융기관(유형 : 보통예금) 거래처를 등록하시오(우편번호 입력은 생략).

코 드 번 호	101	201	금융기관
거 래 처 명	광주상사	서울상사	• **코드번호** : 98000
사업자등록번호	409-81-12342	212-81-35421	
대 표 자 명	우여란	박주명	• **금융기관명** : 우리은행
업 태	소매업	제조업	
종 목	가 방	가 죽	• **계좌번호** : 1002-429-55600
사 업 장 주 소	광주광역시 남구 대남대로 101	서울특별시 마포구 신촌로 102	

101. 광주상사

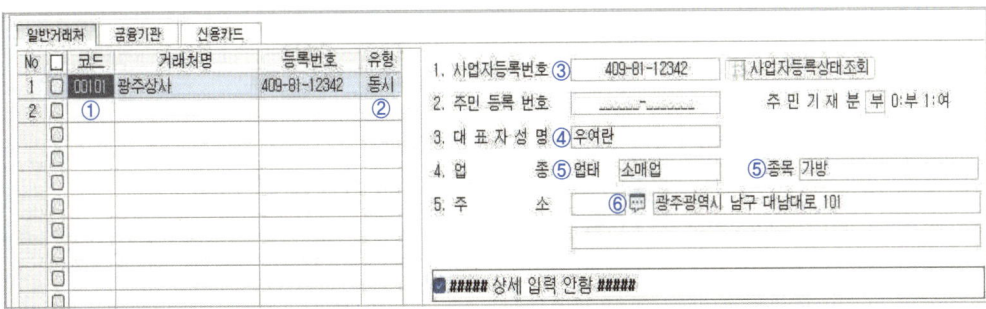

① [코드]란에 "101"을 입력하고 [거래처명]란에 "광주상사"를 입력한다.
② [유형]란에서 "3:동시"를 선택한다.
③ [사업자등록번호]란에 "409 81 12342"를 입력한다.
④ [대표자성명]란에 "우여란"을 입력한다.
⑤ [업태]란에 "소매업"을 입력하고 [종목]란에 "가방"을 입력한다.
⑥ [주소]란에 사업장 주소를 입력한다.

201. 서울상사

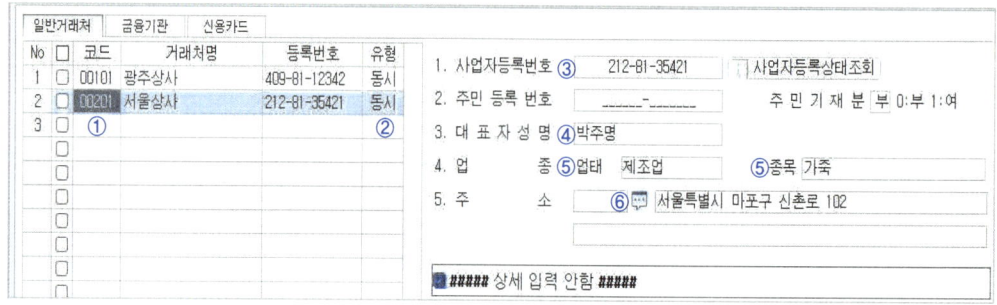

① [코드]란에 "201"을 입력하고 [거래처명]란에 "서울상사"를 입력한다.
② [유형]란에서 "3:동시"를 선택한다.
③ [사업자등록번호]란에 "212 81 35421"을 입력한다.
④ [대표자성명]란에 "박주명"을 입력한다.
⑤ [업태]란에 "제조업"을 입력하고 [종목]란에 "가죽"을 입력한다.
⑥ [주소]란에 사업장 주소를 입력한다.

98000. 우리은행

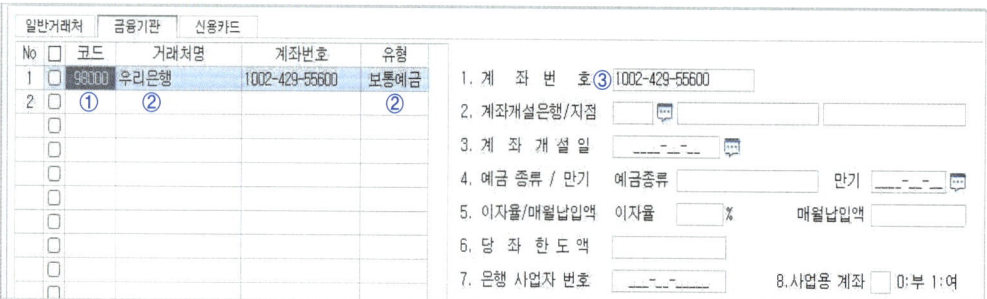

① 『금융기관』 탭을 선택하고 [코드]란에 "98000"을 입력한다.
② [거래처명]란에 "우리은행"을 입력하고 [유형]란에서 "1:보통예금"을 선택한다.
③ [계좌번호]란에 "1002-429-55600"을 입력한다.

기/출/문/제 (실기)

다음 자료에 의하여 세연상사(회사코드 : 4002)의 일반거래처(유형 : 동시)를 등록하시오 (우편번호 입력은 생략).

01 거래처의 사업장 이전으로 다음 사항을 확인하여 정정하시오.

- 회사명 : 조명나라
- 사업자등록번호 : 107-02-52119
- 업태 : 도소매업
- 대표자명 : 한빛나
- 사업장소재지 : 서울시 영등포구 신길로 19
- 종목 : 전자제품

02 세연상사의 신규 거래처이다. [거래처등록] 메뉴에 추가 등록하시오.

- 상호 : 국민상사
- 대표자명 : 성국민
- 업태/종목 : 도소매/자전거
- 사업자등록번호 : 117-42-70158
- 코드번호 : 00202
- 사업장소재지 : 경기도 부천시 소사구 경인로 100

03 신규 거래처인 남서상사를 [거래처등록] 메뉴에 추가 등록하시오.

- 상호 : 남서상사
- 대표자명 : 김남서
- 업태/종목 : 도소매/장난감완구
- 사업자등록번호 : 215-02-12344
- 코드번호 : 00203
- 사업장소재지 : 경기도 안양시 만안구 양화로 100

딴마디 … 본 과정을 학습하기 위해서는 P.37의 **데이터 설치하기**에 따라 데이터가 설치되어 있어야 합니다.

KcLep 도우미

[해설]

- [전체메뉴] 우측 상단의 버튼을 클릭하여 회사를 "4002.세연상사"로 변경한다.
- [재무회계]>[기초정보관리]>[거래처등록]을 선택하고 제시된 자료에 따라 수정 또는 추가 입력한다.

01

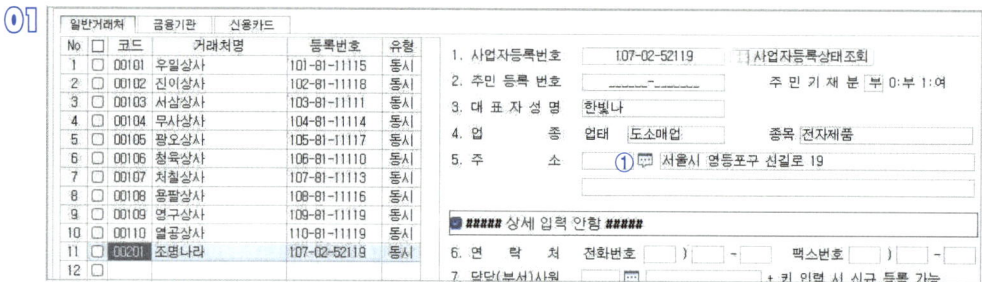

① [주소] : "서울시 서대문구 연희로 40" ➡ "서울시 영등포구 신길로 19"로 수정 입력

02

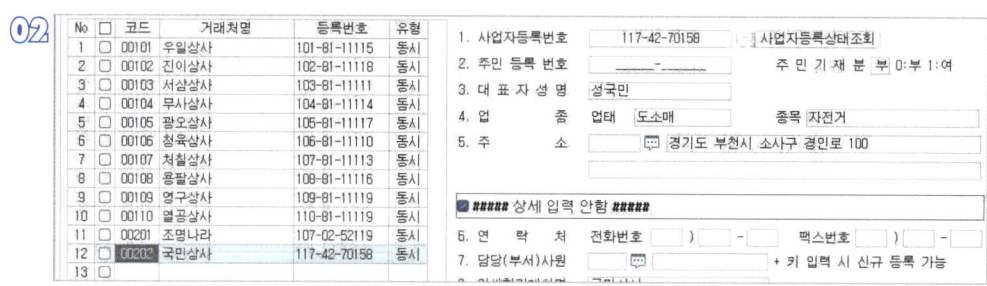

03

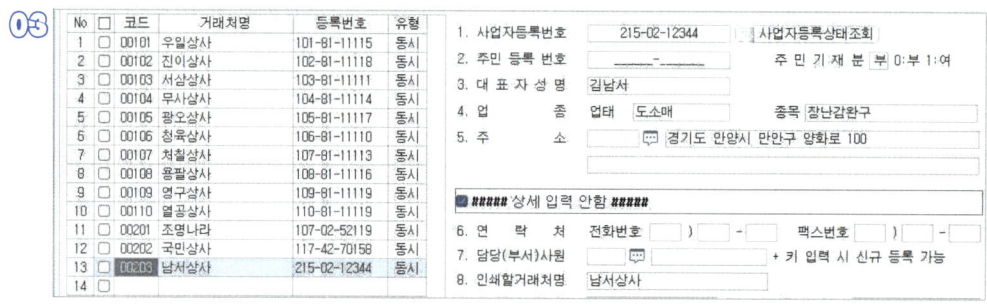

한마디 … [거래처등록] 메뉴에서 출제되는 문제의 형태는 ① 문제지에 제시된 거래처의 인적사항에 따라 거래처를 신규로 등록하거나, ② 이미 등록된 거래처의 기본사항과 문제지에 제시된 거래처의 기본사항을 비교하여 잘못 입력된 부분은 수정하고 누락된 부분은 추가로 입력하는 형태이다.

제4장 거래와 계정

제1절 거래

1. 거래의 뜻

거래(transaction)란 기업이 경영활동을 수행하는 과정에서 발생하는 수많은 경제적 사건 중에서 기업의 자산, 부채, 자본의 증감 변화를 일으키는 모든 사항을 의미한다.

회계(부기)상의 거래가 되는 것	회계(부기)상의 거래가 되지 않는 것
• 현금을 분실하다. • 상품을 도난당하다. • 화재로 점포가 소실되다. • 상품에 파손 및 부패가 발생하다. • 상품가격이 하락되었다. • 매출채권이 회수불능 되다 • 토지·건물 등을 기증받다.	• 상품을 주문하다. • 은행에서 현금을 차입하기로 약속하다. • 상품을 회사 창고에 보관하다. • 상품·건물 등의 매매계약을 체결하다. • 점포의 임대차계약을 체결하다. • 전기·수도료의 고지서를 받다. • 건물·토지 등을 담보설정하다.

2. 거래요소의 결합관계

기업의 재무상태에 변동을 가져오는 사항인 부기상의 거래는 자산의 증가와 자산의 감소, 부채의 증가와 부채의 감소, 자본의 증가와 자본의 감소, 수익의 발생과 비용의 발생이라는 8개의 요소로 구성되어 있는데, 이를 "거래의 8요소"라 하며 거래의 8요소가 서로 결합되어 여러 가지의 조합을 이루는 관계를 거래요소의 결합관계라고 한다.

[거래요소의 결합관계]

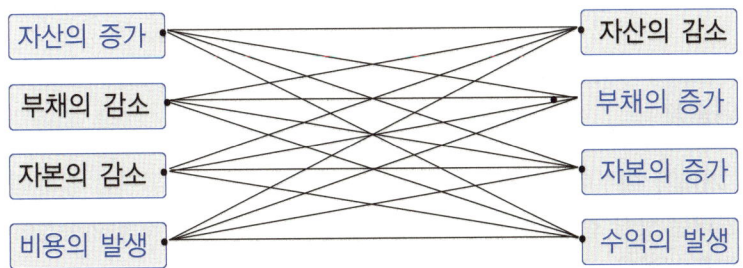

거래 8요소의 다양한 결합 관계를 구체적으로 살펴보면 다음과 같다.

(1) 자산의 증가와의 결합관계

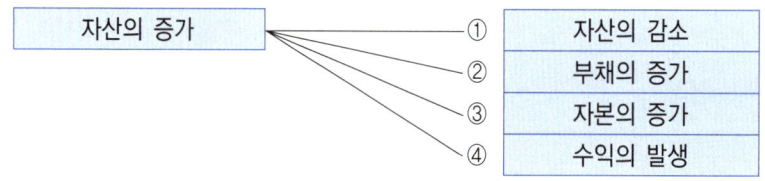

① 건물 100,000원을 구입하고 대금은 현금으로 지급하다.
   (차) 자산(건물)의 증가   100,000   /   (대) 자산(현금)의 감소   100,000
② 상품 130,000원을 외상으로 매입하다.
   (차) 자산(상품)의 증가   130,000   /   (대) 부채(외상매입금)의 증가 130,000
③ 현금 500,000원을 출자하여 영업을 개시하다.
   (차) 자산(현금)의 증가   500,000   /   (대) 자본(자본금)의 증가   500,000
④ 대여금에 대한 이자 50,000원을 현금으로 회수하다.
   (차) 자산(현금)의 증가   50,000   /   (대) 수익(이자수익)의 발생   50,000

(2) 자산의 감소와의 결합관계

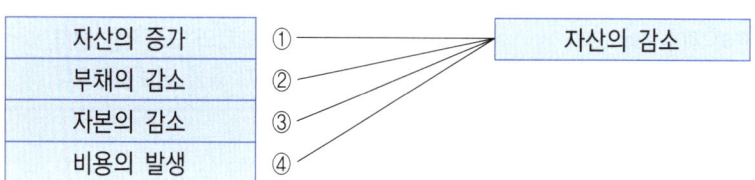

① 비품 150,000원을 처분하고, 대금은 현금으로 받다.
   (차) 자산(현금)의 증가   150,000   /   (대) 자산(비품)의 감소   150,000
② 차입금 200,000원을 현금으로 지급하다.
   (차) 부채(차입금)의 감소   200,000   /   (대) 자산(현금)의 감소   200,000
③ 기업주가 개인 용도로 현금 80,000원을 인출하다.
   (차) 자본(자본금)의 감소   80,000   /   (대) 자산(현금)의 감소   80,000
④ 차입금에 대한 이자 120,000원을 현금으로 지급하다.
   (차) 비용(이자비용)의 발생 120,000   /   (대) 자산(현금)의 감소   120,000

3. 거래의 이중성

어떤 하나의 거래가 이루어지면 반드시 차변요소와 대변요소가 원인과 결과로서 대립되어 성립하므로 거래는 항상 같은 금액으로 발생하게 된다. 이것을 거래의 이중성이라 하며, "복식부기의 근본원리"이다.

제2절 계정

1. 계정의 뜻

거래가 발생하면 자산·부채·자본의 증감 변화와 수익·비용의 발생을 일으키며, 기업은 이러한 변동내역을 장부에 기록하게 된다. 이 경우 각 요소의 변동내역을 명확하게 기록하기 위해서는 자산·부채·자본 및 수익·비용에 대하여 구체적인 항목을 세워 기록할 필요가 있으며, 이 때 같은 종류 및 같은 성질을 가진 것을 항목별로 나누어 기록 계산하는 단위를 계정(account, a/c)이라 한다. 그리고 계정에 붙여진 각 항목의 이름(현금, 외상매출금 등)을 "계정과목(계정명칭)"이라 한다.

2. 계정의 분류

계정은 자산·부채·자본 및 수익·비용에 속하는 계정으로 분류된다. 재무상태표에 기재되는 자산·부채·자본에 속하는 계정을 "재무상태표 계정"이라 하며, 손익계산서에 기재되는 수익·비용에 속하는 계정을 "손익계산서 계정"이라 한다.

[계정의 분류]

3. 계정의 형식

계정의 형식에는 표준식과 잔액식이 있으나 학습용으로는 T계정 양식을 사용한다.

(차변)	계 정 명 칭		(대변)
계정계좌	×××	계정계좌	×××

프로그램에서는 잔액식을 사용하는데 그 내용은 다음과 같으며 [재무회계]>[장부관리]>[계정별원장]에서 확인할 수 있다.

일자	적요	코드	거래처	차 변	대 변	잔 액

기/출/문/제 (필기)

01 기업의 경영활동에서 자산, 부채 및 자본의 증감 변화를 가져오는 일체의 경제적 사건은?

① 계정　　　　② 거래　　　　③ 분개　　　　④ 전기

02 다음 중 회계상 거래가 아닌 것은?

① 상품 100,000원을 외상으로 구입하다.
② 홍수로 100,000원의 상품이 유실되다.
③ 매입채무 30,000원을 현금으로 지급하다.
④ 건물을 2,000,000원에 구입하기로 계약을 체결하다.

> [풀이] 매매계약을 체결한 것 만으로는 자산, 부채, 자본에 증감변화가 없다. 지금 막 시작하는 단계에서는 회계상 거래인 것의 이유를 풀이로 설명해도 잘 이해가 안 될 것이므로, 지금 단계에서는 회계상 거래가 아닌 것에 초점을 맞추어 공부하도록 한다.

03 회계상의 거래에 속하지 않는 것은?

① 매입 완료한 상품을 반품하다.
② 현금을 분실하다.
③ 상품을 도난당하다.
④ 올해년도 판매목표를 500만원으로 책정하다.

04 다음 중 회계상 거래가 아닌 것은?

① 은행에 현금을 예금하다.
② 사무실에서 사용할 정수기를 구입하다.
③ 공장건물에 대하여 임대차계약을 체결하기로 결정하다.
④ 퇴사한 직원에게 퇴직금을 지급하다.

05 다음 중 회계상 거래에 해당하지 않는 것은?

① 거래처에서 현금 1,000,000원을 차입하기로 약속하다.
② 창고에 화재가 발생하여 상품의 일부 3,000,000원이 소실되다.
③ 거래처에 상품을 판매하고 500,000원을 현금으로 받다.
④ 2개월분 사무실 임대료 500,000원이 미지급되었음을 결산시에 확인하였다.

06 다음 중 회계상 거래가 아닌 것은?

① 차량운반구를 3,000,000원에 처분하고, 대금은 다음 달에 받기로 하다.
② 상품을 판매하고 대금의 50%를 받고, 나머지는 월말에 받기로 하다.
③ 상품 300,000원을 구입하기로 계약을 체결하다.
④ 은행으로부터 10,000,000원을 차입하고 그 금액을 보통예금에 입금하다.

07 다음 중 회계상의 거래를 모두 고르면?

가. 현금의 분실	나. 부동산 투자계약	다. 비품의 외상 구입

① 가, 나   ② 가, 다   ③ 나, 다   ④ 가, 나, 다

08 다음 중 회계상의 거래에 속하는 것은?
① 상품을 매입하기로 계약하였다.   ② 비품을 주문하였다.
③ 현금을 분실하였다.   ④ 점포의 임대차계약을 체결하였다.

09 다음 중 회계상의 거래인 것은?
① 상품 주문   ② 추가 출자
③ 신입사원 채용   ④ 건물 구입계약

10 다음 중 회계상의 거래인 것은?
① 사무실을 월세 300,000원에 임차계약을 하다.
② 상품 5,000,000원을 매입하기로 하다.
③ 영업부에서 사용하던 차량을 매각하면서 계약금 500,000원을 받다.
④ 종업원을 월급 1,000,000원에 채용하다.

11 다음 내용을 적절하게 설명한 것은?

상품의 도난, 자산의 감가현상, 화재손실

① 회계상의 거래가 아니면서 일반적인 거래에 해당되는 것
② 회계상의 거래이면서 일반적인 거래에 해당하는 것
③ 일반적인 거래가 아니면서 회계상의 거래에 해당되는 것
④ 일반적인 거래도 아니고 회계상의 거래도 아닌 것

12 다음 거래의 8요소 중 잘못된 것은?
① 자산의 증가는 차변 항목   ② 부채의 증가는 대변 항목

③ 자본의 감소는 차변 항목 ④ 비용의 발생은 대변 항목

[풀이] 비용의 발생은 차변 항목

13 다음의 거래요소 중 차변에 올 수 없는 것은?

① 자산의 감소 ② 부채의 감소 ③ 자본의 감소 ④ 비용의 발생

[풀이] 자산의 증가는 차변, 자산의 감소는 대변

14 다음의 거래요소 중 대변에 올 수 없는 것은?

① 자산의 감소 ② 비용의 발생 ③ 수익의 발생 ④ 부채의 증가

[풀이] 비용의 발생은 차변

15 다음의 거래요소 중 대변에 올 수 없는 것은?

① 수익의 발생 ② 부채의 감소 ③ 자산의 감소 ④ 자본의 증가

[풀이] 부채의 증가는 대변, 부채의 감소는 차변

16 다음 중 거래요소가 잘못 짝지어진 것은?

① 자산의 증가 – 부채의 증가 ② 자산의 증가 – 자본의 증가
③ 자산의 감소 – 부채의 증가 ④ 부채의 감소 – 자산의 감소

[풀이] 자산의 감소는 대변

17 다음 중 거래요소가 잘못 짝지어진 것은?

① 자본의 감소 – 자산의 감소 ② 자산의 증가 – 부채의 증가
③ 자산의 증가 – 수익의 발생 ④ 자본의 증가 – 부채의 증가

[풀이] 자본의 증가는 대변

18 다음 중 거래의 요소를 바르게 짝지은 것은?

① 자산의 증가 – 부채의 감소 ② 자산의 감소 – 부채의 증가
③ 자산의 증가 – 부채의 증가 ④ 자산의 감소 – 자본의 증가

[풀이] 부채의 감소는 차변, 자산의 감소는 대변

19 하나의 거래에서 동시에 나타날 수 없는 결합관계는?

① 자산의 증가와 수익의 발생 ② 부채의 증가와 자본의 증가
③ 비용의 발생과 자산의 감소 ④ 자산의 증가와 자본의 증가

[풀이] 부채의 증가와 자본의 증가는 대변에 기록되므로 동시에 나타날 수 없다.

[안내] … 이하의 문제를 학습하는 과정에서 등장하는 외상매출금, 외상매입금, 단기차입금, 선수수익, 이자수익, 임대료 등의 계정과목이 자산 계정인지 부채 계정인지, 수익 계정인지 비용 계정인지 지금 막 시작하는 단계에서는 이해하기 어려울 것으로 판단된다. 그렇다고 고민할 필요는 없다. 이러한 내용은 "제3부 계정과목별 회계처리"를 학습하게 되면 자연스럽게 습득이 되는 것이다. 따라서 지금 단계에서 이해가 되지 않는 문제는 그냥 지나치고 "제3부 계정과목별 회계처리"를 학습하고 나서 다시 돌아와 문제를 풀어보면 자연스럽게 이해가 될 것이다.

20 아래에 대한 거래요소의 결합관계로 올바른 것은?

> 단기차입금에 대한 이자 10,000원을 현금으로 지급하다.

① 자산의 감소 – 수익의 발생 ② 부채의 감소 – 자산의 감소
③ 비용의 발생 – 자산의 감소 ④ 자산의 증가 – 부채의 증가

[풀이] (차) 비용의 발생(이자비용)   10,000 / (대) 자산의 감소(현금)   10,000

21 다음 거래의 결합관계로 바르게 짝지어진 것은?

> 종업원의 급여를 당사 보통예금계좌에서 종업원 급여계좌로 이체하다.

① (차) 자산의 감소 (대) 수익의 발생 ② (차) 자산의 감소 (대) 비용의 발생
③ (차) 수익의 발생 (대) 자산의 감소 ④ (차) 비용의 발생 (대) 자산의 감소

[풀이] (차) 비용의 발생(급여)   ××× / (대) 자산의 감소(보통예금)   ×××

22 다음 거래에 대한 거래요소의 결합형태를 바르게 나타낸 것은?

> 현금 2,500,000원을 출자하여 문구점을 개업하다.

① 자산의 증가 – 자본의 감소 ② 자산의 감소 – 자산의 증가
③ 자산의 감소 – 자본의 감소 ④ 자산의 증가 – 자본의 증가

[풀이] (차) 자산의 증가(현금)   2,500,000 / (대) 자본의 증가(자본금)   2,500,000

23 다음 거래에서 거래요소의 결합관계를 바르게 나타낸 것은?

> 외상매입금 1,000,000원을 현금 결제하다.

① 부채의 감소, 자산의 감소 ② 자산의 증가, 부채의 감소
③ 자산의 증가, 자본의 증가 ④ 비용의 발생, 부채의 감소

[풀이] (차) 부채의 감소(외상매입금) 1,000,000 / (대) 자산의 감소(현금)   1,000,000

24 다음의 거래에서 발생하지 않는 것은?

> 조은상사는 미래상사에서 상품 5,000,000원을 매입하고 대금 중 3,000,000원은 현금으로 지급하고 잔액은 외상으로 하다.

① 부채의 감소　　② 자산의 감소　　③ 자산의 증가　　④ 부채의 증가

[풀이] (차) 자산의 증가(상품)　　5,000,000　/　(대) 자산의 감소(현금)　　3,000,000
　　　　　　　　　　　　　　　　　　　　　　　　부채의 증가(외상매입금)　2,000,000

25 아래에서 발생하지 않는 것은?

> 단기차입금 50,000원의 상환과 그 이자 2,000원을 현금으로 지급하다.

① 비용의 발생　　② 자산의 감소　　③ 부채의 감소　　④ 자산의 증가

[풀이] (차) 부채의 감소(단기차입금)　50,000　/　(대) 자산의 감소(현금)　　52,000
　　　　비용의 발생(이자비용)　　　　2,000

26 다음의 거래에서 발생하지 않는 거래요소는?

> ○○상사는 업무용 복사기를 구입하고, 대금 중 일부는 현금으로 지급하고 잔액은 월말에 지급하기로 하다.

① 자산의 증가　　② 자산의 감소　　③ 부채의 증가　　④ 비용의 발생

[풀이] (차) 자산의 증가(비품)　　×××　/　(대) 자산의 감소(현금)　　×××
　　　　　　　　　　　　　　　　　　　　　　부채의 증가(미지급금)　×××

27 다음과 같은 결합관계를 갖는 거래는?

> (차변) 자산의 증가　-----　(대변) 수익의 발생

① 현금을 은행에 예금하다.　　　　② 빌려준 대금을 현금으로 받다.
③ 상품을 외상으로 매입하다.　　　④ 은행예금에 대한 이자를 받다.

[풀이] ① (차) 자산의 증가(예금)　×××　/　(대) 자산의 감소(현금)　×××
　　　　② (차) 자산의 증가(현금)　×××　/　(대) 자산의 감소(대여금)　×××
　　　　③ (차) 자산의 증가(상품)　×××　/　(대) 부채의 증가(외상매입금)　×××
　　　　④ (차) 자산의 증가(?)　×××　/　(대) 수익의 발생(이자수익)　×××

28 다음과 같은 결합관계로 이루어진 거래로 옳은 것은?

> (차변) 부채의 감소 ----- (대변) 자산의 감소

① 은행에서 현금 10,000원을 차입하다.
② 외상매입금 20,000원을 현금으로 지급하다.
③ 종업원의 급여 5,000원을 현금으로 지급하다.
④ 대여금 50,000원과 그에 대한 이자 2,000원을 현금으로 받다.

[풀이] ① (차) 자산의 증가(현금)   ××× / (대) 부채의 증가(차입금)   ×××
      ② (차) 부채의 감소(외상매입금) ××× / (대) 자산의 감소(현금)   ×××
      ③ (차) 비용의 발생(급여)   ××× / (대) 자산의 감소(현금)   ×××
      ④ (차) 자산의 증가(현금)   ××× / (대) 자산의 감소(대여금)   ×××
                                          수익의 발생(이자수익)   ×××

29 다음과 같은 거래의 결합관계로 표시할 수 있는 것은?

> (차변) 비용의 발생 ----- (대변) 자산의 감소

① 차입금에 대한 이자 100,000원을 현금으로 지급하다.
② 상품 1,000,000원을 매입하고 매입대금은 나중에 지급하기로 하다.
③ 현금 1,000,000원과 상품 1,000,000원을 출자하여 영업을 개시하다.
④ 현금 400,000원을 종업원에게 빌려주다.

[풀이] ① (차) 비용의 발생(이자비용)   ××× / (대) 자산의 감소(현금)   ×××
      ② (차) 자산의 증가(상품)   ××× / (대) 부채의 증가(외상매입금) ×××
      ③ (차) 자산의 증가(현금,상품) ××× / (대) 자본의 증가(자본금)   ×××
      ④ (차) 자산의 증가(대여금)   ××× / (대) 자산의 감소(현금)   ×××

30 다음 중 비용의 발생과 부채의 증가로 이루어진 거래는?

① 사무실에서 사용할 커피 15,000원을 현금으로 구입하다.
② 현금 100,000원을 보통예금에 입금하다.
③ 전월에 지급하지 못하였던 급여를 현금으로 지급하다.
④ 임차료 미지급분을 계상하다.

[풀이] ① (차) 비용의 발생(소모품비) ××× / (대) 자산의 감소(현금)   ×××
      ② (차) 자산의 증가(보통예금) ××× / (대) 자산의 감소(현금)   ×××
      ③ (차) 부채의 감소(미지급금) ××× / (대) 자산의 감소(현금)   ×××
      ④ (차) 비용의 발생(임차료)   ××× / (대) 부채의 증가(미지급금) ×××

31 다음 거래의 결합관계에 해당하는 거래는?

| (차변) 자산의 증가 / (대변) 자산의 감소 |
| 수익의 발생 |

① 상품 20,000원을 외상으로 매입하고 15,000원은 현금으로 지급하고 잔액은 외상이다.
② 외상매입금 50,000원을 현금으로 지급하다.
③ 임대료 30,000원을 현금으로 받다.
④ 단기대여금 50,000원과 그에 대한 이자 1,000원을 현금으로 회수하다.

[풀이] ① (차) 자산의 증가(상품)   ××× / (대) 자산의 감소(현금)   ×××
                                                 부채의 증가(외상매입금)   ×××
       ② (차) 부채의 감소(외상매입금) ××× / (대) 자산의 감소(현금)   ×××
       ③ (차) 자산의 증가(현금)   ××× / (대) 수익의 발생(임대료)   ×××
       ④ (차) 자산의 증가(현금)   ××× / (대) 자산의 감소(단기대여금)   ×××
                                                 수익의 발생(이자수익)   ×××

32 다음 중 거래요소의 결합관계가 잘못 설명된 것은?

① 현금 200,000원을 출자하다.   : 자산증가 − 자본증가
② 비품 100,000원을 현금으로 구입하다. : 자산증가 − 자산감소
③ 급여 300,000원을 미지급하다.   : 비용발생 − 자산감소
④ 차량유지비 50,000원을 미지급하다. : 비용발생 − 부채증가

[풀이] ① (차) 자산의 증가(현금)   ××× / (대) 자본의 증가(자본금)   ×××
       ② (차) 자산의 증가(비품)   ××× / (대) 자산의 감소(현금)   ×××
       ③ (차) 비용의 발생(급여)   ××× / (대) 부채의 증가(미지급금) ×××
       ④ (차) 비용의 발생(차량유지비)   ××× / (대) 부채의 증가(미지급금) ×××

33 다음 (   ) 안에 들어갈 가장 적절한 내용은?

| 복식부기에서는 하나의 거래가 발생하면 반드시 차변·대변에 원인·결과로 같은 금액이 기입되는데 이를 (   )(이)라 한다. |

① 발생주의   ② 거래의 이중성
③ 대차합계의 원리   ④ 수익·비용의 대응성

정답

1. ② 2. ④ 3. ④ 4. ③ 5. ① 6. ③ 7. ② 8. ③ 9. ② 10. ③
11. ③ 12. ④ 13. ① 14. ② 15. ② 16. ③ 17. ④ 18. ③ 19. ② 20. ③
21. ④ 22. ④ 23. ① 24. ① 25. ④ 26. ④ 27. ④ 28. ② 29. ① 30. ④
31. ④ 32. ③ 33. ②

제 5 장 계정과목 및 적요등록

[계정과목 및 적요등록] 메뉴는 기본적으로 등록되어 있는 계정과목 이외에 회사에서 사용할 계정과목을 추가로 등록하거나, 거래 자료 입력시 빈번히 사용되는 적요를 미리 등록하여 입력의 편의와 능률향상을 도모하기 위함이다. 일반적으로 사용되는 계정과목과 적요가 이미 등록되어 있는 상태이므로 기업이 수행하는 경영활동의 성격, 기업의 규모에 따라 필요한 계정과목과 적요를 추가로 등록하면 된다. 계정과목은 시스템 전반에 영향을 미치므로 프로그램을 처음 사용하는 시점에서 정확하게 설정하여야 한다.

 KcLep 길라잡이

- [재무회계]>[기초정보관리]>[계정과목 및 적요등록]을 선택하면 다음과 같은 화면이 나타난다.

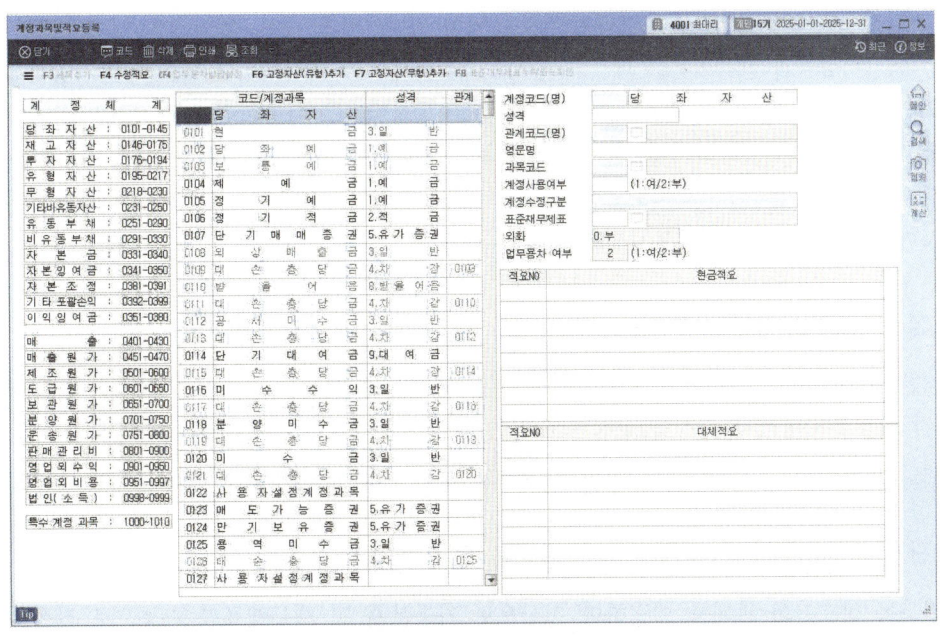

• [계정과목 및 적요등록] 화면 •

▶ 계정체계

계정과목 코드번호는 101번부터 999번(특수 계정과목은 제외)으로 구성되어 있는데, [계정체계]란은 계정과목 코드번호가 어떤 순서로 정리되어 있는지를 보여준다. [계정체계]란의 항목 중 어느 하나를 선택(⑩ 재고자산)하면 [코드/계정과목]란이 해당 항목(146.상품 ~)부터 표시되는 형태로 바뀐다.

▶ 코드/계정과목

본 프로그램은 일반기업회계기준에서 예시하는 계정과목(통합계정)이 아니라 실무에서 사용하는 관리적 측면의 구체적인 계정과목이 등록되어 있다. 예를 들어, 일반적인 상거래에서 발생된 외상매출금과 받을어음은 매출채권으로 재무상태표에 표시되어야 함이 일반기업회계기준의 원칙이다. 그러나 실무에서 매출채권이라는 통합계정을 사용한다면 관리적인 측면에서 문제가 많을 것이다. 따라서 본 프로그램에서는 실제 사용시에는 구체적인 계정과목(외상매출금, 받을어음)을 사용하고, 외부보고용 재무상태표(제출용) 작성시에는 일반기업회계기준에서 예시한 통합계정으로 자동 표시되는 형식을 취하고 있다.

▶ 성격

성격은 해당 계정과목의 프로그램상 특성이다. 전산으로 재무제표를 자동 작성하기 위해서는 각 계정과목이 갖는 특성을 설정해 주어야 할 필요가 있다. 이미 등록된 계정과목들에 대해서는 정확하게 선택되어 있으므로 변경하지 말고 그대로 사용하면 된다.

▶ 관계

계정과목 상호간의 관계를 설정하여 전산으로 자동분개 및 재무제표를 자동으로 작성하게 해주는 것이다. 이미 정확하게 선택되어 있으므로 변경하지 말고 그대로 사용하면 된다.

[참고] 계정과목 검색 기능

키보드의 F2 키를 누르고 「찾기」 보조창에서 찾을 내용을 두 글자 이상 입력하고 Enter↵ 키를 치면 해당 글자가 포함된 계정과목으로 커서가 이동한다. Enter↵ 키를 계속치면서 찾고자 하는 계정과목으로 이동한다.

> ### 계정과목 등록 및 수정
>
> **1. 신규등록** : 신규로 등록하고자 하는 계정과목의 성질(자산, 부채, 자본 등)을 파악하고 좌측 [계정체계]란의 항목 중 해당 항목(당좌자산, 재고자산 등)을 클릭하여 이에 맞는 계정체계 범위를 조회한다. 해당 번호내의 "사용자설정계정과목"을 선택하고 화면 우측 [계정코드(명)]란에 커서를 놓고 덧씌워 입력한다.
>
> **2. 수정등록** : 이미 등록되어 있는 계정과목의 이름을 수정하고자 하는 경우에는 해당 계정과목을 선택하고 화면 우측 [계정코드(명)]란에 커서를 놓고 덧씌워 입력한다. 해당 계정과목으로 빠르게 이동하기 위해서는 [코드]란에 커서를 놓고 해당 코드번호를 직접 입력하면 자동으로 이동된다. 빨간색 계정과목은 프로그램운영상 특수한 성격이 있으므로 수정하지 않는 것이 바람직하다. 실무상 부득이하게 수정해야 할 경우에는 해당 계정과목에 커서를 놓고 키보드의 Ctrl 키를 누른 상태에서 F2 키를 누르면 우측 [계정코드(명)]란이 활성화 되어 덧씌워 입력이 가능하다.

적요는 거래내역을 간략하게 요약한 일종의 메모이다. 이는 전표 출력시에 해당 분개에 대한 간략한 내용을 제공함으로써 거래의 내용을 자세히 알 수 있게 해주는 역할을 한다. "811.복리후생비"의 적요를 예시하면 다음과 같다.

적요NO	현금적요
1	일 숙직비 지급
2	직원식대및차대 지급
3	직원야유회비용 지급
4	직원식당운영비 지급
5	직원회식대 지급
6	회사부담 국민건강보험료 지급
7	임직원경조사비 지급
8	임직원피복비 지급

적요NO	대체적요
1	직원식당운영비 대체
2	직원회식대 미지급

▶ **현금적요**

[재무회계]>[전표입력]>[일반전표입력]에서 거래 자료 입력시 [구분]란에서 "1.출금" 또는 "2.입금"을 선택하면 하단에 나타나는 적요로서, 이미 기본적인 내용이 등록되어 있으며 추가등록 및 수정시에는 해당란에 커서를 놓고 해당 내용을 직접 입력한다.

▶ **대체적요**

[재무회계]>[전표입력]>[일반전표입력]에서 거래 자료 입력시 [구분]란에서 "3.차변" 또는 "4.대변"을 선택하면 하단에 나타나는 적요로서, 이미 기본적인 내용이 등록되어 있으며 추가등록 및 수정시에는 해당란에 커서를 놓고 해당 내용을 직접 입력한다.

[참고] **고정적요**
"146.상품"이나 "813.기업업무추진비" 등을 선택하면 고정적요가 나타난다. 고정적요는 프로그램운영상 특수한 기능이 있으므로 수정할 수 없다. 그에 관한 자세한 학습은 전산세무 2급에서 하기로 한다.

계정과목 및 적요등록 따라하기

다음의 내용을 최대리(코드 : 4001)의 [계정과목 및 적요등록] 메뉴에 등록하시오.

(1) 계정과목 코드 127번에 카드미수금(성격 : 3.일반) 계정을 등록하시오.

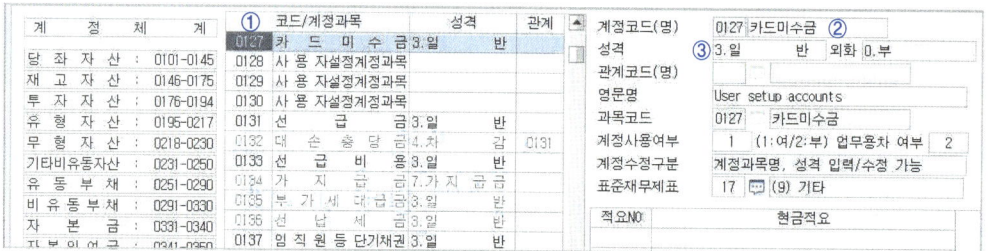

① [코드]란에 커서를 놓고 키보드의 숫자 "127"을 입력하면 커서가 해당란으로 이동한다.
② [계정코드(명)]란의 "사용자설정계정과목"에 커서를 놓고 "카드미수금"을 덧씌워 입력한다.
③ [성격]란에서 "3.일반"을 선택한다.

한마디 … 계정과목의 수정도 위 방법과 동일하다.

(2) 계정과목 코드 811.복리후생비의 현금적요 적요No 6에 "직원자녀 학자금 지급"을 등록하시오.

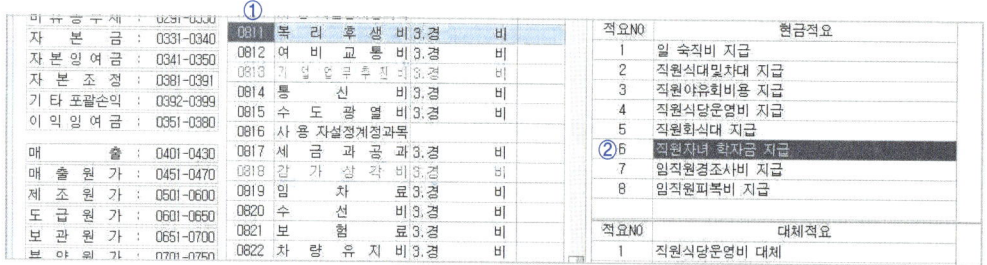

① [코드]란에 커서를 놓고 키보드의 숫자 "811"을 입력하면 커서가 해당란으로 이동한다.
② 현금적요 [적요No 6]란에 커서를 놓고 "직원자녀 학자금 지급"을 덧씌워 입력한다.

한마디 … 적요의 신규등록도 위 방법과 동일하다. 빈칸에 적요를 신규로 등록한 후 삭제하고자 하는 경우에는 키보드의 F5 키를 누르고 대화창에서 예(Y)를 클릭하거나 키보드의 Enter↵ 키를 친다. 단, 기본값으로 입력된 적요는 삭제할 수 없다.

기/출/문/제 (실기)

다음 자료에 의하여 세연상사(회사코드 : 4002)의 계정과목 및 적요를 등록하시오.

01 외상매입금과 관련하여 적요내용이 빈번하게 발생되므로 적요등록을 수정하여 사용하고자 한다. 외상매입금 계정과목의 적요란을 다음과 같이 수정하시오.

- 대체적요 : 6번에 "외상매입금지급 보통예금인출"

02 창고 일부에 대해 1년분 임차료를 먼저 현금으로 지급하고 임차하기로 하였다. 당좌자산에 다음 사항을 추가 설정하시오.

- 코드(144번) / 계정과목(선급임차료) / 성격(일반)
- 현금적요 : 1번에 "기간미경과 임차료계상"

03 직원들에게 매출증진에 따른 성과급을 지급하기로 하였다. 판매비와관리비의 급여 계정에 다음 내용의 적요를 등록하시오.

- 현금적요 : 2번에 "직원성과급 지급"

04 판매비와관리비의 기업업무추진비 계정과목의 대체적요란 8번에 "거래처 명절선물비"를 등록하시오.

> 한마디 … 본 과정을 학습하기 위해서는 P.37의 **데이터 설치하기**에 따라 데이터가 설치되어 있어야 합니다.

KcLep 도우미

해설

- [전체메뉴] 우측 상단의 버튼을 클릭하여 회사를 "4002.세연상사"로 변경한다.
- [재무회계]>[기초정보관리]>[계정과목 및 적요등록]을 선택하고 제시된 자료에 따라 수정 또는 추가 입력한다.

①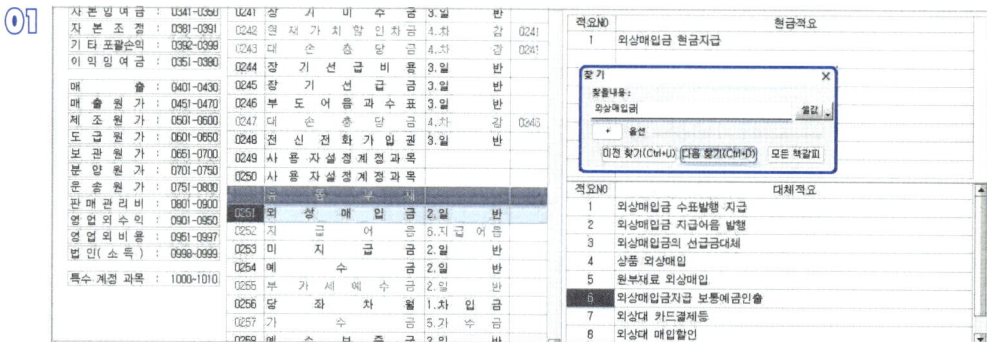

한마디 … 외상매입금의 코드번호를 알려주지 않는 경우에는 커서를 [코드]란에 놓고 키보드의 F2 키를 누르고 「찾기」 보조창에서 "외상매입금"을 입력하고 Enter↵ 키를 친다. 코드번호를 알려주면 [코드]란에 커서를 놓고 직접 코드번호(251)를 입력하면 빠르게 이동한다.

②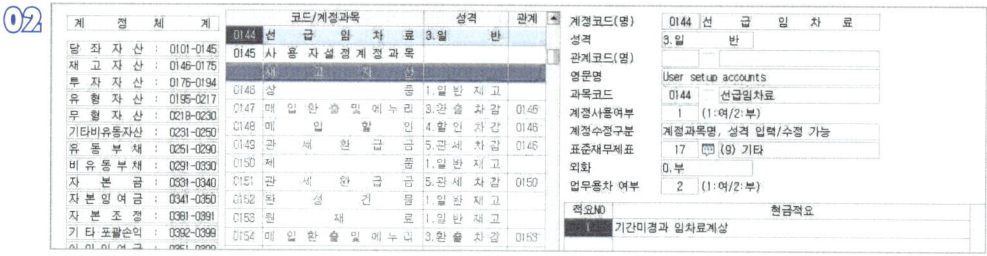

③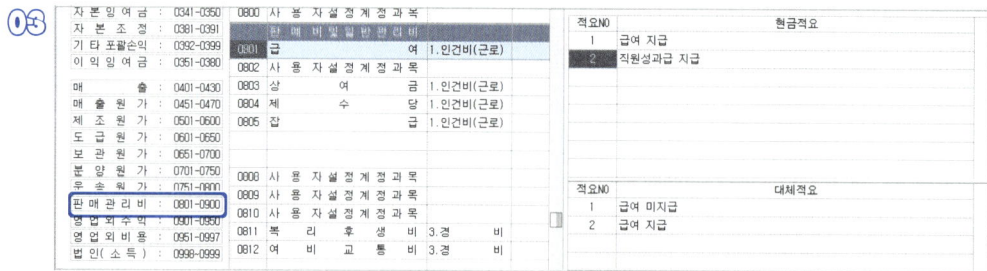

두마디 … 화면 좌측 계정체계의 [판매관리비]란을 클릭하고 "801.급여"를 찾는다.

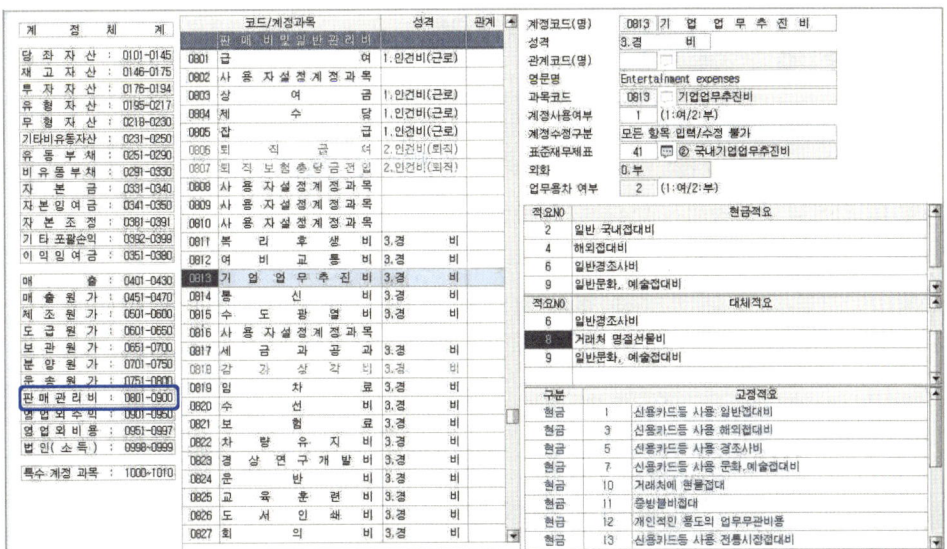

【따라】 ··· 화면 좌측 계정체계의 [판매관리비]란을 클릭하고 "813.기업업무추진비"를 찾는다. 입력이 완료되면 적요는 번호 순서대로 자동 정렬된다.

【따라】 ··· [계정과목 및 적요등록] 메뉴에서 출제되는 문제의 형태는 문제지에 제시된 지문에 따라 ① 해당 코드번호에 계정과목을 등록 및 수정하거나, ② 현금적요 및 대체적요의 [적요No]란에 적요내용을 등록하는 형태이다.

제 6 장 전기이월 작업

전기이월 작업은 본 프로그램으로 전기에 결산을 하고 [재무회계]>[전기분 재무제표]>[마감후 이월]에서 마감작업을 하면 자동으로 반영되므로 작업할 필요가 없다. 하지만 계속사업자가 당기에 프로그램을 처음 사용하는 경우에는, 전기에 대한 자료가 없기 때문에 결산이 완료된 전기분 재무상태표 등을 보고 입력하여 전기의 자료를 이월 받는 것이다.

제1절 전기분 재무상태표

[전기분 재무상태표] 메뉴는 전기분 재무상태표를 보고 입력한다. 입력된 자료는 각 계정과목별로 전기 잔액을 이월시킴과 동시에 ① 비교식 재무상태표의 작성, ② [전기분 손익계산서]의 기말상품재고액의 표시, ③ [거래처별 초기이월]에 기초자료를 제공한다. 이러한 이유 때문에 전기이월 작업 중에서 [전기분 재무상태표]를 가장 먼저 작업해야 하는 것이다.

 KcLep 길라잡이

- [재무회계]>[전기분 재무제표]>[전기분 재무상태표]를 선택하면 다음 화면이 나타난다.

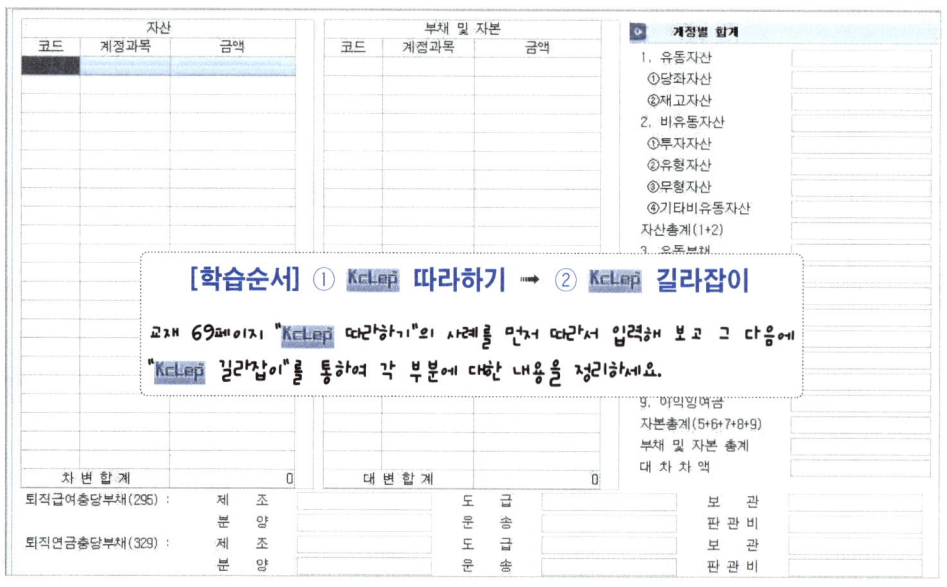

• [전기분 재무상태표] 화면 •

▶ 자산 / 부채 및 자본

화면 왼쪽(차변)에는 자산항목만 입력 및 조회가 가능하고, 화면 오른쪽(대변)에는 부채 및 자본항목만 입력 및 조회가 가능하도록 구성되어 있다.

▶ 코드 / 계정과목 / 금액

전기분 재무상태표를 보고 계정과목 코드번호 세 자리와 금액을 입력한다. 금액 입력시 키보드의 플러스키(+)를 누르면 1,000원 단위로 입력되므로 이를 이용하면 빠르게 입력할 수 있다. 계정과목 코드번호를 모를 경우 입력하는 방법은 다음과 같다.

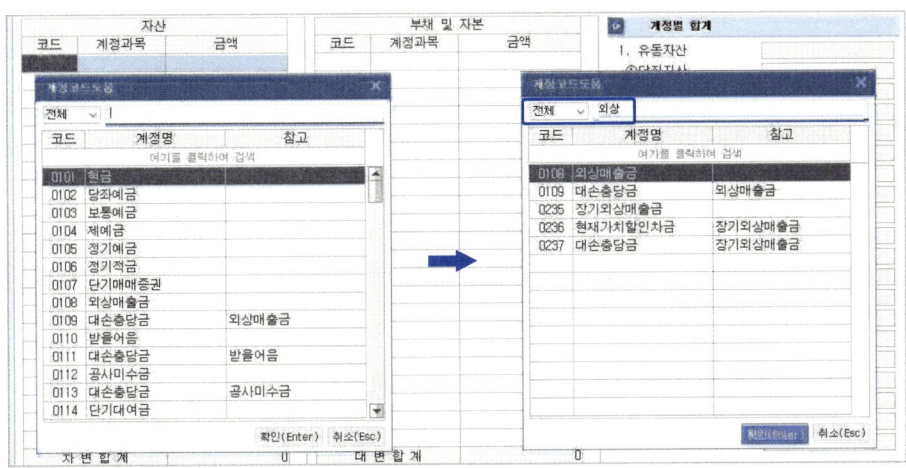

[방법1] [코드]란에 커서를 놓고 키보드의 F2 키를 누르고 「계정코드도움」 보조창의 [전체]란에 입력하고자 하는 계정과목명 두 글자(예 외상) 또는 그 이상(예 외상매출금)을 입력하면 해당 글자가 포함되어 있는 모든 계정과목명이 조회된다. 이 때 해당 계정과목으로 커서를 옮기고 키보드의 Enter 키를 치거나 확인(Enter) 을 클릭한다.

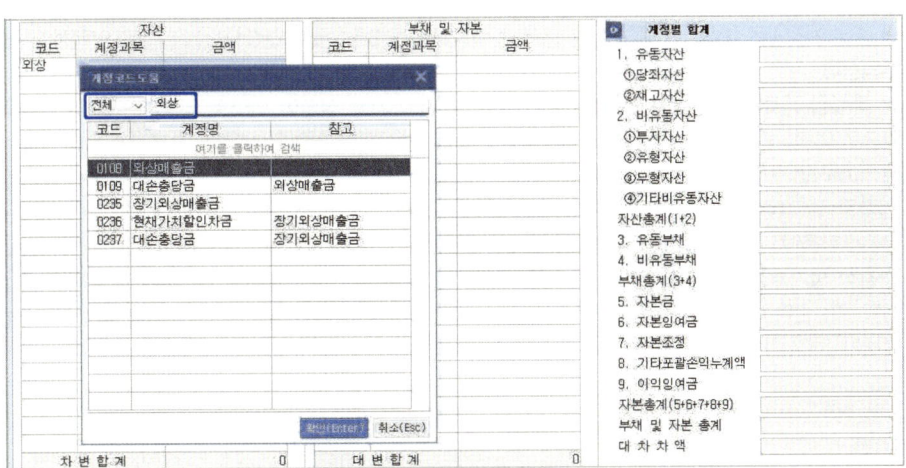

[방법2] [코드]란에 커서를 놓고 입력하고자 하는 계정과목명 두 글자(예: 외상) 또는 그 이상(예: 외상매출금)을 입력하고 키보드의 [Enter↵] 키를 치면 「계정코드도움」 보조창에 해당 글자가 포함되어 있는 모든 계정과목명이 조회된다. 이 때 해당 계정과목으로 커서를 옮기고 키보드의 [Enter↵] 키를 치거나 확인(Enter) 을 클릭한다.

한마디 … 이하 모든 메뉴에서 계정과목 코드를 모를 경우에는 위 방법 중 한 가지를 선택하면 된다.

차 변 합 계		0	대 변 합 계		0	대 차 차 액	
퇴직급여충당부채(295) :	제 조			도 급		보 관	
	분 양			운 송		판 관 비	
퇴직연금충당부채(329) :	제 조			도 급		보 관	
	분 양			운 송		판 관 비	

▶ 퇴직급여충당부채(295) / 퇴직연금충당부채(329)

화면 오른쪽(대변)에 "295.퇴직급여충당부채" 또는 "329.퇴직연금충당부채"를 입력하면 원가별로 나누어 입력할 수 있도록 화면 하단이 활성화된다.

▶ 계정별 합계

계정과목별로 좌측에 입력된 내용을 반영하여 자동 표시해 주는 계정별 합계액이다.

▶ 대차차액

입력된 자료가 왼쪽(차변)이 크면 차액만큼 양수(+)로 표시되고, 오른쪽(대변)이 크면 차액만큼 음수(-)로 표시된다. 작업이 완료되면 대차차액이 발생해서는 안된다.

[참고] 전기분 재무상태표 입력시 유의사항
① 계정과목의 코드와 금액은 차변·대변 구분 없이 모두 양수(+)로 입력하며, 각종 충당금 및 결손금 등의 경우 계정과목 [성격]란에 "4.차감"으로 입력되어 있으므로 금액 입력시 음수(-)로 입력하지 않도록 주의한다.
② 본 메뉴를 종료하면 입력된 자료는 코드번호 순서대로 자동 정렬이 되므로 입력에는 순서가 없다. 그러므로 입력하던 도중 하나의 계정과목이 빠진 경우에는 위에 입력된 내용을 삭제하지 않고 가장 아래에 입력하면 된다.
③ 입력된 코드 및 금액을 삭제하고자 하는 경우에는 해당 코드에 커서를 놓고 키보드의 F5 키를 누르고 [Enter↵] 키를 치거나 예(Y) 를 클릭한다. 모든 메뉴에서 입력된 자료의 삭제는 이와 동일하다.
④ 차감적 평가계정(대손충당금, 감가상각누계액)은 해당 계정과목의 바로 아래에 있는 계정과목의 코드번호를 선택해야 한다. 예를 들면, "108.외상매출금"의 대손충당금은 바로 아래에 있는 "109.대손충당금"을 선택해야 하며, "110.받을어음"의 대손충당금은 "111.대손충당금"을 선택해야 한다.

KcLep 따라하기

전기분 재무상태표 따라하기

다음 자료를 이용하여 최대리(회사코드 : 4001)의 전기분 재무상태표를 입력하시오.

재 무 상 태 표
제14기 2024.12.31. 현재

회사명 : 최대리 (단위 : 원)

과 목	금 액		과 목	금 액	
자 산			부 채		
유 동 자 산		89,940,000	유 동 부 채		54,800,000
당 좌 자 산		69,340,000	외 상 매 입 금		12,300,000
현 금		4,500,000	미 지 급 금		12,500,000
보 통 예 금		50,000,000	단 기 차 입 금		30,000,000
외 상 매 출 금	12,500,000		비 유 동 부 채		0
대 손 충 당 금	220,000	12,280,000	부 채 총 계		54,800,000
받 을 어 음		2,560,000			
재 고 자 산		20,600,000	자 본		
상 품		20,600,000	자 본 금		68,640,000
비 유 동 자 산		33,500,000	자 본 금		68,640,000
투 자 자 산		0	자 본 총 계		68,640,000
유 형 자 산		18,500,000			
차 량 운 반 구	15,000,000				
감가상각누계액	10,500,000	4,500,000			
비 품		14,000,000			
무 형 자 산		0			
기타비유동자산		15,000,000			
임 차 보 증 금		15,000,000			
자 산 총 계		123,440,000	부채와 자본총계		123,440,000

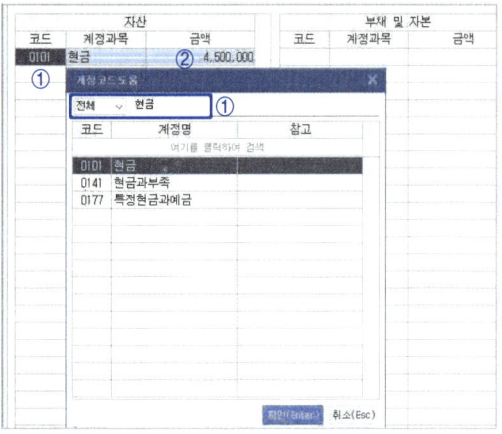

① [코드]란에 커서를 놓고 F2 키를 눌러 「계정코드도움」 보조창의 [전체]란에 "현금"을 입력하고, "101.현금"을 선택하고 Enter↵ 키를 치거나 확인(Enter) 을 클릭한다. 또는 [코드]란에 "현금"을 입력하고 Enter↵ 키를 친다(이름을 다 입력한 경우에는 보조창 없이 바로 입력되거나 보조창이 바로 나타난다).

② [금액]란에 "4,500,000"을 입력한다.

> 한마디… 이하의 계정과목 코드의 입력은 모두 이와 같은 방식으로 진행하면 된다.

③ "보통예금"부터 순서대로 입력한다.

④ "대손충당금"과 "감가상각누계액"은 해당 계정과목의 바로 다음번호를 입력한다.

> 한마디… 외상매출금과 차량운반구처럼 차감적 평가계정이 존재하는 것의 입력은 왼쪽의 계산식만을 입력한다.

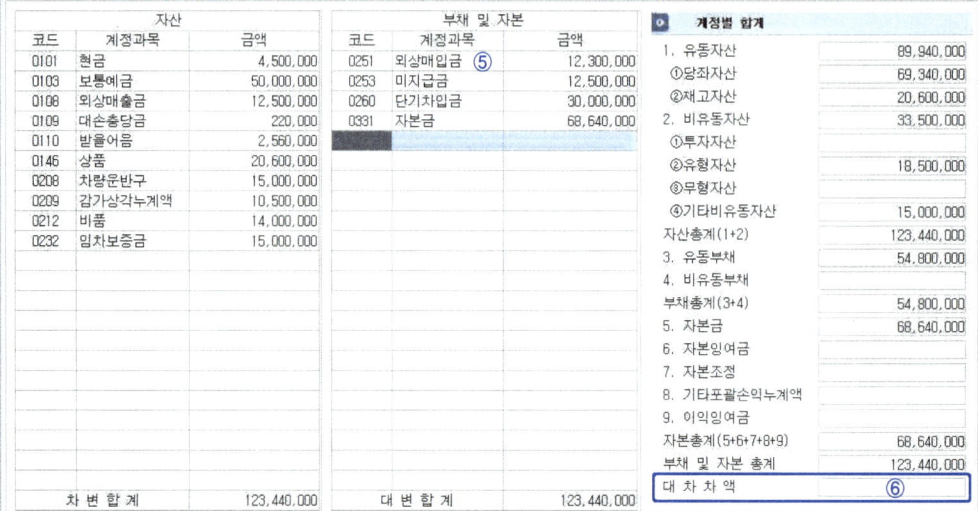

⑤ 키보드의 탭(⇥) 키를 누르고 오른쪽(대변)에 "외상매입금"부터 순서대로 입력한다.
⑥ 입력이 완료되면 [대차차액]란에 금액이 없어야 한다.

제2절 전기분 손익계산서

[전기분 손익계산서] 메뉴는 전기분 손익계산서를 보고 입력한다. 입력된 자료는 비교식 손익계산서의 전기분 자료를 제공하게 된다.

 **KcLep 길라잡이**

- [재무회계]>[전기분 재무제표]>[전기분 손익계산서]를 선택하면 다음과 같은 화면이 나타난다.

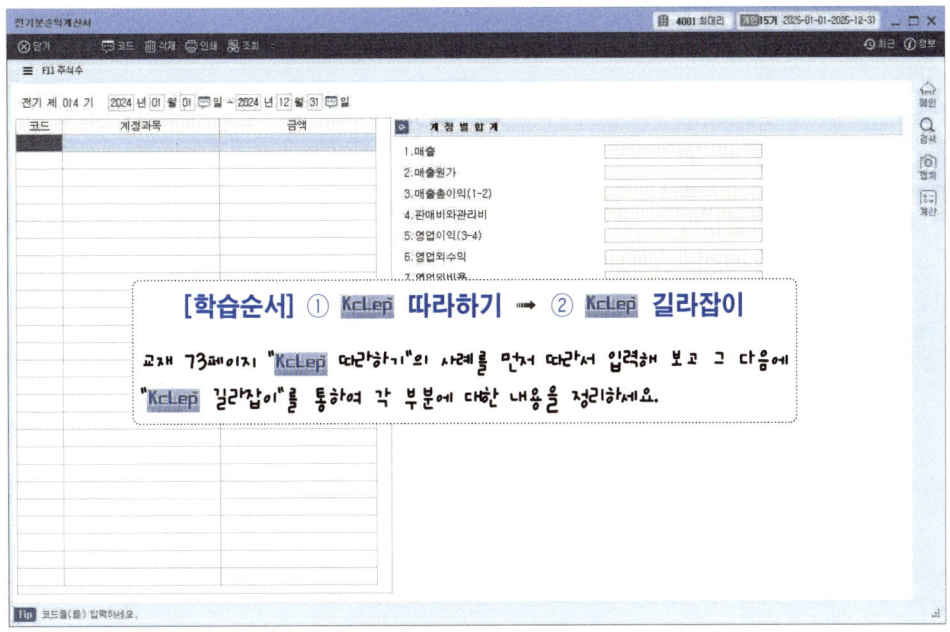

• [전기분 손익계산서] 화면 •

▶ 코드 / 계정과목 / 금액

전기분 손익계산서를 보고 계정과목 코드번호 세 자리와 금액을 입력한다. 계정과목 코드번호와 금액을 입력하는 방법은 [전기분 재무상태표]에서 설명한 내용과 동일하다.

▶ 상품매출원가의 입력방법

[코드]란에 "451.상품매출원가"를 입력하면 아래와 같은 「매출원가」 보조창이 나타난다. 이곳에 기초상품재고액과 당기상품매입액 등을 입력하고 키보드의 Enter↵ 키를 계속치고 진행

한다. 기말상품재고액은 [전기분 재무상태표]에서 "146.상품"으로 입력한 금액이 자동 반영되어 표시되므로 본 메뉴에서는 입력할 수 없다. 따라서 본 메뉴 작업 전에 반드시 [전기분 재무상태표]를 먼저 작업해야 한다. 상품매출원가는 기초상품재고액과 당기상품매입액을 합한 금액에서 기말상품재고액을 차감한 금액이 자동으로 표시된다.

• 최대리 상품매출원가 입력 화면 •

다시 한번 정리하면...

손익계산서의 표시 형태는 아래와 같으나, 상품매출원가 입력시에는 해당 계정과목을 차례대로 입력하지 않고 프로그램에서의 입력방법을 잘 알고 작업해야 한다. 위 입력방법을 정리하면 다음과 같다.

상 품 매 출 원 가	77,400,000	⇦ [(기초+당기-기말)을 계산하여 자동으로 표시됨]
기초상품재고액	38,400,000	⇦ [보조창에서 직접 입력]
당기상품매입액	59,600,000	⇦ [보조창에서 직접 입력]
기말상품재고액	20,600,000	⇦ [전기분 재무상태표에서 자동반영]

* (상품매출원가 77,400,000 = 기초 38,400,000 + 당기 59,600,000 - 기말 20,600,000)

▶ 계정별 합계

계정과목별로 좌측에 입력된 내용을 반영하여 자동 표시해 주는 계정별 합계액이다.

KcLep 따라하기

전기분 손익계산서 따라하기

다음 자료를 이용하여 최대리(회사코드 : 4001)의 전기분 손익계산서를 입력하시오.

손 익 계 산 서
제14기 2024.1.1. ~ 2024.12.31.

회사명 : 최대리 (단위 : 원)

과 목	금 액
매 출 액	169,000,000
상 품 매 출	169,000,000
매 출 원 가	77,400,000
상 품 매 출 원 가	77,400,000
기 초 상 품 재 고 액	38,400,000
당 기 상 품 매 입 액	59,600,000
기 말 상 품 재 고 액	20,600,000
매 출 총 이 익	91,600,000
판 매 비 와 관 리 비	64,190,000
급 　　　　　 여	36,000,000
복 리 후 생 비	5,855,000
여 비 교 통 비	6,365,000
기 업 업 무 추 진 비	1,655,000
통 　신 　비	412,000
수 도 광 열 비	633,000
임 　차 　료	8,000,000
운 　반 　비	200,000
소 　모 　품 　비	4,850,000
대 손 상 각 비	220,000
영 업 이 익	27,410,000
영 업 외 수 익	0
영 업 외 비 용	1,850,000
이 자 비 용	1,850,000
소 득 세 차 감 전 이 익	25,560,000
소 득 세 등	0
당 기 순 이 익	25,560,000

① [코드]란에 커서를 놓고 키보드의 F2 키를 누르고 「계정코드도움」 보조창의 [전체]란에 "상품"을 입력하고, "401.상품매출"을 선택하고 Enter 키를 치거나 확인(Enter) 을 클릭한다. 또는 [코드]란에 "상품매출"을 입력하고 Enter 키를 친다(이름을 다 입력한 경우에는 보조창 없이 바로 입력되거나 보조창이 바로 나타난다).

② [금액]란에 "169,000,000"을 입력한다.

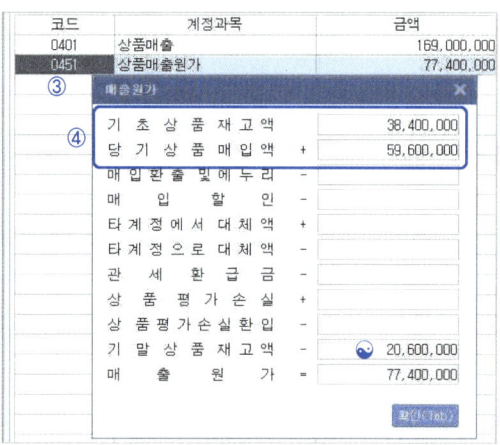

③ [코드]란에 "451.상품매출원가"를 입력한다.

④ 「매출원가」 보조창에 기초상품재고액과 당기상품매입액을 입력한다. 그리고 키보드의 Enter 키를 계속해서 보조창을 빠져나오면 상품매출원가가 자동 계산되어 표시된다.

> 한마디 … 기말상품재고액은 [전기분 재무상태표] 메뉴에서 입력한 "146.상품"의 금액이 자동 반영되며, 본 메뉴에서는 입력할 수 없다.

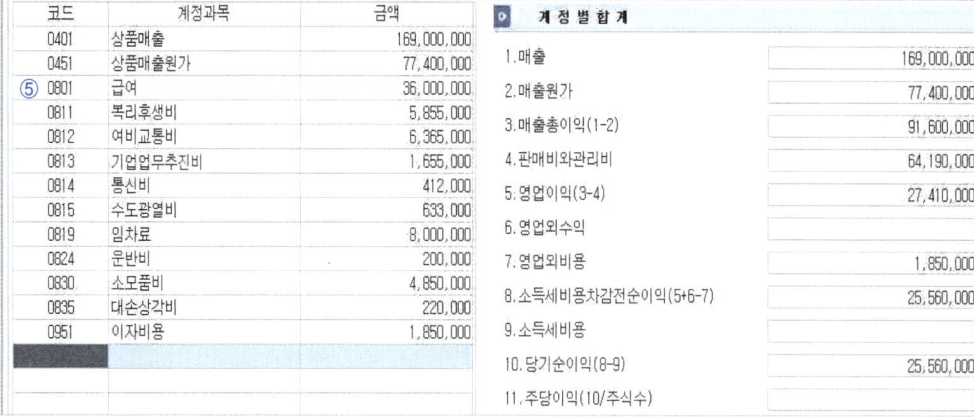

⑤ "급여"부터 "이자비용"까지 입력한다.

기/출/문/제 (실기)

01 다음은 세연상사(코드 : 4002)의 전기분 재무상태표이다. 입력되어 있는 자료를 검토하여 오류부분은 정정하고 누락된 부분은 추가 입력하시오.

재 무 상 태 표

회사명 : 세연상사　　　　제14기 2024.12.31. 현재　　　　(단위 : 원)

과　목	금　액		과　목	금　액
현　　　　금		5,000,000	외 상 매 입 금	9,000,000
당 좌 예 금		6,000,000	지 급 어 음	7,500,000
보 통 예 금		13,700,000	미 지 급 금	3,300,000
외 상 매 출 금	12,000,000		예 　 수 　 금	9,200,000
대 손 충 당 금	120,000	11,880,000	단 기 차 입 금	1,000,000
받 을 어 음	8,000,000		자 　 본 　 금	61,000,000
대 손 충 당 금	80,000	7,920,000		
미 　 수 　 금		3,500,000		
상 　 　 　 품		11,000,000		
차 량 운 반 구	20,000,000			
감가상각누계액	8,000,000	12,000,000		
비 　 　 　 품	7,000,000			
감가상각누계액	2,000,000	5,000,000		
임 차 보 증 금		15,000,000		
자산총계		**91,000,000**	**부채와 자본총계**	**91,000,000**

> 한마디 … 본 과정을 학습하기 위해서는 P.37의 **데이터 설치하기**에 따라 데이터가 설치되어 있어야 합니다.

02 다음은 세희상사(코드 : 4003)의 [전기분 손익계산서]이다. 입력되어 있는 자료를 검토하여 오류부분은 정정하고 누락된 부분은 추가 입력하시오.

손 익 계 산 서

회사명 : 세희상사　　제14기 2024.1.1. ~ 2024.12.31.　　(단위 : 원)

과　목	금　액	과　목	금　액
Ⅰ 매 출 액	85,000,000	Ⅴ 영 업 이 익	40,540,000
1.상 품 매 출	85,000,000	Ⅵ 영 업 외 수 익	1,100,000
Ⅱ 매 출 원 가	35,000,000	1.이 자 수 익	300,000
상 품 매 출 원 가	35,000,000	2.임　대　료	800,000
1.기초상품재고액	7,000,000	Ⅶ 영 업 외 비 용	700,000
2.당기상품매입액	43,000,000	1.유형자산처분손실	700,000
3.기말상품재고액	15,000,000	Ⅷ 소득세차감전순이익	40,940,000
Ⅲ 매 출 총 이 익	50,000,000	Ⅸ 소 득 세 등	0
Ⅳ 판매비와 관리비	9,460,000	Ⅹ 당 기 순 이 익	40,940,000
1.급　　　여	6,000,000		
2.복 리 후 생 비	1,500,000		
3.여 비 교 통 비	600,000		
4.차 량 유 지 비	400,000		
5.소 모 품 비	300,000		
6.광 고 선 전 비	660,000		

KcLep 도우미

해설 1

- [전체메뉴] 우측 상단의 버튼을 클릭하여 회사를 "4002.세연상사"로 변경한다.
- [재무회계]>[전기분 재무제표]>[전기분 재무상태표]를 선택하고 제시된 자료에 따라 수정 또는 추가 입력한다.

① 120.미수금 "4,500,000원" → "3,500,000원"으로 수정 입력
② 208.차량운반구의 "209.감가상각누계액 8,000,000원" 추가 입력
③ 260.단기차입금 "10,000,000원" → "1,000,000원"으로 수정 입력

해설 2

- [전체메뉴] 우측 상단의 회사 버튼을 클릭하여 회사를 "4003.세희상사"로 변경한다.
- [재무회계]>[전기분 재무제표]>[전기분 손익계산서]를 선택하고 제시된 자료에 따라 수정 또는 추가 입력한다.

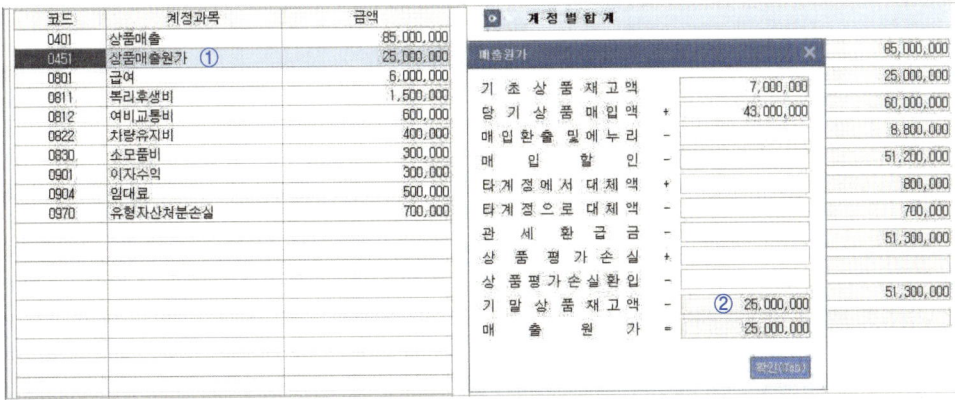

① [전기분 손익계산서]에서 "451.상품매출원가"를 선택하고 키보드의 Enter↵ 키를 친다.
② 「매출원가」 보조창에 [기말상품재고액]란이 25,000,000원으로 입력되어 있으므로 해당 메뉴를 닫는다.

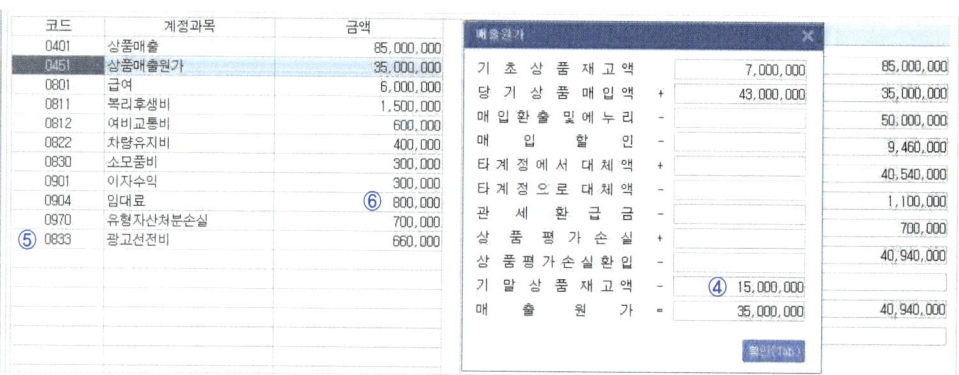

③ [전기분 재무상태표]에서 146.상품 "25,000,000원" ➡ "15,000,000원"으로 수정 입력

④ [전기분 손익계산서]를 선택하고 대화창에서 [확인]을 클릭한다. "451.상품매출원가"를 선택하고 키보드의 [Enter↲] 키를 치고 「매출원가」 보조창에 [기말상품재고액]란이 수정된 금액으로 반영된 것을 확인한다.

⑤ "833.광고선전비 660,000원" 추가 입력

⑥ 904.임대료 "500,000원" ➡ "800,000원"으로 수정 입력

참고 … [전기분 재무상태표]와 [전기분 손익계산서] 메뉴에서 출제되는 문제의 형태는 문제지에 제시된 자료를 보고 이미 등록된 내용 중 오류를 수정하거나 미 입력된 내용을 추가 입력하는 형태이다. 예를 들면, [전기분 재무상태표]의 경우 임차보증금이 5,000,000원으로 잘못 입력되어 있다거나, 예수금이 입력되어 있지 않은 경우 등이 출제 형태이다. [전기분 손익계산서]의 경우 소모품비가 입력되어 있지 않다거나, 기말상품재고액이 입력되지 않은 경우 등 이다. 이 경우 해당 메뉴에서 직접 입력 또는 수정하면 되지만 기말상품재고액은 [전기분 재무상태표]에서 입력해야 한다는 것에 주의한다.

제3절 거래처별 초기이월

[거래처별 초기이월] 메뉴는 거래처원장에 각 거래처별로 전기이월 자료를 제공하기 위하여 입력하는 메뉴이다. [재무회계]>[장부관리]>[거래처원장]에서는 전기이월 자료를 직접 입력할 수 없기 때문에 [거래처별 초기이월] 메뉴에서 거래처원장에서 관리하고자 하는 계정과목별로 각 거래처별 전기이월 금액을 입력하는 것이다. 다만, 본 프로그램으로 전기에 회계처리를 한 경우에는 [재무회계]>[전기분 재무제표]>[마감후 이월]에서 마감작업을 하면 거래처별 잔액이 다음 기수의 거래처원장에 전기이월로 자동 반영되므로 작업할 필요가 없다.

KcLep 길라잡이

- [재무회계]>[전기분 재무제표]>[거래처별 초기이월]을 선택하고 상단 툴바의 F4 불러오기 를 클릭하여 [전기분 재무상태표] 메뉴에서 작업한 내용을 불러온다.

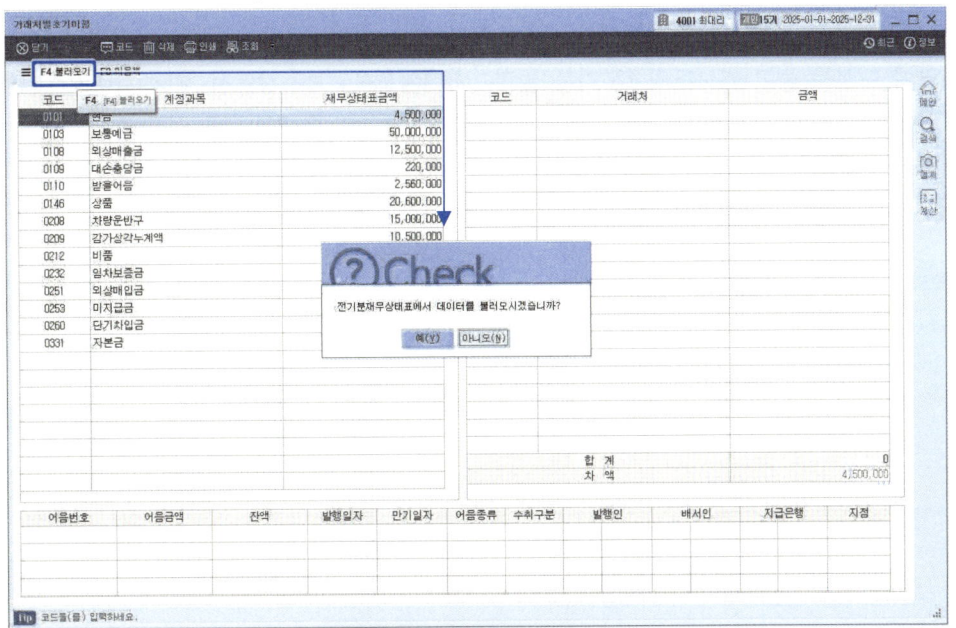

• 최대리 [거래처별 초기이월] 화면 1 •

- 화면 좌측의 기초자료는 본 메뉴에서 직접 입력할 수 없으므로 본 메뉴 작업 이전에 [전기분 재무상태표] 메뉴를 먼저 작업해야 한다.

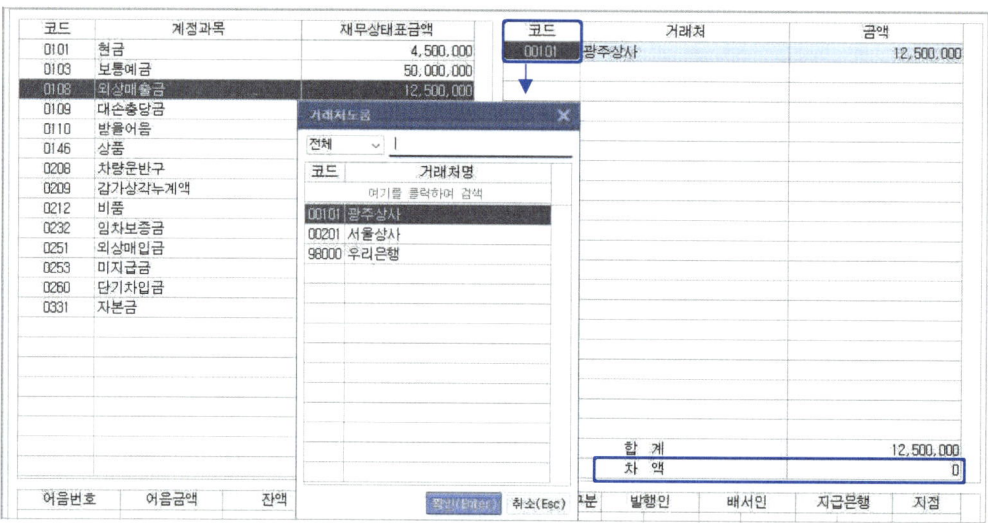

• 최대리 [거래처별 초기이월] 화면 2 •

▶ 코드 / 거래처 / 금액

기초자료를 참고하여 거래처원장에서 관리하고자 하는 계정과목을 선택하고, 화면 우측 [코드]란에 커서를 놓고 키보드의 F2 키를 눌러「거래처도움」보조창에서 해당 거래처를 선택하고 확인(Enter)을 클릭한다. 각 거래처별로 전기이월 금액을 입력하여 화면 우측 하단 [차액]란에 금액이 없도록 한다. 이처럼 입력된 자료는 아래와 같이 [재무회계]>[장부관리]>[거래처원장]에 반영되어 각 계정과목에 따른 거래처별 전기이월 자료를 제공하게 된다.

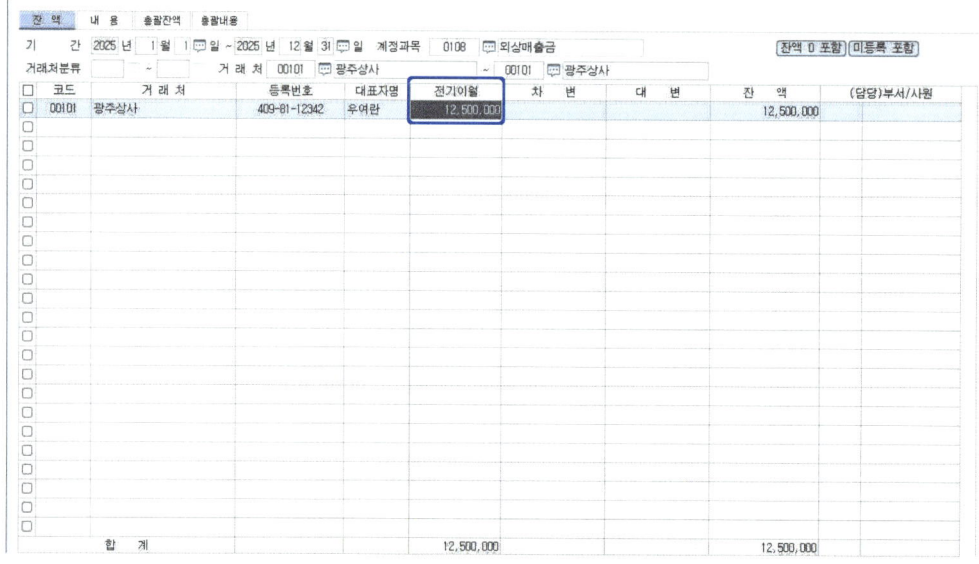

• 최대리 [거래처원장(잔액)] 화면 •

 KcLep 따라하기

거래처별 초기이월 따라하기

다음 자료를 이용하여 최대리(코드 : 4001)의 거래처별 초기이월 자료를 입력하시오.

계정과목	거래처명	금 액
외상매출금	광주상사	12,500,000원
받을어음	광주상사	2,560,000원
외상매입금	서울상사	12,300,000원
미지급금	서울상사	12,500,000원

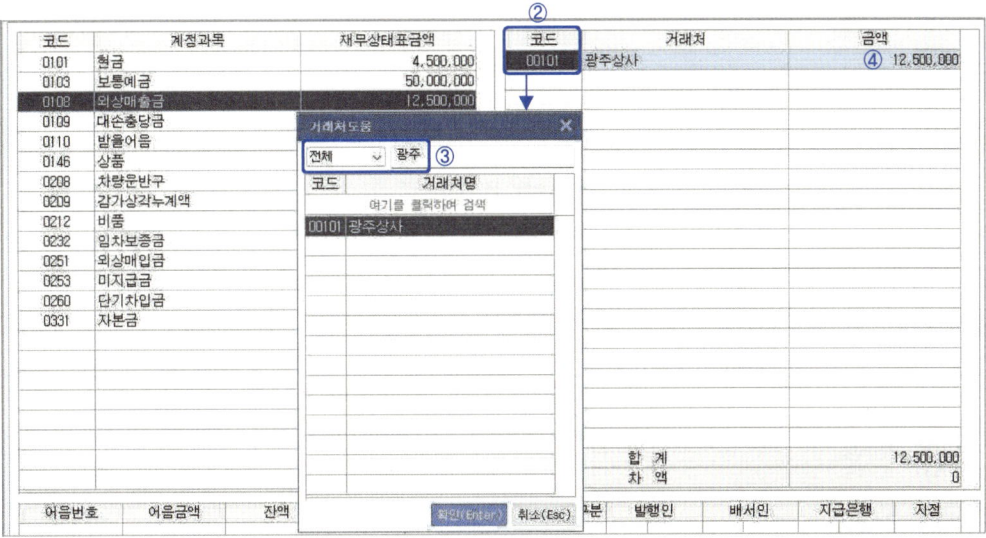

① 상단 툴바의 [F4 불러오기]를 클릭하고 대화창에서 [예(Y)]를 클릭하면 [전기분 재무상태표] 메뉴에서 작업한 내용을 불러온다.
② 화면 좌측에서 "108.외상매출금"을 선택하고 우측 [코드]란에 커서를 놓고 키보드의 F2 키를 누른다.
③ 「거래처도움」 보조창의 [전체]란에 "광주"를 입력하고 [확인(Enter)]을 클릭한다.
④ [금액]란에 "12,500,000"을 입력한다.

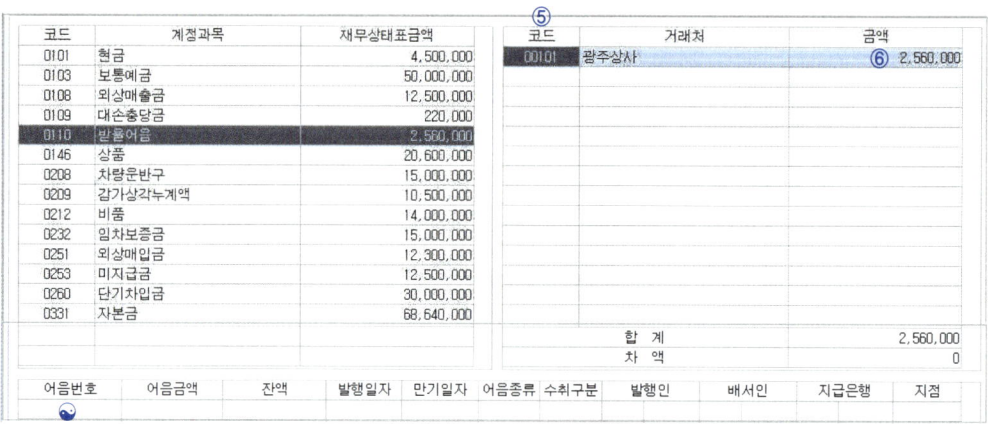

⑤ 화면 좌측에서 "110.받을어음"을 선택하고 [코드]란에서 키보드의 F2 키를 눌러「거래처도움」보조창에서 "101.광주상사"를 선택하고 확인(Enter)을 클릭한다.

⑥ [금액]란에 "2,560,000"을 입력한다.

> 한마디 … 받을어음과 지급어음 계정 등의 경우 어음번호 등을 관리할 필요가 있는 경우에는 메뉴 하단에 추가로 해당 내용을 입력한다(자격시험에서는 이를 사용하지 않음).

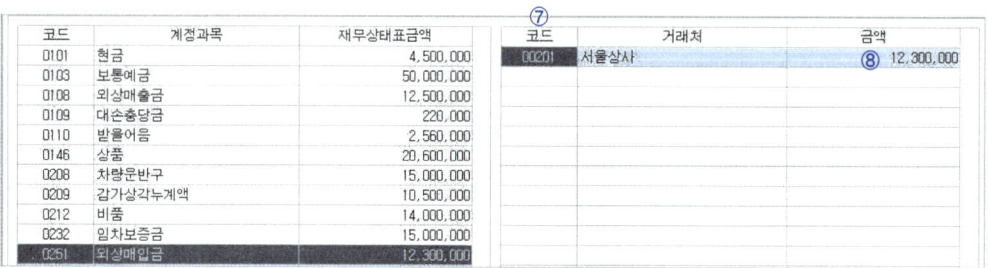

⑦ 화면 좌측에서 "251.외상매입금"을 선택하고 우측 [코드]란에서 키보드의 F2 키를 눌러「거래처도움」보조창에서 "201.서울상사"를 선택하고 확인(Enter)을 클릭한다.

⑧ [금액]란에 "12,300,000"을 입력한다.

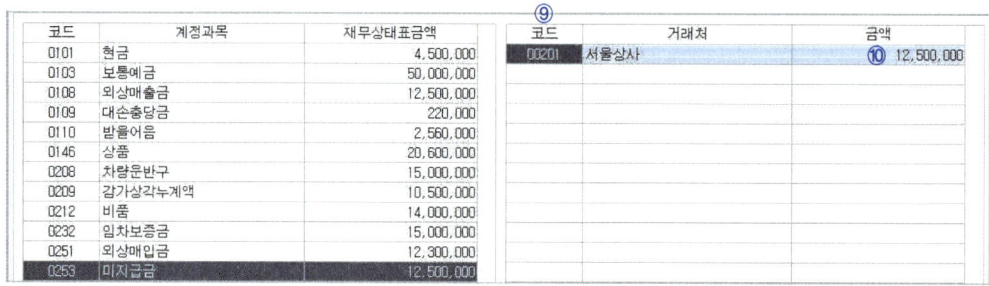

⑨ 화면 좌측에서 "253.미지급금"을 선택하고 우측 [코드]란에서 키보드의 F2 키를 눌러「거래처도움」보조창에서 "201.서울상사"를 선택하고 확인(Enter)을 클릭한다.

⑩ [금액]란에 "12,500,000"을 입력한다.

http://cafe.naver.com/choidairi

기/출/문/제 (실기)

01 세연상사(회사코드 : 4002)의 전기분 받을어음과 지급어음 기말잔액은 다음과 같다. [거래처별 초기이월]을 검토하여 수정 또는 추가 입력하시오.

계정과목	거래처명	금액	계정과목	거래처명	금액
받을어음	우일상사	2,700,000원	지급어음	무사상사	4,700,000원
	진이상사	3,800,000원		광오상사	1,600,000원
	서삼상사	1,500,000원		청육상사	1,200,000원

02 다음 자료를 이용하여 세희상사(회사코드 : 4003)의 [거래처별 초기이월] 메뉴에 수정 또는 추가 입력하시오.

거래처	계정과목	잔액
남산완구	외상매출금	4,000,000원
	단기대여금	8,000,000원
연제완구	외상매입금	15,000,000원
	미지급금	5,000,000원
	단기차입금	7,000,000원

한마디 … 본 과정을 학습하기 위해서는 P.37의 **데이터 설치하기**에 따라 데이터가 설치되어 있어야 합니다.

KcLep 도우미

해설 1

- [전체메뉴] 우측 상단의  버튼을 클릭하여 회사를 "4002.세연상사"로 변경한다.
- [재무회계]>[전기분 재무제표]>[거래처별 초기이월]을 선택하고 제시된 자료에 따라 수정 또는 추가 입력한다.

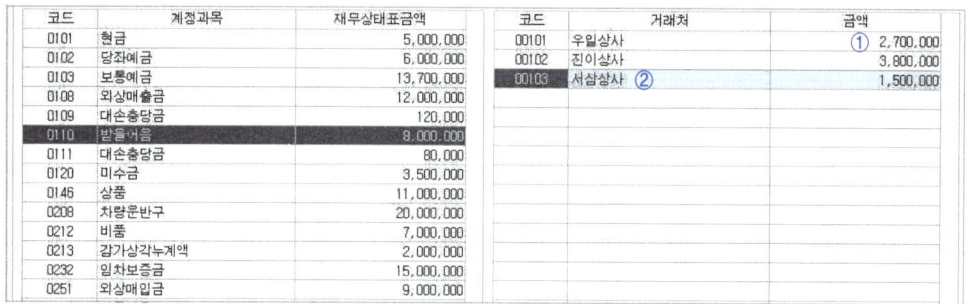

① 받을어음 계정에 우일상사 "5,200,000원" ➡ "2,700,000원"으로 수정 입력
② 받을어음 계정에 "103.서삼상사 1,500,000원" 추가 입력

③ 지급어음 계정에 광오상사 "2,100,000원" ➡ "1,600,000원"으로 수정 입력

해설 2

- [전체메뉴] 우측 상단의 회사 버튼을 클릭하여 회사를 "4003.세희상사"로 변경한다.
- [재무회계]>[전기분 재무제표]>[거래처별 초기이월]을 선택하고 제시된 자료에 따라 수정 또는 추가 입력한다.

① 단기대여금 계정에 "104.남산완구 8,000,000원" 추가 입력

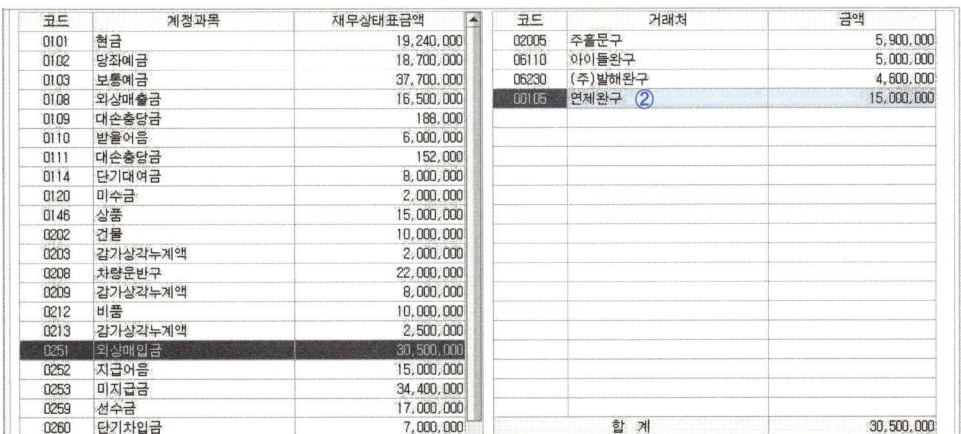

② 외상매입금 계정에 "105.연제완구 15,000,000원" 추가 입력

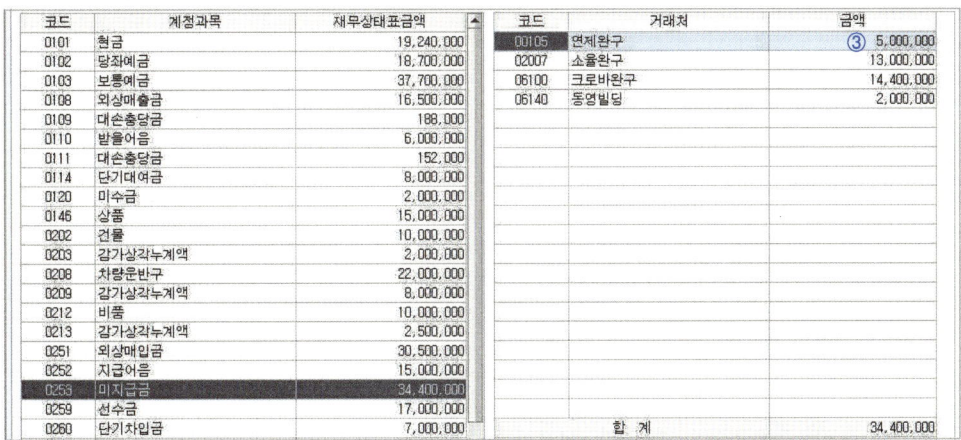

③ 미지급금 계정에 105.연제완구 "3,000,000원" ➡ "5,000,000원"으로 수정 입력

단마디 … [거래처별 초기이월] 메뉴에서 출제되는 문제의 형태는 문제지에 제시된 자료를 보고 이미 입력된 내용 중 오류를 수정하거나 입력이 누락된 내용을 추가 입력하는 형태이다.

memo

제2부

전표입력 및 장부

↘ 제1장 분개와 전기
↘ 제2장 일반전표입력
↘ 제3장 전표출력
↘ 제4장 분개장

제 1 장 분개와 전기

1. 분개와 분개장

회계상 거래가 발생하면 해당 거래를 ① 어느 계정에 기입할 것인가, ② 계정의 어느 변에 기입할 것인가, ③ 계정에 기입할 금액은 얼마인가 등을 미리 결정하는 절차를 "분개"라고 하며, 거래의 발생순서에 따라 분개한 것을 기입하는 장부를 "분개장"이라고 한다. 프로그램에서는 [재무회계]>[전표입력]>[일반전표입력]에서 분개를 하면, 입력한 자료에 따라 [재무회계]>[장부관리]>[분개장]에 자동 반영된다.

2. 전기와 총계정원장(원장)

특정 계정의 증감액과 거래내역을 손쉽게 파악하기 위해서는 분개장에 기록된 계정별로 별도의 장부에 다시 집계해야 하는데, 이와 같이 각 계정이 집계되어 있는 장부를 "원장" 또는 "총계정원장"이라고 하며, 분개장에 분개한 것을 원장상의 각 계정별로 기입하는 절차를 "전기"라고 한다. 프로그램에서는 [재무회계]>[전표입력]>[일반전표입력]에서 분개를 하면, 입력된 자료에 따라 [재무회계]>[장부관리]>[계정별원장] 및 [총계정원장]에 자동 반영된다.

3. 계정기입의 법칙

각 계정에 기입되는 모든 거래는 증가와 감소, 발생과 소멸이라는 서로 반대되는 두 가지 측면을 가지고 있는데 이 때 각 계정의 차변과 대변에 어떻게 기입되는가를 나타낸 것을 계정기입의 법칙이라 한다.

(1) 재무상태표 계정의 기입방법

재무상태표 계정인 자산·부채·자본 계정은 잔액이 나타나는 쪽에 증가를 기입한다. 자산의 증가는 차변에, 부채와 자본의 증가는 대변에 기입하고 그 반대쪽에 감소를 기입한다.

(차변)	자산계정	(대변)	(차변)	부채계정	(대변)	(차변)	자본계정	(대변)
증가		감소	감소		증가	감소		증가

(2) 손익계산서 계정의 기입방법

수익·비용은 손익계산서 계정이다. 수익의 발생은 대변에 기입하고, 소멸은 차변에 기입한다. 비용의 발생은 차변에 기입하고, 소멸은 대변에 기입한다.

(차변)	비용계정	(대변)	(차변)	수익계정	(대변)
발생		소멸	소멸		발생

1 [거래] : 현금 500,000원을 출자하여 사업을 개시하다.
↓
[분개] : (차) 현 금　　　500,000　　/　(대) 자본금　　　500,000
↓
[전기] :

현 금(자산)		자본금(자본)	
자본금　500,000		현 금　500,000	

2 [거래] : 상품 10,000원을 현금으로 구입하다.
↓
[분개] : (차) 상 품　　　10,000　　/　(대) 현 금　　　10,000
↓
[전기] :

상 품(자산)		현 금(자산)	
현 금　10,000		상 품　10,000	

3 [거래] : 상품 20,000원을 외상으로 구입하다.
↓
[분개] : (차) 상 품　　　20,000　　/　(대) 외상매입금　　　20,000
↓
[전기] :

상 품(자산)		외상매입금(부채)	
외상매입금 20,000		상 품　20,000	

4 [거래] : 상품 30,000원을 외상으로 매출하다.
↓
[분개] : (차) 외상매출금　　　30,000　　/　(대) 상품매출　　　30,000
↓
[전기] :

외상매출금(자산)		상품매출(수익)	
상품매출　30,000		외상매출금 30,000	

(3) 계정과 재무제표의 관계

각 계정은 계정기입의 법칙에 의하여 거래 발생시 차변과 대변에 각각 기입된다. 이렇게 기입된 계정들의 차변과 대변의 차액을 재무상태표와 손익계산서의 해당 부분에 옮겨 적으면 하나의 재무제표(재무상태를 나타내는 여러 가지 표)가 된다.

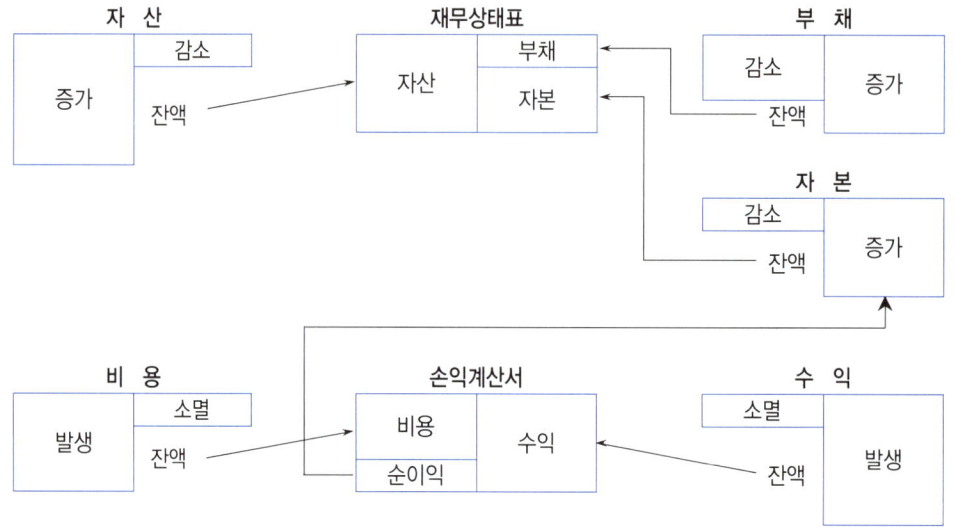

4. 대차평균의 원리

거래가 발생하면 거래요소의 결합관계 때문에 반드시 어느 계정의 차변과 또 다른 계정의 대변에 같은 금액을 기입한다. 따라서 아무리 많은 거래가 기입되더라도 계정 전체의 차변합계와 대변합계는 반드시 일치하게 되는데, 이것을 부기에서는 대차평균의 원리라 한다. 대차평균의 원리는 계정 전체의 차변 금액합계와 대변 금액합계의 일치 여부를 확인함으로써 장부기장과 계산의 정확성 여부를 판단할 수 있게 되는데 이를 "자기검증기능"이라고 한다.

제 2 장 일반전표입력

[일반전표입력] 메뉴는 회계상의 거래가 발생하면 증빙서류 등을 보고 프로그램이 요구하는 형식에 맞추어 입력하는 메뉴이다. 입력된 자료는 자동으로 정리, 분류, 집계되어 [분개장] 및 [총계정원장] 등의 메뉴에서 필요한 내용을 조회 및 출력을 할 수 있게 한다.

 **KcLep 길라잡이**

- [재무회계]>[전표입력]>[일반전표입력]을 선택하면 다음과 같은 화면이 나타난다.

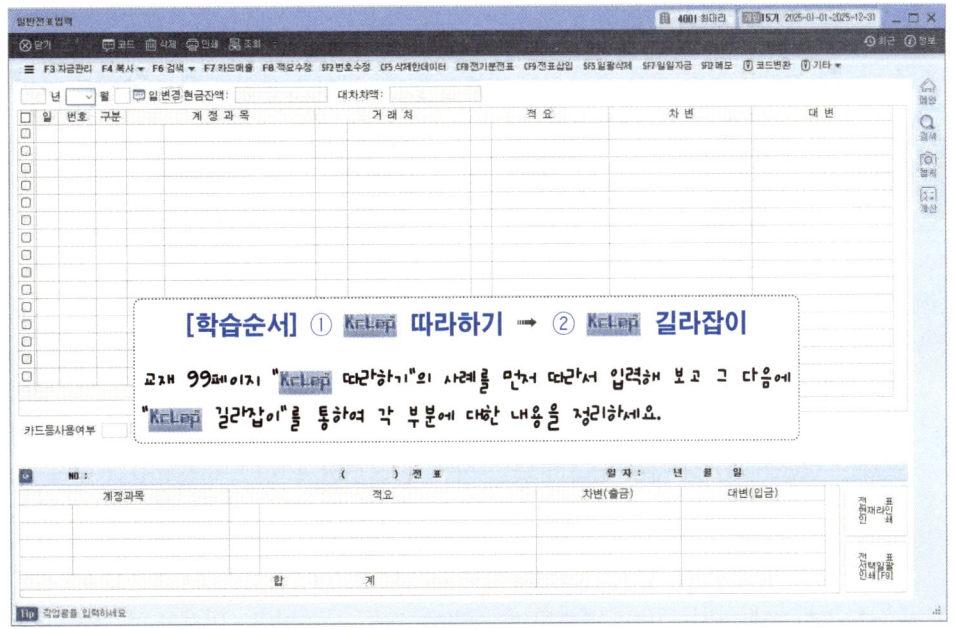

• [일반전표입력] 화면 •

▶ **입력방식**(▢월 ▢일변경 또는 ▢월~ ▢년 ▢월변경)

거래가 발생한 일자를 입력하는 방식에는 기본값인 "**월별입력**" 방식과 "**기간입력**" 방식이 있다. "**기간입력**" 방식으로 변경하고자 하는 경우에는 제목표시줄의 변경을 클릭한다. 다시 기본값을 적용하고자 하는 경우에는 제목표시줄의 변경을 클릭한다. 이하 본서에서는 "**월별입력**" 방식으로 설명하도록 한다.

▶ 월

거래가 발생한 월을 입력한다.

[참고] 현금잔액

[현금잔액]란에 표시된 금액은 [전기분 재무상태표] 메뉴에서 현금으로 입력한 금액이며, 전기말 현금잔액이 당기의 기초현금으로 표시되는 것이다.

▶ 일

거래가 발생한 일을 입력한다. [일]란은 상황에 따라 두 가지 방법으로 입력할 수 있다.

[방법1] 상단의 [월]란에는 "월"을 입력하고 [일]란에는 "일"을 입력한다. 그 다음 [일]란에는 상단에 입력한 일이 자동 표시되는 방법이다. 이 방법은 동일한 화면 내에서 하루 동안의 거래를 연속적으로 입력하는 방법이다.

[방법2] 상단의 [월]란에는 "월"을 입력하고 [일]란에서 Enter↵ 키를 치고 진행하여 [일]란은 입력하지 않는다. 그 다음 [일]란에 "일"을 입력하면서 작업하는 방법이다. 이 방법은 동일한 화면 내에서 한 달 동안의 거래를 연속적으로 입력하는 방법이다. 자격시험에서는 문제에 제시된 상황에 따라 빨리 입력 및 조회할 수 있는 방법을 사용하면 된다.

▶ 번호

전표번호를 말하는데, 이는 "00001"부터 일자별로 자동 부여되며, 일자가 바뀌면 새로이 "00001"부터 부여된다. 즉, 1월 1일의 첫 번째 전표를 입력하면 차변과 대변이 일치할 때까지 계속하여 "00001"번이 부여된다. 1월 1일의 두 번째 전표를 입력하면 차변과 대변이 일치할 때까지 "00002"번이 부여된다. 1월 2일 또는 2월 1일처럼 일이나 월을 바꾸어 첫 번째 전표를 입력하면 차변과 대변이 일치할 때까지 "00001"번이 부여되는 방식으로 진행된다.

[참고] 전표번호가 잘못 부여된 경우

전표번호는 자동부여 되므로 커서가 들어가지 않도록 구성되어 있다. 그러나 전표를 잘못 입력하여 하나의 전표가 서로 다른 번호로 부여된 경우에는 상단 툴바의 [SF2 번호수정]을 클릭하고 [번호]란에 커서를 놓고 직접 번호를 부여하여 수정한다. 번호를 수정한 후에는 다시 [SF2 번호수정]을 클릭하여 원래의 모드로 복귀한다.

▶ 구분

전표의 구분을 입력한다. 해당란에 커서가 위치하면 화면 하단 메시지창에 아래와 같은 도움말이 나타난다. [구분]란은 숫자로 입력한다.

> 1.출금,   2.입금,   3.차변,   4.대변,   5.결산차변,   6.결산대변

위의 구분 중에서 해당 거래에 적합한 구분을 선택한다.

□	일	번호	구분	계정과목	거래처	적요	차변	대변
□	4	00001	출금	0811 복리후생비			1,000	(현금)

[1.출금] 출금전표를 의미하는 것으로 현금 감소의 거래일 때 선택한다. 현금 감소의 거래이기 때문에 대변에 자동으로 현금 계정이 표시되므로 차변 계정과목만 선택하면 된다. 이 경우 차변 계정과목은 현금 계정이 될 수 없으므로 "101.현금"은 입력되지 않는다.

　　(차) <u>입력해야 할 계정과목</u>　　×××　/　(대) 현금　　　　×××

□	일	번호	구분	계정과목	거래처	적요	차변	대변
□	5	00001	입금	0103 보통예금			(현금)	1,000

[2.입금] 입금전표를 의미하는 것으로 현금 증가의 거래일 때 선택한다. 현금 증가의 거래이기 때문에 차변에 자동으로 현금 계정이 표시되므로 대변 계정과목만 선택하면 된다. 이 경우 대변 계정과목은 현금 계정이 될 수 없으므로 "101.현금"은 입력되지 않는다.

　　(차) 현금　　　　×××　/　(대) <u>입력해야 할 계정과목</u>　×××

□	일	번호	구분	계정과목	거래처	적요	차변	대변
□	6	00001	차변	0811 복리후생비			1,000	
□	6	00001	대변	0103 보통예금				1,000

[3.차변]
[4.대변] 대체전표를 의미하는 것으로 현금이 포함되지 않은 거래이거나 또는 현금이 일부만 포함된 경우에 선택하며 차변과 대변의 계정과목을 모두 선택한다.

　　(차) <u>입력해야 할 계정과목</u>　×××　/　(대) <u>입력해야 할 계정과목</u>　×××

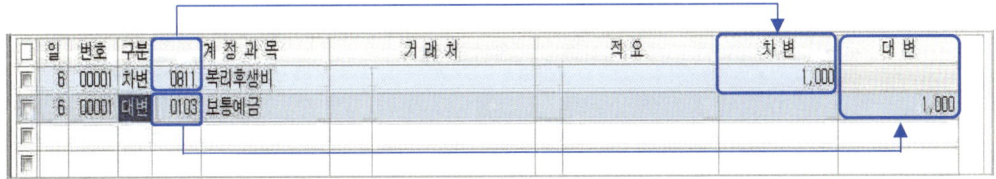　… 현금의 증감거래라고 해서 반드시 "1.출금"이나 "2.입금"을 선택해서 입력해야 하는 것은 아니고 "3.차변"과 "4.대변"을 이용하여 입력해도 그 결과만 동일하면 상관없다. "5.결산차변"과 "6.결산대

변"은 기말에 결산정리분개를 [결산자료입력] 메뉴를 이용하여 자동으로 할 때 나타나는 것으로 성격은 "3.차변"과 "4.대변"과 동일하다.

▶ 계정과목

해당 거래의 계정과목은 코드번호의 입력 또는 선택으로 이루어진다. 계정과목 코드번호를 입력 또는 선택하면 [계정과목]란은 자동으로 표시된다. 계정과목 코드번호를 모를 경우 입력하는 방법은 다음과 같다.

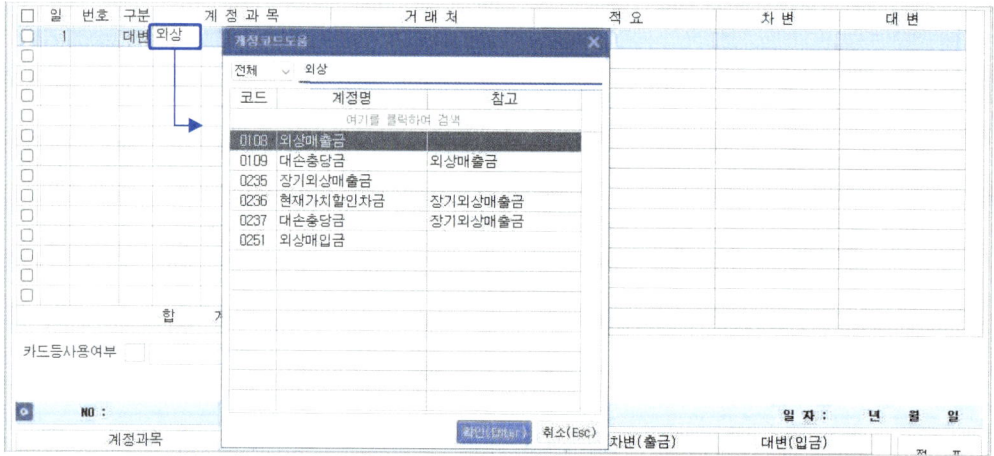

[방법1] [코드]란에 커서를 놓고 입력하고자 하는 계정과목명 두 글자(⑩ 외상)를 입력하고, 키보드의 Enter↵ 키를 치면「계정코드도움」보조창에 해당 글자가 포함되어 있는 모든 계정과목명이 조회된다. 이 때 해당 계정과목으로 커서를 옮기고 키보드의 Enter↵ 키를 치거나 확인(Enter) 을 클릭한다.

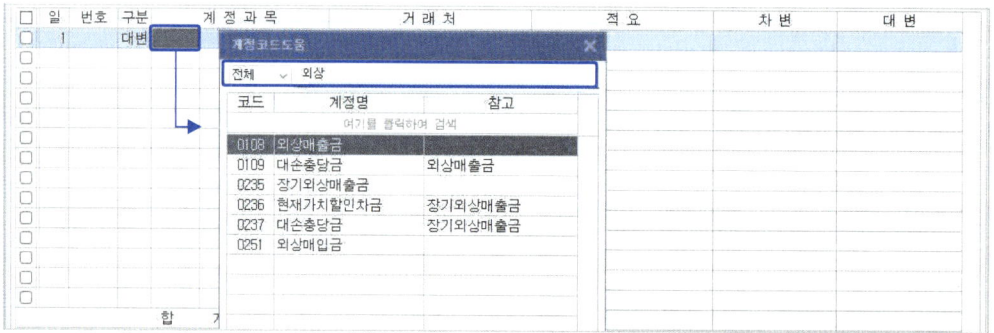

[방법2] [코드]란에 커서를 놓고 키보드의 F2 키를 누르고「계정코드도움」보조창의 [전체]란에 입력하고자 하는 계정과목명 두 글자(⑩ 외상) 또는 그 이상(⑩ 외상매출금)을 입력하면 해당 글자가 포함되어 있는 모든 계정과목명이 조회된다. 이 때 해당 계정과목으로 커서를 옮기고 키보드의 Enter↵ 키를 치거나 확인(Enter) 을 클릭한다.

▶ 거래처

해당 거래의 거래처는 코드번호의 입력 또는 선택으로 이루어진다. 거래처의 코드번호를 입력하면 [거래처]란은 자동으로 표시된다. 실무에서는 거래처원장에서 관리할 필요가 있는 거래처는 모두 코드번호를 입력해야 하며, 거래처원장에서 관리할 필요가 없는 거래처는 코드번호를 입력하지 않고 [거래처]란에 이름만 직접 입력하면 된다. 단, 자격시험에서는 채권(외상매출금, 받을어음 등)·채무(외상매입금, 지급어음 등)와 관련된 계정과목들은 별도의 제시가 없어도 반드시 거래처의 코드번호를 입력해야 하며, 나머지 계정과목은 별도의 제시가 없으면 입력하지 않아도 된다. 거래처 코드번호를 모를 경우 입력하는 방법은 다음과 같다.

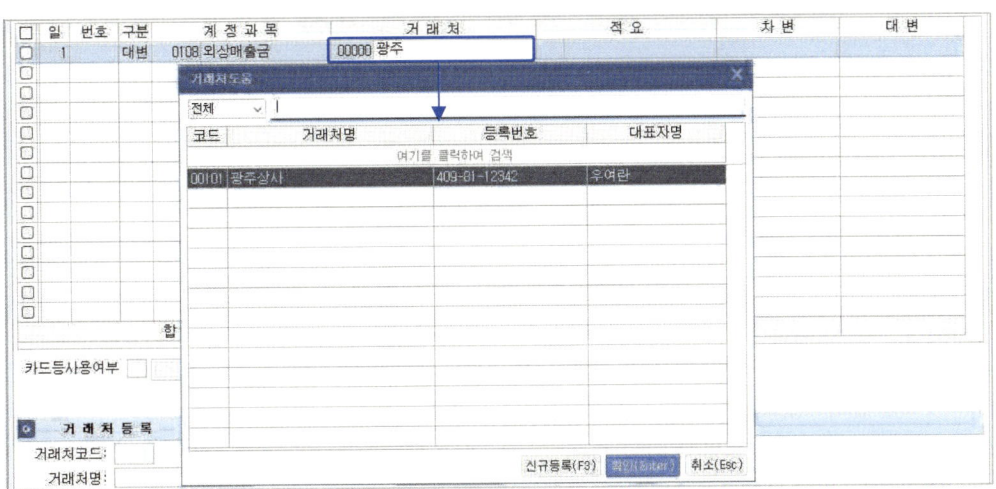

[방법1] [코드]란에 커서를 놓고 키보드의 플러스키(➕)를 누르거나 또는 숫자 "00000"을 입력하고 거래처명 두 글자(예 광주) 또는 그 이상(예 광주상사)을 입력하고 [Enter⏎] 키를 치면 「거래처도움」 보조창에 해당 글자가 포함되어 있는 모든 거래처가 조회된다. 이 때 해당 거래처로 커서를 옮기고 키보드의 [Enter⏎] 키를 치거나 확인(Enter)을 클릭한다.

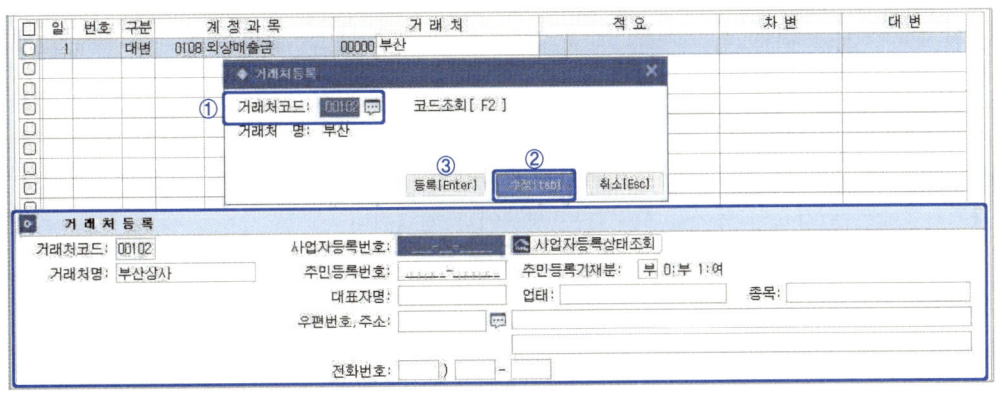

다만, 입력된 내용의 거래처명이 없는 경우에는 거래처를 신규로 등록하는 작업이 진행되는데, ① 「거래처등록」 보조창에서 자동 부여된 거래처코드 번호를 등록하고자 하는 번호로

수정하고, ② [수정[tab]]을 클릭하고 화면 하단의 『거래처등록』창에 해당 거래처의 나머지 인적사항을 입력한다. ③ 키보드의 [Enter↵] 키를 치거나 [등록(Enter)]을 클릭한 경우로서 거래처의 나머지 인적사항을 입력하고자 하는 경우에는, 커서를 다시 [거래처]란에 놓고 화면 하단의 『거래처등록』창에 입력한다. 번호가 잘못 부여된 경우에는 [재무회계]>[기초정보관리]>[거래처등록]에서 삭제하고 다시 등록해야 한다.

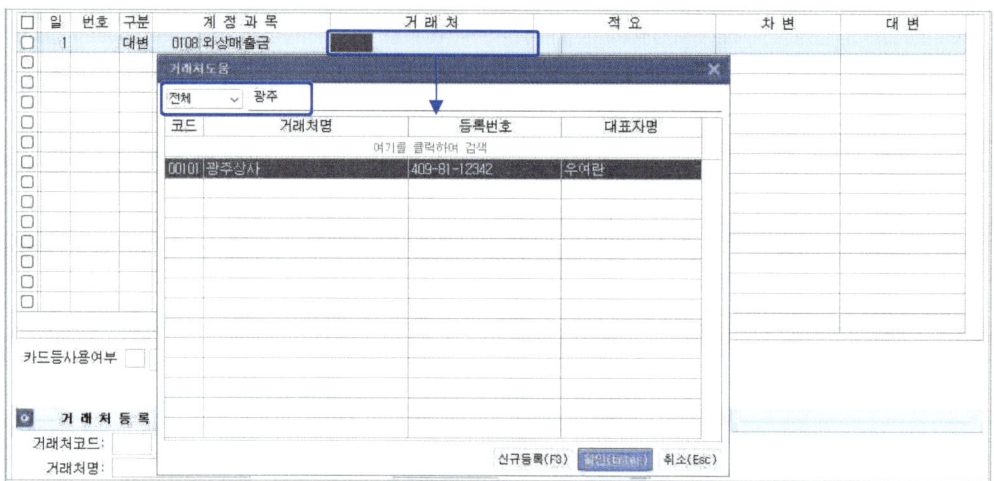

[방법2] [코드]란에 커서를 놓고 키보드의 [F2] 키를 누르고 「거래처도움」 보조창의 [전체]란에 입력하고자 하는 거래처명 두 글자(예 광주) 또는 그 이상(예 광주상사)을 입력하면, 해당 글자가 포함되어 있는 모든 거래처가 조회된다. 이 때 해당 거래처로 커서를 옮기고 키보드의 [Enter↵] 키를 치거나 [확인(Enter)]을 클릭한다.

[방법3] [코드]란에서 거래처명 두 글자(예 광주)를 입력하고 키보드의 [Enter↵] 키를 치면, 「거래처도움」 보조창에 해당 글자가 포함된 모든 거래처가 조회된다. 이 때 해당 거래처로 커서를 옮기고 키보드의 [Enter↵] 키를 치거나 [확인(Enter)]을 클릭한다. 이 방법이 거래처를 가장 빠르게 입력하는 방법이다.

▶ 적요

거래내용을 간단하게 입력하여 전표에 표시해 주는 부분으로, 등록된 적요의 내용 중 적당한 것을 선택하여 숫자로 입력한다. 적당한 내용이 없는 경우에는 해당 내용을 직접 입력한다. 자격시험에서는 적요의 등록을 요구하는 경우에만 입력한다.

▶ 차변 / 대변

거래금액을 입력한다. [구분]란이 "1.출금"과 "3.차변"인 경우에는 [차변]란에 입력되며, [구분]란이 "2.입금"과 "4.대변"인 경우에는 [대변]란에 입력된다. 금액 입력시 키보드의 플러스 키(➕)를 누르면 1,000원 단위로 입력되므로 이를 이용하면 빠르게 입력할 수 있다.

참고) 데이타 정렬방식

전표를 입력한 후 [일반전표입력] 메뉴를 종료하고 다시 들어가 보면 입력된 전표는 일자순(기본값)으로 자동 정렬이 된다. 가장 최근에 입력된 순서대로 보고 싶으면 동 메뉴의 아무 곳에나 커서를 놓고 마우스 오른쪽을 클릭하여 [데이타 정렬방식 ▶] ➡ [입력순]을 선택하여 볼 수 있다. 자격시험에서는 이미 전표가 입력되어 있는 상황에서 추가로 전표를 입력하게 된다. 이 경우 본인이 입력한 자료를 확인할 때 이 기능을 사용하면 유용할 것이다.

참고) 입력된 전표의 삭제

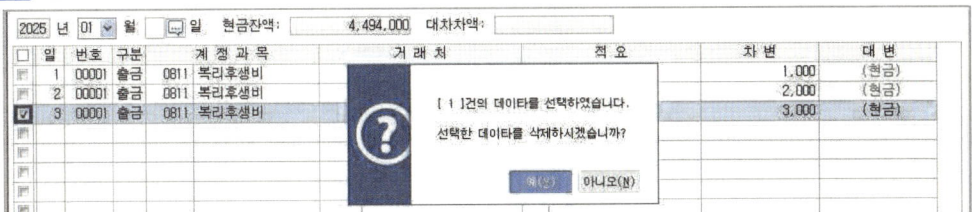

입력된 전표를 삭제하고자 하는 경우에는 삭제하고자 하는 전표를 체크하고, 키보드의 F5 키를 누르면 나타나는 대화창에서 키보드의 Enter↲ 키를 치거나 예(Y) 를 클릭한다.

참고) 삭제한 데이타 복구 및 완전삭제

삭제한 데이타를 복구하고자 할 경우에는 상단 툴바의 CF5 삭제한데이타 를 클릭하면 나타나는 「삭제데이타 조회 기간 입력」 보조창에서 조회일자를 입력하고 확인(Tab) 을 클릭한다. 복구할 데이타를 선택하고 CF6 데이타복구 를 클릭하고 대화창에서 예(Y) 를 클릭한다. 삭제한 데이타를 완전히 삭제하고자 하는 경우에는 CF7 휴지통비우기 를 클릭하고 대화창에서 예(Y) 를 클릭한다.

참고) 대차차액

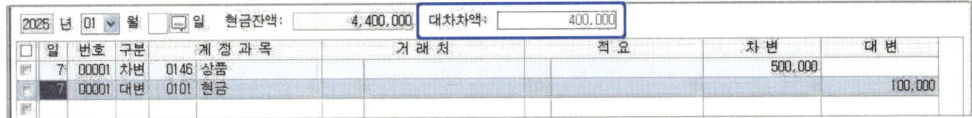

[구분]란에 "3.차변"을 입력하고 금액(500,000원)을 입력하면 화면 상단 [대차차액]란에 [500,000]이 표시되며, [구분]란에 "4.대변"을 입력하고 금액(100,000원)을 입력하면 [대차차액]란이 [400,000]으로 표시된다. [대차차액]란은 차변 금액이 큰 경우에는 양수(+)로 표시되고, 대변 금액이 큰 경우에는 음수(-)로 표시된다. 이는 차변과 대변의 금액이 차이가 발생하지 않게 확인하는 것이며, 대차차액이 발생한 상황에서 종료하는 경우에는 아래와 같은 대화창이 나타나므로 확인하고 종료해야 한다.

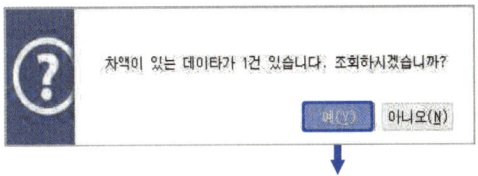

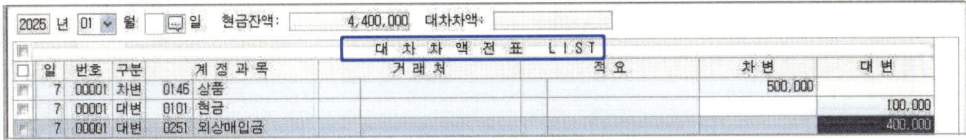

대화창에서 예(Y) 를 클릭하면 대차차액이 발생한 전표만을 보여준다. 대차차액이 없어지도록 차액 내역을 입력하고 키보드의 Esc 키를 눌러 빠져 나온다.

> [참고] **전표삽입 및 대차차액 자동입력**

2025 년 01 월	일	현금잔액:	4,500,000	대차차액:		
□ 일	번호	구분	계 정 과 목	거 래 처	적 요	차 변	대 변
8	00001	차변	0251 외상매입금			1,000,000	
6	00001	대변	0103 보통예금				1,000,000

하나의 완성된 전표 사이에 수정할 사항이 있어서 계정을 추가하려면 추가하려는 자리의 밑 라인(103.보통예금)에 커서를 놓고 상단 툴바의 [CF9전표삽입]을 클릭한다.

2025 년 01 월	일	현금잔액:	4,500,000	대차차액:	2,000	
□ 일	번호	구분	계 정 과 목	거 래 처	적 요	차 변	대 변
8	00001	차변	0251 외상매입금			1,000,000	
8	00001	차변	0831 수수료비용			2,000	
8	00001	대변	0103 보통예금				1,000,000

추가할 계정과 금액을 입력하면 대차차액이 2,000원 발생하는데, 위 사례의 경우 대변 금액을 차변 합계인 1,002,000원으로 수정해야 한다면 금액을 직접 입력하지 않고 키보드의 [Space Bar]를 누르면 자동 계산되어 입력된다.

2025 년 01 월	일	현금잔액:	4,500,000	대차차액:		
□ 일	번호	구분	계 정 과 목	거 래 처	적 요	차 변	대 변
8	00001	차변	0251 외상매입금			1,000,000	
8	00001	차변	0831 수수료비용			2,000	
8	00001	대변	0103 보통예금				1,002,000

> [참고] **카드등 사용여부**

사업자는 자기의 사업과 관련하여 사업자로부터 재화 또는 용역을 공급받고 그 대가를 지출하는 경우에는 적격증빙(세금계산서, 계산서, 신용카드매출전표, 현금영수증)을 받아 5년간 보관하여야 한다. 이를 수취하지 아니하면 증빙불비가산세를 부담해야 한다. 단, 거래 건당 3만원(기업업무추진비는 1만원) 이하의 금액에 대하여는 적격증빙을 수취하지 않더라도 증빙불비가산세를 적용하지 않는다. 이와 관련해서 실무상 제출하는 서류가 "영수증수취명세서"인데 이 서식을 자동으로 작성하기 위해 사용되는 메뉴가 [카드등 사용여부]란이다. 따라서 본 메뉴는 자격시험 범위에 맞지 않아 메뉴가 활성화 되지 않는다. 만약 활성화 된다 하더라도 선택하지 않고 키보드의 [Enter↵] 키를 치면서 진행하면 된다.

KcLep 따라하기

(1) 출금전표 따라하기

최대리는 1월 2일 용궁가든에서 본사 직원 회식을 하고 식사대 320,000원을 현금으로 지급하였다.

[분개] (차) 복리후생비(판)   320,000   /   (대) 현금   320,000

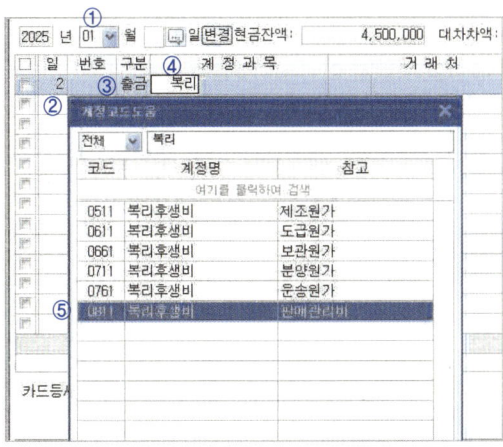

① [월]란에 거래가 발생한 월인 "01"을 선택하고 [일]란에서 키보드의 [Enter↵] 키를 치고 진행하여 [일]란은 입력하지 않는다.
② [일]란에 거래가 발생한 일인 "2"를 입력하고 키보드의 [Enter↵] 키를 친다.
③ [구분]란에 "1.출금"을 입력한다.
④ [코드]란에 계정과목 이름 두 글자 "복리"라고 입력하고 키보드의 [Enter↵] 키를 친다.
⑤ 「계정코드도움」 보조창에서 "811.복리후생비/판매관리비"를 선택하고 [Enter↵] 키를 친다.

한마디 … 비용 계정과목은 동일한 명칭이 여러 가지가 있는데 전산회계 2급 자격시험은 도·소매업을 시험 대상으로 하고 있으므로 800번대(판매관리비)의 번호만을 사용한다.

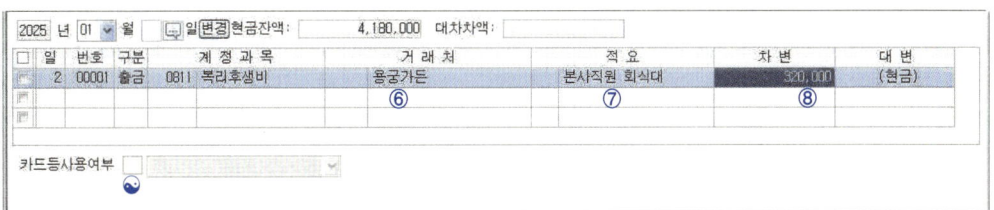

⑥ 거래처원장에서 관리할 필요가 없는 거래처이므로 [거래처]란에 "용궁가든"을 직접 입력한다. 단, 자격시험에서는 입력하지 않아도 된다.
⑦ [적요]란에 "본사직원 회식대"라고 입력한다. 단, 자격시험에서는 적요의 등록을 요구하는 경우에만 적요를 입력하면 된다.
⑧ [차변]란에 거래금액을 입력한다. 금액 입력시 키보드의 플러스키(＋)를 누르면 1,000원 단위로 빠르게 입력할 수 있다.

한마디 … 메뉴 하단의 [카드등 사용여부]란은 자격시험의 범위에 속하지 않는 메뉴이므로 활성화 되지 않는다. 만약 활성화 된다 하더라도 선택하지 않고 키보드의 [Enter↵] 키를 치면서 진행한다.

(2) 입금전표 따라하기

최대리는 2월 5일 광주상사에 외상매출한 상품판매 대금 2,500,000원을 전액 현금으로 회수하였다.

[분개] (차) 현금　　　2,500,000　　／　　(대) 외상매출금　　2,500,000
　　　　　　　　　　　　　　　　　　　　　　　(거래처 : 광주상사)

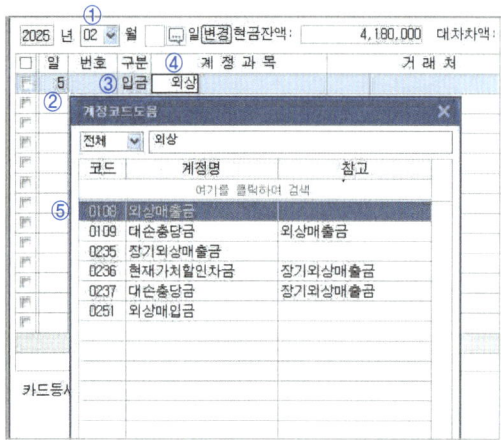

① [월]란에 거래가 발생한 월인 "02"를 선택하고, [일]란에서 키보드의 Enter↵ 키를 치고 진행하여 [일]란은 입력하지 않는다.
② [일]란에 거래가 발생한 일인 "5"를 입력하고 키보드의 Enter↵ 키를 친다.
③ [구분]란에 "2.입금"을 입력한다.
④ [코드]란에 계정과목 이름 두 글자 "외상"이라고 입력하고 키보드의 Enter↵ 키를 친다.
⑤ 「계정코드도움」 보조창에서 "외상매출금"을 선택하고 키보드의 Enter↵ 키를 친다.

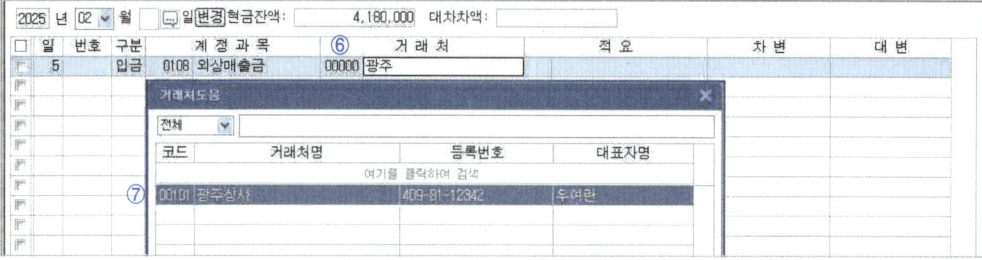

⑥ 외상매출금은 채권이므로 거래처를 입력해야한다. [코드]란에서 키보드의 플러스키(＋)를 누르고 [거래처]란에 "광주"를 입력하고 키보드의 Enter↵ 키를 친다.
⑦ 「거래처도움」 보조창에서 "101.광주상사"를 선택하고 키보드의 Enter↵ 키를 친다.

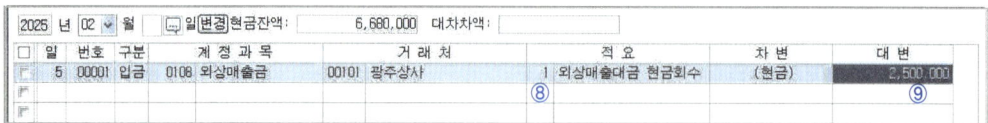

⑧ [적요]란에 숫자 "1"을 입력하면 기 등록된 적요 "외상매출대금 현금회수"라고 입력된다. 단, 자격시험에서는 적요의 등록을 요구하는 경우에만 입력한다.
⑨ [대변]란에 거래금액을 입력한다.

(3) 대체전표 따라하기

최대리는 3월 15일 서울상사로부터 상품 500,000원을 매입하고 대금은 현금으로 100,000원을 지급하고 나머지는 한 달 후에 지급하기로 하였다.

[분개] (차) 상품　　　　500,000　　/　　(대) 현　　금　　100,000
　　　　　　　　　　　　　　　　　　　　(대) 외상매입금　400,000
　　　　　　　　　　　　　　　　　　　　　(거래처 : 서울상사)

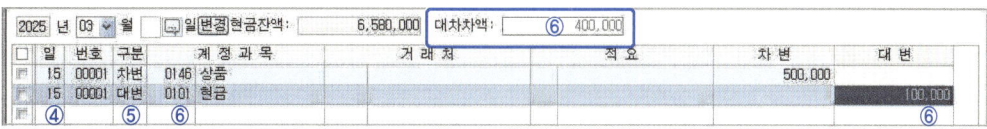

① [월]란에 거래가 발생한 월인 "03"을 선택하고, [일]란에서 키보드의 Enter↵ 키를 치고 진행하여 [일]란은 입력하지 않는다. [일]란에 거래가 발생한 일인 "15"를 입력하고 Enter↵ 키를 친다.
② [구분]란에 "3.차변"을 입력하고, [코드]란에 "146.상품"을 입력하고 키보드의 Enter↵ 키를 친다.
③ [차변]란에 거래금액 "500,000"을 입력한다. 상단에 [대차차액 : 500,000]란이 양수(+)로 표시되는 것을 확인할 수 있다.

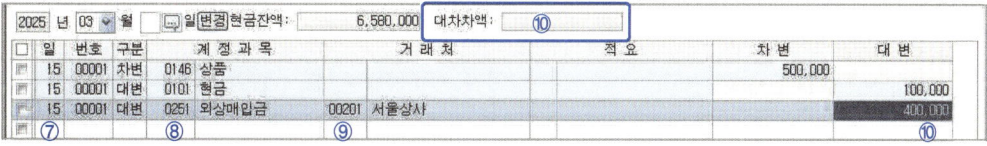

④ [일]란에 "15"를 입력하거나 또는 키보드의 Enter↵ 키를 치면 동일한 일자가 입력된다.
⑤ [구분]란에 "4.대변"을 입력한다.
⑥ [코드]란에 "101.현금"을 입력하고 키보드의 Enter↵ 키를 친다. [대변]란에 대차차액 자동입력 기능에 따라 자동 반영된 "500,000"을 거래금액 "100,000"으로 수정한다. 상단에 [대차차액 : 400,000]란이 양수(+)로 표시되는 것을 확인할 수 있다. 이는 아직도 차변이 400,000원 더 큰 상황이므로 대변에 400,000원을 더 입력해야 한다는 의미이다.

⑦ [일]란에서 키보드의 Enter↵ 키를 치고 [구분]란에서 키보드의 Enter↵ 키를 친다.
⑧ [코드]란에 "외상"을 입력하고 키보드의 Enter↵ 키를 친다. 「계정코드도움」 보조창에서 "외상매입금"을 선택하고 키보드의 Enter↵ 키를 친다.
⑨ 외상매입금은 채무이므로 [코드]란에서 플러스키(＋)를 누르고, 거래처명 "서울"을 입력하고 키보드의 Enter↵ 키를 친다. 「거래처도움」 보조창에서 "서울상사"를 선택하고 Enter↵ 키를 친다.
⑩ 대차차액 자동입력 기능에 따라 [대변]란에 거래금액 "400,000"이 자동 입력된다. 차변과 대변의 금액이 일치하므로 상단에 [대차차액]란이 표시되지 않는다.

제 3 장 전표 출력

기업에서 거래가 발생하면 별개의 부·과를 경유하여 기장하는데, 이 때 기장할 자료를 기입하는 일정한 양식의 기장용 용지를 "전표(slip)"라 한다. 전표는 입금전표(빨강색), 출금전표(파랑색) 및 대체전표(검정색)의 세 가지가 있다. 본 프로그램에서는 [재무회계]>[전표입력]>[일반전표입력]에서 거래를 입력한 다음 [일반전표입력] 하단의 전표인쇄 버튼을 이용하거나 [장부관리]>[전표출력]에서 출력할 수 있다.

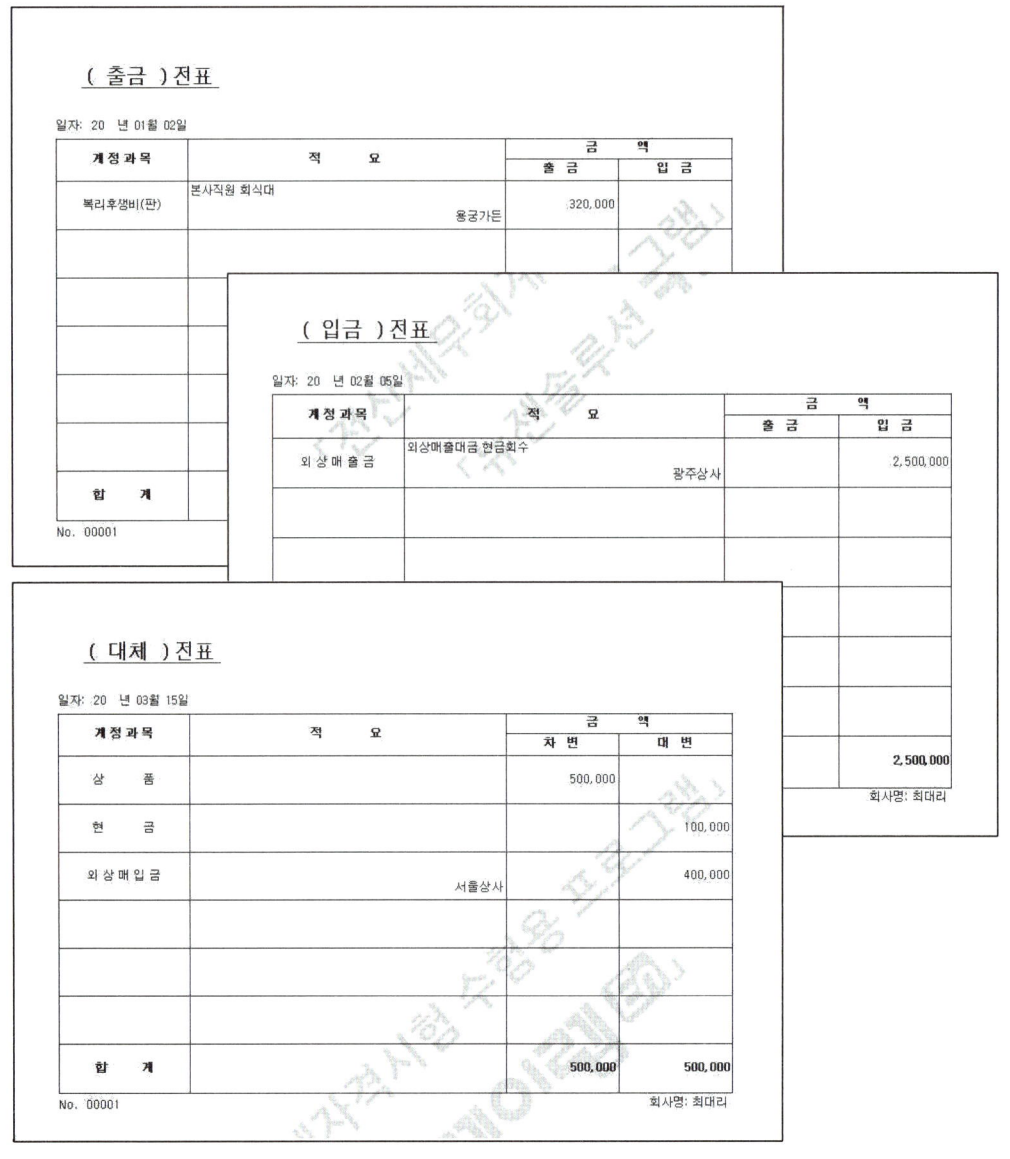

 **KcLep 길라잡이**

- [재무회계]>[장부관리]>[전표출력]을 선택하면 다음과 같은 화면이 나타난다.

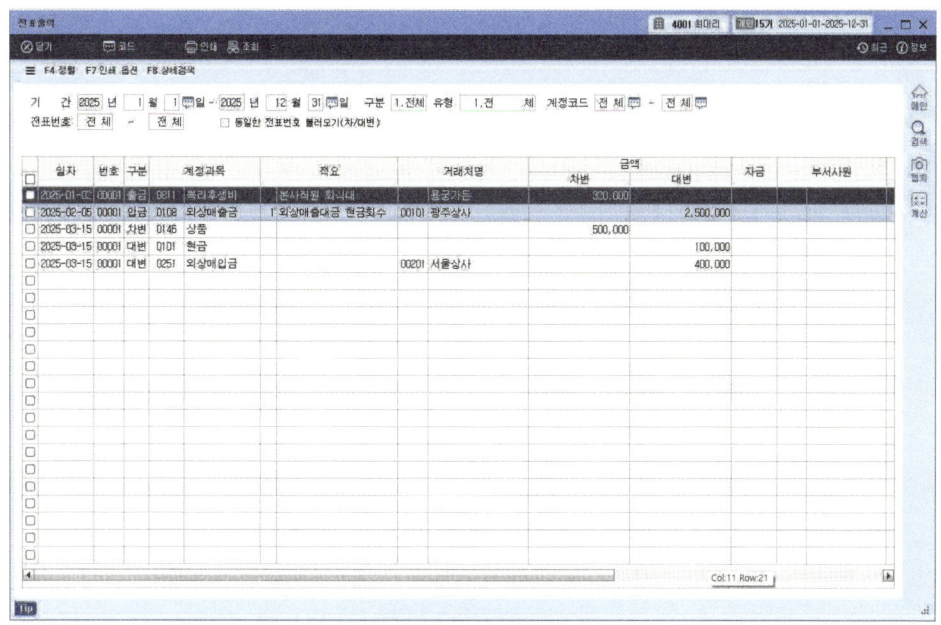

• 최대리 [전표출력] 화면 •

▶ 기간

조회 및 출력할 전표의 기간을 입력한다.

▶ 구분 / 유형

조회 및 출력할 전표의 구분(1.전체/ 2.출금/ 3.입금/ 4.대체) 및 유형(1.전체/ 2.일반전표/ 3.매입매출전표/ 4.매입전표/ 5.매출전표)을 선택한다.

▶ 전표번호

특정번호의 전표를 조회 및 출력하고자 할 때 해당번호를 입력한다. 전표번호를 입력하지 않고 키보드의 [Enter↵] 키를 치면 "전체 ~ 전체"로 자동 입력되며 모든 전표가 조회된다. 출력하고자 하는 전표를 체크(☑)하고 상단 툴바의 [인쇄]를 클릭한다.

제 4 장 분개장

분개장(journal)이란 분개를 기록하는 장부를 말한다. 분개장은 거래가 발생한 순서대로 기록하는 장부이며, 거래를 계정계좌에 전기하기 위한 중개수단이 된다.

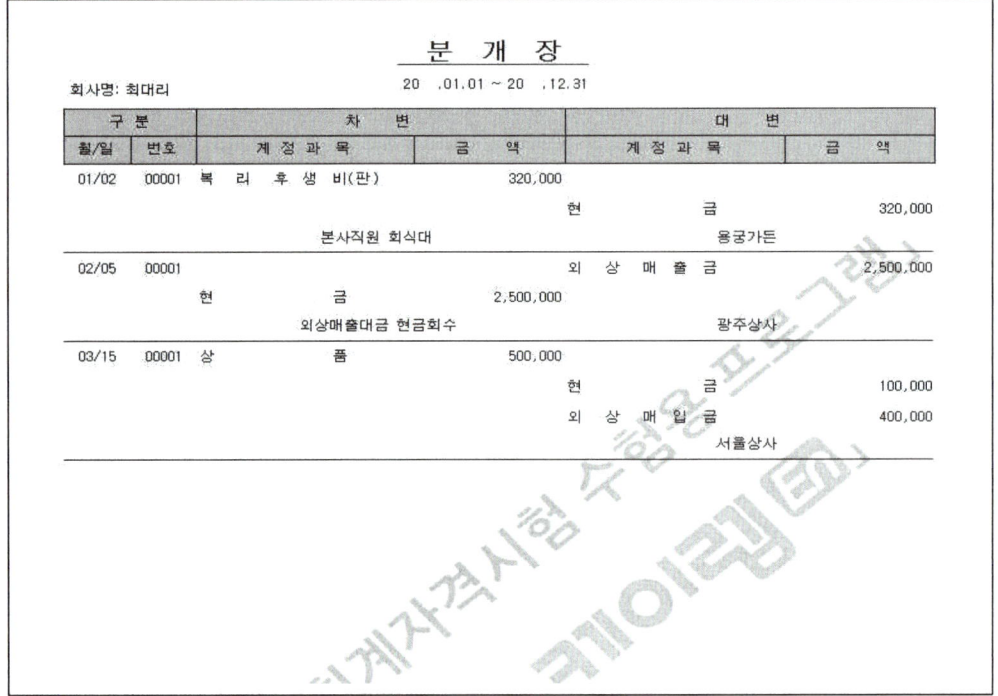

 **KcLep 길라잡이**

- [재무회계]>[장부관리]>[분개장]을 선택하면 다음과 같은 화면이 나타난다.

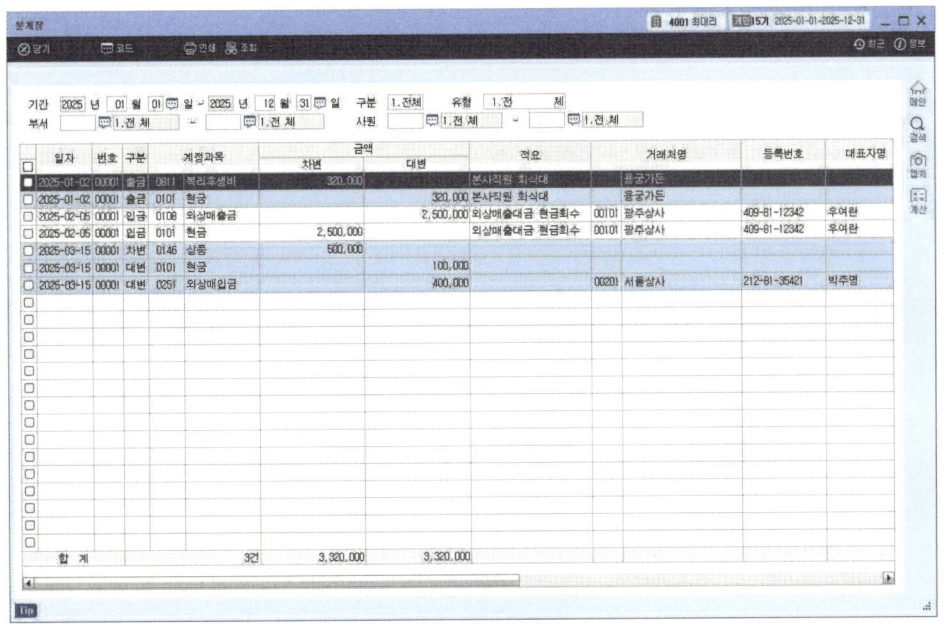

• 최대리 [분개장] 화면 •

▶ 기간

조회 및 출력할 기간을 입력한다.

▶ 구분 / 유형

조회 및 출력할 전표의 구분(1.전체/ 2.출금/ 3.입금/ 4.대체) 및 유형(1.전체/ 2.일반전표/ 3.매입매출전표)을 선택한다.

기/출/문/제 (필기)

01 다음 중 재무상태표의 차변에 기입되는 것이 아닌 것은?

① 선수금 ② 단기대여금
③ 보통예금 ④ 외상매출금

[풀이] 재무상태표의 차변에는 자산이 대변에는 부채와 자본이 기입된다. 선수금(부채), 단기대여금(자산), 보통예금(자산), 외상매출금(자산)

02 다음 중 계정의 잔액이 잘못 기입된 것은?

[풀이] 자산의 잔액은 차변에 기입되고, 부채와 자본의 잔액은 대변에 기입된다. 단기차입금(부채), 미수금(자산), 가수금(부채), 지급어음(부채)

03 다음 중 설명이 적절하지 않은 것은?

① 자산, 부채, 자본의 증감변화와 수익, 비용의 발생을 구체적인 항목을 세워 기록, 계산, 정리하기 위하여 설정된 단위를 계정이라 한다.
② 모든 거래는 어떤 계정의 차변과 다른 계정의 대변에 같은 금액을 기입하므로, 많은 거래가 기입되더라도 차변합계액과 대변합계 금액이 항상 일치하게 되는 것은 대차평균의 원리라 한다.
③ 회계 기말에 모든 장부를 마감하여 일정시점의 재무상태와 일정기간 동안의 경영성과를 정확하게 파악하는 것을 결산이라 한다.
④ 거래가 발생하여 어느 계정에 기입하고, 그 계정의 어느 변에 기입할 것인가, 얼마의 금액을 기입할 것인가를 미리 결정하는 절차를 전기라 한다.

[풀이] ④는 분개에 대한 설명이다. 분개장에 분개한 것을 원장상의 각 계정별로 기입하는 절차를 전기라고 한다.

04 다음 계정들의 성격이 알맞지 않은 것은?

① 미수금 계정 - 감소시 대변기록 ② 선수금 계정 - 증가시 대변기록
③ 미지급금 계정 - 감소시 차변기록 ④ 선급금 계정 - 증가시 대변기록

[풀이] 선급금은 자산이므로 증가시 차변에 기록한다. 미수금(자산), 선수금(부채), 미지급금(부채)

05 다음 중 잔액이 대변에 발생하는 계정은?

① 단기대여금　　　　　　　② 미수금
③ 선급금　　　　　　　　　④ 단기차입금

[풀이] 잔액이 대변에 발생하는 계정은 부채 및 자본계정과 수익계정이다. 단기대여금(자산), 미수금(자산), 선급금(자산), 단기차입금(부채)

06 다음에서 설명하는 장부로 올바른 것은?

- 주요부로 분개장을 작성한 후 전기하는 장부이다.
- 계정들이 모여 있는 장부이다.
- 각 계정과목별로 기록된다.

① 총계정원장　　② 상품재고장　　③ 잔액시산표　　④ 정산표

07 다음 중 복식부기의 설명으로 틀린 것은?

① 대차평균의 원리를 이용하여 기록한다.
② 재산의 모든 변동 상황을 기록한다.
③ 차변합계와 대변합계를 비교하여도 기록의 정확성은 전혀 확인할 수 없다.
④ 기록한 전체의 차변합계금액과 대변합계금액이 반드시 일치한다.

08 전표는 분개장의 대용으로 거래를 최초로 기록하고 관련부서에 전달할 수 있도록 일정한 양식을 갖춘 용지를 말한다. 기말의 결산정리분개 중 감가상각비의 계상에 적용되는 전표는 어느 것인가?

① 입금전표　　　　　　　② 출금전표
③ 입출금전표　　　　　　④ 대체전표

[풀이] 현금의 입출금이 없는 거래이므로 대체전표로 작성한다.

 … 위의 문제를 학습하는 과정에서 등장하는 선수금, 단기대여금, 보통예금, 외상매출금 등의 계정과목이 자산 계정인지 부채 계정인지, 수익 계정인지 비용 계정인지 지금 막 시작하는 단계에서는 이해하기 어려울 것으로 판단된다. 이러한 내용은 "제3부 계정과목별 회계처리"를 학습하게 되면 자연스럽게 습득이 되는 것이다. 따라서 지금 단계에서 이해가 되지 않는 문제는 그냥 지나치고 "제3부 계정과목별 회계처리"를 학습하고 나서 다시 돌아와 문제를 풀어보면 자연스럽게 이해가 될 것이다.

정답

1. ①　2. ③　3. ④　4. ④　5. ④　6. ①　7. ③　8. ④

memo

제3부

계정과목별 회계처리

↘ 제1장 유동자산
↘ 제2장 비유동자산
↘ 제3장 부채
↘ 제4장 자본
↘ 제5장 손익계산서 계정

제 1 장 유동자산

유동자산이란 보고기간 종료일로부터 1년 이내에 현금화 또는 실현될 것으로 예상되는 자산으로 그 성격에 따라 당좌자산과 재고자산으로 분류한다.

제1절 당좌자산

당좌자산이란 판매과정을 거치지 않고 보고기간 종료일로부터 1년 이내에 현금화 할 수 있는 자산이다.

1. 현금및현금성자산

현금및현금성자산은 현금과 예금 및 현금성자산으로 한다.

(1) 현금(101) ← 숫자는 프로그램의 계정과목 코드번호를 의미합니다. 중요한 것만 표시하니 암기할 것 !!!

현금이란 재화나 용역을 구입하거나 채무를 상환하는데 사용되는 교환의 대표적인 수단이다. 회계상 현금으로 처리되는 것은 **통화**뿐만 아니라 **언제든지 아무런 제약 없이 통화로 전환할 수 있는 통화대용증권까지 포함**된다.

> **현 금**
> ① 통화 : 동전, 지폐
> ② 통화대용증권 : 타인(동점)발행당좌수표, 은행발행자기앞수표, 송금수표, 가계수표, 여행자수표, 우편환증서, 전신환증서, 만기가 된 공·사채 이자표, 만기가 된 어음, 배당금지급통지표 등

 다음 거래를 회계처리 하시오.

(1) 현금 1,000,000원을 출자하여 영업을 개시하였다.
(2) 보르네오가구에서 사무용책상을 100,000원에 구입하고, 대금은 현금으로 지급하였다.
(3) 수철상회에서 상품 500,000원을 매입하고, 대금은 은행발행자기앞수표로 지급하였다.
(4) 창제상회에 상품 300,000원을 매출하고, 대금은 동점발행당좌수표로 받았다.

해설 (1) (차) 현금　　　　　　　　　1,000,000　/　(대) 자본금　　　　　　　1,000,000
　　　　＊ 개인기업의 경우 기업주가 회사에 출자한 금액을 자본금이라 한다.
　　(2) (차) 비품　　　　　　　　　　100,000　/　(대) 현금　　　　　　　　　100,000
　　　　＊ 비품(備品)이란 기업의 영업활동에 사용할 목적으로 일정하게 갖추어 놓고 쓰는 물품(컴퓨터, 책상, 의자, 쇼파, 전화기, 팩스 등)으로 1년을 초과하여 사용할 것이 예상되는 자산을 말한다.

(3) (차) 상품　　　　　　　　　500,000　/　(대) 현금　　　　　　　　500,000
(4) (차) 현금　　　　　　　　　300,000　/　(대) 상품매출　　　　　300,000
　　* 동점이란 창제상회(타인)를 가리키며 타인발행당좌수표는 통화대용증권이므로 현금으로 처리한다.

(2) 예금

당좌예금(102), 보통예금(103) 및 기타 제예금으로서 기한이 보고기간 종료일로부터 1년 이내에 도래하는 예금으로 한다. 당좌예금이란 기업이 은행과 당좌거래계약을 체결하여 당좌예금계좌에 현금을 예입하고 기업이 대금결제수단으로 수표를 발행하면, 수표소지인은 해당 은행에 수표를 제시하여 현금을 지급받을 수 있도록 하는 무이자의 예금이다. 수표소지인이 은행에 당좌수표를 제시하면 발행인의 당좌예금계좌에서 인출되어 즉시 현금으로 지급받을 수 있다. 따라서 발행인은 당좌수표를 발행한 시점에서 당좌예금의 감소로 처리하고, 수표소지인은 타인발행당좌수표(통화대용증권)를 수취한 시점에서 현금의 증가로 처리한다.

 다음 거래를 회계처리 하시오.
(1) 신한은행과 당좌거래계약을 체결하고 당좌예금계좌에 1,000,000원을 현금으로 입금하였다.
(2) 수철상회로부터 상품 600,000원을 매입하고, 대금은 당좌수표를 발행하여 지급하였다.
(3) 창제상회에 상품 250,000원을 매출하고, 대금 중 150,000원은 현금으로 받고 나머지는 동점발행의 당좌수표로 받았다.

해설 (1) (차) 당좌예금　　　　　1,000,000　/　(대) 현금　　　　　　1,000,000
(2) (차) 상품　　　　　　　　　600,000　/　(대) 당좌예금　　　　　600,000
　　* 당좌수표를 발행한 시점에서 당좌예금의 감소로 처리한다.
(3) (차) 현금　　　　　　　　　250,000　/　(대) 상품매출　　　　　250,000
　　* 타인(동점)발행당좌수표는 통화대용증권이므로 현금으로 처리한다.

(3) 현금성자산

현금성자산이란 큰 거래비용 없이 현금으로 전환이 용이하고 이자율변동에 따른 가치변동의 위험이 경미한 금융상품으로서 취득 당시 만기일(또는 상환일)이 3개월 이내인 것을 말한다. 그 예는 다음과 같다.
① 취득 당시 만기가 3개월 이내에 도래하는 채권 및 단기금융상품
② 환매채(3개월 이내의 환매조건)
③ 투자신탁의 계약기간이 3개월 이하인 초단기수익증권(MMF)

기/출/문/제 (실기)

다음 거래 자료를 세연상사(회사코드 : 4002)의 [일반전표입력] 메뉴에 추가 입력하시오.

> **입력시 유의사항**
> - 적요와 기초코드등록 및 카드등 사용여부란의 입력은 생략한다.
> - 채권·채무와 관련된 거래처명은 반드시 기 등록되어 있는 거래처코드를 선택하는 방법으로 거래처명을 입력한다.
> - 회계처리시 계정과목은 등록되어 있는 계정과목 중 가장 적절한 과목으로 한다.

01 1월 1일 대원상회에 컴퓨터를 판매하고 상품대금 1,500,000원을 현금으로 받았다.

02 1월 2일 소비자에게 현금으로 상품 1,000,000원을 판매하였다.

03 1월 3일 부산상회에 상품 8,000,000원을 판매하고 대금은 전액 은행발행자기앞수표를 받았다.

04 1월 4일 수원상사에 상품 2,000,000원을 매출하고 동점발행당좌수표로 회수하였다.

05 1월 5일 영업부 사원의 식대 24,000원을 현금으로 지급하였다.

06 1월 6일 사무용 책상을 구입하고 은행발행자기앞수표로 500,000원을 지급하였다.

07 1월 7일 우리은행과 당좌거래계약을 체결하고 당좌예금계좌에 5,000,000원을 현금으로 입금하였다.

08 1월 8일 보통예금계좌에서 6,000,000원을 인출하여 당좌예금계좌에 입금하였다.

09 1월 9일 본사 당좌예금계좌의 잔액부족에 대비하여 보통예금계좌에서 당좌예금계좌로 3,000,000원을 계좌이체 하였다.

10 1월 10일 강릉상회에서 상품 2,000,000원을 매입하고 현금 1,000,000원을 지불하고 나머지는 당좌수표를 발행하였다.

11 1월 11일 신한은행 보통예금계좌에 현금 5,000,000원을 입금하였다.

12 1월 12일 신한은행 보통예금계좌에 결산이자 21,000원이 입금되었음을 확인하였다.

13 1월 13일 당월분 사무실 인터넷 사용료 34,000원이 보통예금통장에서 자동이체 되었다.

KcLep 도우미

01 1월 1일 : (차) 101.현금   1,500,000   /   (대) 401.상품매출   1,500,000

02 1월 2일 : (차) 101.현금   1,000,000   /   (대) 401.상품매출   1,000,000

03 1월 3일 : (차) 101.현금   8,000,000   /   (대) 401.상품매출   8,000,000
* 은행발행자기앞수표는 통화대용증권이므로 현금으로 처리한다.

04 1월 4일 : (차) 101.현금   2,000,000   /   (대) 401.상품매출   2,000,000
* 동점이란 수원상사(타인)를 가리키는 말이며, 타인발행당좌수표는 통화대용증권이므로 현금으로 처리한다.

05 1월 5일 : (차) 811.복리후생비   24,000   /   (대) 101.현금   24,000
* 복리후생비란 임직원의 복리와 후생을 위하여 지출한 비용으로서 식대보조금, 경조금, 축의금 등을 말한다.

06 1월 6일 : (차) 212.비품　　　　500,000　　/　(대) 101.현금　　　　500,000

07 1월 7일 : (차) 102.당좌예금　5,000,000　/　(대) 101.현금　　　5,000,000

08 1월 8일 : (차) 102.당좌예금　6,000,000　/　(대) 103.보통예금　6,000,000

09 1월 9일 : (차) 102.당좌예금　3,000,000　/　(대) 103.보통예금　3,000,000

10 1월 10일 : (차) 146.상품　　　2,000,000　/　(대) 101.현금　　　1,000,000
　　　　　　　　　　　　　　　　　　　　　　　　　(대) 102.당좌예금　1,000,000

* 당좌수표 소지인이 은행에 당좌수표를 제시하면, 발행인의 당좌예금계좌에서 인출되어 즉시 현금으로 지급받을 수 있다. 따라서 발행인은 당좌수표를 발행한 시점에서 당좌예금의 감소로 처리하고, 소지인은 타인발행당좌수표(통화대용증권)를 수취한 시점에서 현금으로 처리한다.

11 1월 11일 : (차) 103.보통예금　5,000,000　/　(대) 101.현금　　　5,000,000

12 1월 12일 : (차) 103.보통예금　　　21,000　/　(대) 901.이자수익　　　21,000

* 이자수익이란 금융업 이외의 판매·제조업 등을 영위하는 기업이 일시적인 유휴자금을 타인(금융기관, 거래처 등)에게 빌려준 대가로 받은 돈을 말하며, 금융업 이외의 기업은 주된 영업활동이 아니므로 이자수익은 영업외수익에 해당한다.

13 1월 13일 : (차) 814.통신비　　　　34,000　/　(대) 103.보통예금　　　34,000

* 통신비란 통신에 드는 비용(전신, 전화, 팩시밀리, 우편 등)을 말한다.

한마디 … 연습문제(실기)의 문제를 풀이하는 "4002.세연상사"는 분개만을 연습하는 회사이므로 거래하는 품목이 맞지 않거나, 장부상 현금잔액 및 거래처원장 등의 잔액이 음수가 되더라도 이를 무시하고 각각의 분개만 연습한다.

두마디 … 자격시험에서는 전표의 구분(유형)을 채점대상으로 하지 않는다. 따라서 출금 또는 입금 거래라 하더라도 대체전표로 입력해도 된다. 즉, 본인이 편한 방법으로 분개만 맞게 입력하면 되는 것이다. 다만, 하나의 거래 또는 문제를 여러 개로 분리해서 입력해서는 안된다. 처음 시작하는 단계에서는 모든 거래를 대체전표(차변과 대변으로)로 입력하는 것이 더 바람직하다.

현금출납장

현금출납장이란 현금의 입금과 출금의 내용을 상세히 기록하는 보조기입장으로서 현금의 입금·출금 거래내역이 날짜순으로 기록되어 조회 또는 출력된다.

 **KcLep 길라잡이**

- [재무회계]>[장부관리]>[현금출납장]을 선택하고 기간(1월 1일 ~ 1월 13일)을 입력하면 다음과 같은 화면이 나타난다.

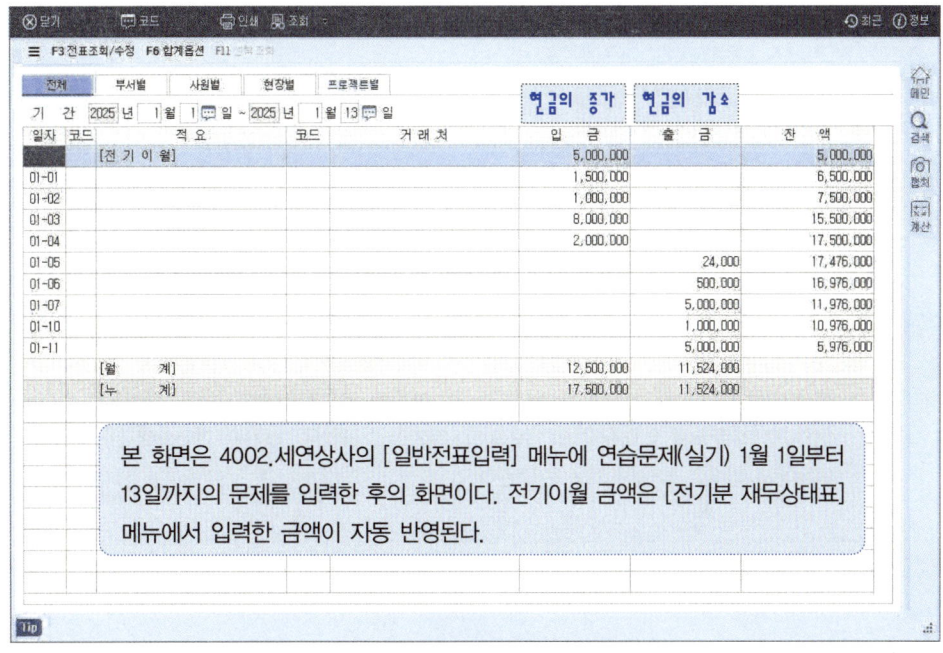

• 세연상사 [현금출납장(전체)] 화면 •

▶ 기간

조회 및 출력하고자 하는 기간을 입력한다.

▶ F3 전표조회/수정

키보드의 F3 키를 누르면 전표조회 및 수정이 가능하다.

계정별원장

계정별원장은 거래가 빈번하게 발생하는 특정 계정에 대하여 거래를 발생순서별로 기입하는 보조기입장이다. 단, 현금 계정의 조회는 보조기입장인 [현금출납장]에서만 조회 가능하다.

KcLep 길라잡이

- [재무회계]>[장부관리]>[계정별원장]을 선택하고 기간(1월 1일 ~ 1월 13일) / 계정과목 (103.보통예금 ~ 103.보통예금)을 입력하면 다음과 같은 화면이 나타난다.

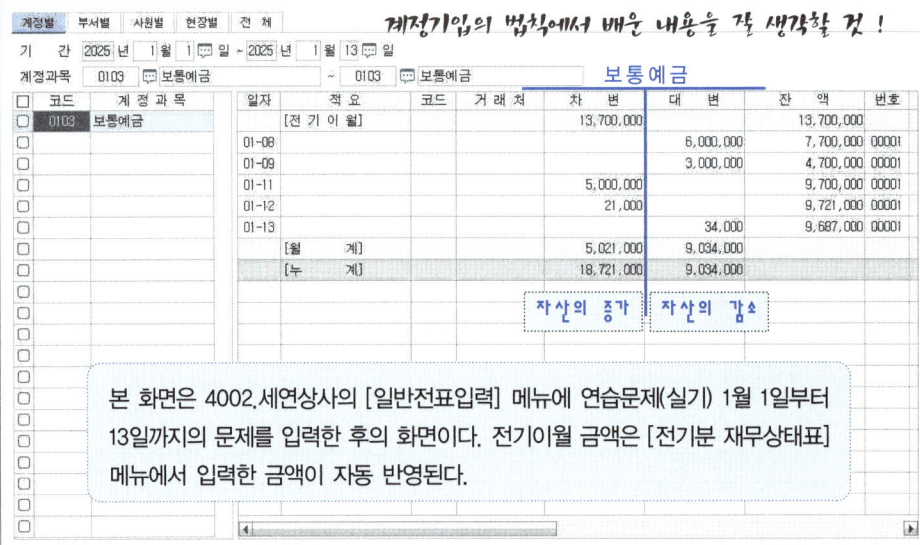

• 세연상사 [계정별원장(계정별)] 화면 •

▶ 기간

조회 및 출력하고자 하는 기간을 입력한다.

▶ 계정과목

조회 및 출력하고자 하는 계정과목 코드를 입력한다. 현금 계정의 계정별원장은 현금출납장이므로 "101.현금"은 입력되지 않는다.

2. 단기금융상품(=단기예금)

금융기관이 취급하는 정기예금, 정기적금 및 기타 정형화된 상품 등으로 단기적 자금운용 목적으로 소유하거나 만기가 보고기간 종료일로부터 1년 이내에 도래하는 것은 단기금융상품(유동자산)으로 분류하고, 만기가 보고기간 종료일로부터 1년 이후에 도래하는 것은 장기금융상품(비유동자산)으로 분류한다. 이들 금융상품 중 사용이 제한되어 있는 예금에 대해서는 그 내용을 주석(재무제표에 표시된 정보에 추가하여 별도로 제공되는 정보)으로 기재한다.

[참고] 사용이 제한되어 있는 예금
① 차입금에 대한 담보로 제공된 예금, ② 당좌거래개설 보증금, ③ 금융기관에서 기업에 대출할 때 대출액의 일정비율 만큼을 대출기간 중 예금 또는 적금으로 예치하도록 한 양건예금 등

(1) 정기예적금

금융기관이 취급하는 정기예금, 정기적금으로 보고기간 종료일로부터 1년 이내에 만기가 도래하는 것으로 한다.

 다음 거래를 회계처리 하시오.

(1) 신한은행에 정기예금(만기 : 6개월) 500,000원에 가입하고 대금은 당사 보통예금계좌에서 대체하여 입금하였다.
(2) 신한은행에 예입한 정기예금(만기 : 6개월)이 만기가 되어 원금 500,000원과 이자 20,000원이 당사 보통예금계좌로 입금되었다.

[해설] (1) (차) 정기예금　　　　　　　500,000　/　(대) 보통예금　　　　　　　500,000
　　　 (2) (차) 보통예금　　　　　　　520,000　/　(대) 정기예금　　　　　　　500,000
　　　　　　　　　　　　　　　　　　　　　　　　　　 이자수익　　　　　　　 20,000

(2) 기타 단기금융상품

금융기관이 취급하는 기타의 정형화된 상품으로서 만기가 보고기간 종료일로부터 1년 이내에 도래하는 것으로 한다. 기타의 정형화된 상품에는 기업어음(CP), 어음관리구좌(CMA), 양도성예금증서(CD), 환매채(RP), 표지어음, 기업금전신탁 등이 있다.

[참고] 용어정리
- 기업어음(CP) : 신용도 높은 우량기업이 단기 운영자금을 조달하기 위해 발행하는 단기의 무담보 융통어음
- 어음관리구좌(CMA) : 투자금융회사가 고객이 맡긴 예금을 기업어음, 할인어음 등에 투자하여 얻은 수익을 고객에게 돌려주는 상품
- 양도성예금증서(CD) : 은행이 정기예금에 대해 발행하는 무기명 예금증서
- 환매채(RP) : 환매조건부채권의 줄임말로 발행기관이 일정기간 경과 후 다시 매입하는 조건으로 판매하는 채권

기/출/문/제 (실기)

다음 거래 자료를 세연상사(회사코드 : 4002)의 [일반전표입력] 메뉴에 추가 입력하시오.

01 1월 14일 정기예금(만기 6개월)에 가입하고 현금 1,000,000원을 입금하였다.

02 1월 15일 거래은행인 우리은행에 1월분 정기적금 1,000,000원을 예금하기 위해 당사 보통예금계좌에서 대체 입금하였다.

03 1월 16일 신한은행에 예치된 정기예금이 만기가 되어 원금 10,000,000원과 당기 발생분 이자 500,000원이 당좌예금통장으로 이체되었다.

04 1월 17일 정기예금 100,000,000원을 해약해서 보통예금통장에 입금하였다(단, 수입 이자 2,000,000원도 함께 입금됨).

KcLep 도우미

01 1월 14일 : (차) 105.정기예금   1,000,000 / (대) 101.현금   1,000,000

02 1월 15일 : (차) 106.정기적금   1,000,000 / (대) 103.보통예금   1,000,000
  * 자격시험에서 특별히 만기가 제시되지 않은 경우에는 단기라고 가정하고 회계처리 한다.

03 1월 16일 : (차) 102.당좌예금   10,500,000 / (대) 105.정기예금   10,000,000
                                                   (대) 901.이자수익   500,000

04 1월 17일 : (차) 103.보통예금   102,000,000 / (대) 105.정기예금   100,000,000
                                                    (대) 901.이자수익   2,000,000

3. 단기매매증권

단기매매증권은 주로 단기간 내의 매매차익을 얻을 목적으로 취득한 유가증권으로서 매수와 매도가 적극적이고 빈번하게 이루어지는 증권을 말한다.

[참고] 유가증권의 의의
  유가증권은 재산권을 나타내는 증권을 말하며, 실물이 발행된 경우도 있고, 명부에 등록만 되어 있을 수도 있다. 유가증권은 적절한 액면금액단위로 분할되고 시장에서 거래되거나 투자의 대상이 된다. 유가증권에는 지분증권과 채무증권이 포함된다.

(1) 최초 인식과 측정(취득원가)

단기매매증권은 계약당사자가 되는 때(매매일)에 재무상태표에 인식하며, 최초 인식시 공정가치로 측정한다. 이 때 취득과 직접 관련되는 거래원가(대리인 또는 중개인에게 지급하는 수수료, 증권거래소의 거래수수료 및 세금 등)는 최초 인식하는 공정가치에 가산하지 않고 당기비용으로 처리한다. 최초 인식시 공정가치는 일반적으로 거래가격(제공한 대가의 공정가치)이다.

 다음 거래를 회계처리 하시오.
  (1) 단기간 매매차익을 목적으로 삼성전자의 주식 10주(액면 @5,000원)를 @6,000원(공정가치)에 현금으로 매입하였다.
  (2) 단기간 매매차익을 목적으로 엘지전자의 사채 10좌(액면 @10,000원)를 @7,000원(공정가치)에 현금으로 매입하였다.
  (3) 단기간 매매차익을 목적으로 롯데전자의 주식 10주(액면 @5,000원)를 @8,000원(공정가치)에 매입하고 거래수수료 4,000원과 함께 현금으로 지급하였다.

[해설] (1) (차) 단기매매증권　　　　60,000　／　(대) 현금　　　　60,000
　　　　* 10주 × @6,000 = 60,000
　　　　* 액면금액은 주식이나 채권을 발행한 회사의 회계처리에 필요한 정보이며 이는 전산회계 1급에서 학습하게 된다.
　　　(2) (차) 단기매매증권　　　　70,000　／　(대) 현금　　　　70,000
　　　　* 10주 × @7,000 = 70,000
　　　(3) (차) 단기매매증권　　　　80,000　／　(대) 현금　　　　84,000
　　　　　 수수료비용　　　　　　4,000
　　　　* 단기매매증권의 취득과 직접 관련되는 거래원가는 당기비용으로 처리한다. 이 경우 당사가 금융업이라면 판매비와관리비에 해당하지만, 일반기업이라면 영업외비용으로 처리해야 한다.

(2) 배당금수익과 이자수익

보통주나 우선주 등의 지분증권에 투자한 경우에는 배당금수익을 얻을 수 있으며, 사채나 국·공채 등 채무증권에 투자한 경우에는 이자수익을 얻게 된다. 현금배당의 경우 배당금을 받을 권리와 금액이 확정되는 시점에 배당금수익(영업외수익)으로 인식하고, 이자수익은 보유기간 중의 액면이자상당액을 기간 경과분 만큼 이자수익(영업외수익)으로 인식한다.

 다음 거래를 회계처리 하시오.
(1) 삼성전자의 주식에 투자한 대가로 현금배당 2,000원이 확정되어 보통예금계좌로 입금되었다.
(2) 엘지전자의 사채에 투자한 대가로 이자 8,000원이 보통예금계좌로 입금되었다.

해설 (1) (차) 보통예금　　　　　　　　2,000　/　(대) 배당금수익　　　　　　2,000
　　　(2) (차) 보통예금　　　　　　　　8,000　/　(대) 이자수익　　　　　　　8,000

(3) 후속 측정(기말평가)

단기매매증권을 취득하여 결산일 현재 보유하고 있는 경우에는 이를 공정가치로 평가하며, 공정가치의 변동분(미실현보유손익)은 당기손익 항목(단기매매증권평가손익)으로 처리한다. 시장성 있는 유가증권은 시장가격을 공정가치로 보며, 시장가격은 보고기간말 현재의 종가로 한다.

 다음 거래를 회계처리 하시오.
(1) 보유 중인 단기매매증권의 장부금액은 750,000원, 기말의 공정가치는 800,000원이다. 기말 평가에 관한 회계처리를 하시오.
(2) 보유 중인 단기매매증권의 장부금액은 800,000원, 기말의 공정가치는 700,000원이다. 기말 평가에 관한 회계처리를 하시오.

해설 (1) (차) 단기매매증권　　　　　50,000　/　(대) 단기매매증권평가이익　　50,000
　　　　＊ 공정가치(800,000) － 장부금액(750,000) = 50,000(평가이익)
　　　　＊ 단기매매증권평가이익 만큼 자산을 증가시킨다.
　　　(2) (차) 단기매매증권평가손실　100,000　/　(대) 단기매매증권　　　　　100,000
　　　　＊ 공정가치(700,000) － 장부금액(800,000) = －100,000(평가손실)

(4) 후속 측정(처분)

단기매매증권을 처분하는 경우에는 처분금액과 장부금액을 비교하여 그 차액을 단기매매증권처분손익(영업외손익)으로 처리한다.

 다음 거래를 회계처리 하시오.
   (1) 단기매매차익 목적으로 취득한 상장회사 주식(장부금액 160,000원)을 200,000원에 처분하고 대금은 현금으로 받았다.
   (2) 단기매매차익 목적으로 취득한 상장회사 주식 10주(장부금액 @25,000원)를 1주당 20,000원에 처분하고 대금은 현금으로 받았다.

해설 (1) (차) 현금   200,000   / (대) 단기매매증권   160,000
                                                    단기매매증권처분이익   40,000
   * 처분금액(200,000) - 장부금액(160,000) = 40,000(처분이익)
(2) (차) 현금   200,000   / (대) 단기매매증권   250,000
        단기매매증권처분손실   50,000
   * 처분금액(200,000) - 장부금액(250,000) = -50,000(처분손실)

기/출/문/제 [실기]

다음 거래 자료를 세연상사(회사코드 : 4002)의 [일반전표입력] 메뉴에 추가 입력하시오.

01 1월 21일 단기매매차익 목적으로 ㈜삼성전자의 주식(100주, 1주당 20,000원)을 현금으로 매입하였다.

02 1월 22일 일시소유의 단기적 운용목적으로 ㈜강남 발행주식 100주(1주당 액면 5,000원)를 1주당 30,000원에 구입하고, 대금은 보통예금에서 지급하였다.

03 1월 23일 단기간의 매매차익을 목적으로 상장회사 ㈜서초의 주식을 1주당 20,000원에 100주를 매입하였다. 매입수수료는 매입가액의 1%이다. 매입관련 대금은 모두 현금으로 지급하였다(매입수수료는 영업외비용으로 처리할 것).

04 1월 24일 증권거래소에 상장된 ㈜동원의 주식 100주를 1주당 15,000원에 단기보유 목적으로 취득하고, 증권회사에 주식매매수수료 15,000원과 함께 보통예금 통장에서 계좌이체 하여 지급하였다.

05 단기매매증권의 기말 현재 장부금액과 공정가치는 다음과 같다. 기말(12월 31일) 평가에 대한 회계처리를 하시오.

구 분	장부금액	공정가치
㈜종로 주식	15,000,000	16,000,000

06 기말(12월 31일) 현재 보유하고 있는 단기매매증권 평가액은 다음과 같다. 기말 평가에 대한 회계처리를 하시오.

구 분	장부금액	공정가치
㈜임실기계 보통주	4,200,000	4,000,000

07 1월 27일 시장성 있는 단기보유 목적의 ㈜한라무역의 주식(장부금액 4,000,000원)을 4,200,000원에 매각하고 대금은 당사 당좌예금계좌로 이체 되었다.

08 1월 28일 단기간 매매차익 목적으로 매입하였던 상장회사 ㈜삼호전기 주식 1,000주(장부금액 7,000,000원)를 증권회사에 1주당 6,900원에 모두 처분하고 대금은 전액 현금으로 받았다.

KcLep 도우미

01 1월 21일 : (차) 107.단기매매증권　2,000,000　/　(대) 101.현금　　　　　2,000,000

02 1월 22일 : (차) 107.단기매매증권　3,000,000　/　(대) 103.보통예금　　　3,000,000

03 1월 23일 : (차) 107.단기매매증권　2,000,000　/　(대) 101.현금　　　　　2,020,000
　　　　　　　(차) 984.수수료비용　　 20,000
* 단기매매증권의 취득과 직접 관련되는 거래원가는 당기 비용으로 처리한다.

04 1월 24일 : (차) 107.단기매매증권　1,500,000　/　(대) 103.보통예금　　　1,515,000
　　　　　　　(차) 984.수수료비용　　 15,000
* 당사는 컴퓨터 및 주변장치를 도소매하는 기업으로 단기매매증권을 처분하는 거래가 판매활동과 관리활동이 아니므로 주식매매수수료는 영업외비용의 범위에 있는 수수료비용으로 처리해야 한다.

05 12월 31일 : (차) 107.단기매매증권　1,000,000　/　(대) 905.단기매매증권평가이익　1,000,000
* 공정가치(16,000,000) - 장부금액(15,000,000) = 1,000,000원(평가이익)

06 12월 31일 : (차) 957.단기매매증권평가손실　200,000　/　(대) 107.단기매매증권　　200,000
* 공정가치(4,000,000) - 장부금액(4,200,000) = -200,000원(평가손실)

07 1월 27일 : (차) 102.당좌예금　　4,200,000　/　(대) 107.단기매매증권　　4,000,000
　　　　　　　　　　　　　　　　　　　　　　 　(대) 906.단기매매증권처분이익　200,000
* 처분금액(4,200,000) - 장부금액(4,000,000) = 200,000원(처분이익)

08 1월 28일 : (차) 101.현금　　　　6,900,000　/　(대) 107.단기매매증권　　7,000,000
　　　　　　　(차) 958.단기매매증권처분손실　100,000
* 처분금액(6,900,000) - 장부금액(7,000,000) = -100,000원(처분손실)

기/출/문/제 (필기)

01 상품을 판매하고 대금을 다음과 같이 받았다. 현금으로 계상할 금액은?

- 지　　폐　200,000원
- 자기앞수표　300,000원
- H 상회발행자기앞수표　450,000원
- 동　　　　전　50,000원

① 600,000원　② 950,000원　③ 700,000원　④ 1,000,000원

[풀이] 통화(200,000+50,000) + 통화대용증권(450,000+300,000) = 1,000,000원

02 다음 중 현금 계정으로 회계처리 하기에 타당하지 않는 것은?

① 송금수표
② 당점발행수표
③ 타인발행수표
④ 자기앞수표

[풀이] 당점발행수표란 당사가 발행한 당좌수표를 말하며, 발행시 당좌예금의 감소로 처리하였으므로 이것이 다시 회수되면 당좌예금의 증가로 처리한다. 반면 동점발행수표는 타인이 발행한 당좌수표를 말하며, 이는 통화대용증권으로 현금 계정에 포함된다.

03 다음 수표에 대한 회계처리로 올바른 것은?

- 타인 발행의 당좌수표를 받으면 (㉠) 계정으로 처리한다.
- 당점 발행의 당좌수표를 받으면 (㉡) 계정으로 처리한다.

① ㉠ 당좌예금, ㉡ 보통예금
② ㉠ 현　금, ㉡ 보통예금
③ ㉠ 현　금, ㉡ 당좌예금
④ ㉠ 당좌예금, ㉡ 현　금

[풀이] 타인 발행의 당좌수표는 통화대용증권이므로 현금 계정의 증가로 처리하고, 당점 발행의 당좌수표는 당좌예금의 증가로 처리한다.

04 현금 계정 차변에 기입해야 되는 거래는?

① 상품을 매출하고 약속어음을 받다.
② 상품 매입대금을 당좌수표를 발행하여 지급하다.
③ 외상매출금을 거래처 발행 당좌수표로 받다.
④ 소지하고 있던 자기앞수표를 거래은행에 당좌예입하다.

[풀이] 현금 계정 차변에는 현금의 증가거래가 기입된다. 거래처 발행 당좌수표는 통화대용증권으로 현금 계정 차변에 기입한다.

05 다음 중 통화대용증권에 속하지 않는 것은?

① 약속어음   ② 우편환증서
③ 자기앞수표   ④ 타인발행수표

[풀이] 약속어음이 일반적인 상거래와 관련된 경우 받을어음(또는 지급어음), 그 외의 경우에는 미수금(또는 미지급금)에 해당 한다.

06 다음 중 현금및현금성자산에 해당되는 것만으로 묶인 것은?

| ㉮ 타인발행수표 | ㉯ 보험증권 | ㉰ 장기금융상품 |
| ㉱ 수입인지 | ㉲ 보통예금 | ㉳ 주식 |

① ㉱-㉯   ② ㉯-㉰   ③ ㉮-㉲   ④ ㉮-㉳

[풀이] 현금및현금성자산은 현금(타인발행수표)과 예금(당좌예금, 보통예금) 및 현금성자산

07 다음 중 현금및현금성자산이 아닌 것은?

① 당좌예금   ② 타인발행수표
③ 보통예금   ④ 장기금융상품

[풀이] 장기금융상품은 투자자산에 해당한다.

08 다음 중 현금및현금성자산이 아닌 것은?

① 타인발행수표   ② 보통예금
③ 당좌예금   ④ 정기예금(6개월 만기)

[풀이] 6개월 만기 정기예금은 단기금융상품에 해당한다.

09 재무상태표의 현금및현금성자산 과목으로 표시할 수 없는 계정은?

① 현금   ② 받을어음
③ 당좌예금   ④ 보통예금

[풀이] 받을어음은 매출채권에 해당한다.

10 다음 중 현금및현금성자산에 해당하지 않는 것은?

① 당좌예금   ② 보통예금
③ 자기앞수표   ④ 정기예금

[풀이] 보고기간 종료일로부터 만기가 1년 이내에 도래하는 정기예금은 단기금융상품으로 분류하고, 보고기간 종료일로부터 만기가 1년 이후에 도래하는 정기예금은 장기금융상품으로 분류한다.

11 기말 각 계정의 잔액이다. 재무상태표에 현금및현금성자산으로 표시될 금액은?

> • 현   금   2,000원   • 보 통 예 금   6,000원
> • 단기대여금   1,000원   • 단기매매증권   2,000원

① 8,000원   ② 9,000원   ③ 10,000원   ④ 11,000원

[풀이] 현금(2,000) + 보통예금(6,000) = 8,000원

12 다음 거래가 계정에 바르게 전기된 것은?

> 상품 100,000원을 매출하고 대금은 자기앞수표로 받았다.

	매 입		상품매출
①	현 금 100,000	②	당좌예금 100,000

	현 금		당좌예금
③	상품매출 100,000	④	상품매출 100,000

[풀이] 자기앞수표는 통화대용증권이므로 현금으로 처리한다.
　　　(차) 현 금　　　　　100,000 / (대) 상품매출　　　　　100,000

13 다음에 설명하는 항목과 통합계정으로 재무제표에 표시되는 것이 아닌 것은?

> 큰 거래비용 없이 현금으로 전환이 용이하고 이자율 변동에 따른 가치변동의 위험이 경미한 금융상품으로서 취득 당시 만기일(또는 상환일)이 3개월 이내인 것

① 통화 및 타인발행수표   ② 당좌예금
③ 보통예금   ④ 매출채권

[풀이] 현금성자산에 대한 설명으로 현금(통화 및 타인발행수표), 예금(당좌예금, 보통예금)과 함께 현금및현금성자산으로 통합 표시된다.

14 다음 중 단기금융상품이 아닌 것은?

① 정기예금(6개월 만기)   ② 정기적금(6개월 만기)
③ 당좌예금   ④ 양도성예금증서

[풀이] 당좌예금은 현금및현금성자산에 해당한다.

15 다음 거래가 결산 후 재무상태표에 표시될 과목으로 옳은 것은?

> 9월 1일 대한은행에 1년 만기 정기예금으로 10,000,000원을 예입하다(단 결산일은 12/31).

① 장기금융상품　　　　　　　② 현금및현금성자산
③ 단기매매증권　　　　　　　④ 단기금융상품

[풀이] 보고기간 종료일로부터 만기가 1년 이내에 도래하는 정기예금은 단기금융상품으로 분류한다.

16 단기매매증권을 1주당(액면가 500원) 1,000원에 100주를 매입하고, 매입수수료 10,000원과 함께 현금으로 지급하였다. 취득원가는 얼마인가?

① 50,000원　　② 100,000원　　③ 60,000원　　④ 110,000원

[풀이] 취득과 직접 관련되는 거래원가는 당기비용으로 처리한다.
　　　 (@1,000 × 100주) = 100,000원

17 아래의 거래에서 단기매매증권 취득원가는 얼마인가?

> 증권거래소에 상장되어 있는 ㈜동원상사의 주식 100주를 1주당 10,000원에 취득하고 증권회사에 대한 증권 매매수수료 10,000원과 함께 수표발행하여 지급하다.

① 900,000원　　② 1,000,000원　　③ 1,010,000원　　④ 1,100,000원

[풀이] (@10,000 × 100주) = 1,000,000원

18 소유하고 있는 (1)주식에 대한 현금배당금과, (2)채권에 대한 이자를 받았을 때 기입하는 계정과목은?

① 배당금수익, 이자수익　　　　② 배당금수익, 사채이자
③ 이자수익, 이자수익　　　　　④ 유가증권이자, 사채이자

19 다음 빈칸에 들어갈 내용으로 올바른 것은?

> 결산일 현재 보유하고 있는 단기매매증권은 (㉠)으로 평가하고 단기매매증권 평가손익은 (㉡)으로 보고한다.

① ㉠ 취득가액, ㉡ 판매비와관리비　　② ㉠ 공정가액, ㉡ 판매비와관리비
③ ㉠ 공정가액, ㉡ 영업외손익　　　　④ ㉠ 취득가액, ㉡ 영업외손익

20 다음 계정 기입에 대하여 바르게 설명한 것은?

단기매매증권평가이익	
	단기매매증권　43,000

① 단기매매증권을 43,000원에 구입하였다.
② 단기매매증권의 시가가 43,000원 하락하였다.
③ 결산시 단기매매증권평가손실 43,000원 회복하였다.
④ 결산시 단기매매증권의 시가가 장부금액보다 43,000원 상승하였다.

[풀이] (차) 단기매매증권　　　43,000 / (대) 단기매매증권평가이익　　43,000

21 다음 계정을 분석하여 10월 1일 단기매매증권 처분금액을 계산하면?

단기매매증권		단기매매증권처분이익	
9/1 당좌예금 800,000원	10/1 현 금 800,000원		10/1 현 금 100,000원

① 600,000원　　② 700,000원　　③ 800,000원　　④ 900,000원

[풀이]　9/1 (차) 단기매매증권　　800,000 / (대) 당좌예금　　　　　800,000
　　　10/1 (차) 현　　　금　　900,000 / (대) 단기매매증권　　　800,000
　　　　　　　　　　　　　　　　　　　　　단기매매증권처분이익　100,000

22 다음 중 재무상태표상 단기투자자산으로 통합해 표시할 수 있는 계정과목은?

① 외상매출금　　　　　　　　② 단기매매증권
③ 상품　　　　　　　　　　　④ 기계장치

[풀이] 단기투자자산은 기업이 여유자금의 활용 목적으로 보유하는 단기예금, 단기매매증권, 단기대여금 등의 자산을 포함한다.

23 단기 시세차익을 목적으로 구입한 타 회사 발행의 주식을 결산시 재무상태표에 표시할 때 올바른 항목은?

① 매출채권　　　　　　　　　② 매입채무
③ 단기투자자산　　　　　　　④ 현금및현금성자산

정답

1. ④　2. ②　3. ③　4. ③　5. ①　6. ③　7. ④　8. ④　9. ②　10. ④
11. ①　12. ③　13. ④　14. ③　15. ④　16. ②　17. ②　18. ①　19. ③　20. ④
21. ④　22. ②　23. ③

4. 매출채권

매출채권은 일반적인 상거래에서 발생한 채권으로 외상매출금과 받을어음으로 구분된다. 일반적인 상거래라 함은 당해 기업의 사업목적을 위한 경상적 영업활동에서 발생하는 거래로서 판매기업의 경우에는 상품매출 거래를, 제조기업의 경우에는 제품매출 거래를 말한다.

(1) 외상매출금(108)

외상매출금이란 일반적인 상거래에서 발생한 채권. 즉, 상품이나 제품을 외상으로 판매하고 아직 그 대금을 회수하지 않은 미수액으로, 보고기간 종료일로부터 1년 이내에 회수될 금액을 말한다.

 다음 거래를 회계처리 하시오.

(1) 창제상회에 상품 200,000원을 매출하고 100,000원은 자기앞수표로 받고 나머지는 다음 달 10일에 받기로 하였다.
(2) 수철상회에 상품 250,000원을 매출하고 150,000원은 동점발행당좌수표로 받고 나머지는 한 달 후에 받기로 하였다.

[해설] (1) (차) 현금   100,000   / (대) 상품매출   200,000
             외상매출금   100,000
       * 자기앞수표는 통화대용증권이므로 현금으로 처리한다.
    (2) (차) 현금   150,000   / (대) 상품매출   250,000
             외상매출금   100,000
       * 타인(동점)발행당좌수표는 통화대용증권이므로 현금으로 처리한다.

(2) 받을어음(110)

받을어음이란 일반적인 상거래에서 발생한 어음상의 권리로서, 그 지급기일이 보고기간 종료일로부터 1년 이내에 도래하는 어음을 말한다. 어음에는 약속어음과 환어음이 있다.

① 약속어음 : 약속어음이란 발행인(채무자)이 수취인(채권자)에게 일정한 기일에 일정한 금액을 지급할 것을 약속한 "지급약속증권"이다.
② 환어음 : 환어음이란 발행인이 지명인(채무자)에게 일정한 기일에 일정한 금액을 수취인(채권자)에게 지급할 것을 위탁한 "지급위탁증권"이다. 환어음의 수취인은 지명인에게 어음을 제시하여 지급의 승낙을 받아야 한다. 지명인이 지급을 승낙하여 환어음의 인수란에 서명함으로써 지명인은 지급인이 된다. 따라서 환어음의 수취인은 어음의 인수를 받음으로써 어음상의 채권을 갖게 되고, 지명인은 인수를 함으로써 어음상의 채무를 지게 된다. 일반적으로는 약속어음이 많이 쓰이고 환어음은 국제거래의 결제 이외에는 거의 사용되지 않고 있다.

다음 거래를 회계처리 하시오.

(1) 수철상회에 상품 400,000원을 매출하고 100,000원은 현금으로 받고 나머지는 동점발행약속어음(만기 : 1년 이내)으로 받았다.
(2) 창제상회의 외상매출금 100,000원에 대하여 동점발행약속어음(만기 : 1년 이내)으로 받았다.

[해설] (1) (차) 현금　　　　　　　　　100,000　　/　(대) 상품매출　　　　　400,000
　　　　　　받을어음　　　　　　　300,000
　　　(2) (차) 받을어음　　　　　　　100,000　　/　(대) 외상매출금　　　　100,000

기/출/문/제 (실기)

다음 거래 자료를 세연상사(회사코드 : 4002)의 [일반전표입력] 메뉴에 추가 입력하시오.

01 2월 1일 우일상사에 상품 800,000원을 매출하였다. 대금 중 500,000원은 외상으로 하고, 잔액은 자기앞수표로 받았다.

02 2월 2일 진이상사에 상품 1,200,000원을 판매하고 대금 중 500,000원은 진이상사 발행의 당좌수표로 받고 잔액은 외상으로 하였다.

03 2월 3일 우일상사에 상품 3,000,000원을 판매하고 대금 중 2,000,000원은 현금으로 받고, 잔액은 외상으로 하였다.

04 2월 4일 진이상사에 상품을 2,000,000원에 매출하고, 대금 중 1,000,000원은 현금으로 받고 잔액은 외상으로 하였다.

05 2월 5일 매출처 우일상사의 외상대금 500,000원이 신한은행 보통예금계좌에 입금되었다.

06 2월 6일 진이상사의 외상매출대금 700,000원을 자기앞수표로 받았다.

07 2월 7일 상품을 우일상사에 외상으로 판매한 금액 1,000,000원이 당사 보통예금통장으로 입금되었다.

08 2월 8일 거래처 진이상사의 외상매출금 500,000원을 전액 현금으로 회수하여 당좌예입 하였다.

09 2월 9일 매출처 우일상사에 상품을 1,500,000원에 판매하고, 대금 중 1,000,000원은 약속어음(만기 : 1년 이내)으로 받고 잔액은 외상으로 하였다.

10 2월 10일 진이상사에 상품 20,000,000원을 매출하고, 대금 중 10,000,000원은 약속어음(만기 : 다음연도 3월 31일)으로 받고 잔액은 외상으로 하였다.

11 2월 11일 우일상사에 상품을 2,000,000원에 판매하고 대금 중 1,200,000원은 현금으로 받고 잔액은 동점발행약속어음으로 받았다.

12 2월 12일 진이상사의 외상매출금 500,000원을 동점발행약속어음(만기 : 1년 이내)으로 받았다.

13 2월 13일 서삼상사에 상품을 2,000,000원에 매출하고, 대금 중 1,000,000원은 현금으로 받고 잔액은 약속어음(만기 : 1년 이내)으로 받았다.

KcLep 도우미

01 2월 1일 : (차) 108.외상매출금   500,000   / (대) 401.상품매출   800,000
         (거래처 : 우일상사)
       (차) 101.현금   300,000

   * 자격시험에서 채권과 채무에 관련된 거래는 반드시 거래처를 입력해야 한다. 거래처를 입력한다는 것은 아래의 그림처럼 [코드]란에 숫자로 입력되어야 하는 것을 말한다. [코드]란에 숫자 없이 [거래처]란에 "우일상사"라고 입력하는 것은 거래처를 입력한 것이 아니다. 반드시 입력해야 할 거래처를 본서의 답안에서는 해당 계정과목 아래에 표시하는 방식을 취하고 있다.

일	번호	구분	계정과목	거래처	적요	차변	대변
1	00001	대변	0401 상품매출				800,000
1	00001	차변	0108 외상매출금	00101 우일상사		500,000	
1	00001	차변	0101 현금			300,000	

02 2월 2일 : (차) 101.현금　　　　　500,000　　/　(대) 401.상품매출　　　1,200,000
　　　　　 (차) 108.외상매출금　　700,000
　　　　　 (거래처 : 진이상사)

03 2월 3일 : (차) 101.현금　　　　　2,000,000　/　(대) 401.상품매출　　　3,000,000
　　　　　 (차) 108.외상매출금　1,000,000
　　　　　 (거래처 : 우일상사)

04 2월 4일 : (차) 101.현금　　　　　1,000,000　/　(대) 401.상품매출　　　2,000,000
　　　　　 (차) 108.외상매출금　1,000,000
　　　　　 (거래처 : 진이상사)

05 2월 5일 : (차) 103.보통예금　　　500,000　　/　(대) 108.외상매출금　　500,000
　　　　　　　　　　　　　　　　　　　　　　　(거래처 : 우일상사)

06 2월 6일 : (차) 101.현금　　　　　700,000　　/　(대) 108.외상매출금　　700,000
　　　　　　　　　　　　　　　　　　　　　　　(거래처 : 진이상사)

07 2월 7일 : (차) 103.보통예금　　　1,000,000　/　(대) 108.외상매출금　1,000,000
　　　　　　　　　　　　　　　　　　　　　　　(거래처 : 우일상사)

08 2월 8일 : (차) 102.당좌예금　　　500,000　　/　(대) 108.외상매출금　　500,000
　　　　　　　　　　　　　　　　　　　　　　　(거래처 : 진이상사)

09 2월 9일 : (차) 110.받을어음　　　1,000,000　/　(대) 401.상품매출　　　1,500,000
　　　　　 (거래처 : 우일상사)
　　　　　 (차) 108.외상매출금　500,000
　　　　　 (거래처 : 우일상사)

일	번호	구분	계정과목	거래처	적요	차변	대변
9	00001	대변	0401 상품매출				1,500,000
9	00001	차변	0110 받을어음	00101 우일상사		1,000,000	
9	00001	차변	0108 외상매출금	00101 우일상사		500,000	

* 본 메뉴는 입력시 키보드의 [Enter↵] 키를 치면 [차변]란과 [대변]란을 제외한 나머지는 모두 바로 위의 내용이 복사되어 입력된다. 이 때 위 경우처럼 받을어음의 [코드]란에 숫자(101)로 거래처를 입력하고, "108.외상매출금" 입력 후 키보드의 [Enter↵] 키를 치면서 진행하게 되면 [코드]란에 숫자는 복사가 안 되고 거래처 이름(우일상사)만 복사가 된다. 이 경우 외상매출금 계정에는 거래처가 입력된 것이 아니므로 꼭 숫자로 다시 입력해 주어야 한다. 자격시험에서 감점대상일 뿐만 아니라 바로 뒤에 보게 될 [거래처원장] 메뉴에도 반영되지 않는다.

10 2월 10일 : (차) 110. 받을어음   10,000,000   /   (대) 401. 상품매출   20,000,000
             (거래처 : 진이상사)
          (차) 108. 외상매출금   10,000,000
             (거래처 : 진이상사)

* 받을어음의 만기가 다음연도 3월 31일이라고 해서 2월 10일부터 일수를 계산하여 장기라고 생각하는 수험생이 많은 것 같다. 장단기의 구분은 보고기간 종료일로부터 계산하므로 회계연도가 1.1. ~ 12.31.인 회사라면 보고기간 종료일인 12월 31일부터 일수를 계산해야 한다.

11 2월 11일 : (차) 101. 현금   1,200,000   /   (대) 401. 상품매출   2,000,000
          (차) 110. 받을어음   800,000
             (거래처 : 우일상사)

* 약속어음을 받은 경우에는 항상 만기를 제시해 주어야 하지만 동 문제처럼 만기가 제시되지 않고 출제된 경우에는 단기라고 가정하고 풀이하는 것이 좋다.

12 2월 12일 : (차) 110. 받을어음   500,000   /   (대) 108. 외상매출금   500,000
             (거래처 : 진이상사)   (거래처 : 진이상사)

13 2월 13일 : (차) 101. 현금   1,000,000   /   (대) 401. 상품매출   2,000,000
          (차) 110. 받을어음   1,000,000
             (거래처 : 서삼상사)

단대리 … 실무상 전표입력 도중에 거래처코드 번호를 입력하는 것은 거래처원장에서 관리할 필요가 있는 거래처이다. 예를 들어, 갑(甲)이라는 회사는 여러 은행에 보통예금계좌가 있으며, 각 은행별로 보통예금의 변동 상황을 알고자 한다면 보통예금 계정에도 거래처를 입력해야 한다. 하지만 을(乙)이라는 회사는 여러 은행에 보통예금계좌는 있으나 각 은행별로 보통예금의 변동 상황을 알고 싶지 않다면 보통예금 계정에 거래처를 입력할 필요가 없다. 이처럼 거래처원장에서 관리할 계정과목은 각 회사의 상황에 따라 서로 다르기 때문에 자격시험에서는 채권·채무와 관련된 거래는 별도의 요구가 없는 한 반드시 기 등록되어 있는 거래처코드를 선택하는 방법으로 거래처명을 입력하도록 하고 있으며, 거래처를 입력하지 않으면 감점대상이 된다. 하지만, 처음 시작하는 단계에서는 구분하기가 쉽지 않기 때문에 수험생들이 많이 질문을 하는 것 중에 하나가 "어떤 계정과목에 거래처를 입력하는가" 이다. 그렇다고 자격시험에서 거래처를 입력해야 할 계정과목을 모두 나열하면 불필요한 암기사항만 생기므로 숙달이 될 때까지는 문제의 지문에서 거래처등록을 요구하지 않는 한 다음과 같은 요령으로 정리하고 시작하면 조금이나마 도움이 될 것 같다.

① 수익·비용 계정은 거래처를 입력하지 않는다.
② 재고자산·유형자산·무형자산·자본 계정은 거래처를 입력하지 않는다.
③ 나머지 자산(당좌·투자·기타비유동) 계정과 부채 계정은 거래처를 조회하여 입력한다. 이들 중에 입력하지 않아도 되는 것이 있지만, 판단이 잘 안되는 계정과목이 있다면 문제의 지문에 거래처명이 있으면 기 등록된 거래처를 조회하여 입력한다.

거래처원장

I. 상품의 외상거래에 관한 기장

(1) 인명계정(personal account)

인명계정이란 상품을 외상으로 매출하거나 매입하는 경우에 발생하는 채권·채무의 증감을 처리하는 계정과목을 거래처의 인명, 상호로 처리하는 방법을 말한다. 거래처 수가 적은 경우에는 총괄적인 외상매출금 계정과 외상매입금 계정 대신 각 거래처의 인명을 사용하면 각 거래처별로 채권·채무의 잔액을 쉽게 파악할 수 있다.

(2) 통제계정(controlling account)

거래처 수가 많을 경우에는 인명계정을 사용하면 원장의 계정과목 수가 많아져서 외상매출금이나 외상매입금의 총액 및 잔액 등을 파악하기 어렵다. 이러한 불편을 줄이기 위하여 각 거래처별 외상거래의 명세는 "매출처원장"과 "매입처원장"이라는 보조원장에 기입하고, 원장에는 "외상매출금 계정"과 "외상매입금 계정"을 설정하여 보조원장 각 계정의 명세를 총괄적으로 처리한다.

II. 통제계정과 보조원장과의 관계

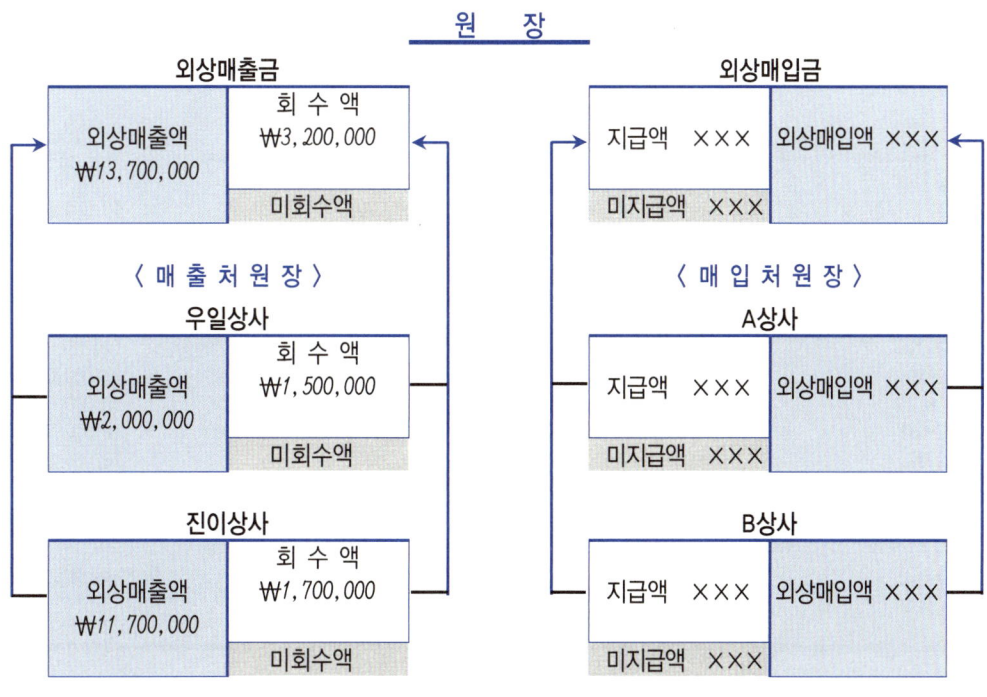

Ⅲ. 거래처원장

프로그램에서 보조원장(매출처원장 및 매입처원장)은 [재무회계]>[장부관리]>[거래처원장]에서 조회할 수 있으며, 원장은 [재무회계]>[장부관리]>[계정별원장]에서 조회할 수 있다.

KcLep 길라잡이

- [재무회계]>[장부관리]>[거래처원장]의 『내용』 탭에서 기간(2월 1일 ~ 2월 13일) / 계정과목(108.외상매출금) / 거래처(101 ~ 102)를 입력하면 다음과 같은 화면이 나타난다. 아래의 화면은 세연상사의 연습문제(실기) 2월 1일부터 2월 13일까지를 [일반전표입력] 메뉴에 입력한 후의 내용을 예시로 표시한 것으로 전기이월 부분(전기분 재무상태표에서 반영된 것)을 제외하면 앞 페이지의 도표와 일치한다.

매출처원장(우일상사) — 00101:우일상사(101-81-11115)

차 변	대 변	잔 액
500,000		500,000
1,000,000		1,500,000
	500,000	1,000,000
	1,000,000	
500,000		✓ 500,000
✓ 2,000,000	✓ 1,500,000	
외상매출액	회수액	미회수액

매출처원장(진이상사) — 00102:진이상사(102-81-11118)

차 변	대 변	잔 액
700,000		700,000
1,000,000		1,700,000
	700,000	1,000,000
	500,000	500,000
10,000,000		10,500,000
	500,000	✓ 10,000,000
✓ 11,700,000	✓ 1,700,000	
외상매출액	회수액	미회수액

원 장(세연상사) — 외상매출금

일자	적요	코드	거래처	차 변	대 변	잔 액
	[전 월 이 월]			12,000,000		12,000,000
02-01		00101	우일상사	500,000		12,500,000
02-02		00102	진이상사	700,000		13,200,000
02-03		00101	우일상사	1,000,000		14,200,000
02-04		00102	진이상사	1,000,000		15,200,000
02-05		00101	우일상사		500,000	14,700,000
02-06		00102	진이상사		700,000	14,000,000
02-07		00101	우일상사		1,000,000	13,000,000
02-08		00102	진이상사		500,000	12,500,000
02-09		00101	우일상사	500,000		13,000,000
02-10		00102	진이상사	10,000,000		23,000,000
02-12		00102	진이상사		500,000	✓ 22,500,000
	[월 계]			✓ 13,700,000	✓ 3,200,000	
				외상매출액	회수액	미회수액

5. 어음의 배서(背書)

어음의 소지인이 당해 어음의 만기일 이전에 어음상의 권리를 타인에게 양도하는 것을 어음의 배서라고 한다. 배서는 어음소지인(배서인)이 어음의 뒷면에 양도의 의사를 표시하고 기명날인하여 양수인(피배서인)에게 어음을 교부하는 것이다. 어음의 배서에는 ① 추심위임배서, ② 배서양도, ③ 어음할인을 위한 배서 세 가지 경우가 있다.

(1) 추심위임배서

타인이 발행한 어음의 대금회수(추심)를 거래은행에 의뢰하는 경우, 어음의 뒷면에 배서하고 어음을 은행에 넘겨주는 것을 추심위임배서라고 한다. 이 경우 추심 의뢰한 어음에 대해서는 소유권 이전이 아니므로 회계처리하지 않고 추심료 지급에 대한 것만 수수료비용으로 회계처리 한다. 그리고 만기일에 은행으로부터 추심되었다는 통지를 받으면 어음상의 권리를 소멸시키고 해당 자산을 증가시킨다.

 다음 거래를 회계처리 하시오.
  (1) 창제상회에 상품 400,000원을 매출하고 대금은 동사가 발행한 약속어음(만기 : 1년 이내)으로 받았다.
  (2) 받을어음 400,000원을 거래은행에 추심의뢰하고 추심료 10,000원을 현금으로 지급하였다.
  (3) 받을어음 400,000원이 만기일에 추심되어 당사의 보통예금계좌에 입금되었다는 통지를 받았다.

해설 (1) (차) 받을어음	400,000	/	(대) 상품매출	400,000
(2) (차) 수수료비용	10,000	/	(대) 현금	10,000
(3) (차) 보통예금	400,000	/	(대) 받을어음	400,000

(2) 배서양도

어음소지인이 당해 어음의 만기일 이전에 어음상의 권리를 타인에게 양도하는 것을 어음의 배서양도라고 한다. 배서양도는 어음에 대한 소유권이 이전되므로 배서양도 하는 시점에서 어음상의 권리를 소멸시킨다.

 다음 거래를 회계처리 하시오.
  (1) 창제상회에 상품 400,000원을 매출하고 대금은 동점이 발행한 약속어음(만기 : 1년 이내)으로 받았다.
  (2) 수철상회의 외상매입금 600,000원을 결제하기 위하여 창제상회 발행의 약속어음(만기 : 1년 이내) 400,000원을 배서양도하고 잔액은 현금으로 지급하였다.

[해설] (1) (차) 받을어음　　　　　　400,000　/　(대) 상품매출　　　　　400,000
　　　(2) (차) 외상매입금　　　　　　600,000　/　(대) 받을어음　　　　　400,000
　　　　　　　　　　　　　　　　　　　　　　　　　　현금　　　　　　　　200,000

* 외상매입금이란 일반적인 상거래에서 발행한 매입채무를 말한다. 즉 상품이나 원재료를 외상으로 매입하고 아직 그 대금을 지급하지 않은 미지급액으로, 보고기간 종료일로부터 1년 내에 지급해야 할 금액을 말한다.

(3) 어음할인

어음은 만기일 이전에 금융기관에 배서하고 할인료를 차감한 잔액을 받아 자금을 융통할 수 있는데, 이를 어음의 할인이라고 한다. 할인료는 받을어음의 만기 지급금액에 대한 신용제공기간 동안의 선이자(先利子)에 해당하는데 다음과 같이 계산된다.

$$\text{할인료} = \text{어음금액} \times \text{연이자율} \times \text{일수}_{(신용제공기간)}/365$$

일반적으로 매출채권을 금융기관 등에서 할인하는 거래에 대하여는, 해당 금융자산의 미래 경제적효익에 대한 양수인의 통제권에 특정한 제약이 없는 한 매각거래로 회계처리 한다.

　　　　　　　[매각거래]　　　　　　　　　　　　　　　[차입거래]

① 할인받는 시점

차 변		대 변	
현　　금	×××	받을어음	×××
매출채권처분손실	×××		

차 변		대 변	
현　　금	×××	단기차입금	×××
이자비용	×××		

② 어음만기일

차 변	대 변
분개 없음	

차 변		대 변	
단기차입금	×××	받을어음	×××

다음 거래를 회계처리 하시오.

(1) 창제상회에 상품 400,000원을 매출하고 대금은 동사가 발행한 약속어음(만기 : 1년 이내)으로 받았다.
(2) 창제상회에서 받은 약속어음(만기 : 1년 이내) 400,000원을 거래은행에서 할인하고 할인료 50,000원을 차감한 실수령액은 당좌예금계좌에 입금하였다(매각거래로 처리할 것).

[해설] (1) (차) 받을어음　　　　　　400,000　/　(대) 상품매출　　　　　400,000
　　　(2) (차) 당좌예금　　　　　　350,000　/　(대) 받을어음　　　　　400,000
　　　　　　매출채권처분손실　　　50,000

기/출/문/제 (실기)

다음 거래 자료를 세연상사(회사코드 : 4002)의 [일반전표입력] 메뉴에 추가 입력하시오.

01 3월 1일 우일상사에 대한 받을어음 20,500,000원이 만기가 도래하여 추심수수료 500,000원을 차감한 금액이 신한은행 보통예금통장에 입금되었다.

02 3월 2일 매출처 진이상사의 받을어음 12,000,000원을 거래은행에 추심의뢰하여 추심료 30,000원을 차감한 잔액이 당좌예금계좌에 입금되었음을 통보받았다.

03 3월 3일 서삼상사에서 매출대금으로 받아 보관 중인 약속어음 4,000,000원이 만기가 도래하여 신한은행에 추심의뢰한 바, 추심수수료 40,000원을 차감한 금액이 당점 신한은행 보통예금통장에 입금되었다.

04 3월 4일 국민상사로부터 상품 20,000,000원을 매입하고, 대금은 무사상사에서 상품 판매대금으로 받아 보관 중인 약속어음으로 지급하였다.

05 3월 5일 남서상사로부터 5,000,000원의 비품을 구입하고, 보유하고 있던 거래처 광오상사의 약속어음을 배서하여 양도하였다.

06 3월 6일 청육상사의 외상매입금 1,000,000원을 지급하기 위하여, 열공상사로부터 매출대금으로 받은 약속어음 700,000원을 배서양도하고 나머지는 현금으로 지급하였다.

07 3월 7일 거래처 처칠상사로부터 받은 약속어음 1,000,000원을 만기 전에 거래 은행으로부터 할인받고, 할인료 38,000원을 차감한 금액을 보통예금통장으로 입금받았다. 단, 할인된 어음은 매각거래로 가정한다.

08 3월 8일 용팔상사로부터 매출대금으로 받아 보관 중인 약속어음 5,000,000원을 만기 전에 거래 은행으로부터 할인받고, 할인료 155,000원을 차감한 금액을 당사 보통예금계좌로 입금받았다(단, 할인된 어음은 매각거래로 회계처리 함).

09 3월 9일 영구상사에 대한 받을어음(만기 : 당기 5월 9일) 12,000,000원을 신한은행에서 할인율 연 10%로 할인받고, 그 할인받은 금액이 당좌예금통장으로 입금되었다. 받을어음의 만기일은 2개월 남았으며, 매각거래로 처리하고 할인액은 월 단위로 계산한다.

KcLep 도우미

01 3월 1일 : (차) 831.수수료비용   500,000   / (대) 110.받을어음   20,500,000
             (차) 103.보통예금   20,000,000   (거래처 : 우일상사)

02 3월 2일 : (차) 831.수수료비용   30,000   / (대) 110.받을어음   12,000,000
             (차) 102.당좌예금   11,970,000   (거래처 : 진이상사)

03 3월 3일 : (차) 831.수수료비용   40,000   / (대) 110.받을어음   4,000,000
             (차) 103.보통예금   3,960,000   (거래처 : 서삼상사)

04 3월 4일 : (차) 146.상품   20,000,000   / (대) 110.받을어음   20,000,000
                                                   (거래처 : 무사상사)

05 3월 5일 : (차) 212.비품   5,000,000   / (대) 110.받을어음   5,000,000
                                                   (거래처 : 광오상사)

06 3월 6일 : (차) 251.외상매입금   1,000,000   / (대) 110.받을어음   700,000
             (거래처 : 청육상사)   (거래처 : 열공상사)
                                                   (대) 101.현금   300,000

07 3월 7일 : (차) 956.매출채권처분손실   38,000   / (대) 110.받을어음   1,000,000
             (차) 103.보통예금   962,000   (거래처 : 처칠상사)

08 3월 8일 : (차) 956.매출채권처분손실 155,000   / (대) 110.받을어음   5,000,000
             (차) 103.보통예금   4,845,000   (거래처 : 용팔상사)

09 3월 9일 : (차) 956.매출채권처분손실 200,000   / (대) 110.받을어음   12,000,000
             (차) 102.당좌예금   11,800,000   (거래처 : 영구상사)
         * (12,000,000 × 10%) × 2개월/12개월 = 200,000원

6. 단기대여금

단기대여금이란 회수기한이 보고기간 종료일로부터 1년 이내에 도래하는 대여금을 말한다. 대여금은 기간의 장·단기에 따라 단기대여금과 장기대여금(투자자산)으로 구분된다.

 다음 거래를 회계처리 하시오.

(1) 차용증서를 받고 창제상회에 현금 500,000원을 1개월간 대여하였다.
(2) 창제상회에 대여한 단기대여금 500,000원과 이자 30,000원을 현금으로 회수하였다.

해설 (1) (차) 단기대여금　　　　　　　500,000　/　(대) 현금　　　　　　　　500,000
　　　(2) (차) 현금　　　　　　　　　　530,000　/　(대) 단기대여금　　　　　500,000
　　　　　　　　　　　　　　　　　　　　　　　　　　　　　이자수익　　　　　　30,000

7. 미수금(120)

미수금이란 일반적인 상거래 이외의 거래에서 발생한 채권을 말한다. 즉, 상품·제품이 아닌 차량이나 비품의 매각대금 등이 입금되지 않은 경우를 말한다. 미수금 중 보고기간 종료일로부터 만기가 1년 이내에 도래하는 것은 유동자산으로 분류하고, 1년 이후에 도래하는 것은 비유동자산 중 기타비유동자산(장기미수금)으로 분류한다.

 다음 거래를 회계처리 하시오.

(1) 업무용 컴퓨터(취득원가 500,000원)를 400,000원에 매각하고 대금은 10일 후에 받기로 하였다.
(2) 미수금 400,000원이 보통예금계좌에 입금되었다.
(3) 비품(취득원가 700,000원)을 900,000원에 매각하고 대금은 약속어음(만기 : 1년 이내)으로 받았다.

해설 (1) (차) 미수금　　　　　　　　　400,000　/　(대) 비품　　　　　　　　500,000
　　　　　　유형자산처분손실　　　　　100,000
　　　　　* 비품 등과 같은 유형자산을 처분하는 경우에는 처분금액과 장부금액(원가-감가상각누계액)의 차이를 비교하여 유형자산처분손익(영업외손익)으로 처리한다.
　　　(2) (차) 보통예금　　　　　　　　400,000　/　(대) 미수금　　　　　　　400,000
　　　(3) (차) 미수금　　　　　　　　　900,000　/　(대) 비품　　　　　　　　700,000
　　　　　　　　　　　　　　　　　　　　　　　　　　　　　유형자산처분이익　　200,000
　　　　　* 비품을 매각하는 거래는 일반적인 상거래가 아니므로 약속어음을 받았다 하더라도 받을어음 계정을 사용해서는 안된다.

기/출/문/제 [실기]

다음 거래 자료를 세연상사(회사코드 : 4002)의 [일반전표입력] 메뉴에 추가 입력하시오.

01 3월 11일 우일상사에 내년 2월 1일에 돌려받기로 하고 현금 4,000,000원을 빌려주었다.

02 3월 12일 진이상사에 3,000,000원을 1개월간 대여하기로 하고 선이자 30,000원을 공제한 2,970,000원을 당사의 보통예금통장에서 계좌이체 하였다.

03 3월 13일 서삼상사로부터 3개월 후 상환한다는 차용증서를 받고 5,000,000원을 당좌수표로 발행하여 대여하였다.

04 3월 14일 보통예금통장에서 4,000,000원을 거래처 무사상사에 1년 내 회수조건으로 대여하였다.

05 3월 15일 거래처 광오상사에 대한 단기대여금 1,000,000원과 이자 50,000원을 현금으로 받았다.

06 3월 16일 거래처 청육상사에 대한 단기대여금 3,000,000원과 이자 50,000원을 당사 보통예금계좌를 통하여 회수하였다.

07 3월 17일 사용하던 차량을 처칠상사에 4,000,000원에 매각하고 대금은 1개월 후에 받기로 하였다. 단, 취득원가는 5,000,000원이고 감가상각누계액은 없다.

08 3월 18일 사용하던 복사기(취득원가 1,800,000원)를 2,000,000원에 거래처인 용팔상사에 처분하고 대금은 약속어음(만기 : 1년 이내)으로 받았다.

🔑 KcLep 도우미

01 3월 11일 : (차) 114.단기대여금　4,000,000　/　(대) 101.현금　　　　4,000,000
　　　　　　　(거래처 : 우일상사)

02 3월 12일 : (차) 114.단기대여금　3,000,000　/　(대) 901.이자수익　　　30,000
　　　　　　　(거래처 : 진이상사)　　　　　　　　　(대) 103.보통예금　2,970,000

03 3월 13일 : (차) 114.단기대여금　5,000,000　/　(대) 102.당좌예금　　5,000,000
　　　　　　　(거래처 : 서삼상사)

04 3월 14일 : (차) 114.단기대여금　4,000,000　/　(대) 103.보통예금　　4,000,000
　　　　　　　(거래처 : 무사상사)

05 3월 15일 : (차) 101.현금　　　　1,050,000　/　(대) 114.단기대여금　1,000,000
　　　　　　　　　　　　　　　　　　　　　　　　　　　(거래처 : 광오상사)
　　　　　　　　　　　　　　　　　　　　　　　　(대) 901.이자수익　　　50,000

06 3월 16일 : (차) 103.보통예금　3,050,000　/　(대) 114.단기대여금　3,000,000
　　　　　　　　　　　　　　　　　　　　　　　　　　　(거래처 : 청육상사)
　　　　　　　　　　　　　　　　　　　　　　　　(대) 901.이자수익　　　50,000

07 3월 17일 : (차) 120.미수금　　　4,000,000　/　(대) 208.차량운반구　5,000,000
　　　　　　　(거래처 : 처칠상사)
　　　　　　　(차) 970.유형자산처분손실　1,000,000
　　* 감가상각누계액이란 유형자산의 평가계정으로 유형자산의 장부금액을 나타내기 위해 유형자산으로부터 차감하는 형식으로 표시된다. 이에 대한 자세한 내용은 "제2절 유형자산"에서 학습하게 된다.

08 3월 18일 : (차) 120.미수금　　　2,000,000　/　(대) 212.비품　　　　1,800,000
　　　　　　　(거래처 : 용팔상사)　　　　　　　　　(대) 914.유형자산처분이익　200,000
　　* 비품을 매각하는 거래는 일반적인 상거래가 아니므로 약속어음을 받았다 하더라도 받을어음 계정을 사용해서는 안된다.

8. 선급금(131)

선급금이란 상품·원재료 등의 매입을 위하여 선 지급한 금액을 말한다. 이는 상품·원재료 등 재고자산의 확실한 구입을 위하여 선 지급한 계약금 등으로 장차 재고자산 계정 등으로 대체 정리될 계정이다.

 다음 거래를 회계처리 하시오.

(1) 창제상회에 상품 500,000원을 주문하고 계약금 100,000원을 당좌수표를 발행하여 지급하였다.
(2) 주문한 상품이 도착하여 물품을 인수하고 계약금 100,000원을 제외한 잔금 400,000원은 은행발행자기앞수표로 지급하였다.

 (1) (차) 선급금　　　　　　　　　100,000　／　(대) 당좌예금　　　　　　　100,000
(2) (차) 상품　　　　　　　　　　500,000　／　(대) 선급금　　　　　　　　100,000
　　　　　　　　　　　　　　　　　　　　　　　　　현금　　　　　　　　　　400,000

　　　　＊ 은행발행자기앞수표는 통화대용증권이므로 현금으로 처리한다.

9. 가지급금

가지급금이란 실제로 현금 등의 지출은 있었으나, 계정과목이나 금액을 확정할 수 없을 때 일시적으로 처리하는 자산 계정이다. 추후에 계정과목이나 금액이 확정되면 해당 계정으로 대체한다.

 다음의 연속된 거래를 회계처리 하시오.

(1) 영업부 사원 이창제씨에게 목포 출장을 명하고 개산여비 500,000원을 현금으로 지급하였다.
(2) 출장간 이창제씨가 귀사하여 여비를 정산한 바 여비교통비로 사용한 영수증의 금액은 480,000원이며 잔액은 현금으로 회수하였다.

(1) (차) 가지급금　　　　　　　　500,000　／　(대) 현금　　　　　　　　　500,000
(2) (차) 여비교통비　　　　　　　480,000　／　(대) 가지급금　　　　　　　500,000
　　　　현금　　　　　　　　　　 20,000

http://cafe.naver.com/choidairi

기/출/문/제 [실기]

다음 거래 자료를 세연상사(회사코드 : 4002)의 [일반전표입력] 메뉴에 추가 입력하시오.

01 4월 1일 우일상사와 상품을 구입하기로 하고 계약금 *1,000,000*원을 당좌수표로 발행하여 지급하였다.

02 4월 2일 진이상사에서 에어컨 1대를 *3,000,000*원에 매입하기로 계약을 맺고 대금의 20%를 현금으로 지급하였다.

03 4월 3일 서삼상사와 상품포장지 *3,000,000*원을 구입하기로 계약을 맺고, 계약금 *200,000*원을 자기앞수표로 지급하였다.

04 4월 4일 영업부에서 영업용으로 사용할 중형승용차 1대를 무사상사에서 구입하기로 하고 계약금 *150,000*원을 현금으로 지급하였다. 동 승용차는 15일 후에 인도 받기로 하였다.

05 4월 5일 광오상사에서 매입하기로 한 상품을 인도받고 선급한 *2,000,000*원을 제외한 잔액 *3,000,000*원을 현금으로 지급하였다.

06 4월 6일 청육상사에 주문한 상품포장지 *4,000,000*원을 인수하고 계약금 *200,000*원을 제외한 잔금은 당좌수표를 발행하여 지급하였다(소모품비로 처리할 것).

07 4월 7일 사원 이재원의 지방거래처 출장비 *400,000*원을 현금으로 가지급 하였다(가지급금에 대한 거래처 입력은 생략한다).

08 4월 8일 사원 강은비의 출장비로 현금 *100,000*원을 우선 개산하여 지급하고, 출장비사용명세서를 받아 출장비를 정산키로 하였다(가지급금에 대한 거래처 입력은 생략한다).

제3부 계정과목별 회계처리

09 4월 9일 총무부 최호순 과장은 4월 3일 세미나참석을 위한 출장시 지급받은 업무가지급금 400,000원에 대해 다음과 같이 사용하고 잔액은 현금으로 정산하다(여비교통비로 처리할 것).

> • 왕복항공료 240,000원   • 택시요금 50,000원   • 숙박비 200,000원

10 4월 10일 지방 출장을 마치고 돌아온 영업부 직원 김성실로부터 4월 1일 지급한 금액에 대하여 다음과 같이 지출증명서류를 받고 차액은 현금으로 회수하였다. 가지급금에 대한 거래처 입력은 생략한다.

> 출장비 내역   • 교통비 90,000원   • 숙박비 180,000원

11 4월 11일 가지급금 계정의 잔액 800,000원은 거래처 우일상사에 내년 6월 30일까지 상환받기로 약정하고 대여한 것이다.

12 기말 현재 가지급금의 잔액 200,000원은 전부 영업부 직원의 여비교통비로 확인되었다.

KcLep 도우미

01 4월 1일 : (차) 131.선급금   1,000,000   /   (대) 102.당좌예금   1,000,000
              (거래처 : 우일상사)

02 4월 2일 : (차) 131.선급금   600,000   /   (대) 101.현금   600,000
              (거래처 : 진이상사)

03 4월 3일 : (차) 131.선급금   200,000   /   (대) 101.현금   200,000
              (거래처 : 서삼상사)

04 4월 4일 : (차) 131.선급금　　　　150,000　　/　(대) 101.현금　　　　　150,000
　　　　　　(거래처 : 무사상사)

05 4월 5일 : (차) 146.상품　　　　5,000,000　　/　(대) 131.선급금　　　 2,000,000
　　　　　　　　　　　　　　　　　　　　　　　　　(거래처 : 광오상사)
　　　　　　　　　　　　　　　　　　　　　　(대) 101.현금　　　　　3,000,000

06 4월 6일 : (차) 830.소모품비　　4,000,000　　/　(대) 131.선급금　　　　200,000
　　　　　　　　　　　　　　　　　　　　　　　　　(거래처 : 청육상사)
　　　　　　　　　　　　　　　　　　　　　　(대) 102.당좌예금　　3,800,000

* 소모품비란 소모성 비품 구입에 관한 비용으로서 사무용 용지, 소모공구 구입비, 주방용품 구입비, 문구 구입비 등의 구입비를 말한다.

07 4월 7일 : (차) 134.가지급금　　　400,000　　/　(대) 101.현금　　　　　400,000

08 4월 8일 : (차) 134.가지급금　　　100,000　　/　(대) 101.현금　　　　　100,000

09 4월 9일 : (차) 812.여비교통비　　490,000　　/　(대) 134.가지급금　　 400,000
　　　　　　　　　　　　　　　　　　　　　　(대) 101.현금　　　　　 90,000

* 여비교통비란 임직원의 여비와 교통비를 말한다. 이 때의 여비는 통상 기업의 임직원이 업무를 수행하기 위하여 비교적 먼 곳으로 출장 가는 경우에 소요되는 경비로서, 구체적인 내용으로는 철도요금, 항공운임, 숙박료, 식사대 및 기타 출장에 따른 부대비용이며, 교통비는 상기 여비 이외의 시내 출장비라든지 시내의 일시적인 주차료 등을 말한다.

10 4월 10일 : (차) 812.여비교통비　　270,000　　/　(대) 134.가지급금　　 600,000
　　　　　　　(차) 101.현금　　　　　330,000

* [일반전표입력] 메뉴(4월 1일)에서 출장비 지급시 가지급금 600,000원으로 처리된 것을 확인한다. 가지급금에 대한 거래처 입력을 생략하라는 문구가 없고, 가지급금 지급시 거래처(직원 명) 입력되어 있으면, 이를 정리할 때도 거래처를 입력해야 한다.

11 4월 11일 : (차) 114.단기대여금　　800,000　　/　(대) 134.가지급금　　 800,000
　　　　　　(거래처 : 우일상사)

* 가지급금은 자산 계정이므로 잔액이 차변에 남게 된다. 장단기의 구분은 보고기간 종료일(세연상사는 12.31.)로부터 계산하므로 단기대여금이 된다.

12 12월 31일 : (차) 812.여비교통비　　200,000　　/　(대) 134.가지급금　　 200,000

10. 현금과부족

현금의 실제잔액과 장부상잔액은 항상 일치하여야 하지만 기록의 잘못이나 분실, 도난 등으로 인하여 장부상잔액과 일치하지 않을 경우가 있다. 이러한 경우에 그 불일치의 원인이 확인될 때까지 일시적으로 현금과부족 계정을 설정하여 장부상잔액과 실제 현금보유액을 일치시켜야 한다. 그 후 그 원인이 판명되면 해당 계정으로 대체하고, 결산시까지 그 원인이 판명되지 않으면 현금시재 부족액은 잡손실 계정으로, 초과액은 잡이익 계정으로 대체한다.

 다음의 연속된 거래를 회계처리 하시오.

(1) 현금의 실제보유액은 100,000원인데, 장부상 현금 계정의 잔액은 120,000원이다. 부족액에 대한 원인은 아직 알 수 없다.
(2) 현금시재 부족액 20,000원의 원인을 조사한 결과 15,000원은 사무실 직원의 복리후생비로 판명되고 나머지 잔액은 계속 조사 중이다.
(3) 결산일까지 현금시재 부족액 5,000원의 원인이 밝혀지지 않았다.

해설 (1) (차) 현금과부족　　　　20,000　／　(대) 현금　　　　　　　20,000
(2) (차) 복리후생비　　　　15,000　／　(대) 현금과부족　　　15,000
(3) (차) 잡손실　　　　　　 5,000　／　(대) 현금과부족　　　 5,000

기/출/문/제 (실기)

다음 거래 자료를 세연상사(회사코드 : 4002)의 [일반전표입력] 메뉴에 추가 입력하시오.

01 4월 11일 현금출납장의 잔액과 비교하여 실제 현금이 50,000원 부족한데 그 원인을 파악할 수 없어서, 원인을 찾을 때까지 현금과부족으로 처리하기로 하였다.

02 4월 12일 현금 잔고를 확인한 결과 장부잔액보다 현금 잔고가 100,000원 더 적은 것을 확인하였으나 그 원인이 밝혀지지 않다.

03 4월 13일 현금시재를 확인한 결과 실제잔액이 장부잔액보다 110,000원이 많은 것을 발견하였으나 그 차액에 대하여는 원인이 아직 밝혀지지 않았다.

04 4월 14일 현금 시재를 확인하던 중 장부상 현금보다 실제현금이 65,000원 많은 것을 발견하였으나 원인을 파악할 수 없다.

05 기말(12월 31일) 현재 현금과부족 계정으로 처리 되어있는 현금시재 과다액 110,000원에 대한 원인이 아직 밝혀지지 않고 있다.

06 기말(12월 31일) 결산시 12월 1일에 발생한 현금시재 50,000원의 부족액이 기말까지 밝혀지지 않았다.

07 기말(12월 31일) 현재 장부상 현금잔액보다 실제 현금 보유액이 130,000원 부족함을 발견하였으나 사용내역은 확인할 수 없었다.

08 기말 현재 장부상 현금잔액은 9,300,000원이고 실제 현금잔액은 9,400,000원이다. 그 차액의 원인을 알 수 없다.

도우미

01 4월 11일 : (차) 141.현금과부족 50,000 / (대) 101.현금 50,000
   * 장부상(현금출납장) 잔액보다 실제 현금이 부족하다는 것은 장부상 현금이 많다는 것이므로 장부상의 현금을 감소시킨다.

02 4월 12일 : (차) 141.현금과부족 100,000 / (대) 101.현금 100,000

03 4월 13일 : (차) 101.현금 110,000 / (대) 141.현금과부족 110,000
   * 현금 실제잔액이 장부상 잔액보다 많다는 것은 장부상 현금이 적다는 것이므로 장부상의 현금을 증가시킨다.

04 4월 14일 : (차) 101.현금 65,000 / (대) 141.현금과부족 65,000

05 12월 31일 : (차) 141.현금과부족 110,000 / (대) 930.잡이익 110,000
   * 현금시재 과다액 발생시 장부상 현금 잔액이 부족하므로 다음과 같이 회계처리 했을 것이다.
   [분개] : (차) 101.현금 110,000 / (대) 141.현금과부족 110,000

06 12월 31일 : (차) 980.잡손실 50,000 / (대) 141.현금과부족 50,000
   * 12월 1일에 현금시재 부족액이 발생했다면 다음과 같이 회계처리 했을 것이다.
   12월 1일 : (차) 141.현금과부족 50,000 / (대) 101.현금 50,000

07 12월 31일 : (차) 980.잡손실 130,000 / (대) 101.현금 130,000
   * 현금과부족 계정은 기중에 현금의 실제잔액과 장부상잔액이 차이가 발생한 경우에 일시적으로 사용하는 계정이다. 따라서 기말에 현금의 실제잔액과 장부상잔액이 차이가 발생한 경우에는 아래의 분개처럼 두 개의 전표로 입력하지 않고 하나의 전표가 되도록 위 답안처럼 처리해야 한다.
   ① 12월 31일 : (차) <u>현금과부족</u> 130,000 / (대) 현금 130,000
   ② 12월 31일 : (차) 잡손실 130,000 / (대) <u>현금과부족</u> 130,000

08 12월 31일 : (차) 101.현금 100,000 / (대) 930.잡이익 100,000

기/출/문/제 [필기]

01 매출채권은 일반적 상거래에서 발생한 외상매출금과 받을어음을 말한다. 여기서 일반적 상거래의 의미를 가장 적절하게 설명한 것은?

① 당해 회사의 사업목적을 위한 정상적 영업활동에서 발생한 거래
② 회계상의 거래가 아니면서 일반적인 거래에 해당되는 것
③ 회계상의 거래이면서 일반적인 거래에 해당하는 것
④ 일반적인 거래가 아니면서 회계상의 거래에 해당되는 것

02 다음 중 외상매출금으로 회계처리를 할 수 없는 거래는?

① 상품을 외상으로 판매하고 대금은 월말에 받기로 하다.
② 판매용컴퓨터를 외상으로 판매하고 대금은 월말에 받기로 하다.
③ 부동매매업에서 토지를 판매하고 대금은 월말에 받기로 하다.
④ 관리부 컴퓨터를 외상으로 판매하고 대금은 월말에 받기로 하다.

[풀이] 관리부 컴퓨터를 판매하는 것은 일반적인 상거래가 아니므로 미수금으로 처리한다.

03 다음 거래의 예를 각 원장에 전기했을 때 올바르게 전기된 것은?

> 진주상사에 상품 50,000원을 매출하고 30,000원은 현금으로 받고, 잔액은 외상으로 하다.

①
```
        현 금
매출  30,000 |
```

②
```
        매 출
            | 제 좌  50,000
```

③
```
      외상매출금
            | 매 출  20,000
```

④
```
        제 좌
            | 현 금  30,000
```

[풀이] (차) 현   금   30,000   / (대) 매 출   50,000
         외상매출금   20,000

상대 계정과목이 둘 이상인 경우에는 제좌라고 기입한다. 매출 계정 대변에 제좌 50,000원을 기입하고, 외상매출금 계정의 차변에 매출 20,000원을 기입한다.

04 다음과 같이 상품매출 계정에 전기할 수 있는 거래를 고르시오.

```
           상품매출
              | 외상매출금   5,000원
```

① 상품 5,000원을 외상으로 매출하다.   ② 상품 5,000원이 환입되다.
③ 상품 5,000원을 환출하다.   ④ 매출에누리 5,000원을 해주다.

[풀이] (차) 외상매출금   5,000 / (대) 상품매출   5,000

05 다음의 외상매출 자료에서 외상매출금 기말잔액은 얼마인가? (단, 모든 거래는 외상거래임)

- 기초잔액   20,000원
- 회수액   100,000원
- 외상매출액   250,000원
- 매출환입액   10,000원

① 140,000원   ② 150,000원   ③ 160,000원   ④ 170,000원

[풀이] 매출환입액이란 판매한 상품이 반품 처리된 금액을 말한다. 따라서 동액만큼 외상매출금이 감소한다. 기초잔액 + (외상매출액 - 매출환입액) - 회수액 = 기말잔액
└ 20,000 + (250,000 - 10,000) - 100,000 = 160,000원

06 다음의 계정에 대한 설명으로 올바른 것은?

외상매출금	받을어음
| 80,000원	80,000원 |

① 상품 160,000원을 매출하고 80,000원을 어음으로 받고 80,000원은 외상으로 하다.
② 외상매출금 80,000원을 어음으로 결제받다.
③ 상품 80,000원을 외상으로 매출하다.
④ 상품 80,000원을 매출하고 어음으로 받다.

[풀이] (차) 받을어음   80,000 / (대) 외상매출금   80,000

07 다음 대화에서 밑줄 친 ㉠과 ㉡의 계정과목으로 옳은 것은?

박부장 : 지난달 10월의 외상매출금 500,000원은 어떠한 방법으로 회수했습니까?
김대리 : 네! ㉠200,000원은 타인발행수표로, ㉡300,000원은 어음으로 받았습니다.

	㉠	㉡		㉠	㉡
①	받을어음	현금	②	현금	받을어음
③	당좌예금	지급어음	④	지급어음	당좌예금

[풀이] 타인발행수표는 통화대용증권이므로 현금 계정으로, 상거래와 관련된 어음은 받을어음 계정으로 처리한다.

08 외상매출금 300,000원을 현금 200,000원과 약속어음 100,000원으로 회수한 경우 영향으로 올바른 것은?

① 총자산과 총부채가 감소한다.
② 총자산과 총부채가 증가한다.
③ 총자산과 총부채는 변화가 없다.
④ 총자산이 감소하고, 총부채가 증가한다.

[풀이] 자산(외상매출금)이 감소하고, 동일한 금액의 자산(현금과 받을어음)이 증가하므로 총자산 및 부채에는 변화가 없다.

09 다음 중 매출채권 계정에 해당하는 것은?

① 외상매입금과 받을어음
② 외상매출금과 받을어음
③ 외상매출금과 지급어음
④ 외상매입금과 지급어음

10 다음 자료에 의하여 매출채권을 계산하면 얼마인가?

| ・외상매출금 500,000원 | ・받을어음 200,000원 | ・미 수 금 100,000원 |
| ・외상매입금 400,000원 | ・지급어음 500,000원 | ・미지급금 100,000원 |

① 700,000원
② 800,000원
③ 900,000원
④ 1,000,000원

[풀이] 외상매출금(500,000) + 받을어음(200,000) = 매출채권 700,000원

11 다음 중 받을어음 계정의 대변에 올 수 없는 거래는?

① 어음대금의 회수
② 약속어음의 수취
③ 어음의 할인(매각거래)
④ 소지한 어음의 부도

[풀이] 받을어음 계정의 차변에는 증가거래가 기입되고, 대변에는 감소거래가 기입된다. 약속어음의 수취는 받을어음의 증가거래이므로 차변에 기입된다.

12 다음 중 받을어음 계정 차변에 기입하는 내용은?

① 어음의 부도
② 약속어음의 수취
③ 어음의 배서양도
④ 어음대금의 회수

[풀이] 약속어음의 수취는 받을어음의 증가거래이므로 차변에 기입된다.

13 어음의 소지인이 만기일 이전에 어음을 타인에게 양도하는 것을 무엇이라고 하는가?

① 소구
② 인수
③ 부도
④ 배서

14 다음 중 발행인, 수취인, 지급인이 올바르게 나열된 것은?

> 청주상점은 서울상점에서 판매용 컴퓨터 3,000,000원을 매입하고, 대금은 매출처 부산상점 앞 환어음을 발행하여 인수를 받고 지급하였다.

① 발행인 : 청주상점, 지급인 : 서울상점, 수취인 : 부산상점
② 발행인 : 청주상점, 지급인 : 부산상점, 수취인 : 서울상점
③ 발행인 : 부산상점, 지급인 : 청주상점, 수취인 : 서울상점
④ 발행인 : 부산상점, 지급인 : 서울상점, 수취인 : 청주상점

15 사용하지 않는 비품을 매각하고 대금은 1개월 후에 받기로 하다. 분개시 차변에 나타나는 계정은?

① 외상매출금 ② 외상매입금
③ 가수금   ④ 미수금

[풀이] (차) 미수금　　　×××　/　(대) 비품　　　×××

16 상품 이외의 자산을 외상으로 매각한 경우 발생하는 채권과 관련 있는 계정은?

① 미수금 ② 선수금
③ 가수금 ④ 예수금

17 다음 각 내용별로 올바른 계정과목은?

> (가) 사무실에서 사용하던 복사기의 외상판매대금
> (나) 제품판매시 수령한 어음

① (가) 대여금 (나) 받을어음
② (가) 미수금 (나) 대여금
③ (가) 미수금 (나) 받을어음
④ (가) 외상매출금 (나) 미수금

18 다음 빈 칸에 가장 알맞은 것은?

> 재고자산을 매입하는 경우 매입대금의 일부를 미리 지급하는 것은 (㉠)라고 하며, 이는 (㉡)(으)로서 차변에 기입한다.

① ㉠ 미수금, ㉡ 부채
② ㉠ 선급금, ㉡ 자산
③ ㉠ 선급금, ㉡ 부채
④ ㉠ 선수금, ㉡ 자산

19 다음 (가)와 (나)를 분개할 때, 차변 계정과목으로 옳은 것은?

> (가) 출장 가는 사원에게 어림잡아 출장비 100,000원을 현금 지급하다.
> (나) 거래처에 상품을 주문하고, 계약금으로 50,000원을 현금 지급하다.

① (가) 가수금,　(나) 선급금　　　② (가) 가수금,　(나) 선수금
③ (가) 가지급금, (나) 선급금　　　④ (가) 가지급금, (나) 선수금

20 회계기간 중 장부상 현금잔액과 실제 현금잔액이 일치하지 않는 경우 가장 적절한 회계처리 방법은?

① 단기대여금 계정으로 처리　　　② 현금과부족 계정으로 처리
③ 보통예금 계정으로 처리　　　　④ 선수금 계정으로 처리

21 회계기간 중 현금 실제 잔액이 장부 잔액보다 10,000원 많은 경우의 분개시 차변 계정과목으로 올바른 것은?

① 가수금　　　　　　　　　　　② 현금과부족
③ 소액현금　　　　　　　　　　④ 현금

[풀이] (차) 현금　　　　10,000　／　(대) 현금과부족　　　10,000

22 현금과부족에 대한 설명으로 잘못된 것은?

① 기중에 실제잔액보다 장부잔액이 많음을 발견시 [(차) 현금 / (대) 현금과부족]으로 분개한다.
② 현금 실제액이 장부잔액과 일치하지 않을 때 사용하는 계정과목이다.
③ 기말 재무상태표상에는 표시되지 않는 임시계정이다.
④ 결산시에 현금부족액의 원인을 발견하지 못한 경우 잡손실로 처리한다.

[풀이] 기중에 실제잔액보다 장부잔액이 많은 경우 회계처리
　　　(차) 현금과부족　　　×××　／　(대) 현금　　　×××

정답

1. ①　2. ④　3. ①　4. ①　5. ③　6. ②　7. ②　8. ③　9. ②　10. ①
11. ②　12. ②　13. ④　14. ②　15. ④　16. ①　17. ③　18. ②　19. ③　20. ②
21. ④　22. ①

대손회계

I. 대손회계(貸損會計)의 의의

대손이란 거래처의 파산 등의 사유로 매출채권 등의 회수가 불가능하게 되어 이를 손실로 인식하는 것을 말하며, 대손회계란 이러한 대손을 중심으로 대손의 회계처리를 다루는 것으로, 실제로 발생한 대손의 처리와 회수불능채권의 예상에 의한 대손추정의 문제를 다루는 회계이다.

(1) 대손상각비

회수불능채권에 대한 손실을 계상하는 비용계정이다. 매출채권에 대한 대손비용은 판매비와 관리비(대손상각비)로, 기타채권에 대한 대손비용은 영업외비용(기타의대손상각비)으로 처리한다.

(2) 대손충당금(109·111)

충당금설정법에 의하여 설정되는 것으로 수취채권(매출채권과 기타채권)의 잔액 중 회수불능채권의 추정금액을 나타내는 것이다. 이것은 수취채권의 평가계정으로서 수취채권의 장부금액(또는 순실현가능가액)을 나타내기 위해 수취채권으로부터 차감하는 형식으로 표시한다.

※ 프로그램 운영상 주의할 점은 대손충당금의 코드번호는 해당 자산의 바로 아래에 있는 코드번호를 사용해야 하는 것이다. 즉, "108.외상매출금"의 대손충당금은 "109.대손충당금"을 사용해야 하며, "110.받을어음"의 대손충당금은 "111.대손충당금"을 사용해야 하는 것이다.

(3) 대손충당금환입

충당금설정법에 의하여 대손충당금을 설정하였으나 전기에 설정한 대손충당금잔액이 당기에 새로 설정할 대손충당금보다 많아 차액을 환입하는 경우에 나타난다. 매출채권에 대한 대손충당금환입은 판매비와관리비의 부(-)의 금액으로 표시하고, 기타채권에 대한 대손충당금환입은 영업외수익으로 표시한다.

II. 대손처리 방법(충당금설정법)

대손처리 방법에는 "직접상각법"과 "충당금설정법"이 있으나, 본서에서는 일반기업회계기준에서 인정하는 충당금설정법에 대해서만 학습하기로 한다. 충당금설정법이란 재무상태표상의 기말 채권 잔액을 기초로 하여 과거의 대손경험률이나 기간경과분석 등을 통하여 기말 대손충당금 잔액을 먼저 확정하고, 이에 대한 당기 대손상각비를 역으로 추정하는 방법이다.

(1) ×1년말 결산시 대손예상액을 추정하여 대손충당금 설정

재무상태표상 수취채권을 순실현가능가액으로 나타내기 위하여 기말 채권잔액에 회수불능채권 금액을 추정하여 대손충당금을 설정한다.

　　　(차) 대손상각비　　　　×××　／　(대) 대손충당금　　　　×××

(2) ×2년 중 대손확정시

회수가 불가능한 채권은 대손충당금과 상계하고 대손충당금 잔액이 부족한 경우에는 그 부족액을 대손상각비로 처리한다.

거래내역	차 변		대 변	
① 대손충당금이 충분한 경우	대손충당금	×××	매출채권	×××
② 대손충당금이 부족한 경우	대손충당금 대손상각비	××× ×××	매출채권	×××
③ 대손충당금이 없는 경우	대손상각비	×××	매출채권	×××

(3) ×2년 중 대손처리된 채권의 회수

전기 이전에 대손처리된 채권을 회수한 경우에는 대손충당금을 증가시키고, 당기에 대손처리한 채권을 회수한 경우에는 당기 대손발생시 회계처리한 차변 분개의 내용을 대변으로 분개하면 된다.

거래내역	차 변		대 변	
① 전기 이전에 대손처리된 외상매출금을 회수	현 금	×××	대손충당금	×××
② 당기에 대손처리한 외상매출금을 회수	현 금	×××	대손충당금	×××
	현 금	×××	대손충당금 대손상각비	××× ×××
	현 금	×××	대손상각비	×××

(4) ×2년말 결산시 대손예상액을 추정하여 대손충당금 설정

기말에 외상매출금 등의 채권잔액에 대하여 과거경험률 및 기간경과분석 등을 토대로 회수 불가능한 금액을 추정하여 실제 대손에 대비한다. 기말에 대손충당금을 설정하는 방법에는 총액법과 보충법 두 가지가 있으며 일반기업회계기준에서는 보충법에 따르도록 하고 있다. 따라서 본서는 보충법으로 회계처리 한다.

① **총액법** : 결산정리 전 대손충당금잔액을 모두 환입하고 당기 말 현재 대손추산액을 전액 설정하는 방법
② **보충법** : 당기말 현재 대손추산액과 결산정리 전 대손충당금잔액을 서로 비교하여 부족분은 추가로 설정하고 초과분은 환입하는 방법

> 기말설정액 = 기말채권잔액 × 대손추정율(%) − 대손충당금잔액

거래내역	차 변		대 변	
① 대손충당금 잔액이 없을 경우	대손상각비	×××	대 손 충 당 금	×××
② 대손예상액＞대손충당금 잔액	대손상각비	×××	대 손 충 당 금	×××
③ 대손예상액＜대손충당금 잔액	대손충당금	×××	대손충당금환입	×××

예제

다음의 연속된 거래를 회계처리 하시오.

(1) ×1년 12월 31일 : 외상매출금 잔액 1억원에 대하여 1%의 대손충당금을 설정한다.
(2) ×2년 2월 : 전기의 외상매출금 500,000원을 거래처의 파산으로 대손처리 하였다.
(3) ×2년 3월 : 전기의 외상매출금 800,000원을 거래처의 파산으로 대손처리 하였다.
(4) ×2년 4월 : 전기의 외상매출금 400,000원을 거래처의 파산으로 대손처리 하였다.
(5) ×2년 8월 : 전기에 거래처의 파산으로 대손이 확정되어 대손충당금과 상계처리 했던 외상매출금 300,000원을 현금으로 회수하였다.
(6) ×2년 9월 : 3월에 대손처리 했던 외상매출금 800,000원을 현금으로 회수하였다.
(7) ×2년 12월 31일 : 기말 외상매출금 잔액은 2억원이며 이에 대하여 1%의 대손충당금을 설정하였다(보충법).

풀이

(1) (차) 대손상각비   1,000,000   /   (대) 대손충당금   1,000,000
  * 100,000,000 × 1% = 1,000,000원
(2) (차) 대손충당금   500,000   /   (대) 외상매출금   500,000
  * 충당금잔액이 많으므로 모두 충당금의 감소로 처리한다(이후 대손충당금 잔액 500,000원).
(3) (차) 대손충당금   500,000   /   (대) 외상매출금   800,000
    대손상각비   300,000
  * 충당금잔액(500,000)이 부족하므로 우선 충당금을 사용하고 부족분은 대손상각비로 처리한다(이후 대손충당금 잔액 0원).
(4) (차) 대손상각비   400,000   /   (대) 외상매출금   400,000
  * 충당금잔액이 없으므로 모두 대손상각비로 처리한다(이후 대손충당금 잔액 0원).
(5) (차) 현금   300,000   /   (대) 대손충당금   300,000
  * 전기에 대손처리한 금액이 당기에 회수되는 경우에는 대손충당금을 증가시킨다(이후 대손충당금 잔액 300,000원).
(6) (차) 현금   800,000   /   (대) 대손충당금   500,000
                                         대손상각비   300,000
  * 당기에 대손처리한 금액이 당기에 회수되는 경우에는 당기 대손발생시 회계처리한 차변 분개의 내용을 대변으로 분개한다(이후 대손충당금 잔액 800,000원).

(7) (차) 대손상각비　　　　　　　1,200,000　/　(대) 대손충당금　　　　　　　1,200,000
　* (200,000,000 × 1%) − 800,000 = 1,200,000원
　* 대손충당금 설정 전 잔액 800,000원은 8월(300,000)과 9월(500,000)에 회수된 금액의 합계

만일, 위 (7)의 경우 기말에 대손충당금잔액이 2,600,000원 남아 있다고 가정하면 당기말 설정액을 초과하는 부분은 환입하여야 한다.
(차) 대손충당금　　　　　　　600,000　/　(대) 대손충당금환입　　　　　　　600,000
　* (200,000,000 × 1%) − 2,600,000 = −600,000원

기/출/문/제 [실기]

다음 거래 자료를 세연상사(회사코드 : 4002)의 [일반전표입력] 메뉴에 추가 입력하시오.

01 4월 21일 매출처 우일상사가 법원으로부터 파산선고를 받아 외상매출금 800,000원이 회수 불가능하게 되어 대손처리 하였다. 장부상 대손충당금잔액은 없다.

02 4월 22일 진이상사의 파산으로 외상매출금 800,000원을 대손처리 하였다. 장부상 대손충당금 잔액은 500,000원이다.

03 4월 23일 매출처 서삼상사의 파산으로 인하여 외상매출금 잔액 800,000원 전부를 대손처리 하였다. 장부상 대손충당금 잔액은 2,000,000원이다.

04 4월 24일 무사상사의 파산으로 인하여 외상매출금 530,000원이 회수불가능하게 되어 대손처리 하였다. 단, 대손처리시점의 대손충당금 잔액(₩180,000)을 조회하여 처리하라.

05 4월 25일 광오상사의 파산으로 외상매출금 1,000,000원이 회수불가능하게 되어 대손처리 하였다. 단, 대손처리시점의 대손충당금 잔액은 66,000원이다.

06 4월 26일 전기에 대손처리하였던 청육상사의 외상매출금 100,000원이 현금으로 회수되었다.

07 기말(12월 31일) 결산시 대손충당금은 매출채권(외상매출금, 받을어음) 잔액에 대하여 1%를 보충법으로 설정한다.

- 외상매출금 기말잔액 : ₩481,060,000
- 받을어음 기말잔액 : ₩83,000,000
- 대손충당금(외상매출금) 잔액 : ₩188,000
- 대손충당금(받을어음) 잔액 : ₩152,000

KcLep 도우미

01 4월 21일 : (차) 835.대손상각비　　800,000　/　(대) 108.외상매출금　　　800,000
　　　　　　　　　　　　　　　　　　　　　　　　　　　(거래처 : 우일상사)

02 4월 22일 : (차) 109.대손충당금　　500,000　/　(대) 108.외상매출금　　　800,000
　　　　　　　(차) 835.대손상각비　　300,000　　　　(거래처 : 진이상사)

03 4월 23일 : (차) 109.대손충당금　　800,000　/　(대) 108.외상매출금　　　800,000
　　　　　　　　　　　　　　　　　　　　　　　　　　　(거래처 : 서삼상사)

04 4월 24일 : (차) 109.대손충당금　　180,000　/　(대) 108.외상매출금　　　530,000
　　　　　　　(차) 835.대손상각비　　350,000　　　　(거래처 : 무사상사)

　　＊ 실제 자격시험에서 대손처리시점의 대손충당금 잔액을 알려주지 않는 경우가 있는데, 이런 경우에는 [합계잔액시산표] 메뉴 등을 이용하여 장부상 대손충당금 잔액을 본인이 확인하여야 한다. 이런 경우를 본서에서는 괄호안의 금액 (₩180,000)으로 표시하고 있다.

05 4월 25일 : (차) 109.대손충당금　　 66,000　/　(대) 108.외상매출금　　1,000,000
　　　　　　　(차) 835.대손상각비　　934,000　　　　(거래처 : 광오상사)

06 4월 26일 : (차) 101.현금　　　　　100,000　/　(대) 109.대손충당금　　　100,000

07 12월31일 : (차) 835.대손상각비　5,300,600　/　(대) 109.대손충당금　　4,622,600
　　　　　　　　　　　　　　　　　　　　　　　　(대) 111.대손충당금　　　678,000

　　＊ 외상매출금 : (481,060,000 × 1%) − 188,000 = 4,622,600원
　　＊ 받을어음　: (83,000,000 × 1%) − 152,000 = 678,000원
　　＊ 실제 자격시험에서는 기말 채권잔액 및 충당금 잔액을 제시해 주지 않는 경우가 일반적이다. 이런 경우에는 아래와 같이 [합계잔액시산표] 메뉴의 12월을 조회하여 외상매출금과 받을어음의 차변잔액과 대손충당금의 대변잔액(실제 자격시험의 풀이 과정을 설명한 것이므로 세연상사의 DATA와는 금액이 다름)을 확인하여 추가 설정할 금액을 계산해야 한다.

차변		계정과목	대변	
잔액	합계		합계	잔액
481,060,000	×××	외상매출금		
		대손충당금	×××	188,000
83,000,000	×××	받을어음		
		대손충당금	×××	152,000

기/출/문/제 (필기)

01 대손충당금을 올바르게 설명한 것은?

① 유동부채 계정
② 비유동부채 계정
③ 채권에 대해 가산되는 평가계정
④ 채권에 대해 차감되는 평가계정

02 매출채권에 대한 대손충당금 계정의 성격으로 옳은 것은?

① 자산 계정
② 부채 계정
③ 차감적 평가 계정
④ 수익 계정

03 다음 중 대손상각 할 수 있는 계정과목에 속하지 않는 것은?

① 받을어음
② 외상매출금
③ 선수금
④ 미수금

[풀이] 선수금은 부채이므로 대손이 발생할 수 없다.

04 다음 설명 중 옳은 것은?

① 대손상각비 계정은 수익 계정이다.
② 대손충당금환입 계정은 자본 계정이다.
③ 대손상각비 계정은 재무상태표에 표시해야 한다.
④ 대손충당금 계정은 매출채권에 대한 차감적 평가계정이다.

[풀이] 대손상각비는 비용 계정이므로 손익계산서에 표시한다. 매출채권과 관련된 대손충당금환입 계정은 판매비와관리비의 부(-)의 금액으로 표시한다.

05 다음 분개의 설명으로 바른 것은?

> (차변) 대손상각비 20,000원   (대변) 대손충당금 20,000원

① 매출채권 잔액에 대하여 대손충당금 20,000원을 추가로 설정하다.
② 매출채권 중 20,000원이 회수불능 되다.
③ 매출채권 중 회수불능된 20,000원을 다시 회수하다.
④ 매출채권 중 20,000원을 할인하여 주다.

06 전기까지 대손충당금을 설정하지 않았고 당기 말에 대손과 관련된 자료가 다음과 같은 경우, 손익계산서에 보고되는 대손상각비는 얼마인가?

> 기말에 외상매출금 잔액 3,000,000원에 대해 3%의 대손을 추정하다.

① 30,000원 ② 50,000원 ③ 60,000원 ④ 90,000원

[풀이] (차) 대손상각비　　　　　90,000 / (대) 대손충당금　　　　　90,000
(3,000,000 × 3%) − 0 = 90,000원

07 다음 자료에서 당기 손익계산서에 보고되는 대손상각비는 얼마인가?

> • 전기말 대손충당금이 20,000원이다.
> • 당기중 대손충당금에 변화가 없다.
> • 당기말 외상매출금 잔액 5,000,000원에 대해 1%의 대손을 설정하다.

① 10,000원 ② 20,000원 ③ 30,000원 ④ 40,000원

[풀이] (차) 대손상각비　　　　　30,000 / (대) 대손충당금　　　　　30,000
(5,000,000 × 1%) − 20,000 = 30,000원

08 다음은 ×1년 하나상사의 매출채권과 대손충당금 관련 사항들이다. 설명 중 맞는 것은?

> • 기초 대손충당금 잔액 : 100,000원　　• 5월 매출채권 대손처리액 : 500,000원
> • 기말 매출채권 잔액 : 30,000,000원　　• 대손충당금은 매출채권의 1%로 한다.

① 대손충당금 당기 감소액은 600,000원이다.
② 기말 대손충당금 설정액은 300,000원이다.
③ ×2년도로 이월되는 대손충당금 잔액은 800,000원이다.
④ ×1년 대손상각비는 300,000원이다.

[풀이] 5월 매출채권 대손처리 : (차) 대손충당금 100,000 / (대) 매출채권　500,000
　　　　　　　　　　　　　　　　　대손상각비 400,000

기말 대손충당금 설정 : (차) 대손상각비 300,000 / (대) 대손충당금 300,000
(30,000,000 × 1%) − 0 = 300,000원

대손충당금 당기 감소액은 100,000원, ×2년도로 이월되는 대손충당금 잔액은 300,000원, ×1년 대손상각비는 700,000원이다.

정답

1. ④　2. ③　3. ③　4. ④　5. ①　6. ④　7. ③　8. ②

제2절 재고자산

재고자산이란 정상적인 영업과정에서 판매를 위하여 보유하거나 생산과정에 있는 자산 및 생산 또는 서비스 제공과정에 투입될 원재료나 소모품의 형태로 존재하는 자산을 말한다. 재고자산은 다음의 항목으로 구성되어 있다.

- 정상적인 영업과정에서 판매를 위하여 보유하고 있는 자산(상품, 제품)
- 판매를 위하여 생산과정에 있는 자산(재공품)
- 판매할 자산의 생산과정 또는 서비스 제공과정에 투입될 자산(원재료, 저장품)

1. 재고자산의 분류

재고자산은 총액으로 보고하거나 상품, 제품, 재공품, 원재료 및 소모품 등으로 분류하여 재무상태표에 표시한다. 서비스업의 재고는 재공품으로 분류할 수 있다.

① 상품(146) : 기업이 정상적인 영업활동을 통하여 판매할 목적으로 구입한 상품 등을 말하며, 부동산매매업에 있어서 판매를 목적으로 소유하는 토지, 건물, 기타 이와 유사한 부동산도 이를 상품에 포함시킨다.
② 제품 : 판매를 목적으로 제조한 생산품·부산물 등을 말한다.
③ 재공품 : 제품의 제조를 위하여 재공과정에 있는 것을 말하며 반제품을 포함한다. 반제품은 현재 상태로 판매가능한 재공품을 말한다.
④ 원재료 : 제품의 생산에 소비할 목적으로 구입한 원료·재료 등을 말한다.
⑤ 저장품 : 소모품, 소모공구기구, 비품 및 수선용부분품 등을 말한다. 단, 공구 및 비품은 당기 생산과정에 소비 또는 투입될 품목에 한하며, 한 회계기간 이상 사용할 것으로 예상되는 품목이면 비유동자산으로 분류한다.
⑥ 기타의 재고자산 : 위 ① 내지 ⑤에 속하지 아니한 재고자산으로 한다.

2. 취득원가의 측정

재고자산의 취득원가는 매입원가 또는 제조원가를 말한다. 재고자산의 취득원가에는 취득에 직접적으로 관련되어 있으며, 정상적으로 발생되는 기타원가를 포함한다.

(1) 매입원가

재고자산의 매입원가는 매입가액에 매입운임, 하역료 및 보험료 등 취득과정에서 정상적으로 발생한 부대원가를 가산한 금액이다. 매입과 관련된 할인, 에누리 및 기타 유사한 항목은 매입원가에서 차감한다.

(2) 매입환출및에누리(147)

매입환출이란 매입한 상품을 판매자에게 반품 처리한 금액을 말하며, 매입에누리란 매입한 상품에 파손이나 결함 등이 있어서 결제금액을 깎는 것을 말한다. 매입환출및에누리는 매입원가에서 차감한다.

 다음 거래를 회계처리 하시오.
  (1) 창제상회에서 상품 200,000원을 매입하고 대금은 한 달 후에 지급하기로 하였다.
  (2) 매입한 상품 일부에서 불량품을 발견하고 그 사실을 통보한 결과 외상대금 200,000원 중 30,000원을 감액하기로 하고 나머지는 현금으로 지급하였다.

해설 (1) (차) 상품　　　　　　　　　　200,000　/　(대) 외상매입금　　　　　　　200,000
　　　(2) (차) 외상매입금　　　　　　　200,000　/　(대) 매입환출및에누리　　　　30,000
　　　　　　　　　　　　　　　　　　　　　　　　　　　현금　　　　　　　　　　170,000

(3) 매입할인(148)

매입할인이란 외상대금을 약정된 할인기간 내에 지급하고 대금의 일부를 할인 받는 것을 말한다. 매입할인은 매입원가에서 차감한다.

 다음 거래를 회계처리 하시오.
  (1) 창제상사에서 상품 200,000원을 매입하고 대금은 한 달 후에 지급하기로 하였다(5일 이내 현금 결제시 10% 할인조건).
  (2) 매입할인을 받고자 외상매입대금 200,000원을 할인기간 내에 현금으로 조기지급하고 10%의 할인을 받았다.

해설 (1) (차) 상품　　　　　　　　　　200,000　/　(대) 외상매입금　　　　　　　200,000
　　　(2) (차) 외상매입금　　　　　　　200,000　/　(대) 매입할인　　　　　　　　20,000
　　　　　　　　　　　　　　　　　　　　　　　　　　　현금　　　　　　　　　　180,000

3. 재고자산의 수량결정방법

재고자산의 수량을 파악하는 방법에는 실지재고조사법과 계속기록법이 있다.

(1) 실지재고조사법

기말에 남아있는 실지재고를 조사하여 기말재고수량을 파악하는 방법으로 재고자산의 입고만을 기록하고 출고기록은 하지 않는다. 따라서 당기 판매가능수량(기초재고수량+당기매입수량)에서 기말실지재고수량을 차감하여 당기판매수량을 파악한다.

$$\text{(기초재고수량 + 당기매입수량) − 기말실지재고수량 = 당기판매수량}$$

 다음 자료에 의하여 실지재고조사법에 의한 당기판매수량을 파악하시오.

```
 1/ 1  전기이월 : A상품 200개
 3/ 3  입    고 : A상품 300개
 8/ 8  출    고 : A상품 ?
 9/ 9  입    고 : A상품 300개
11/11  출    고 : A상품 ?
12/31  기말에 실지재고를 조사한 결과 실지재고수량은 180개이다.
```

해설 (기초재고수량 200개+당기매입수량 600개) − 기말실지재고수량 180개 = 620개

(2) 계속기록법

재고자산의 입고와 출고가 이루어질 때마다 장부에 계속적으로 그 사실을 기록함으로써, 기중판매량 및 재고수량을 장부에서 언제든지 파악할 수 있는 방법이다.

$$\text{기초재고수량 + 당기매입수량 − 당기판매수량 = 기말재고수량}$$

또한 실지재고조사법과 병행하여 사용하면, 장부상재고량과 실지재고량을 모두 알 수 있기 때문에 보관 중에 발생한 재고감모량을 쉽게 파악할 수 있다.

$$\text{재고감모량 = 장부상재고량 − 실지재고량}$$

 (1) 다음 자료에 의하여 계속기록법에 의한 기말재고수량을 파악하시오.

```
 1/ 1  전기이월 : A상품 200개
 3/ 3  입    고 : A상품 300개
 8/ 8  출    고 : A상품 400개
 9/ 9  입    고 : A상품 300개
11/11  출    고 : A상품 200개
```

(2) 기말실지재고를 조사한 결과 실지재고수량은 180개이다. 감모량을 구하시오.

해설 (1) (기초재고수량 200개+당기매입수량 600개) − 당기판매수량 600개 = 200개
(2) 장부상재고량 200개 − 실지재고량 180개 = 재고감모량 20개

4. 재고자산의 원가결정방법

재고자산의 판매량 및 기말재고량에 적용할 단위원가를 결정하는 방법으로는 원가흐름의 가정에 따라 개별법, 선입선출법, 가중평균법(총평균법과 이동평균법), 표준원가법, 소매재고법 등이 있다. 통상적으로 상호 교환될 수 없는 재고항목이나 특정 프로젝트별로 생산되는 제품 또는 서비스의 원가는 개별법을 사용하여 결정하며, 개별법이 적용되지 않는 재고자산의 단위원가는 선입선출법이나 가중평균법 또는 후입선출법을 사용하여 결정한다. 성격과 용도 면에서 유사한 재고자산에는 동일한 단위원가 결정방법을 적용하여야 하며, 성격이나 용도 면에서 차이가 있는 재고자산에는 서로 다른 단위원가 결정방법을 적용할 수 있다.

(1) 개별법

재고자산의 매입상품별로 매입가격을 알 수 있도록 개별적으로 관리하여 판매된 부분에 대한 원가와 기말에 남아있는 재고자산의 원가를 개별적으로 파악하여 매출원가와 기말재고액을 결정하는 방법이다.

① 실제 물량흐름과 일치하므로 이론상 가장 이상적인 방법이다.
② 수익과 비용이 정확하게 대응되어 정확한 이익을 측정할 수 있다.
③ 재고자산의 종류와 수량이 많고 거래가 빈번한 경우에는 적용하기가 불가능하다.

(2) 선입선출법(first-in, first-out method : FIFO method)

실제 물량의 흐름과는 관계없이 먼저 매입한 재고자산이 먼저 판매되는 것으로 가정하여 매출원가와 기말재고액을 결정하는 방법이다.

① 일반적인 물량흐름과 일치한다.
② 매출원가는 과거의 원가로 계상되어, 현재의 수익과 과거의 원가가 대응되므로 수익과 비용의 대응이 적절히 이루어지지 않는다.
③ 물가상승시에는 순이익이 높게 계상된다.
④ 기말재고액은 최근에 구입한 원가로 보고되므로 재무상태표상 재고자산가액은 시가에 가깝다.

(3) 후입선출법(last-in, first-out method : LIFO method)

가장 최근에 매입한 재고자산부터 판매되는 것으로 가정하여 매출원가와 기말재고액을 결정하는 방법이다.

① 일반적인 물량흐름과 일치하지 않는다.
② 매출원가는 현재의 원가로 계상되어, 현재의 수익과 현재의 원가가 대응되므로 수익과 비용의 대응이 적절히 이루어진다.
③ 물가상승시에는 순이익이 낮게 계상된다.
④ 물가상승시에는 기말재고액이 오래전에 구입한 원가로 계상되므로 기말재고액이 낮게 계상된다.

예제 다음 자료에 의하여 (1)선입선출법과 (2)후입선출법의 가정하에 매출원가를 계산하시오.

```
1/ 1  전기이월 : A상품 200개 @100원
3/ 3  입    고 : A상품 300개 @120원
8/ 8  출    고 : A상품 400개 ( ① )
9/ 9  입    고 : A상품 300개 @140원
11/11 출    고 : A상품 200개 ( ② )
```

해설 (1) 선입선출법
① (200개×@100) + (200개×@120) = 44,000
② (100개×@120) + (100개×@140) = 26,000   ∴ 매출원가는 70,000원
* 8/8 출고 400개는 전기이월 200개와 3/3 입고된 200개가 판매된 것으로 본다.
* 11/11 출고 200개는 3/3 입고된 나머지 100개와 9/9 입고된 100개가 판매된 것으로 본다.

(2) 후입선출법
① (300개×@120) + (100개×@100) = 46,000
② (200개×@140) = 28,000   ∴ 매출원가는 74,000원
* 8/8 출고 400개는 3/3 입고된 300개와 전기이월 100개가 판매된 것으로 본다.
* 11/11 출고 200개는 9/9 입고된 200개가 판매된 것으로 본다.

(4) 이동평균법(moving average method)

재고자산이 <u>출고되는 시점에서의 평균단가</u>로 매출원가와 기말재고액을 결정하는 방법이다. 이동평균법을 사용할 때에는 재고자산을 매입할 때마다 직전 재고액과 금번 매입액의 합계액을 매입 직전 재고수량과 금번 매입수량의 합계로 나누어 평균단가를 계산해 두었다가, 이후에 판매되는 재고자산의 매출원가로 사용한다.

$$이동평균단가 = \frac{매입\ 직전의\ 재고액\ +\ 금번의\ 매입액}{매입\ 직전의\ 재고수량\ +\ 금번의\ 매입수량}$$

$$매출원가 = 재고자산\ 판매량 \times 이동평균단가$$

(5) 총평균법(total average method)

당기에 판매된 재고자산은 모두 동일한 단가라는 가정하에 매출원가와 기말재고액을 결정하는 방법이다. 총평균법을 사용할 때에는 기말에 재고자산의 기초재고액과 당기매입액의 합계액을 기초재고수량과 당기매입수량의 합계로 나누어 총평균단가를 계산하고, 이 총평균단가를 당기 재고자산 판매량에 곱하여 재고자산의 매출원가를 계산한다.

$$\text{총평균단가} = \frac{\text{기초재고액} + \text{당기매입액}}{\text{기초재고수량} + \text{당기매입수량}}$$

$$\text{매출원가} = \text{재고자산 판매량} \times \text{총평균단가}$$

 다음 자료에 의하여 (1)이동평균법과 (2)총평균법의 가정하에 매출원가를 계산하시오.

```
1/ 1  전기이월 : A상품 200개 @100원
3/ 3  입    고 : A상품 300개 @120원
8/ 8  출    고 : A상품 400개 ( ① )
9/ 9  입    고 : A상품 300개 @140원
11/11 출    고 : A상품 200개 ( ② )
```

해설 (1) 이동평균법

① {(200개×@100) + (300개×@120)}÷500개 = @112
   @112 × 400개 = 44,800
② {(100개×@112) + (300개×@140)}÷400개 = @133
   @133 × 200개 = 26,600   ∴ 매출원가는 71,400원

(2) 총평균법

총평균단가 : {(200개×@100)+(300개×@120)+(300개×@140)}÷800개 = @122.5
① @122.5 × 400개 = 49,000
② @122.5 × 200개 = 24,500   ∴ 매출원가는 73,500원

기/출/문/제 (실기)

다음 거래 자료를 세연상사(회사코드 : 4002)의 [일반전표입력] 메뉴에 추가 입력하시오.

01 5월 1일 우일상사에서 상품 1,250,000원을 매입하였다. 대금 중 250,000원은 현금으로 지급하고 잔액은 외상으로 하였다.

02 5월 2일 진이상사로부터 판매용 운동화 200족(@5,000원)과 등산화 100족(@5,500원)을 합계 1,550,000원에 외상으로 매입하고 당점 부담 운반비 20,000원은 현금으로 지급하였다.

03 5월 3일 거래처 서삼상사에서 상품 5,000,000원을 매입하고, 대금 중 3,000,000원은 당좌수표를 발행하여 지급하고 잔액은 외상으로 하였다. 또한 매입시 운반비 30,000원은 현금으로 지급하였다.

04 5월 4일 무사상사에서 5월 1일 계약한 상품 3,000,000원을 인수하고, 계약금을 차감한 잔액은 2개월 후에 지급하기로 하였다. 단, 인수운임 20,000원은 현금으로 지급하였다.

05 5월 5일 광오상사에서 5월 2일 매입 계약한 상품 5,000,000원을 인수하고, 계약금을 차감한 잔액은 2개월 후에 지급하기로 하였다. 단, 인수운임 20,000원은 현금으로 지급하였다.

06 5월 6일 청육상사에서 외상 매입한 상품 중 불량품이 있어 20,000원에 해당하는 상품을 반환하고 외상매입금을 감소처리 하였다.

07 5월 7일 처칠상사에서 외상으로 매입한 상품 대금 4,000,000원을 약속기일보다 빨리 지급하게 되어 외상대금의 3%를 할인받고 잔액은 보통예금통장에서 이체하여 지급하다(매입할인 계정을 사용한다).

KcLep 도우미

01 5월 1일 : (차) 146.상품 1,250,000 / (대) 101.현금 250,000
　　　　　　　　　　　　　　　　　　　　　(대) 251.외상매입금 1,000,000
　　　　　　　　　　　　　　　　　　　　　　(거래처 : 우일상사)

02 5월 2일 : (차) 146.상품 1,570,000 / (대) 251.외상매입금 1,550,000
　　　　　　　　　　　　　　　　　　　　　　(거래처 : 진이상사)
　　　　　　　　　　　　　　　　　　　　　(대) 101.현금 20,000
　　＊ 재고자산의 매입원가는 취득과정에서 정상적으로 발생한 부대원가를 가산한 금액이다.

03 5월 3일 : (차) 146.상품 5,030,000 / (대) 102.당좌예금 3,000,000
　　　　　　　　　　　　　　　　　　　　　(대) 251.외상매입금 2,000,000
　　　　　　　　　　　　　　　　　　　　　　(거래처 : 서삼상사)
　　　　　　　　　　　　　　　　　　　　　(대) 101.현금 30,000

04 5월 4일 : (차) 146.상품 3,020,000 / (대) 131.선급금 500,000
　　　　　　　　　　　　　　　　　　　　　　(거래처 : 무사상사)
　　　　　　　　　　　　　　　　　　　　　(대) 251.외상매입금 2,500,000
　　　　　　　　　　　　　　　　　　　　　　(거래처 : 무사상사)
　　　　　　　　　　　　　　　　　　　　　(대) 101.현금 20,000
　　＊ [일반전표입력] 메뉴(5월 1일)에서 무사상사에게 지급한 계약금 500,000원이 선급금으로 처리된 것을 확인한다.

05 5월 5일 : (차) 146.상품 5,020,000 / (대) 131.선급금 500,000
　　　　　　　　　　　　　　　　　　　　　　(거래처 : 광오상사)
　　　　　　　　　　　　　　　　　　　　　(대) 251.외상매입금 4,500,000
　　　　　　　　　　　　　　　　　　　　　　(거래처 : 광오상사)
　　　　　　　　　　　　　　　　　　　　　(대) 101.현금 20,000
　　＊ [일반전표입력] 메뉴(5월 2일)에서 광오상사에게 지급한 계약금 500,000원을 확인한다.

06 5월 6일 : (차) 251.외상매입금 20,000 / (대) 147.매입환출및에누리 20,000
　　　　　　　　(거래처 : 청육상사)

07 5월 7일 : (차) 251.외상매입금 4,000,000 / (대) 148.매입할인 120,000
　　　　　　　　(거래처 : 처칠상사) 　　　　　(대) 103.보통예금 3,880,000

기/출/문/제 (필기)

01 다음은 재고자산에 대한 설명이다. 옳지 않은 것은?

① 판매를 목적으로 매입한 자산이다.
② 상품, 제품 등이 해당된다.
③ 업무용 책상, 의자가 해당된다.
④ 컴퓨터 판매업의 판매목적 컴퓨터가 해당된다.

[풀이] 업무용 책상과 의자는 비품으로 유형자산에 해당한다.

02 아래 내용의 (가)에 해당하는 계정과목으로 옳은 것은?

> 자산은 1년을 기준으로 유동자산과 비유동자산으로 구분되며, 유동자산은 당좌자산과 (가) 으로 분류된다.

① 비품 ② 상품 ③ 외상매출금 ④ 차량운반구

[풀이] 유동자산은 당좌자산과 재고자산으로 구분된다. 비품과 차량운반구는 유형자산에 해당하고, 외상매출금은 매출채권에 해당한다.

03 다음 중 재고자산인 것은?

① 상품   ② 비품
③ 미수금   ④ 차량운반구

[풀이] 비품은 유형자산, 미수금은 당좌자산, 차량운반구는 유형자산에 해당한다.

04 다음 중 재고자산에 해당되지 않는 것은?

① 비품   ② 상품
③ 제품   ④ 재공품

05 다음 중 재고자산에 속하는 계정은?

① 선급금   ② 가지급금
③ 외상매출금   ④ 상품

[풀이] 선급금, 가지급금, 외상매출금은 당좌자산이다.

06 다음 자료에서 재고자산을 구하시오.

> - 제　품　5,000,000원
> - 매출채권　1,000,000원
> - 재공품　2,500,000원
> - 원재료　1,200,000원

① 7,500,000원　② 6,200,000원　③ 9,700,000원　④ 8,700,000원

[풀이] 제품(5,000,000) + 재공품(2,500,000) + 원재료(1,200,000) = 8,700,000원

07 상품 계정에 대한 설명으로 맞지 않는 것은?

① 외부에서 구입하는 재고자산이다.
② 판매를 목적으로 보유하는 재고자산이다.
③ 상품 매입시 발생되는 운반비는 판매관리비 중 운반비에 해당된다.
④ 판매된 상품은 상품매출원가로 대체된다.

[풀이] 재고자산의 매입원가는 매입가액에 매입운임, 하역료 및 보험료 등 취득과정에서 정상적으로 발생한 부대원가를 가산한 금액이다.

08 다음 중 재고자산의 취득원가에 차감되는 항목은?

① 매입운임　　　　　　　② 매입수수료
③ 매입관세　　　　　　　④ 매입할인

[풀이] 매입환출및에누리와 매입할인은 매입원가에서 차감한다.

09 다음 중 재고자산에 대한 회계처리로 올바른 것은?

> 상품을 받기 전에 미리 지급하는 금액은 (㉠)이라고 하며, 매입한 상품이 파손되어 반품하는 것을 (㉡)이라고 한다.

① ㉠ 선급금,　㉡ 매입할인　　② ㉠ 선급금,　㉡ 매입환출
③ ㉠ 선급비용,　㉡ 매입에누리　④ ㉠ 선수금,　㉡ 매입할인

[풀이] 매입한 상품을 판매자에게 반품 처리한 금액은 매입환출이다.

10 매입운임, 매입환출및에누리가 발생하였을 때 매입한 재고자산의 취득원가를 구하는 산식은?

① 재고자산의 취득원가 = 매입가격 + 매입운임 − 매입환출및에누리
② 재고자산의 취득원가 = 매입가격 + 매입운임 + 매입환출및에누리
③ 재고자산의 취득원가 = 매입가격 − 매입운임 − 매입환출및에누리
④ 재고자산의 취득원가 = 매입가격 − 매입운임 + 매입환출및에누리

11 다음 자료에서 상품 순매입액은 얼마인가?

- 구매수량 : 1,000개   • 단 가 : 5,500원   • 운 임 : 150,000원(당사가 부담함)
- 매출처에서 계속적인 거래를 위하여 500,000원 할인해 줌.

① 5,500,000원   ② 5,000,000원   ③ 5,650,000원   ④ 5,150,000원

[풀이] (구매수량 × 단가) + 운임 − 매입할인 = 순매입액
　　　└ (1,000개 × 5,500) + 150,000 − 500,000 = 5,150,000원

12 다음 중 재고자산 평가방법에 해당하지 않는 것은?

① 선입선출법　　　　　　② 후입선출법
③ 연수합계법　　　　　　④ 이동평균법

[풀이] 연수합계법은 감가상각방법이다.

13 재고자산의 평가방법에 해당되지 않는 것은?

① 개별법　　　　　　　　② 선입선출법
③ 후입선출법　　　　　　④ 정액법

[풀이] 정액법은 감가상각방법이다.

정답

1. ③　2. ②　3. ①　4. ①　5. ④　6. ④　7. ③　8. ④　9. ②　10. ①
11. ④　12. ③　13. ④

제 2 장 비유동자산

비유동자산이란 장기적인 투자수익을 얻을 목적이나 장기간 영업활동에 사용할 목적으로 보유하고 있는 자산으로 투자자산, 유형자산, 무형자산, 기타비유동자산으로 분류한다.

제1절 투자자산

투자자산은 기업이 장기적인 투자수익이나 타 기업 지배목적 등의 부수적인 기업활동의 결과로 보유하는 자산이다.

1. 장기금융상품

장기금융상품이란 금융기관이 취급하는 정기예금, 정기적금 및 기타 정형화된 상품 등으로 보고기간 종료일로부터 1년 이후에 만기가 도래하는 것으로 한다. 이들 금융상품 중 사용이 제한되어 있는 예금에 대해서는 그 내용을 주석으로 기재한다.

(1) 장기성예금

금융기관이 취급하는 정기예금, 정기적금 및 기타 정형화된 상품 등으로 보고기간 종료일로부터 1년 이후에 만기가 도래하는 것으로 한다.

 다음 거래를 회계처리 하시오.
 (1) 신한은행에 정기예금(만기 : 4년) 500,000원에 가입하고 대금은 당사 보통예금계좌에서 대체입금 하였다.
 (2) 신한은행에 예입한 장기성예금(만기 : 4년)이 만기가 되어 원금 500,000원과 이자 20,000원이 당사 보통예금계좌에 입금되었다.

해설	(1) (차) 장기성예금	500,000	/	(대) 보통예금	500,000
	(2) (차) 보통예금	520,000	/	(대) 장기성예금	500,000
				이자수익	20,000

(2) 특정현금과예금

장기금융상품 중 사용이 제한되어 있는 예금을 특정현금과예금이라 한다. 이는 실무상 관리목적으로 사용하는 계정이다.

이하 자세한 내용은 *최대리* 전산회계 1급에서 ⇨

2. 장기투자증권

비유동자산으로 분류되는 만기보유증권[2]과 매도가능증권[3]을 통합하여 장기투자증권으로 표시할 수 있다.

<small>이하 자세한 내용은 **최대리** 전산세무 2급에서 ⇨</small>

3. 장기대여금

장기대여금이란 회수기한이 보고기간 종료일로부터 1년 이후에 도래하는 대여금을 말한다.

 다음 거래를 회계처리 하시오.

(1) 차용증서를 받고 창제상회에 현금 500,000원을 3년간 대여하였다.
(2) 창제상회에 대여한 장기대여금 500,000원과 이자 30,000원을 현금으로 회수하였다.

해설 (1) (차) 장기대여금　　　　500,000　/　(대) 현금　　　　　　500,000
　　　(2) (차) 현금　　　　　　　530,000　/　(대) 장기대여금　　　500,000
　　　　　　　　　　　　　　　　　　　　　　　이자수익　　　　　 30,000

4. 투자부동산

투자부동산이란 시세차익을 얻기 위하여 보유하고 있는 부동산을 말한다.

<small>이하 자세한 내용은 **최대리** 전산회계 1급에서 ⇨</small>

---

[2] 만기보유증권이란 만기가 확정된 채무증권으로서 상환금액이 확정되었거나 확정이 가능한 채무증권을 만기까지 보유할 적극적인 의도와 능력이 있는 유가증권을 말한다.
[3] 매도가능증권이란 단기매매증권이나 만기보유증권으로 분류되지 아니하는 유가증권을 말한다.

기/출/문/제 [실기]

다음 거래 자료를 세연상사(회사코드 : 4002)의 [일반전표입력] 메뉴에 추가 입력하시오.

01 5월 11일 기업은행에 정기예금(만기 : 3년) 10,000,000원을 가입하고 대금은 당사 보통예금계좌에서 대체입금 하였다.

02 5월 12일 매입처 진이상사에 대여일로부터 3년 후 상환 조건으로 차용증서를 받고 현금 3,000,000원을 대여하였다.

03 5월 13일 서삼상사에 2년 후 회수 예정으로 6,000,000원을 대여하고 선이자 600,000원을 공제한 잔액을 보통예금계좌에서 이체하였다. 단, 선이자는 수익으로 처리하기로 한다.

04 5월 14일 무사상사로부터 장기 투자목적으로 토지를 10,000,000원에 취득하고 대금은 당좌수표를 발행하여 지급하였다.

KcLep 도우미

01 5월 11일 : (차) 176.장기성예금   10,000,000   /   (대) 103.보통예금   10,000,000

02 5월 12일 : (차) 179.장기대여금   3,000,000   /   (대) 101.현금   3,000,000
              (거래처 : 진이상사)

03 5월 13일 : (차) 179.장기대여금   6,000,000   /   (대) 901.이자수익   600,000
              (거래처 : 서삼상사)   (대) 103.보통예금   5,400,000

04 5월 14일 : (차) 183.투자부동산   10,000,000   /   (대) 102.당좌예금   10,000,000

제2절 유형자산

유형자산이란 재화의 생산, 용역의 제공, 타인에 대한 임대 또는 자체적으로 사용할 목적으로 보유하는 물리적 형체가 있는 자산으로서, 1년을 초과하여 사용할 것이 예상되는 자산을 말한다.

1. 유형자산의 특징

① 영업활동에 사용할 목적으로 취득한 자산이다.
따라서 투자목적으로 취득한 자산은 투자자산(투자부동산)으로 분류하여야 하며, 판매를 목적으로 취득한 자산은 재고자산(상품)으로 분류하여야 한다.

② 여러 회계기간에 걸쳐 기업에 서비스를 제공하는 미래의 용역잠재력을 지닌 자산이다.
유형자산은 그 용역잠재력이 존속하는 한 계속하여 보유하며, 수익창출활동에 이용됨에 따라 당기에 소모된 용역잠재력을 비용인 감가상각비로 인식하게 된다. 따라서 내용연수가 1년 미만인 공구와 기구 및 비품 등은 유형자산으로 분류하지 않고 소모품비 등으로 하여 당기 비용으로 처리하여야 한다.

③ 물리적인 형체가 있는 자산이다.
이 점에서 물리적 형체가 없는 무형자산과 구별된다.

2. 유형자산의 분류

유형자산은 영업상 유사한 성격과 용도로 분류한다.

① 토지(201) : 대지, 임야, 전답, 잡종지 등으로 하며, 매매목적으로 보유하는 토지와 비업무용 토지는 제외된다.
② 건물(202) : 회사의 영업활동에 사용되고 있는 점포, 창고, 사무소, 공장 등의 건물과 냉난방·전기·통신 및 기타의 건물부속설비 등을 말한다.
③ 구축물 : 자기의 영업활동을 위해 사용하는 토지 위에 정착한 건물 이외의 교량, 궤도, 갱도, 정원설비 및 기타의 토목설비 또는 공작물 등을 말한다.
④ 기계장치(206) : 제품 등의 제조·생산을 위해 사용하는 기계장치, 운송설비(콘베어, 호이스트, 기중기 등)와 기타의 부속설비 등을 말한다.
⑤ 건설중인자산 : 유형자산의 건설을 위한 재료비·노무비 및 경비(건설을 위하여 지출한 도급금액 등 포함)와 유형자산을 취득하기 위하여 지출한 계약금 및 중도금으로 한다. 건설중인자산은 유형자산의 취득을 위하여 취득 완료시까지 지출한 금액을 처리하는 임시계정으로서 취득 완료시에 본 계정으로 대체된다.
⑥ 기타의 유형자산 : 위 이외에 차량운반구(208), 선박, 비품(212), 공구와기구 등 기타 자산을 말한다.

유형자산의 과목은 업종의 특성 등을 반영하여 신설하거나 통합할 수 있다. 위에 열거되어 있지 않더라도, 당해 기업이 속한 업종의 특성상 특정 유형자산의 비중이 중요한 경우에는 별도의 과목을 신설하고, 중요하지 않다면 통합하여 적절한 과목으로 표시 할 수 있다. 예를 들면, 항공회사의 경우에는 항공기를, 해운회사의 경우는 선박을 별도의 과목으로 표시할 수 있다. 반면에 기계장치의 비중이 크지 않은 서비스 업종 등의 경우에는 기계장치를 기타의 유형자산으로 분류할 수 있다.

3. 유형자산의 취득원가

유형자산은 최초에는 취득원가로 측정하며, 현물출자, 증여, 기타 무상으로 취득한 자산은 공정가치4)를 취득원가로 한다. 취득원가는 구입원가 또는 제작원가 및 경영진이 의도하는 방식으로 자산을 가동하는데 필요한 장소와 상태에 이르게 하는데 직접 관련되는 원가인 다음과 같은 관련된 지출 등으로 구성된다.
① 설치장소 준비를 위한 지출
② 외부 운송 및 취급비
③ 설치비
④ 설계와 관련하여 전문가에게 지급하는 수수료
⑤ 취득세 등 유형자산의 취득과 직접 관련된 제세공과금
⑥ 유형자산이 정상적으로 작동되는지 여부를 시험하는 과정에서 발생하는 원가. 단, 시험과정에서 생산된 재화(예 장비의 시험과정에서 생산된 시제품)의 순매각금액은 당해 원가에서 차감한다.

 다음 거래를 회계처리 하시오.
(1) 영업용 토지를 5,000,000원에 취득하고 대금은 당좌수표를 발행하였으며, 중개인수수료 200,000원과 기타 제비용 100,000원은 현금으로 지급하였다.
(2) 영업용 건물을 4,000,000원에 취득하고 대금은 취득세 등 제비용 200,000원을 포함하여 현금으로 지급하였다.

해설 (1) (차) 토지　　　　　　　　5,300,000　/　(대) 당좌예금　　　　　5,000,000
　　　　　　　　　　　　　　　　　　　　　　　　　 현금　　　　　　　 300,000
(2) (차) 건물　　　　　　　　4,200,000　/　(대) 현금　　　　　　　4,200,000

---

4) 공정가치란 합리적인 판단력과 거래의사가 있는 독립된 당사자 사이의 거래에서 자산이 교환되거나 부채가 결제될 수 있는 금액을 말한다.

4. 취득 후의 원가

유형자산을 취득 또는 완성하여 영업활동에 사용하는 경우에는 취득 이후에 추가적인 비용, 즉 수선유지비용·개량비용·증설비용·재배치 및 이전비용 등이 발생한다. 이 때 지출된 비용이 유형자산의 인식기준(① 미래경제적효익의 유입가능성이 매우 높다, ② 원가를 신뢰성 있게 측정할 수 있다)을 충족하는 경우에는 자본적 지출로 처리하고, 그렇지 않은 경우에는 발생한 기간의 비용으로 인식한다.

(1) 자본적 지출

자본적 지출이란 해당 자산으로부터 발생하는 미래경제적효익이 기업에 유입될 가능성이 매우 높은 지출을 말한다. 예를 들면, 새로운 생산공정의 채택이나 기계부품의 성능개선을 통하여 생산능력 증대, 내용연수 연장, 상당한 원가절감 또는 품질향상을 가져오는 경우에는 자본적 지출로 처리한다. 자본적 지출 발생시에는 그 지출액 만큼 자산 계정을 증액시켜 그 지출의 효익이 지속되는 기간 동안에 감가상각을 통하여 비용으로 인식한다.

(차) 유형자산　　　　×××　/　(대) 현금　　　　×××

(2) 수익적 지출

수익적 지출이란 해당 자산으로부터 당초 예상되었던 성능수준을 회복하거나 유지하기 위한 비용으로, 자산의 원상을 회복시키거나 능률유지를 위한 지출을 말한다. 예를 들면, 공장설비에 대한 유지·보수나 수리를 위한 지출은 당초 예상되었던 성능수준을 향상시켜주기 보다는 유지시켜주기 위한 지출이므로 수익적 지출로 처리한다. 수익적 지출 발생시에는 발생시점에서 비용으로 인식한다.

(차) 수선비 등　　　　×××　/　(대) 현금　　　　×××

 다음 거래를 회계처리 하시오.

본사 건물의 일부를 개축하고 3,000,000원을 현금으로 지급하였다. 이 중 2,000,000원은 자본적 지출이며 1,000,000원은 수익적 지출이다.

해설 (차) 건물　　　　2,000,000　/　(대) 현금　　　　3,000,000
　　　수선비　　　　1,000,000

http://cafe.naver.com/choidairi

기/출/문/제 [실기]

다음 거래 자료를 세연상사(회사코드 : 4002)의 [일반전표입력] 메뉴에 추가 입력하시오.

01 6월 1일 매장 신축용 토지를 20,000,000원에 우일상사에서 구입하고, 대금 중 5,000,000원은 자기앞수표로 지급하고, 잔액은 2개월 후에 지급하기로 하였다. 또한 토지에 대한 취득세 300,000원을 현금으로 지급하였다.

02 6월 2일 매장 건물을 신축하기 위하여 토지를 취득하고, 그 대금 50,000,000원을 당좌수표를 발행하여 지급하였다. 또한 부동산 중개수수료 500,000원과 취득세 600,000원은 현금으로 지급하였다(하나의 전표로 입력할 것).

03 6월 3일 매장 건물을 서삼상사에서 10,000,000원에 구입하고, 대금 중 2,000,000원은 현금으로 지급하며 잔액은 미지급하였다. 이 건물에 대한 등록면허세(취득원가 처리) 200,000원은 당사 보통예금계좌에서 이체하였다(하나의 전표로 입력할 것).

04 6월 4일 컴퓨터의 품질검사를 위해 무사상사로부터 기계장치(유형자산)를 1,200,000 원에 구입하였다. 대금 중 500,000원은 현금으로 지급하고, 잔액은 1개월 후에 지급 하기로 하였다.

05 6월 5일 광오상사로부터 영업용 화물차 1대를 5,000,000원에 6개월 무이자 할부로 구입하였다. 구입과 동시에 취득세 등 150,000원을 현금으로 납부하고 등록을 완료 하였다.

06 6월 6일 업무용 화물차를 청육상사에서 10,000,000원에 구입하고, 대금 중 2,000,000원은 보통예금계좌에서 이체하여 지급하고, 잔액은 12개월 무이자 할부로 하였다. 또한 화물차에 대한 취득세 200,000원을 현금으로 납부하였다(하나의 분개로 회계처리 하시오).

07 6월 7일 업무에 사용할 오토바이 3대를 15,000,000원에 처칠상사에서 구입하고 6월 1일에 지급한 계약금 1,000,000원을 제외한 나머지 금액은 6개월 후에 지급하기로 하였다.

08 6월 8일 영동컴퓨터에서 업무용 컴퓨터를 1,500,000원에 구입하고, 대금은 운임 30,000원과 함께 현금으로 지급하였다.

09 6월 9일 영구상사에서 업무용 컴퓨터를 2,000,000원에 구입하고, 6월 2일 계약금으로 지급한 500,000원을 차감한 잔액은 당점 발행 약속어음으로 지급하였다.

10 6월 10일 판매부서의 건물에 엘리베이터 설치비(자본적 지출) 6,000,000원과 외벽 도색비(수익적 지출) 500,000원을 현금으로 지급하였다.

11 6월 11일 매장 건물의 모든 출입문을 자동화 시설로 교체하고, 출입문 설치비 6,000,000원은 우일상사에 2개월 후에 지급하기로 하였다(자본적 지출로 회계처리).

12 6월 12일 영업용 승용차의 전조등을 진이상사에서 교체하고 대금 500,000원 중 300,000원은 당좌수표를 발행하여 지급하고, 잔액은 당점발행 약속어음으로 지급하였다(차량에 대한 자본적 지출로 처리한다).

13 6월 13일 영업용 화물차의 타이어와 엔진오일을 카센타에서 교체하고 250,000원을 현금으로 지급하였다(수익적 지출로 처리할 것).

14 6월 14일 당점이 소유하고 있던 영업용 트럭을 제일카센터에서 수리하고 수리대금 150,000원을 현금으로 지급하였다(차량유지비 계정을 사용하여 수익적 지출로 처리할 것).

15 6월 15일 사무실의 온풍기를 수리하고 그 대금 90,000원은 당사 보통예금계좌에서 강력온풍기상사 계좌로 이체하였다(수익적 지출로 처리할 것).

16 6월 16일 아래와 같이 본사 건물과 관련된 현금 지출에 대한 내역을 보고 알맞은 회계처리를 하시오.

• 파손으로 인한 유리교체	75,000원
• 건물의 일부 도색비	50,000원
• 내용연수 증가를 위한 개량	300,000원

KcLep 도우미

01 6월 1일 : (차) 201.토지　　　20,300,000　/　(대) 101.현금　　　5,300,000
　　　　　　　　　　　　　　　　　　　　　　　(대) 253.미지급금　15,000,000
　　　　　　　　　　　　　　　　　　　　　　　(거래처 : 우일상사)

* 취득세 등 유형자산의 취득과 직접 관련된 제세공과금은 취득원가에 가산한다. 미지급금이란 일반적인 상거래 이외의 거래나 계약 등에 의하여 발생한 것으로서, 보고기간 종료일로부터 1년 이내에 상환기일이 도래하는 채무를 말한다.

02 6월 2일 : (차) 201.토지　　　51,100,000　/　(대) 102.당좌예금　50,000,000
　　　　　　　　　　　　　　　　　　　　　　　(대) 101.현금　　　1,100,000

03 6월 3일 : (차) 202.건물　　　10,200,000　/　(대) 101.현금　　　2,000,000
　　　　　　　　　　　　　　　　　　　　　　　(대) 253.미지급금　8,000,000
　　　　　　　　　　　　　　　　　　　　　　　(거래처 : 서삼상사)
　　　　　　　　　　　　　　　　　　　　　　　(대) 103.보통예금　200,000

04 6월 4일 : (차) 206.기계장치　　1,200,000　/　(대) 101.현금　　　500,000
　　　　　　　　　　　　　　　　　　　　　　　(대) 253.미지급금　700,000
　　　　　　　　　　　　　　　　　　　　　　　(거래처 : 무사상사)

05 6월 5일 : (차) 208.차량운반구　5,150,000　/　(대) 253.미지급금　5,000,000
　　　　　　　　　　　　　　　　　　　　　　　(거래처 : 광오상사)
　　　　　　　　　　　　　　　　　　　　　　　(대) 101.현금　　　150,000

06 6월 6일 : (차) 208.차량운반구　10,200,000　/　(대) 103.보통예금　2,000,000
　　　　　　　　　　　　　　　　　　　　　　　(대) 253.미지급금　8,000,000
　　　　　　　　　　　　　　　　　　　　　　　(거래처 : 청육상사)
　　　　　　　　　　　　　　　　　　　　　　　(대) 101.현금　　　200,000

07 6월 7일 : (차) 208.차량운반구　15,000,000　/　(대) 131.선급금　　1,000,000
　　　　　　　　　　　　　　　　　　　　　　　(거래처 : 처칠상사)
　　　　　　　　　　　　　　　　　　　　　　　(대) 253.미지급금　14,000,000
　　　　　　　　　　　　　　　　　　　　　　　(거래처 : 처칠상사)

08 6월 8일 : (차) 212.비품　　　1,530,000　/　(대) 101.현금　　　1,530,000
* 유형자산의 취득과 직접 관련된 외부 운송 및 취급비는 취득원가에 가산한다.

09 6월 9일 : (차) 212.비품　　　　2,000,000　/　(대) 131.선급금　　　　500,000
　　　　　　　　　　　　　　　　　　　　　　　　　(거래처 : 영구상사)
　　　　　　　　　　　　　　　　　　　　　(대) 253.미지급금　　1,500,000
　　　　　　　　　　　　　　　　　　　　　　　　　(거래처 : 영구상사)

10 6월 10일 : (차) 202.건물　　　　6,000,000　/　(대) 101.현금　　　　6,500,000
　　　　　　　(차) 820.수선비　　　500,000
　　* 자본적 지출 발생시에는 그 지출액 만큼 자산 계정을 증가시킨다.

11 6월 11일 : (차) 202.건물　　　　6,000,000　/　(대) 253.미지급금　　6,000,000
　　　　　　　　　　　　　　　　　　　　　　　　　(거래처 : 우일상사)

12 6월 12일 : (차) 208.차량운반구　　500,000　/　(대) 102.당좌예금　　　300,000
　　　　　　　　　　　　　　　　　　　　　(대) 253.미지급금　　　200,000
　　　　　　　　　　　　　　　　　　　　　　　　　(거래처 : 진이상사)

13 6월 13일 : (차) 822.차량유지비　　250,000　/　(대) 101.현금　　　　　250,000
　　* 자격시험에서 차량운반구에 대한 수익적 지출은 수선비를 사용하지 않고 차량유지비를 사용한다.

14 6월 14일 : (차) 822.차량유지비　　150,000　/　(대) 101.현금　　　　　150,000

15 6월 15일 : (차) 820.수선비　　　　 90,000　/　(대) 103.보통예금　　　 90,000

16 6월 16일 : (차) 820.수선비　　　　125,000　/　(대) 101.현금　　　　　425,000
　　　　　　　(차) 202.건물　　　　　300,000
　　* 파손된 유리교체와 건물의 도색비는 수익적 지출에 해당하고, 내용연수 증가를 위한 개량은 자본적
　　　지출에 해당한다.

5. 감가상각

유형자산은 사용에 의한 소모, 시간의 경과와 기술의 변화에 따른 진부화 등에 의해 경제적 효익이 감소하는데, 이러한 현상을 측정하여 기업의 재무상태와 경영성과에 반영시키는 절차를 감가상각이라고 한다. 즉, 감가상각은 감가상각대상금액을 그 자산의 내용연수 동안 체계적인 방법에 의하여 각 회계기간에 배분하는 것이다. 감가상각의 주목적은 원가의 배분이다.

(1) 감가상각비의 계산요소

① **감가상각대상금액** : 유형자산의 원가(또는 원가를 대체하는 다른 금액)에서 잔존가치를 차감한 금액을 말한다.
  ㉠ **원가** : 자산을 취득하기 위하여 자산의 취득시점에서 지급한 현금및현금성자산 또는 제공하거나 부담하는 기타 대가의 공정가치
  ㉡ **잔존가치** : 자산의 내용연수가 종료되는 시점에서 그 자산의 예상처분대가에서 예상처분비용을 차감한 금액
② **내용연수** : 자산의 예상사용기간 또는 자산으로부터 획득할 수 있는 생산량이나 이와 유사한 단위를 말한다.

(2) 감가상각방법

유형자산의 감가상각방법에는 정액법, 체감잔액법(예를 들면, 정률법 등), 연수합계법, 생산량비례법 등이 있다.

① **정액법** : 자산의 내용연수 동안 일정액의 감가상각액을 인식하는 방법

$$\text{연 감가상각비} = \frac{(\text{원가} - \text{잔존가치})}{\text{내용연수}}$$

 기계장치의 취득원가는 1,000,000원이며 잔존가치는 100,000원, 추정내용연수는 4년이다. 감가상각방법이 정액법일 경우의 각 연도말 감가상각비를 계산하시오.

해설

연도	계산식	감가상각비	감가상각누계액	기말장부금액
X1년	(1,000,000−100,000)÷4	225,000	225,000	775,000
X2년	(1,000,000−100,000)÷4	225,000	450,000	550,000
X3년	(1,000,000−100,000)÷4	225,000	675,000	325,000
X4년	(1,000,000−100,000)÷4	225,000	900,000	100,000
합 계		900,000		

② **정률법** : 자산의 내용연수 동안 감가상각액이 매기간 감소하는 방법

$$\text{연 감가상각비} = \text{미상각잔액} \times \text{정률(\%)}$$

* 미상각잔액은 원가에서 감가상각누계액을 차감한 금액
* 정률 = $1 - \sqrt[n]{\text{잔존가치/취득원가}}$ (n = 내용연수)

기계장치의 취득원가는 1,000,000원이며 잔존가치 100,000원, 추정내용연수는 4년이다. 감가상각방법이 정률법일 경우의 각 연도말 감가상각비를 계산하시오.

연도	계산식	감가상각비	감가상각누계액	기말장부금액
×1년	1,000,000 × 0.438	438,000	438,000	562,000
×2년	(1,000,000 − 438,000)×0.438	246,156	684,156	315,844
×3년	(1,000,000 − 684,156)×0.438	138,339	822,495	177,505
×4년	(1,000,000 − 822,495)×0.438	77,505*	900,000	100,000
합 계		900,000		

* 정률 = $1 - \sqrt[4]{100,000/1,000,000}$ = 0.438
* 4년의 감가상각비는 기말장부금액이 잔존가치 100,000원과 일치되도록 끝수를 조정하였는데, 이는 정률을 정확히 계산하지 않고 소수점 넷째 자리에서 반올림하였기 때문이다.

③ **생산량비례법** : 자산의 예상조업도 또는 예상생산량에 근거하여 감가상각액을 인식하는 방법

$$\text{연 감가상각비} = (\text{원가} - \text{잔존가치}) \times \text{당기실제생산량/총추정생산량}$$

기계장치의 취득원가는 1,000,000원이며 잔존가치 100,000원, 내용연수는 4년이다. 또한 기계의 총생산량은 1,000개로 추정된다. 내용연수 동안 실제생산량은 다음과 같다. 감가상각방법이 생산량비례법일 경우의 각 연도말 감가상각비를 계산하시오.

• 1년도 400개   • 2년도 300개   • 3년도 200개   • 4년도 100개

연도	계산식	감가상각비	감가상각누계액	기말장부금액
×1년	(1,000,000 − 100,000)×400개/1,000개	360,000	360,000	640,000
×2년	(1,000,000 − 100,000)×300개/1,000개	270,000	630,000	370,000
×3년	(1,000,000 − 100,000)×200개/1,000개	180,000	810,000	190,000
×4년	(1,000,000 − 100,000)×100개/1,000개	90,000	900,000	100,000
합 계		900,000		

6. 유형자산의 제거

유형자산은 처분하거나, 영구적으로 폐기하여 미래경제적효익을 기대할 수 없게 될 때 재무상태표에서 제거한다. 유형자산의 폐기 또는 처분으로부터 발생하는 손익은 처분금액과 장부금액의 차액으로 결정하며, 손익계산서에서 당기손익으로 인식한다. 즉, 유형자산을 처분하는 경우에는 처분시점에서 유형자산의 장부금액(원가-감가상각누계액)을 제거하는 회계처리를 하고, 장부금액과 처분금액의 차액은 유형자산처분손익(영업외손익)으로 처리한다.

 다음 거래를 회계처리 하시오.

감가상각이 완료된 비품(취득원가 1,100,000원, 감가상각누계액 1,000,000원)을 200,000원에 처분하고 대금은 현금으로 받았다.

해설 (차) 감가상각누계액　　　　1,000,000　　/　(대) 비품　　　　　　　1,100,000
　　　　현금　　　　　　　　　　 200,000　　　　　　유형자산처분이익　　 100,000

기/출/문/제 (실기)

다음 거래 자료를 세연상사(회사코드 : 4002)의 [일반전표입력] 메뉴에 추가 입력하시오.

01 기말(12월 31일) 결산시 당기분 영업용 차량운반구에 대한 감가상각비 600,000원과 판매부서의 비품에 대한 감가상각비 500,000원을 계상하시오.

02 기말(12월 31일) 결산시 당기분 감가상각비는 건물 감가상각비 700,000원, 비품 감가상각비 500,000원이다. 결산시 감가상각비를 계상하시오.

03 6월 23일 업무용 화물차(취득금액 6,000,000원, 감가상각누계액 3,200,000원)를 서삼상사에 3,000,000원에 처분하고 대금은 월말에 받기로 하였다.

04 6월 24일 사용 중인 업무용자동차를 무사상사에 7,000,000원에 판매하고 대금 중 2,000,000원은 현금으로 받고 나머지는 3개월 후에 받기로 하였다(취득원가 13,000,000원, 처분일까지의 감가상각누계액 6,500,000원).

05 6월 25일 영업용 건물 1동(취득원가 63,000,000원, 감가상각누계액 10,000,000원)을 70,000,000원에 매각하고, 40,000,000원은 자기앞수표를 받고, 잔액은 당좌예금계좌로 입금되었다.

06 6월 26일 사용 중이던 업무용 화물차(취득가액 6,000,000원, 감가상각누계액 4,200,000원)를 청육상사에 1,500,000원에 매각하고 대금은 월말에 받기로 하였다.

07 6월 27일 매장에서 사용 중인 온풍기(취득원가 3,000,000원, 감가상각누계액 1,800,000원)를 처칠상사에 800,000원에 처분하고, 대금은 월말에 받기로 하였다.

08 6월 28일 전기에 취득한 업무용 자동차를 용팔상사에 5,000,000원에 처분하고 대금 중 2,000,000원은 동점발행수표로 받고, 잔액은 월말에 받기로 하였다. 처분하는 자동차의 취득원가는 15,000,000원이며, 처분시 감가상각누계액은 2,250,000원으로 가정한다.

도우미

01 12월 31일 : (차) 818.감가상각비 1,100,000 / (대) 209.감가상각누계액 600,000
(대) 213.감가상각누계액 500,000

* 감가상각누계액의 코드번호는 해당 자산의 코드번호 바로 다음 번호를 사용해야 한다.

02 12월 31일 : (차) 818.감가상각비 1,200,000 / (대) 203.감가상각누계액 700,000
(대) 213.감가상각누계액 500,000

03 6월 23일 : (차) 209.감가상각누계액 3,200,000 / (대) 208.차량운반구 6,000,000
(차) 120.미수금 3,000,000 (대) 914.유형자산처분이익 200,000
(거래처 : 서삼상사)

04 6월 24일 : (차) 209.감가상각누계액 6,500,000 / (대) 208.차량운반구 13,000,000
(차) 101.현금 2,000,000 (대) 914.유형자산처분이익 500,000
(차) 120.미수금 5,000,000
(거래처 : 무사상사)

05 6월 25일 : (차) 203.감가상각누계액 10,000,000 / (대) 202.건물 63,000,000
(차) 101.현금 40,000,000 (대) 914.유형자산처분이익 17,000,000
(차) 102.당좌예금 30,000,000

06 6월 26일 : (차) 209.감가상각누계액 4,200,000 / (대) 208.차량운반구 6,000,000
(차) 120.미수금 1,500,000
(거래처 : 청육상사)
(차) 970.유형자산처분손실 300,000

07 6월 27일 : (차) 213.감가상각누계액 1,800,000 / (대) 212.비품 3,000,000
(차) 120.미수금 800,000
(거래처 : 처칠상사)
(차) 970.유형자산처분손실 400,000

08 6월 28일 : (차) 209.감가상각누계액 2,250,000 / (대) 208.차량운반구 15,000,000
(차) 101.현금 2,000,000
(차) 120.미수금 3,000,000
(거래처 : 용팔상사)
(차) 970.유형자산처분손실 7,750,000

기/출/문/제 (필기)

01 다음 중 유형자산에 대한 설명을 바르게 한 것은?

① 판매를 목적으로 소유하는 자산이다.
② 투자를 목적으로 하는 소유하는 자산이다
③ 타 회사를 지배할 목적으로 취득한 자산이다.
④ 영업활동에 사용하는 물리적인 형태가 있는 자산이다.
[풀이] 판매를 목적으로 소유하는 자산은 재고자산이며, 투자 목적으로 또는 타 회사를 지배할 목적으로 취득한 자산은 투자자산이다.

02 다음에서 설명하는 자산에 해당하지 않는 것은?

> 판매를 목적으로 하지 않고, 장기간에 걸쳐 영업활동에 사용되는 물리적 실체가 있는 자산

① 산업재산권　② 차량운반구　③ 기계장치　④ 토지
[풀이] 산업재산권은 무형자산이다.

03 다음에 설명하는 계정과목으로 옳은 것은?

> • 판매를 목적으로 하지 않는 자산
> • 감가상각을 하지 않는 자산
> • 장기간에 걸쳐 영업활동에 사용되는 물리적 실체가 있는 자산

① 영업권　② 차량운반구　③ 상품　④ 토지
[풀이] 유형자산 중 토지와 건설중인자산은 감가상각을 하지 않는다.

04 다음 중 유형자산이 아닌 것은?

① 기계장치　　　　　　② 상품
③ 건설중인자산　　　　④ 선박
[풀이] 상품은 재고자산이다.

05 다음 비유동자산 중 유형자산으로 분류될 수 없는 것은?

① 컴퓨터소프트웨어　　② 기계장치
③ 토지　　　　　　　　④ 건물
[풀이] 컴퓨터소프트웨어는 무형자산이다.

06 본사 건물을 신축하기 위해 총 공사비 중 일부를 계약금으로 지급하였다. 차변에 기입되는 계정으로 옳은 것은?

① 건설중인자산　　　　　　　② 건물
③ 보증금　　　　　　　　　　④ 선급금

> [풀이] 건설중인자산이란 유형자산의 건설을 위한 재료비·노무비 및 경비와 유형자산을 취득하기 위하여 지출한 계약금 및 중도금으로 한다. 건설중인자산은 유형자산의 취득을 위하여 취득 완료시까지 지출한 금액을 처리하는 임시계정으로서 취득 완료시에 본 계정으로 대체된다.

07 다음 중 유형자산에 해당하는 것을 바르게 짝지은 것은?

| ㉠ 토지 | ㉡ 건물 | ㉢ 상품 |
| ㉣ 보통예금 | ㉤ 외상매출금 | ㉥ 차량운반구 |

① ㉠, ㉣, ㉥　　② ㉠, ㉡, ㉥　　③ ㉡, ㉢, ㉤　　④ ㉣, ㉤, ㉥

08 도매업을 영위하는 한국상사의 회계장부상 비유동자산 중 유형자산으로 분류될 수 없는 것은?

① 토지　　　　　　　　　　　② 건물
③ 차량운반구　　　　　　　　④ 상품

> [풀이] 상품은 재고자산으로 분류한다.

09 다음의 거래내용을 나타내는 계정과목으로 가장 적절한 것은?

> ㉮ 사무용으로 사용하는 컴퓨터, 프린터, 책상, 의자 등의 구매 금액
> ㉯ 사무실에서 사용하는 문구류 등의 구매 금액

	㉮	㉯		㉮	㉯
①	비품	기업업무추진비	②	단기차입금	복리후생비
③	비품	소모품비	④	미수금	광고선전비

10 유형자산의 취득원가에 해당되지 않는 것은?

① 재산세　　　　　　　　　　② 취득세
③ 외부 운송 및 취급비　　　　④ 설치비

> [풀이] 재산세는 세금과공과금에 해당한다.

11 토지의 취득시 납부한 취득세를 처리하는 계정으로 올바른 것은?

① 수수료비용　　　　　　　　② 토지

③ 세금과공과금　　　　　　　　　　④ 유형자산처분손실

[풀이] 취득세 등 유형자산의 취득과 직접 관련된 제세공과금은 취득원가에 가산한다.

12 다음 중 자산의 취득원가에 포함되지 않는 것은?

① 기계장치의 시운전비　　　　　　② 토지 구입시 취득세
③ 건물 구입시 중개수수료　　　　　④ 건물 구입 후 가입한 화재보험료

[풀이] 건물 구입 후 가입한 화재보험료는 보험료로 처리한다.

13 유형자산의 취득원가에 포함되는 부대비용으로 해당되지 않는 것은?

① 설치장소를 위한 설치비용　　　　② 시운전비
③ 운송비용 및 취급수수료　　　　　④ 매출처 직원에 대한 접대비

[풀이] 매출처 직원에 대한 접대비는 기업업무추진비에 해당한다.

14 당기의 비용으로 회계처리 하여야 하는 지출은?

① 토지 취득시 중개수수료　　　　　② 자동차의 자동차세
③ 상품 매입시 운반비　　　　　　　④ 건물 취득시 취득세

[풀이] 자동차세는 세금과공과금으로 처리한다.

15 주어진 자료에서 기계장치의 취득원가로 옳은 것은?

| • 구입대금 3,000,000원　　• 운송비 200,000원　　• 설치비 100,000원 |

① 3,000,000원　　② 3,100,000원　　③ 3,200,000원　　④ 3,300,000원

[풀이] 구입대금(3,000,000) + 운송비(200,000) + 설치비(100,000) = 취득원가 3,300,000원

16 업무용 차량 구입과 관련된 거래이다. ⑺, ⑼의 계정으로 올바른 것은?

| 2/5 차량 구입 계약시 계약금 지급 : [차변] (⑺) ×××　　[대변] 현금 ×××
| 2/8 차량 구입시 취득세 지급　　 : [차변] (⑼) ×××　　[대변] 현금 ××× |

① ⑺ 선수금,　⑼ 차량운반구　　　　② ⑺ 선수금,　⑼ 세금과공과금
③ ⑺ 선급금,　⑼ 세금과공과금　　　④ ⑺ 선급금,　⑼ 차량운반구

17 다음 유형자산에 대한 지출 항목 중 수익적 지출에 해당하는 것은?

| ㄱ. 원상회복　　ㄴ. 능률유지　　ㄷ. 내용연수 연장　　ㄹ. 증설 |

① ㄱ, ㄴ   ② ㄱ, ㄹ   ③ ㄴ, ㄷ   ④ ㄷ, ㄹ

[풀이] 자산의 원상을 회복시키거나 능률유지를 위한 지출은 수익적 지출에 해당한다.

18 다음 중 자산의 취득원가에 가산되는 자본적 지출 항목에 해당되지 않는 것은?

① 건물의 엘리베이터 설치   ② 건물의 증축공사비
③ 생산라인의 대규모 개보수비용   ④ 기존 생산설비의 현상유지를 위한 지출

[풀이] 기존 생산설비의 현상유지를 위한 지출은 수익적 지출에 해당한다.

19 다음 중 수익적 지출이 아닌 것은?

① 기계장치 내용연수 연장을 위한 지출   ② 외벽 도장 비용
③ 창문 수리비   ④ 건물바닥 청소비용

[풀이] 내용연수 연장을 위한 지출은 자본적 지출에 해당한다.

20 다음 내용을 설명한 것으로 올바른 것은?

- 본래의 용도변경을 위한 생산라인의 대규모 개보수비용
- 건물의 엘리베이터 설치

① 당사의 업무와 관련 없이 발생한 비용으로 손익계산서에 나타낸다.
② 취득 후 발생한 비용으로 차후 감가상각을 하지 않는다.
③ 수익적 지출에 속하므로 수선비로 처리한다.
④ 자본적 지출에 속하므로 해당 자산의 취득원가에 포함한다.

[풀이] 자본적 지출에 속하므로 해당 자산의 취득원가에 포함하고 추후에 감가상각을 통하여 비용으로 인식한다.

21 회사 소유 업무용 차량의 엔진오일을 교체하고 아래와 같이 분개한 경우 나타나는 결과 중 옳은 것은?

(차) 차량운반구   50,000원   (대) 현   금   50,000원

① 자산의 과소계상   ② 비용의 과소계상
③ 수익의 과소계상   ④ 부채의 과대계상

[풀이] 수익적 지출을 자본적 지출로 처리한 경우 자산이 과대계상 되고 비용이 과소계상 된다. 비용이 과소계상 되면 수익이 과대계상 된다.

22 수원상점은 3월 1일 영업용 건물을 10,000,000원에 구입하였다. 같은 해 4월 1일에 〈보기〉와 같은 지출 후 건물 계정의 잔액은?

〈 보 기 〉
가. 건물 외벽의 도색비용 1,000,000원   나. 파손된 유리 및 전등 교체비 600,000원
다. 건물 증축비용   500,000원   라. 엘리베이터 설치비   2,500,000원

① 11,160,000원   ② 12,100,000원   ③ 13,000,000원   ④ 14,600,000원

[풀이] 건물 증축비용과 엘리베이터 설치비는 자본적 지출이므로 건물 계정의 잔액이 증가한다.
건물(10,000,000) + 자본적 지출(500,000 + 2,500,000) = 13,000,000원

23 유형자산에 대한 감가상각을 가장 잘 설명한 것은?

① 새로운 유형자산 취득을 위한 자금의 적립
② 매 기간 잔존가치의 수정
③ 가치감소 부분의 평가
④ 원가의 기간배분

[풀이] 감가상각의 주목적은 원가의 배분이다.

24 다음 유형자산 중 감가상각 할 수 없는 자산은?

① 건물   ② 토지
③ 기계장치   ④ 비품

[풀이] 토지는 내용연수가 무한하기 때문에 감가상각을 하지 않는다.

25 유형자산에 대한 설명 중 틀린 것은?

① 자산의 원상회복을 위한 지출액은 수익적 지출이다.
② 모든 유형자산에 대해 감가상각을 한다.
③ 유형자산의 취득원가는 순수 구입대금에 부대비용을 가산하여 산정한다.
④ 자산의 내용연수 연장을 위한 지출액은 취득원가에 가산한다.

[풀이] 유형자산 중 토지와 건설중인자산(취득이 완료되지 않았기 때문)은 감가상각을 하지 않는다.

26 다음 유형자산에 대한 설명 중 틀린 것은?

① 물리적인 형태가 있다.
② 1년 이상 장기에 걸쳐 사용된다.
③ 모든 유형자산은 감가상각의 대상이 된다.
④ 취득시 부대비용은 취득원가에 포함된다.

27 정액법에 의한 감가상각시 3요소에 해당하지 않는 것은?

① 취득원가(원가)   ② 내용연수
③ 미상각잔액   ④ 잔존가치

28 다음은 유형자산의 감가상각방법을 나타낸다. (가), (나)에 해당하는 것은?

$$정액법 = \frac{취득원가 - (\ 가\ )}{(\ 나\ )}$$

	(가)	(나)		(가)	(나)
①	잔존가치	내용연수	②	내용연수	잔존가치
③	처분금액	수리비	④	매입부대비용	구입년도

29 다음 자료로 기말에 계상할 감가상각비를 정액법으로 계산하면?

- 취득원가 : 5,000,000원
- 내용연수 : 5년
- 잔존가치 : 취득원가의 10%
- 결　　산 : 연 1회
- 1년분을 계상한다.

① 500,000원　② 800,000원　③ 900,000원　④ 1,000,000원

[풀이] 정액법 연감가상각비 : (5,000,000 − 500,000) ÷ 5년 = 900,000원

30 ×1년 1월 1일 건물 3,000,000원을 구입하고 취득세 등 300,000원을 현금으로 지급하였다. ×1년 12월 31일 결산시 정액법에 의한 감가상각비는? (단, 내용연수 10년, 잔존가치 0원, 결산 연1회)

① 300,000원　② 310,000원　③ 320,000원　④ 330,000원

[풀이] 정액법 연감가상각비 : (3,000,000 + 300,000) ÷ 10년 = 330,000원

31 다음 자료에 의한 2차년도의 정액법에 의한 감가상각비는?

- 취득원가 : 200,000원
- 잔존가치 : 20,000원
- 내용연수 : 3년

① 50,000원　② 60,000원　③ 70,000원　④ 80,000원

[풀이] 정액법 연감가상각비 : (200,000 − 20,000) ÷ 3년 = 60,000원

32 ×1년 1월 기계장치를 5,000,000원에 구입하고 ×4년 12월 31일 결산을 맞이하였다. 기계장치의 내용연수는 5년이고 잔존가치는 1,000,000원이고, 정액법으로 상각하기로 한다. 이 경우 ×4년도의 결산시 감가상각비는 얼마인가?

① 700,000원　② 800,000원　③ 900,000원　④ 1,000,000원

[풀이] 정액법 연감가상각비 : (5,000,000 − 1,000,000) ÷ 5년 = 800,000원

33 성원전자는 ×1년 1월 1일에 취득한 건물에 대하여 정액법으로 감가상각을 하고 있다. ×2년 12월 31일 현재 감가상각누계액이 500,000원으로 계상되어 있다면 이 건물의 취득원가는 얼마인가? 단, 내용연수는 10년이며 잔존가치는 없다.

① 1,500,000원   ② 2,000,000원   ③ 2,500,000원   ④ 3,000,000원

[풀이] ×2년 기말 감가상각누계액 500,000원은 ×1년 감가상각비와 ×2년 감가상각비의 합계이다. 따라서 연감가상각비는 250,000원이다.
연감가상각비 : (취득원가 − 0) ÷ 10년 = 250,000원   ∴ 취득원가 2,500,000원

34 다음에 주어진 자료에서 기말(×2년 12월 31일)에 계상할 감가상각비(1년분)를 정률법으로 계산하면?

> • ×1년 1월 1일 비품 구입 : 취득금액 5,000,000원 (내용연수 5년, 정률 40%)

① 1,000,000원   ② 1,200,000원   ③ 2,000,000원   ④ 3,000,000원

[풀이] ×1년 정률법 연감가상각비 : 5,000,000 × 40% = 2,000,000원
×2년 정률법 연감가상각비 : (5,000,000 − 2,000,000) × 40% = 1,200,000원

35 유형자산의 감가상각방법이 아닌 것은?

① 정액법   ② 정률법
③ 생산량비례법   ④ 선입선출법

[풀이] 선입선출법은 재고자산 평가방법이다.

36 유형자산의 장부금액(미상각잔액)에 일정한 상각률을 곱하여 당기의 감가상각비를 산출하는 방법은?

① 정액법   ② 정률법
③ 생산량비례법   ④ 연수합계법

37 유형자산에 대한 차감적 평가계정의 계정과목으로 옳은 것은?

① 대손충당금   ② 감가상각누계액
③ 인출금   ④ 건물

38 유형자산의 취득원가가 1,000,000원, 감가상각누계액이 300,000원이라면 장부금액은 얼마인가?

① 300,000원   ② 700,000원   ③ 1,000,000원   ④ 1,300,000원

[풀이] 취득원가(1,000,000) − 감가상각누계액(300,000) = 장부금액 700,000원

39 회사보유 차량을 다음과 같이 처분하였다. 거래내역의 분개로서 맞는 것을 고르시오.

- 차량 취득원가   8,000,000원
- 현금 처분금액   3,000,000원
- 감가상각누계액   4,000,000원

① 차변) 현 금   3,000,000원   대변) 차량운반구 8,000,000원
       감가상각누계액   4,000,000원
       유형자산처분손실 1,000,000원
② 차변) 현 금   4,000,000원   대변) 차량운반구 8,000,000원
       감가상각누계액   4,000,000원
③ 차변) 현 금   3,000,000원   대변) 차량운반구 4,000,000원
       유형자산처분손실 1,000,000원
④ 차변) 현 금   4,000,000원   대변) 차량운반구 4,000,000원

40 "회사의 업무용 컴퓨터 1대(취득가액 1,500,000원, 처분시까지의 감가상각누계액 1,200,000원)를 500,000원에 처분하고 현금으로 받다." 올바른 분개는?

① (차) 현   금   500,000원   (대) 비   품   1,500,000원
       감가상각누계액 1,200,000원   유형자산처분이익   200,000원
② (차) 현   금   300,000원   (대) 비   품   1,500,000원
       감가상각누계액 1,200,000원
③ (차) 현   금   300,000원   (대) 비   품   1,000,000원
       감가상각누계액 1,200,000원   유형자산처분이익   500,000원
④ (차) 현   금   500,000원   (대) 비   품   500,000원

41 다음 자료에 의하여 유형자산처분손익을 구하면 얼마인가?

- 건물의 취득가액   10억원
- 건물의 처분전까지의 감가상각누계액   3억원
- 건물의 처분금액   8억원

① 유형자산처분이익 1억원   ② 유형자산처분손실 1억원
③ 유형자산처분이익 2억원   ④ 유형자산처분손실 2억원

[풀이] 처분금액(8억) − 장부금액(10억 − 3억) = 처분이익 1억원

42 다음 자료에서 유형자산처분손익은 얼마인가?

> • 비품 매입대금 900,000원
> • 비품 매입부대비용 100,000원
> • 정액법에 의한 1년간의 비품 감가상각비 50,000원
> • 2년간 정액법에 의해 감가상각한 후 비품 처분금액 900,000원

① −50,000원   ② 0원   ③ 50,000원   ④ 100,000원

[풀이] 취득원가(900,000 + 100,000) − 감가상각누계액(100,000) = 장부금액 900,000원
1년간의 감가상각비가 50,000원이므로 2년간의 감가상각누계액은 100,000원이다.
처분금액(900,000) − 장부금액(900,000) = 유형자산처분손익 0원

정답

1. ④   2. ①   3. ④   4. ②   5. ①   6. ①   7. ②   8. ④   9. ③   10. ①
11. ②   12. ④   13. ④   14. ②   15. ④   16. ④   17. ①   18. ④   19. ①   20. ④
21. ②   22. ③   23. ④   24. ②   25. ②   26. ③   27. ③   28. ①   29. ③   30. ④
31. ②   32. ②   33. ③   34. ②   35. ④   36. ②   37. ②   38. ②   39. ①   40. ①
41. ①   42. ②

제3절 무형자산

무형자산이란 재화의 생산이나 용역의 제공, 타인에 대한 임대 또는 관리에 사용할 목적으로 기업이 보유하고 있으며, 물리적 형체가 없지만 식별가능하고, 기업이 통제하고 있으며, 미래경제적효익이 있는 자산을 말한다.

1. 무형자산의 분류

① **영업권** : 개별적으로 식별하여 별도로 인식할 수 없으나, 사업결합에서 획득한 그 밖의 자산에서 발생하는 미래경제적 효익을 나타내는 자산을 말한다. 사업결합으로 취득한 영업권은 취득자[5]가 개별적으로 식별하여 별도로 인식하는 것이 불가능한 자산으로부터 미래경제적효익을 기대하고 지불한 금액을 의미한다.
② **산업재산권** : 일정기간 독점적·배타적으로 이용할 수 있는 권리로서 특허권, 실용신안권, 의장권, 상표권, 상호권 및 상품명 등을 포함한다.
③ **개발비** : 제조비법, 공식, 모델, 디자인 및 시작품 등의 개발과 관련하여 발생한 비용으로서 자산에서 발생하는 미래경제적효익이 기업에 유입될 가능성이 매우 높고, 자산의 원가를 신뢰성 있게 측정할 수 있는 것을 말한다. 그 이외의 경우(연구단계에서 발생한 지출 포함)에는 경상개발비의 과목으로 하여 발생한 기간에 비용으로 인식한다.
④ **기타의 무형자산** : 라이선스, 프랜차이즈, 저작권, 컴퓨터소프트웨어, 임차권리금 등

2. 무형자산의 최초 측정(취득원가)

개별 취득하는 무형자산의 원가는 구입가격에 자산을 의도한 목적에 사용할 수 있도록 준비하는 데 직접 관련되는 원가를 포함한다.

 다음 거래를 회계처리 하시오.
 (1) 최발명씨로부터 특허권을 1,000,000원에 현금으로 매입하고, 등록비용 50,000원을 현금으로 지급하였다.
 (2) 신제품 개발과 관련된 비용 500,000원을 현금으로 지급하였다(자산으로 회계처리).

해설 (1) (차) 특허권　　　　　1,050,000　/　(대) 현금　　　　　1,050,000
　　　(2) (차) 개발비　　　　　　500,000　/　(대) 현금　　　　　　500,000

---

[5] 취득자란 피취득자에 대한 지배력을 획득하는 기업을 말하며, 피취득자란 취득자가 사업결합으로 지배력을 획득하는 대상사업 또는 사업들을 말한다.

제4절 기타비유동자산

기타비유동자산은 비유동자산 중 투자자산, 유형자산, 무형자산에 속하지 않는 자산으로 보증금, 장기매출채권, 장기미수금 등을 포함한다.

1. 보증금

보증금이란 전세권, 전신전화가입권, 임차보증금 및 영업보증금 등을 말한다.

(1) 임차보증금

타인의 부동산·동산을 월세 등의 조건으로 사용하기 위하여 지급하는 보증금을 말한다.

 다음 거래를 회계처리 하시오.

대광빌딩과 사무실 임대차계약을 체결하고 임차보증금 20,000,000원은 당좌수표를 발행하였다.

해설 (차) 임차보증금　　　　20,000,000　　/　(대) 당좌예금　　　　20,000,000

(2) 전세권

전세권이란 전세금을 지급하고 타인의 부동산을 그 용도에 따라 사용·수익하는 권리로서 전세계약에 따라 지급된 금액으로 평가한다.

(3) 전신전화가입권

특정한 전신 또는 전화를 소유·사용하는 권리로서 이 권리를 얻기 위하여 지급된 설치비로 평가된다.

2. 장기매출채권

장기매출채권이란 일반적 상거래에서 발생한 장기의 외상매출금과 받을어음을 말한다.

(1) 장기외상매출금

장기외상매출금이란 일반적인 상거래에서 발생한 채권, 즉 상품이나 제품을 외상으로 판매하고 아직 그 대금을 회수하지 않은 미수액으로 보고기간 종료일로부터 1년 이후에 회수될 금액을 말한다.

다음 거래를 회계처리 하시오.

(1) 창제상회에 상품 200,000원을 매출하고 100,000원은 자기앞수표로 받고 나머지는 보고기간 종료일로부터 1년 이후에 받기로 하였다.
(2) 창제상회의 장기외상매출금 100,000원을 현금으로 회수하였다.

[해설] (1) (차) 현금　　　　　　　　　　100,000　　/　(대) 상품매출　　　　　　　200,000
　　　　　　장기외상매출금　　　　　100,000
　　　(2) (차) 현금　　　　　　　　　　100,000　　/　(대) 장기외상매출금　　　100,000

(2) 장기받을어음

장기받을어음이란 일반적인 상거래에서 발생한 어음상의 권리로서, 그 지급기일이 보고기간 종료일로부터 1년 이후에 도래하는 어음을 말한다.

다음 거래를 회계처리 하시오.

(1) 수철상회에 상품 400,000원을 매출하고 100,000원은 현금으로 받고 나머지는 동점발행약속어음(만기 : 2년)으로 받았다.
(2) 수철상회의 장기받을어음 300,000원이 만기가 되어 당사 보통예금계좌에 입금되었다.

[해설] (1) (차) 현금　　　　　　　　　　100,000　　/　(대) 상품매출　　　　　　　400,000
　　　　　　장기받을어음　　　　　　300,000
　　　(2) (차) 보통예금　　　　　　　　300,000　　/　(대) 장기받을어음　　　　　300,000

3. 장기미수금

일반적인 상거래 이외의 거래에서 발생한 채권으로서 보고기간 종료일로부터 만기가 1년 이후에 도래하는 것을 말한다.

다음 거래를 회계처리 하시오.

업무용 건물(취득원가 500,000원)을 400,000원에 매각하고 대금은 보고기간 종료일로부터 2년 후에 받기로 하였다.

 (차) 장기미수금　　　　　　　400,000　　/　(대) 건물　　　　　　　　　　500,000
　　　　유형자산처분손실　　　　　100,000

기/출/문/제 [실기]

다음 거래 자료를 세연상사(회사코드 : 4002)의 [일반전표입력] 메뉴에 추가 입력하시오.

01 6월 21일 상품 판매대리점을 개설하기 위하여 점포를 보증금 3,000,000원에 우일상사로부터 임차하고 대금은 현금으로 지급하였다.

02 6월 22일 상품 보관창고를 임차하기로 하고 임차보증금 5,000,000원을 현금으로 지급하였다(임차보증금의 거래처 입력은 생략한다).

03 6월 23일 상품보관을 위해 서삼상사로부터 임차하여 사용하고 있던 창고건물의 임차기간이 완료되어 임차보증금 10,000,000원을 보통예금계좌로 돌려받았다.

04 6월 24일 미지급금으로 계상되어 있는 임차료 1,000,000원을 임대인(무사상사)과 합의 하에 보증금과 상계하였다.

KcLep 도우미

01 6월 21일 : (차) 232.임차보증금   3,000,000 / (대) 101.현금   3,000,000
                    (거래처 : 우일상사)

02 6월 22일 : (차) 232.임차보증금   5,000,000 / (대) 101.현금   5,000,000

03 6월 23일 : (차) 103.보통예금   10,000,000 / (대) 232.임차보증금   10,000,000
                                                          (거래처 : 서삼상사)

04 6월 24일 : (차) 253.미지급금   1,000,000 / (대) 232.임차보증금   1,000,000
                    (거래처 : 무사상사)   (거래처 : 무사상사)

기/출/문/제 (필기)

01 다음 중 당좌자산이 아닌 계정은?
① 저장품
② 선급금
③ 매출채권
④ 단기대여금

[풀이] 저장품은 재고자산이다.

02 다음 중 당좌자산에 해당되지 않는 것은?
① 당좌예금
② 외상매출금
③ 임차보증금
④ 단기대여금

[풀이] 임차보증금은 기타비유동자산이다.

03 다음 중 당좌자산에 해당하지 않는 것은?
① 선급비용
② 받을어음
③ 장기미수금
④ 단기대여금

[풀이] 장기미수금은 기타비유동자산이다.

04 다음 자료에 의하면 유동자산의 총액은 얼마인가?

• 단기매매증권 100,000원	• 미수금 250,000원
• 장기대여금 150,000원	• 건물 50,000원
• 특허권 300,000원	• 매출채권 50,000원

① 150,000원
② 300,000원
③ 400,000원
④ 500,000원

[풀이] 단기매매증권(100,000) + 미수금(250,000) + 매출채권(50,000) = 400,000원

05 다음 중 비유동자산에 속하지 않는 것은?
① 당좌자산
② 유형자산
③ 무형자산
④ 투자자산

[풀이] 당좌자산과 재고자산은 유동자산이다.

06 다음 중 비유동자산에 속하지 않는 것은?
① 투자부동산
② 장기성매출채권
③ 영업권
④ 당좌차월

[풀이] 당좌차월은 유동부채이다.

07 다음 중 자산의 항목이 아닌 계정은?

① 선급금　　　　　　　　② 보통예금
③ 예수금　　　　　　　　④ 미수금

[풀이] 예수금은 부채이다.

08 다음 중 재무상태표의 자산 분류로 틀린 것은?

① 당좌자산 - 단기매매증권　　② 재고자산 - 상품
③ 투자자산 - 산업재산권　　　④ 유형자산 - 기계장치

[풀이] 산업재산권은 무형자산이다.

09 다음 중 자산 계정에 속하지 않는 것은?

① 선급금　　　　　　　　② 단기대여금
③ 선수금　　　　　　　　④ 미수금

[풀이] 선수금은 부채 계정에 속한다.

10 다음 주어진 자료에 의한 현대상사의 자산총액은 얼마인가?

| • 현　금　24,000원 | • 매입채무　10,000원 | • 상　품　30,000원 |
| • 비　품　　5,000원 | • 차 입 금　　6,000원 | |

① 35,000원　　② 59,000원　　③ 69,000원　　④ 75,000원

[풀이] 현금(24,000) + 상품(30,000) + 비품(5,000) = 자산총액 59,000원

11 다음 중 재무상태표의 자산을 유동성배열법으로 나타낼 경우, 제일 먼저 기재되는 것은?

① 당좌자산　　　　　　　② 투자자산
③ 유형자산　　　　　　　④ 재고자산

[풀이] 당좌자산 〉 재고자산 〉 투자자산 〉 유형자산 〉 무형자산 〉 기타비유동자산

정답

1. ①　2. ③　3. ③　4. ③　5. ①　6. ④　7. ③　8. ③　9. ③　10. ②
11. ①

제 3 장 부채

부채란 과거의 거래나 사건의 결과로서 기업이 미래에 타인에게 지급해야 할 채무를 말한다. 부채는 1년을 기준으로 유동부채와 비유동부채로 분류한다.

제1절 유동부채

유동부채란 보고기간 종료일로부터 1년 이내에 상환되어야 하는 채무를 말한다.

1. 매입채무

매입채무란 일반적인 상거래에서 발생한 채무로서 외상매입금과 지급어음으로 구분된다. 일반적인 상거래라 함은 당해 기업의 사업목적을 위한 경상적 영업활동에서 발생하는 거래로서 판매기업의 경우에는 상품매입 거래를, 제조기업의 경우에는 원재료매입 거래를 말한다.

(1) 외상매입금(251)

외상매입금이란 일반적인 상거래에서 발생한 채무, 즉 상품이나 원재료를 외상으로 매입하고 아직 그 대금을 지급하지 않은 미지급액으로, 보고기간 종료일로부터 1년 이내에 지급해야 할 금액을 말한다.

 다음 거래를 회계처리 하시오.

(1) 창제상회로부터 상품 200,000원을 매입하고 100,000원은 자기앞수표로 지급하고 나머지는 다음 달 10일에 지급하기로 하였다.
(2) 수철상회로부터 상품 250,000원을 매입하고 150,000원은 당좌수표를 발행하고 나머지는 한 달 후에 지급하기로 하였다.

해설 (1) (차) 상품   200,000 / (대) 현금   100,000
                                              외상매입금   100,000
    * 자기앞수표는 통화대용증권이므로 현금으로 처리한다.
    (2) (차) 상품   250,000 / (대) 당좌예금   150,000
                                              외상매입금   100,000

(2) 지급어음(252)

지급어음이란 일반적인 상거래에서 발생한 어음상의 의무로서, 그 지급기일이 보고기간 종료일로부터 1년 이내에 도래하는 어음을 말한다.

 다음 거래를 회계처리 하시오.

(1) 수철상회로부터 상품 400,000원을 매입하고 100,000원은 현금으로 지급하고 나머지는 약속어음(만기 : 1년 이내)을 발행하였다.
(2) 창제상회의 외상매입금 100,000원에 대하여 한국상회로부터 받아 보관 중인 약속어음(만기 : 1년 이내)을 배서양도 하였다.
(3) 창제상회로부터 상품 400,000원을 매입하고 대금은 약속어음(만기 : 1년 이내)을 발행하였다.
(4) 창제상회에 발행한 약속어음(만기 : 1년 이내) 400,000원이 만기가 되어 보통예금계좌에서 이체하였다.

[해설] (1) (차) 상품　　　　　　400,000　/　(대) 현금　　　　　　100,000
　　　　　　　　　　　　　　　　　　　　　　　　지급어음　　　300,000
　　　(2) (차) 외상매입금　　　100,000　/　(대) 받을어음　　　100,000
　　　(3) (차) 상품　　　　　　400,000　/　(대) 지급어음　　　400,000
　　　(4) (차) 지급어음　　　　400,000　/　(대) 보통예금　　　400,000

기/출/문/제 [실기]

다음 거래 자료를 세연상사(회사코드 : 4002)의 [일반전표입력] 메뉴에 추가 입력하시오.

01 7월 1일 매입처 우일상사에서 상품 4,000,000원을 구입하고 그 대금은 현금으로 1,500,000원을 지급하고 나머지는 외상으로 하였다.

02 7월 2일 진이상사에서 상품을 3,500,000원에 매입하였다. 대금 중 1,500,000원은 현금으로 지급하고 7월 1일 지급한 계약금을 차감한 나머지는 다음 달에 지급하기로 하였다.

03 7월 3일 서삼상사에서 판매용 의류 900,000원을 매입하고, 500,000원은 소유하고 있던 우일상사 발행의 약속어음을 배서양도하고 잔액은 외상으로 하였다.

04 7월 4일 무사상사에 대한 외상매입금 2,800,000원을 당좌수표를 발행하여 지급하였다.

05 7월 5일 광오상사의 외상매입금 6,000,000원을 보통예금계좌에서 온라인 송금하고 송금수수료 2,000원도 보통예금계좌에서 지급되었다.

06 7월 6일 매입처 청육상사의 외상매입금 4,000,000원을 다음과 같이 결제하였다. 1,000,000원은 매출처 우일상사에서 받아 보유 중인 약속어음을 지급하였고, 잔액은 당좌수표를 발행하여 지급하였다.

07 7월 7일 처칠상사로부터 상품 3,000개(@5,000원)를 매입하고 대금 중 5,000,000원은 약속어음(만기 : 1년 이내)을 발행하여 지급하고 잔액은 외상으로 하였다.

08 7월 8일 용팔상사에서 상품 10,000,000원을 구입했다. 상품대금은 7월 2일에 지급한 계약금을 차감하고, 잔액은 약속어음(만기 : 1년 이내)을 발행하여 결제하였으며, 당점 부담의 운반비 50,000원은 현금으로 지급하였다.

09 7월 9일 영구상사의 7월 8일까지 거래분에 대한 외상매입금 잔액(₩1,500,000)에 대하여 약속어음(만기 : 1년 이내)을 발행하여 지급하였다.

10 7월 10일 매입처 열공상사에 발행된 약속어음 300,000원이 만기가 되어 당사 거래은행의 당좌예금계좌에서 결제되었음이 확인되었다.

11 7월 11일 우일상사에 상품매입 대금으로 발행해 준 약속어음이 만기가 되어, 어음과 교환으로 현금 1,000,000원을 지급하였다.

KcLep 도우미

01 7월 1일 : (차) 146.상품   4,000,000 / (대) 101.현금   1,500,000
                                          (대) 251.외상매입금   2,500,000
                                              (거래처 : 우일상사)

02 7월 2일 : (차) 146.상품   3,500,000 / (대) 101.현금   1,500,000
                                          (대) 131.선급금   350,000
                                              (거래처 : 진이상사)
                                          (대) 251.외상매입금   1,650,000
                                              (거래처 : 진이상사)

   * [일반전표입력] 메뉴(7월 1일)에서 진이상사에게 지급한 계약금 350,000원을 확인한다.

03 7월 3일 : (차) 146.상품   900,000 / (대) 110.받을어음   500,000
                                              (거래처 : 우일상사)
                                          (대) 251.외상매입금   400,000
                                              (거래처 : 서삼상사)

04 7월 4일 : (차) 251.외상매입금　　2,800,000　　/　(대) 102.당좌예금　　　2,800,000
　　　　　　(거래처 : 무사상사)

05 7월 5일 : (차) 251.외상매입금　　6,000,000　　/　(대) 103.보통예금　　　6,002,000
　　　　　　(거래처 : 광오상사)
　　　　　(차) 831.수수료비용　　　　2,000

06 7월 6일 : (차) 251.외상매입금　　4,000,000　　/　(대) 110.받을어음　　　1,000,000
　　　　　　(거래처 : 청육상사)　　　　　　　　　　(거래처 : 우일상사)
　　　　　　　　　　　　　　　　　　　　　　/　(대) 102.당좌예금　　　3,000,000

07 7월 7일 : (차) 146.상품　　　　15,000,000　　/　(대) 252.지급어음　　　5,000,000
　　　　　　　　　　　　　　　　　　　　　　　　　(거래처 : 처칠상사)
　　　　　　　　　　　　　　　　　　　　　/　(대) 251.외상매입금　　10,000,000
　　　　　　　　　　　　　　　　　　　　　　　　　(거래처 : 처칠상사)

08 7월 8일 : (차) 146.상품　　　　10,050,000　　/　(대) 131.선급금　　　　1,000,000
　　　　　　　　　　　　　　　　　　　　　　　　　(거래처 : 용팔상사)
　　　　　　　　　　　　　　　　　　　　　/　(대) 252.지급어음　　　9,000,000
　　　　　　　　　　　　　　　　　　　　　　　　　(거래처 : 용팔상사)
　　　　　　　　　　　　　　　　　　　　　/　(대) 101.현금　　　　　　50,000

　* [일반전표입력] 메뉴(7월 2일)에서 용팔상사에게 지급한 계약금 1,000,000원을 확인한다. 재고자산의 매입과정에서 발생하는 운반비는 취득과정에서 정상적으로 발생한 부대원가이므로 취득원가에 가산한다.

09 7월 9일 : (차) 251.외상매입금　　1,500,000　　/　(대) 252.지급어음　　　1,500,000
　　　　　　(거래처 : 영구상사)　　　　　　　　　　(거래처 : 영구상사)

　* 지문의 괄호안의 외상매입금 잔액(₩1,500,000)은 자격시험에서는 제시해 주지 않는 금액이므로 [거래처원장] 메뉴에서 외상매입금 계정을 조회하여 회계처리 하여야 한다.

10 7월 10일 : (차) 252.지급어음　　　300,000　　/　(대) 102.당좌예금　　　　300,000
　　　　　　(거래처 : 열공상사)

11 7월 11일 : (차) 252.지급어음　　1,000,000　　/　(대) 101.현금　　　　　1,000,000
　　　　　　(거래처 : 우일상사)

2. 단기차입금

단기차입금이란 기업에 필요한 운용자금 조달을 위하여 금융기관 등으로부터 차입한 당좌차월액과 보고기간 종료일로부터 1년 이내에 상환될 차입금을 말한다.

 다음 거래를 회계처리 하시오.

(1) 단기간 운용자금에 사용할 목적으로 창제상회로부터 현금 500,000원을 1개월간 차입하였다.
(2) 단기차입금 500,000원과 이자 30,000원을 현금으로 상환하였다.

해설 (1) (차) 현금　　　　　　　　　500,000　/　(대) 단기차입금　　　500,000
　　　(2) (차) 단기차입금　　　　　500,000　/　(대) 현금　　　　　　530,000
　　　　　　　이자비용　　　　　　30,000

참고 당좌차월
당좌예금은 기업이 은행과 당좌거래계약을 체결하여 현금을 예입하고 기업이 대금결제수단으로 수표를 발행하면 수표소지인은 해당 은행에 수표를 제시하여 현금을 지급받을 수 있도록 하는 무이자의 예금인데 당좌수표는 당좌예금잔액의 한도액 내에서만 발행할 수 있다. 그러나 거래은행에 근저당을 설정하고 당좌차월계약을 체결하면 당좌예금잔액을 초과하여 당좌차월 한도액까지 수표를 발행할 수 있다. 이 때 당좌예금잔액을 초과하여 발행된 금액을 당좌차월이라 한다.

3. 미지급금(253)

미지급금이란 일반적인 상거래 이외의 거래나 계약 등에 의하여 발생한 것으로서, 보고기간 종료일로부터 1년 이내에 상환기일이 도래하는 채무를 말한다. 예를 들면, 회사에서 업무용으로 사용할 자동차를 매입하고 그 대금을 아직 지급하지 않은 경우 등 동 미지급액을 말한다.

 다음의 연속된 거래를 회계처리 하시오.

(1) 회사의 업무용승용차(취득금액 6,000,000원)를 현대자동차에서 10개월 할부로 구입하였다.
(2) 자동차 할부금 1회분 600,000원이 보통예금계좌에서 자동이체 되었다.

해설 (1) (차) 차량운반구　　　　6,000,000　/　(대) 미지급금　　　　6,000,000
　　　(2) (차) 미지급금　　　　　600,000　/　(대) 보통예금　　　　600,000

기/출/문/제 [실기]

다음 거래 자료를 세연상사(회사코드 : 4002)의 [일반전표입력] 메뉴에 추가 입력하시오.

01 8월 1일 우일상사에서 4,500,000원을 차입(상환기한 : 다음연도 4월 26일)하여 즉시 당점 당좌예금계좌에 입금하였다.

02 8월 2일 신한은행으로부터 30,000,000원을 차입하고, 차입금 중 저당권 설정수수료 100,000원을 제외한 29,900,000원이 보통예금계좌에 입금되었다(상환약정일 : 다음연도 3월 15일).

03 8월 3일 서삼상사로부터 원금 10,000,000원을 2개월 동안 차입하면서 선이자 140,000원을 차감한 금액이 당사 보통예금계좌로 입금되었다. 단, 선이자는 이자비용으로 회계처리하기로 한다.

04 8월 4일 무사상사의 단기차입금 중 일부인 5,000,000원을 보통예금통장에서 계좌이체하여 상환하였다.

05 8월 5일 광오상사로부터 5월 3일 차입한 차입금 5,000,000원과 이자 100,000원을 현금으로 상환하였다.

06 12월 31일 신한은행의 보통예금은 마이너스 통장이다. 12월 31일 현재 보통예금잔액 -2,800,000원을 단기차입금 계정으로 대체하였다.

07 8월 7일 사무실의 온풍기를 770,000원에 구입하고, 대금 중 70,000원은 현금으로 지급하고 잔액은 신용카드(삼성카드)로 결제하였다.

08 8월 31일 8월분 종업원급여 5,000,000원이 미지급되었다(급여 지급일은 말일).

09 8월 9일 추석 선물로 홍삼세트 1,000,000원을 신용카드(삼성카드)로 결제하고 구입하여, 600,000원은 본사 경리부 직원에게 지급하고 나머지 400,000원은 접대를 위하여 거래처(매출처) 직원에게 전달하였다.

10 8월 10일 업무용승합차에 경유 50,000원을 주입하고, 삼성카드로 결제하였다.

11 8월 11일 우일상사로부터 상품을 포장하는데 사용할 소모품 1,000,000원을 구입하고 약속어음을 발행하여 지급하였다(소모품비로 처리할 것).

12 8월 12일 의류판매를 위한 광고전단지를 진이상사에서 제작하고, 전단지 제작비 600,000원을 1개월 후에 지급하기로 하였다.

13 8월 13일 서삼상사로부터 할부로 구입하고 미지급금으로 처리한 차량할부금 200,000원이 보통예금계좌에서 자동이체 되었다.

14 8월 14일 전월 사무용품 구입에 따른 삼성카드사의 당월 결제금액 300,000원이 보통예금통장에서 자동이체 되어 지급되었다.

KcLep 도우미

01 8월 1일 : (차) 102.당좌예금　4,500,000　/　(대) 260.단기차입금　4,500,000
　　　　　　　　　　　　　　　　　　　　　　　　　（거래처 : 우일상사）

02 8월 2일 : (차) 831.수수료비용　100,000　/　(대) 260.단기차입금　30,000,000
　　　　　　　(차) 103.보통예금　29,900,000　　　（거래처 : 신한은행）

03 8월 3일 : (차) 951.이자비용　140,000　/　(대) 260.단기차입금　10,000,000
　　　　　　　(차) 103.보통예금　9,860,000　　　（거래처 : 서삼상사）

04 8월 4일 : (차) 260.단기차입금　5,000,000　／　(대) 103.보통예금　5,000,000
　　　　　　　(거래처 : 무사상사)

05 8월 5일 : (차) 260.단기차입금　5,000,000　／　(대) 101.현금　5,100,000
　　　　　　　(거래처 : 광오상사)
　　　　　　(차) 951.이자비용　100,000
＊ [일반전표입력] 메뉴(5월 3일)에서 광오상사로부터의 차입금이 단기차입금임을 확인할 수 있다.

06 12월 31일 : (차) 103.보통예금　2,800,000　／　(대) 260.단기차입금　2,800,000
　　　　　　　　　　　　　　　　　　　　　　　　(거래처 : 신한은행)

07 8월 7일 : (차) 212.비품　770,000　／　(대) 101.현금　70,000
　　　　　　　　　　　　　　　　　　　　(대) 253.미지급금　700,000
　　　　　　　　　　　　　　　　　　　　　(거래처 : 삼성카드)

08 8월 31일 : (차) 801.급여　5,000,000　／　(대) 253.미지급금　5,000,000

09 8월 9일 : (차) 811.복리후생비　600,000　／　(대) 253.미지급금　1,000,000
　　　　　　(차) 813.기업업무추진비　400,000　　　(거래처 : 삼성카드)

10 8월 10일 : (차) 822.차량유지비　50,000　／　(대) 253.미지급금　50,000
　　　　　　　　　　　　　　　　　　　　　　(거래처 : 삼성카드)

11 8월 11일 : (차) 830.소모품비　1,000,000　／　(대) 253.미지급금　1,000,000
　　　　　　　　　　　　　　　　　　　　　　　(거래처 : 우일상사)
＊ 일반적인 상거래 이외의 거래에서 발생하는 채무는 미지급금으로 처리한다.

12 8월 12일 : (차) 833.광고선전비　600,000　／　(대) 253.미지급금　600,000
　　　　　　　　　　　　　　　　　　　　　　　(거래처 : 진이상사)

13 8월 13일 : (차) 253.미지급금　200,000　／　(대) 103.보통예금　200,000
　　　　　　　(거래처 : 서삼상사)

14 8월 14일 : (차) 253.미지급금　300,000　／　(대) 103.보통예금　300,000
　　　　　　　(거래처 : 삼성카드)

4. 선수금(259)

선수금이란 수주공사, 수주품 및 기타 일반적인 상거래에서 발생한 선수액을 말한다.

 다음 거래를 회계처리 하시오.

(1) 창제상회로부터 상품 500,000원을 주문받고 계약금 100,000원을 동점발행당좌수표로 받았다.
(2) 주문받은 상품을 인도하고 계약금 100,000원을 제외한 잔금 400,000원은 자기앞수표로 회수하였다.

[해설] (1) (차) 현금　　　　　　　　　100,000　/　(대) 선수금　　　　　　　　100,000
　　　 (2) (차) 선수금　　　　　　　 100,000　/　(대) 상품매출　　　　　　 500,000
　　　　　　 현금　　　　　　　　　400,000

5. 예수금

예수금이란 일반적인 상거래 이외에서 발생한 일시적 제 예수액을 말한다. 예를 들면, 종업원에게 급여 지급시 원천징수[6]하여 세무서에 납부하기까지 일시적으로 예수하는 원천징수소득세 및 지방소득세예수금, 국민연금예수금, 건강보험료예수금 등이 예수금 계정에 포함된다.

 다음 거래를 회계처리 하시오.

(1) 2월분 급여 1,000,000원 중 소득세 등 원천징수 22,000원을 제외한 잔액을 현금으로 지급하였다.
(2) 급여 지급시 원천징수한 예수금 22,000원을 금융기관에 현금으로 납부하였다.

[해설] (1) (차) 급여　　　　　　　　1,000,000　/　(대) 예수금　　　　　　　　 22,000
　　　　　　　　　　　　　　　　　　　　　　　　　　 현금　　　　　　　　 978,000
　　　 (2) (차) 예수금　　　　　　　　22,000　/　(대) 현금　　　　　　　　　 22,000

6. 유동성장기부채

유동성장기부채란 비유동부채 중에서 보고기간 종료일로부터 1년 이내에 상환될 것 등으로 한다. 이에 관한 사례는 장기차입금에서 하기로 한다.

---

[6] 원천징수란 상대방의 소득이 되는 금액을 지급할 때 이를 지급하는 자(원천징수의무자)가 그 금액을 받는 사람(납세의무자)이 내야 할 세금을 미리 떼어서 대신 납부하는 제도를 말한다.

7. 가수금

가수금은 현금 등을 받았으나 계정과목이나 금액을 확정할 수 없을 때에 사용하며, 계정과목이나 금액이 확정되면 해당 계정에 대체한다.

 다음의 연속된 거래를 회계처리 하시오.

(1) 내용을 알 수 없는 200,000원이 보통예금계좌로 입금되었다.
(2) 내용불명의 금액 200,000원의 원인은 창제상회의 외상매출대금이 입금된 것으로 확인되었다.

해설 (1) (차) 보통예금　　　　　200,000　／　(대) 가수금　　　　　　200,000
　　　 (2) (차) 가수금　　　　　　200,000　／　(대) 외상매출금　　　　200,000

기/출/문/제 (실기)

다음 거래 자료를 세연상사(회사코드 : 4002)의 [일반전표입력] 메뉴에 추가 입력하시오.

01 9월 1일 거래처 우일상사에 완구용품 2,000,000원을 매출하기로 계약하고, 계약대금의 10%를 자기앞수표로 받았다.

02 9월 2일 진이상사에 판매용 자전거 4,000,000원(50대, @80,000원)을 판매하기로 계약하고 계약대금의 30%를 당좌예금계좌로 이체 받았다.

03 9월 3일 지난달 매출계약(계약일 : 8월 28일)한 서삼상사에 상품 3,000,000원을 판매하고, 계약금을 차감한 대금 중 1,000,000원은 현금으로 받고 잔액은 외상으로 하였다.

04 9월 4일 무사상사에 상품을 5,000,000원에 판매하고 미리 받은 계약금 500,000원을 제외한 대금 중 1,000,000원은 동점 발행 약속어음으로 받고, 잔액은 1개월 후에 받기로 하였다.

05 9월 5일 광오상사와의 판매계약이 해지되어 8월 30일에 수령하였던 계약금을 보통예금계좌에서 송금하였다.

06 9월 30일 종업원의 총급여 6,000,000원 중 소득세 1,000,000원, 건강보험료 50,000원, 고용보험료 50,000원을 제외한 잔액을 현금으로 지급하였다.

07 9월 30일 당월분 영업사원 급여를 다음과 같이 보통예금계좌에서 종업원 급여계좌로 이체하였다.

성 명	직 급	급 여	원천징수세액		차감지급액
			소득세	지방소득세	
한복판	과 장	4,200,000원	250,000원	25,000원	3,925,000원
장병지	대 리	3,500,000원	180,000원	18,000원	3,302,000원
계		7,700,000원	430,000원	43,000원	7,227,000원

08 9월 8일 본사 영업부 직원들의 업무역량 강화를 위해 외부강사를 초청하여 교육을 진행하고, 강사료 3,000,000원 중 132,000원을 원천징수하고 2,868,000원을 보통예금 통장에서 이체하여 지급하였다.

09 9월 9일 종업원 급여 지급시 공제한 근로소득세(소득분지방소득세 포함) 190,000원을 관할 세무서에 현금으로 납부하였다.

10 9월 10일 출장 중인 영업사원 허진으로부터 내용을 알 수 없는 1,500,000원이 당사 당좌예금계좌로 입금되었다. 단, 가수금에 대한 거래처 입력은 생략한다.

11 9월 11일 9월 1일자 가수금 중 1,000,000원은 우일상사에 대한 상품매출의 계약금이고 나머지는 영구상사의 외상매출금을 회수한 것으로 확인되었다.

12 당기말(12월 31일)의 가수금 140,000원의 잔액은 진이상사의 외상매출금 회수분이다. 단, 가수금에 대한 거래처 입력은 생략한다.

KcLep 도우미

01 9월 1일 : (차) 101.현금　　　　　　200,000　/　(대) 259.선수금　　　　　200,000
　　　　　　　　　　　　　　　　　　　　　　　　　　 (거래처 : 우일상사)

02 9월 2일 : (차) 102.당좌예금　　　1,200,000　/　(대) 259.선수금　　　1,200,000
　　　　　　　　　　　　　　　　　　　　　　　　　　 (거래처 : 진이상사)

03 9월 3일 : (차) 259.선수금　　　　　300,000　/　(대) 401.상품매출　　3,000,000
　　　　　　　 (거래처 : 서삼상사)
　　　　　　 (차) 101.현금　　　　　　1,000,000
　　　　　　 (차) 108.외상매출금　　　1,700,000
　　　　　　　 (거래처 : 서삼상사)
　　　* [일반전표입력] 메뉴(8월 28일)에서 서삼상사의 계약금 300,000원을 확인한다.

04 9월 4일 : (차) 259.선수금   500,000   / (대) 401.상품매출   5,000,000
            (거래처 : 무사상사)
       (차) 110.받을어음   1,000,000
            (거래처 : 무사상사)
       (차) 108.외상매출금   3,500,000
            (거래처 : 무사상사)
  * 자격시험에서 어음의 만기가 제시되지 않은 경우에는 단기라고 가정하고 회계처리 한다.

05 9월 5일 : (차) 259.선수금   450,000   / (대) 103.보통예금   450,000
            (거래처 : 광오상사)
  * [일반전표입력] 메뉴(8월 30일)에서 광오상사의 계약금 450,000원을 확인한다.

06 9월 30일 : (차) 801.급여   6,000,000   / (대) 254.예수금   1,100,000
                                                   (대) 101.현금   4,900,000

07 9월 30일 : (차) 801.급여   7,700,000   / (대) 254.예수금   473,000
                                                   (대) 103.보통예금   7,227,000

08 9월 8일 : (차) 825.교육훈련비   3,000,000   / (대) 254.예수금   132,000
                                                   (대) 103.보통예금   2,868,000
  * 교육훈련비에는 임직원의 직무능력 향상을 위한 교육 및 훈련에 관련된 비용을 계상한다.

09 9월 9일 : (차) 254.예수금   190,000   / (대) 101.현금   190,000

10 9월 10일 : (차) 102.당좌예금   1,500,000   / (대) 257.가수금   1,500,000

11 9월 11일 : (차) 257.가수금   1,500,000   / (대) 259.선수금   1,000,000
                                                        (거래처 : 우일상사)
                                                   (대) 108.외상매출금   500,000
                                                        (거래처 : 영구상사)
  * [일반전표입력] 메뉴(9월 1일)에서 가수금 1,500,000원을 확인한다.

12 12월 31일 : (차) 257.가수금   140,000   / (대) 108.외상매출금   140,000
                                                        (거래처 : 진이상사)

http://cafe.naver.com/choidairi

기/출/문/제 (필기)

01 부채에 대한 설명으로 올바른 것은?
① 순재산이다.　　　　　　　　　② 자기자본이라고도 한다.
③ 타인자본이라고도 한다.　　　　④ 손익계산서 항목이다.
[풀이] 부채를 타인자본, 자본은 자기자본 이라고도 한다.

02 다음 계정에 대한 설명으로 바른 것은?

외상매입금	
	상 품　　80,000원

① 외상 매입한 상품 80,000원을 상품으로 다시 갚다.
② 상품 80,000원을 외상으로 매출하다.
③ 외상 매입한 상품 80,000원을 매출하다.
④ 상품 80,000원을 외상으로 매입하다.
[풀이] (차) 상 품　　　　80,000　／　(대) 외상매입금　　　　80,000

03 외상매입금 계정의 대변에 기입되는 거래는?
① 외상매입대금을 현금으로 지급했을 때　② 외상매입한 상품을 반품했을 때
③ 외상매입대금을 에누리 받았을 때　　　④ 상품을 외상으로 매입했을 때
[풀이] 외상매입금 계정의 대변에는 외상매입금의 증가거래가 기입된다.

04 (가)안에 들어갈 수 있는 계정과목은?

(가)	
400,000원	500,000원

① 외상매출금　　② 외상매입금　　③ 미수금　　④ 상품
[풀이] 잔액이 대변에 남는 것은 부채 · 자본 · 수익계정이다.

05 다음 분개를 보고 거래 내용을 바르게 추정한 것은?

> [차] 외상매입금　500,000　　　　[대] 지급어음　500,000

① 어음대금 현금 지급　　　　　　② 외상대금 약속어음으로 회수
③ 외상대금 약속어음 발행 지급　　④ 상품 주문하고 약속어음 발행

제3부 계정과목별 회계처리　219

06 지급어음의 총계정원장에 대한 일부분이다. 거래의 내용이 맞은 것은?

지급어음	
당좌예금 500,000	

① 소지하고 있던 어음이 만기가 되어, 그 대금을 당좌수표로 받다.
② 소지하고 있던 어음이 만기가 되어, 그 대금을 현금으로 지급하다.
③ 거래처에 발행해 주었던 어음이 만기가 되어, 그 대금을 당좌수표로 받다.
④ 거래처에 발행해 주었던 어음이 만기가 되어, 그 대금을 당좌수표로 지급하다.

[풀이] (차) 지급어음　　500,000　/　(대) 당좌예금　　500,000

07 다음 중 매입채무 계정에 해당하는 것은?

① 외상매출금과 받을어음　　② 외상매입금과 지급어음
③ 외상매입금과 받을어음　　④ 외상매출금과 지급어음

08 기말 부채 계정 잔액의 일부이다. 재무상태표에 표시될 매입채무는?

- 외상매입금　10,000원
- 단기차입금　3,000원
- 지급어음　4,000원
- 미지급금　2,000원

① 12,000원　② 13,000원　③ 14,000원　④ 17,000원

[풀이] 외상매입금(10,000) + 지급어음(4,000) = 매입채무 14,000원

09 다음 중 잔액이 차변에 발생하지 않는 계정은?

① 단기차입금　　② 선급비용
③ 선급금　　　　④ 미수금

[풀이] 잔액이 차변에 남는 것은 자산·비용계정이다.

10 다음 설명에 해당되는 계정과목은?

예금잔액의 범위를 초과하여 수표를 발행하여도 일정 한도까지는 은행이 부도처리하지 않고 수표를 발행할 수 있도록 하는 것

① 당좌예금　② 당좌차월　③ 당좌이월　④ 이월당좌

11 사무실용으로 컴퓨터를 1,000,000원에 외상으로 구입한 경우 맞는 분개는?

① (차변) 비품 1,000,000원 (대변) 외상매입금 1,000,000원
② (차변) 비품 1,000,000원 (대변) 미지급금 1,000,000원
③ (차변) 비품 1,000,000원 (대변) 미지급비용 1,000,000원
④ (차변) 비품 1,000,000원 (대변) 현금 1,000,000원

12 다음에서 (가), (나)에 해당하는 계정과목은?

> A : 사무실에서 사용할 컴퓨터 구입에 따른 (가)외상대금은?
> B : 선풍기 판매회사의 판매용 선풍기 구입에 따른 (나)외상대금은?

	(가)	(나)		(가)	(나)
①	미지급금	미수금	②	외상매입금	외상매출금
③	외상매출금	외상매입금	④	미지급금	외상매입금

13 대한가구점의 아래 거래를 분개시 (가), (나)의 대변 계정과목으로 옳은 것은?

> • 대한가구점 책상(@500,000원) 10대 구입(대금은 월말 지급)
>   (가) 판매용 책상 9대   (나) 직원 사무용 책상 1대

① (가) 외상매입금 (나) 외상매입금   ② (가) 외상매입금 (나) 미지급금
③ (가) 미지급금 (나) 외상매입금   ④ (가) 미지급금 (나) 미지급금

14 다음 분개를 보고 거래 내용을 바르게 추정한 것은?

> (차변) 현 금 5,000   (대변) 선 수 금 5,000

① 출장간 사원으로부터 외상대금 5,000원을 송금 받다.
② 거래처로부터 상품을 주문받고, 계약금 5,000원을 받다.
③ 거래처에 상품을 주문하고, 계약금 5,000원을 지급하다.
④ 거래처에서 1개월 후 갚기로 하고, 현금 5,000원을 빌리다.

15 상품의 주문을 받고, 계약금을 받은 경우 대변에 기입할 계정과목은?

① 가수금   ② 미수금
③ 예수금   ④ 선수금

16 다음 선수금 계정에서 10월 2일 거래의 설명으로 올바른 것은?

선 수 금	
10/5 매 출 20,000원	10/2 현 금 20,000원

① 상품 주문받고 계약금을 받다.
② 상품 주문하고 계약금을 지급하다.
③ 상품 매출하고 계약금을 차감하다.
④ 상품 매입하고 계약금을 차감하다.

[풀이] (차) 현 금   20,000 / (대) 선수금   20,000

17 종업원의 급여 지급시 소득세를 차감하고 현금으로 지급한 경우, 분개시 대변 계정과목은?

① 급여   ② 현금   ③ 급여, 현금   ④ 예수금, 현금

[풀이] (차) 급 여   ××× / (대) 예수금   ×××
　　　　　　　　　　　　　　　　현 금   ×××

18 아래의 거래에서 나타나지 않는 계정과목은?

> 급여 3,000,000원 중 소득세 300,000원과 지방소득세 30,000원을 제외한 2,670,000원을 현금으로 지급하다.

① 급여   ② 현금   ③ 예수금   ④ 세금과공과금

19 종업원의 급여 지급시 근로소득세와 국민연금 등에 대해 일시적으로 차감하여 보관하는 경우 해당하는 계정과목은?

① 가수금
② 미수금
③ 예수금
④ 선수금

20 아래의 분개내용을 보고 그 해당 거래를 추정한 것으로 옳은 것은?

> (차) 예수금 10,000원　　(대) 보통예금 10,000원

① 상품 판매계약을 체결하고 계약금 10,000원을 통장으로 이체 받았다.
② 직원회식대 10,000원을 통장에서 이체하였다.
③ 거래처에 상품을 주문하고 계약금 10,000원을 통장에서 이체하여 주었다.
④ 직원부담분 건강보험료 10,000원이 통장에서 자동이체 되었다.

21 다음 내용에 가장 알맞은 계정과목은?

> 회사에서 직원이 납부해야 할 건강보험료 및 소득세를 급여에서 차감하여 보관하고 있는 금액

① 예수금 ② 선수금 ③ 선수수익 ④ 미지급비용

22 현금수입이 발생하였으나 계정과목이나 금액이 미확정인 경우 일시적으로 처리하는 계정을 무엇이라 하는가?

① 예수금 ② 가수금
③ 선수금 ④ 미수금

23 다음 ㈎와 ㈏의 계정과목으로 올바른 것은?

> ㈎ 기업이 종업원의 소득세, 건강보험료를 일시적으로 보관하는 경우
> ㈏ 현금은 입금되었으나 계정과목이 확정되지 않은 경우

① ㈎ 선수금, ㈏ 가수금 ② ㈎ 예수금, ㈏ 선수금
③ ㈎ 예수금, ㈏ 가수금 ④ ㈎ 선수금, ㈏ 예수금

24 지방출장 중인 사원으로부터 출처를 알 수 없는 현금 100,000원이 송금되어 온 경우, 분개시 대변 계정과목은?

① 가수금 ② 선수금
③ 예수금 ④ 미수금

정답

1. ③ 2. ④ 3. ④ 4. ② 5. ③ 6. ④ 7. ② 8. ③ 9. ① 10. ②
11. ② 12. ④ 13. ② 14. ② 15. ④ 16. ① 17. ④ 18. ④ 19. ③ 20. ④
21. ① 22. ② 23. ③ 24. ①

제2절 비유동부채

비유동부채란 보고기간 종료일로부터 1년 이후에 상환되어야 하는 장기의 채무를 말한다.

1. 사채

사채(社債 ; bonds)란 회사가 거액의 장기자금을 조달하기 위하여 발행하는 채권으로, 계약에 따라 일정한 이자를 지급하며 일정한 시기에 원금을 상환할 것을 계약하고 차입한 채무를 말한다.

이하 자세한 내용은 **최대리** 전산회계 1급에서 ⌢

2. 장기차입금

장기차입금이란 기업이 필요한 운용자금 조달을 위하여 금융기관 등으로부터 금전 등을 차입한 경우로서 그 상환기한이 보고기간 종료일로부터 1년 후에 도래하는 것을 말한다. 장기차입금 중 보고기간 종료일 현재 1년 이내에 만기가 도래하는 유동성 장기차입금은 "유동성장기부채(유동부채)"로 대체한다.

 다음의 연속된 거래를 회계처리 하시오.

(1) ×1년 2월 장기간 운용자금에 사용할 목적으로 서울은행에서 ×3년 10월 상환조건으로 500,000원을 차입하고 담보설정수수료 50,000원을 차감한 잔액은 보통예금계좌로 입금되었다.
(2) ×2년 기말 결산시 상환기한이 1년 이내에 도래하는 장기차입금 500,000원을 유동성 대체 하였다.

해설 (1) (차) 보통예금 450,000 / (대) 장기차입금 500,000
　　　　　 수수료비용 50,000
　　　(2) (차) 장기차입금 500,000 / (대) 유동성장기부채 500,000

3. 장기성매입채무

유동부채에 속하지 아니하는 일반적 상거래에서 발생한 장기의 외상매입금과 장기의 지급어음을 말한다.

4. 장기미지급금

일반적인 상거래 이외의 거래나 계약 등에 의하여 발생한 것으로서, 보고기간 종료일로부터 1년 이후에 상환기일이 도래하는 채무를 말한다.

기/출/문/제 (실기)

다음 거래 자료를 세연상사(회사코드 : 4002)의 [일반전표입력] 메뉴에 추가 입력하시오.

01 9월 11일 사업확장을 위하여 신한은행에서 30,000,000원을 차입하여 즉시 당사 당좌예금계좌에 이체하였다(상환예정일 2029년 10월 24일, 이자지급일 매월 25일, 이율 연 6.5%).

02 9월 12일 거래은행인 신한은행에서 10,000,000원을 신용대출 받아 보통예금에 입금하였다(상환기간 3년, 이율 연 5.5%).

03 9월 13일 신한은행에서 보고기간 종료일로부터 1년 후 상환조건으로 30,000,000원을 대출 받아 보통예금통장에 입금하고, 회사가 소유하고 있는 시가 50,000,000원 상당의 부동산을 동 대출의 담보로 제공하였다.

KcLep 도우미

01 9월 11일 : (차) 102.당좌예금   30,000,000 / (대) 293.장기차입금   30,000,000
                                                    (거래처 : 신한은행)

02 9월 12일 : (차) 103.보통예금   10,000,000 / (대) 293.장기차입금   10,000,000
                                                    (거래처 : 신한은행)

03 9월 13일 : (차) 103.보통예금   30,000,000 / (대) 293.장기차입금   30,000,000
                                                    (거래처 : 신한은행)

   * 담보제공은 회계처리 대상이 아니다.

기/출/문/제 (필기)

01 다음 중 비유동부채에 해당하는 것은?
① 지급어음　　　　　　② 외상매입금
③ 사채　　　　　　　　④ 미지급배당금

[풀이] 미지급배당금이란 배당결의일 현재 미지급된 현금배당액으로 유동부채에 해당한다.

02 다음 계정과목 중에 비유동부채에 해당하는 것은?
① 선수수익　　　　　　② 매입채무
③ 선수금　　　　　　　④ 장기차입금

[풀이] 선수수익, 매입채무, 선수금은 유동부채이다.

03 다음 중 비유동부채로 분류되는 계정과목으로 짝지어진 것은?
① 사채, 단기차입금　　　② 사채, 장기차입금
③ 장기차입금, 외상매입금　④ 지급어음, 미지급금

[풀이] 단기차입금, 외상매입금, 지급어음, 미지급금은 유동부채이다.

04 다음 중 부채가 아닌 것은?
① 매입채무　　　　　　② 단기차입금
③ 단기대여금　　　　　④ 미지급금

[풀이] 단기대여금은 유동자산이다.

05 다음 중 부채가 아닌 것은?
① 외상매입금　　　　　② 단기차입금
③ 미수금　　　　　　　④ 미지급금

[풀이] 미수금은 자산이다.

06 다음 중 유동부채가 아닌 것은?
① 미지급금　　　　　　② 외상매입금
③ 지급어음　　　　　　④ 장기차입금

[풀이] 장기차입금은 비유동부채이다.

07 다음 중 부채가 아닌 것은?

① 단기매매증권　　　　② 유동성장기부채
③ 장기차입금　　　　　④ 미지급금

[풀이] 단기매매증권은 당좌자산이다.

08 부채 중 유동부채의 계정과목이 아닌 것은?

① 선수수익　　　　　　② 단기차입금
③ 선급금　　　　　　　④ 외상매입금

[풀이] 선급금은 유동자산이다.

09 다음 중 부채 계정으로만 제시된 것은?

① 선급금, 선수금　　　② 미지급금, 미수금
③ 선급금, 미수금　　　④ 선수금, 미지급금

[풀이] 선급금과 미수금은 당좌자산이다.

10 다음은 부채에 대한 설명이다. 틀린 것은?

① 유동부채는 보고기간 종료일로부터 1년 이내에 상환될 부채이다.
② 유동성장기부채는 비유동부채 중 보고기간 종료일로부터 1년 내에 상환될 부채이다.
③ 선수수익은 수익의 대가로 받은 금액 중 차기 이후에 속하는 금액으로 한다.
④ 예수금은 비유동부채이다.

[풀이] 예수금은 유동부채이다.

11 다음 중 부채로 계상할 수 없는 것은?

① 외상으로 상품을 구입한 금액　　② 상품을 판매하기 전에 받은 계약금
③ 타인에게 빌려준 돈　　　　　　 ④ 사업용 건물 외상구입시 남아있는 잔금

[풀이] ①은 외상매입금, ②는 선수금, ③은 대여금(자산), ④는 미지급금이다.

12 다음 중 부채로 계상할 수 없는 것은?

① 기계장치를 외상으로 구입한 금액　② 은행으로부터 빌린 금액
③ 상품을 판매하기 전에 미리 받은 금액　④ 회사의 종업원에게 빌려준 금액

[풀이] ①은 미지급금, ②는 차입금, ③은 선수금, ④는 대여금(자산)이다.

정답

1. ③　2. ④　3. ②　4. ③　5. ③　6. ④　7. ①　8. ③　9. ④　10. ④
11. ③　12. ④

제4장 자본

자본은 기업이 소유하고 있는 자산총액에서 부채총액을 차감한 잔액으로 정의되며, 소유주 지분 또는 순자산이라고 한다. 법인기업의 자본은 변동원천과 법률적 요구를 기준으로 자본금, 자본잉여금, 자본조정, 기타포괄손익누계액 및 이익잉여금으로 분류하지만 개인기업의 자본은 자본금 계정만 존재한다. 전산회계 2급에서는 개인기업을 다루고 있으므로 법인기업의 자본의 분류에 대한 자세한 내용은 전산회계 1급에서 학습하기로 한다.

1. 자본금

개인기업에서는 자본의 증가와 감소를 자본금 계정으로 처리한다. 자본금 계정의 대변에는 영업을 개시할 때의 출자액, 추가출자액 또는 순이익이 발생하였을 때 기입하고, 차변에는 기업주의 인출액, 순손실이 발생한 때에 기입한다.

2. 인출금

회계기간 중에 자본에 관한 모든 거래를 자본금 계정에 기입하면 자본금 계정의 기장이 복잡해지고 기초자본금을 알 수도 없다. 그러므로 회계기간 중의 자본에 관한 거래는 인출금 계정을 설정하여 기입하고, 기말에 자본금 계정에 대체하기도 한다. 인출금 계정은 자본금 계정에 대해 가감하는 형식의 평가 계정이며, 잔액은 대차 어느 쪽에도 생길 수 있다.

 다음의 연속된 거래를 회계처리 하시오.

(1) 1월 현금 1,000,000원을 출자하여 사업을 개시하다.
(2) 2월 기업주가 개인적인 용도로 현금 200,000원을 인출하다.
(3) 3월 기업주가 현금 600,000원을 추가 출자하다.
(4) 기말 결산시 인출금 계정의 잔액을 자본금 계정으로 대체하다.

해설 (1) (차) 현금   1,000,000 / (대) 자본금   1,000,000
     (2) (차) 인출금   200,000 / (대) 현금   200,000
     (3) (차) 현금   600,000 / (대) 인출금   600,000
     (4) (차) 인출금   400,000 / (대) 자본금   400,000

기/출/문/제 (실기)

다음 거래 자료를 세연상사(회사코드 : 4002)의 [일반전표입력] 메뉴에 추가 입력하시오.

01 9월 21일 대표자 자녀의 수업료 450,000원을 현금으로 지급하였다(자본금에 대한 평가 계정으로 처리할 것).

02 9월 22일 사업주의 개인적인 가계비용 550,000원을 보통예금계좌에서 이체하여 지급하였다(자본금에 대한 평가 계정으로 처리할 것).

03 9월 23일 영업용 화물차의 자동차세 60,000원과 사장 개인 승용차의 자동차세 80,000원을 현금으로 납부하였다(기업주의 개인적 지출은 인출금 계정으로 처리함).

04 9월 24일 대표자 자택에서 사용할 가구를 상록가구에서 600,000원에 현금으로 구입하고 인출금 계정으로 회계처리 하였다.

05 9월 25일 사업주가 업무와 관련없이 개인용도로 사용하기 위해 신형 스마트폰기기 990,000원을 구매하고 회사 삼성카드(신용카드)로 결제하였다.

06 9월 26일 대표자의 자택관리비 262,000원을 보통예금계좌에서 송금하고, 이를 인출금 계정으로 처리한다.

07 기말(12월 31일) 결산시 인출금 계정 잔액(차변 ₩500,000)을 정리하시오.

08 기말 결산시 인출금 계정 대변잔액 800,000원을 자본금 계정으로 대체하였다.

도우미

01 9월 21일 : (차) 338.인출금 450,000 / (대) 101.현금 450,000

02 9월 22일 : (차) 338.인출금 550,000 / (대) 103.보통예금 550,000

03 9월 23일 : (차) 817.세금과공과 60,000 / (대) 101.현금 140,000
　　　　　　 (차) 338.인출금 80,000

04 9월 24일 : (차) 338.인출금 600,000 / (대) 101.현금 600,000

05 9월 25일 : (차) 338.인출금 990,000 / (대) 253.미지급금 990,000
　　　　　　　　　　　　　　　　　　　　　　　(거래처 : 삼성카드)

06 9월 26일 : (차) 338.인출금 262,000 / (대) 103.보통예금 262,000

07 12월 31일 : (차) 331.자본금 500,000 / (대) 338.인출금 500,000

　　* 실제 자격시험에서는 인출금 계정의 잔액을 제시해 주지 않는 경우가 일반적이다. 이런 경우에는 아래와 같이 [합계잔액시산표] 메뉴의 12월을 조회하여 인출금 계정의 잔액을 확인한다. 차변 잔액인 경우 아래와 같이 대변에 음수로 표시하는 프로그램의 특성이 있다.

차변		계정과목	대변	
잔액	합계		합계	잔액
	500,000	인　출　금		-500,000

08 12월 31일 : (차) 338.인출금 800,000 / (대) 331.자본금 800,000

　　* 인출금 계정이 대변 잔액인 경우 [합계잔액시산표] 메뉴에 아래와 같이 표시된다.

차변		계정과목	대변	
잔액	합계		합계	잔액
		인　출　금	800,000	800,000

기/출/문/제 (필기)

01 다음 중 자본에 대한 설명으로 가장 알맞은 것은?

① 자산과 동일한 의미이다.
② 현금을 의미한다.
③ 기업의 총재산을 의미한다.
④ 자산에서 부채를 차감한 금액을 의미한다.

[풀이] 자본은 기업이 소유하고 있는 자산총액에서 부채총액을 차감한 잔액으로 정의되며, 소유주지분 또는 순자산이라고 한다.

02 기업주 가족의 여행경비를 현금으로 대신 지급한 경우 차변 계정과목은?

① 현금   ② 인출금
③ 여비교통비   ④ 복리후생비

[풀이] 사업과 관련없는 기업주 개인적인 비용을 회사의 자금으로 지출한 경우에는 회사의 비용이 아니며, 출자한 돈을 회수해 간 것과 같은 성격이므로 인출금 계정을 사용하여 기말 결산시 자본금이 감소되도록 한다.

03 개인 사업을 하는 사업주가 관할 세무서에 본인 소유 주택에 대한 재산세 100,000원을 현금으로 납부한 경우 차변 계정과목으로 가장 올바른 것은?

① 인출금   ② 소득세예수금
③ 세금과공과금   ④ 잡비

04 개인기업을 운영하는 기업주의 세금 납부내역을 나타낸 것이다. (가), (나)를 분개할 때 차변 계정과목을 주어진 자료에서 가장 바르게 짝지은 것은?

(가) 기업주의 소득세 납부	(나) 기업의 건물재산세 납부

	(가)	(나)		(가)	(나)
①	세금과공과금	세금과공과금	②	세금과공과금	인출금
③	인출금	인출금	④	인출금	세금과공과금

05 MP3를 판매하는 개인기업의 사업주가 자녀의 입학기념으로 100,000원의 당사 상품을 지급한 거래의 분개로 옳은 것은?

① (차) 외상매출금　100,000원　/　(대) 상품매출　100,000원
② (차) 외상매출금　100,000원　/　(대) 상품　　　100,000원
③ (차) 인출금　　　100,000원　/　(대) 상품　　　100,000원
④ (차) 상품　　　　100,000원　/　(대) 외상매출금 100,000원

06 다음 중 인출금 계정 차변에 기입하는 거래는?

① 점주 개인 소득세지급　　　② 점주의 추가출자
③ 회사 건물 재산세 지급　　　④ 손익 계정에서 당기순이익 계상

[풀이] 인출금 계정의 차변에는 기업주의 인출액, 대변에는 추가출자액을 기입한다.

07 개인기업의 자본금 계정 대변에 기입할 수 없는 내용은?

① 당기순이익　　　　　　　② 당기순손실
③ 기초자본금　　　　　　　④ 추가출자액

[풀이] 당기순손실은 자본금 계정 차변에 기입된다.

정답

1. ④　2. ②　3. ①　4. ④　5. ③　6. ①　7. ②

제 5 장 손익계산서 계정

제1절 매출액 · 매출원가

1. 상품매출(401)

상품매출은 기업의 주된 영업활동에서 발생한 상품의 총매출액에서 매출할인, 매출환입, 매출에누리 등을 차감한 금액이다. 차감 대상 금액이 중요한 경우에는 총매출액에서 차감하는 형식으로 표시하거나 주석으로 기재한다.

> 매출액 = 총매출액 − 매출환입및에누리 − 매출할인

(1) 매출환입및에누리(402)

매출환입이란 판매한 상품이 반품 처리된 금액을 말하며, 매출에누리란 판매한 상품에 파손이나 결함이 있어서 결제금액을 깎아주는 것을 말한다. 매출환입및에누리는 총매출액에서 차감한다.

 다음 거래를 회계처리 하시오.
  (1) 창제상회에 상품 200,000원을 매출하고 대금은 한 달 후에 받기로 하였다.
  (2) 매출한 상품 일부에서 불량품이 있다는 사실을 통보받고 외상대금 200,000원 중 30,000원을 감액하기로 하고 나머지는 현금으로 회수하였다.

[해설] (1) (차) 외상매출금　　　　　　 200,000　/　(대) 상품매출　　　　　　 200,000
　　　 (2) (차) 매출환입및에누리　　　　 30,000　/　(대) 외상매출금　　　　　 200,000
　　　　　　 현금　　　　　　　　　　 170,000

(2) 매출할인(403)

매출할인이란 외상대금을 약정된 할인기간 내에 회수하고 대금의 일부를 할인해 주는 것을 말한다. 매출할인은 총매출액에서 차감한다.

다음 거래를 회계처리 하시오.

(1) 창제상사에 상품 200,000원을 매출하고 대금은 한 달 후에 받기로 하였다(5일 이내 현금 결제시 10% 할인조건).
(2) 외상대금 200,000원이 할인기간 내에 조기 회수되어 10%의 현금할인을 해 주었다.

해설 (1) (차) 외상매출금　　　　　200,000　/　(대) 상품매출　　　　　200,000
　　　(2) (차) 매출할인　　　　　　 20,000　/　(대) 외상매출금　　　　200,000
　　　　　　현금　　　　　　　 180,000

2. 상품매출원가(451)

상품매출원가란 상품매출액에 대응하는 원가로서 판매된 상품에 대한 매입원가이다. 상품매출원가는 기초상품재고액에 당기상품매입액을 가산하고 기말상품재고액을 차감한 금액이다. 매출원가의 산정과정은 손익계산서 본문에 표시하거나 주석으로 기재한다.

> 상품매출원가 = 기초상품재고액 + 당기상품매입액 − 기말상품재고액

기/출/문/제 (실기)

다음 거래 자료를 세연상사(회사코드 : 4002)의 [일반전표입력] 메뉴에 추가 입력하시오.

01 10월 1일 우일상사에 다음과 같이 상품을 매출하고 대금은 약속어음(만기 : 1년 이내)으로 1,000,000원을 받고 잔액은 외상으로 하였다.

품 명	수 량	단 가	금 액
운동화 A	100족	8,000원	800,000원
운동화 B	100족	9,000원	900,000원
계	200족		1,700,000원

02 10월 2일 진이상사에 상품 5,000,000원을 판매하고 대금 중 2,500,000원은 외상으로 하고 나머지는 동점발행약속어음(만기 : 1년 이내)으로 받았다.

03 10월 3일 서삼상사에 상품 920,000원을 외상으로 판매하고 당점 부담의 운반비 35,000원은 현금으로 별도 지급하였다.

04 10월 4일 무사상사에 상품 3,500,000원을 매출하고, 대금 중 500,000원은 약속어음(만기 : 1년 이내)으로 받고 잔액은 외상으로 하였다. 또한 당사 부담 운반비 50,000원은 현금으로 별도로 지급하였다.

05 10월 5일 광오상사에 상품을 1,000,000원에 판매하고, 미리 받은 계약금 200,000원을 제외한 나머지 대금은 동사가 발행한 어음을 받았다.

06 10월 6일 거래처 청육상사의 상품매출에 대한 외상대금 2,000,000원을 회수하면서 약정기일보다 빠르게 회수하여 2%를 할인해 주고, 대금은 보통예금계좌로 입금받았다.

07 10월 7일 처칠상사에 상품을 매출하면서 발생한 외상매출금 3,000,000원이 빨리 회수되어, 외상매출금의 2%를 할인시킨 금액을 보통예금통장으로 이체 받았다.

KcLep 도우미

01 10월 1일 : (차) 110.받을어음   1,000,000 / (대) 401.상품매출   1,700,000
            (거래처 : 우일상사)
         (차) 108.외상매출금   700,000
            (거래처 : 우일상사)

02 10월 2일 : (차) 108.외상매출금   2,500,000 / (대) 401.상품매출   5,000,000
            (거래처 : 진이상사)
         (차) 110.받을어음   2,500,000
            (거래처 : 진이상사)

03 10월 3일 : (차) 108.외상매출금   920,000 / (대) 401.상품매출   920,000
            (거래처 : 서삼상사)   (대) 101.현금   35,000
         (차) 824.운반비   35,000

04 10월 4일 : (차) 110.받을어음   500,000 / (대) 401.상품매출   3,500,000
            (거래처 : 무사상사)   (대) 101.현금   50,000
         (차) 108.외상매출금   3,000,000
            (거래처 : 무사상사)
         (차) 824.운반비   50,000

05 10월 5일 : (차) 259.선수금   200,000 / (대) 401.상품매출   1,000,000
            (거래처 : 광오상사)
         (차) 110.받을어음   800,000
            (거래처 : 광오상사)

06 10월 6일 : (차) 403.매출할인   40,000 / (대) 108.외상매출금 2,000,000
         (차) 103.보통예금   1,960,000   (거래처 : 청육상사)

07 10월 7일 : (차) 403.매출할인   60,000 / (대) 108.외상매출금 3,000,000
         (차) 103.보통예금   2,940,000   (거래처 : 처칠상사)

기/출/문/제 (필기)

01 다음 중 매출액을 계산하는데 포함되지 않는 계정은?
① 매출환입   ② 매출에누리
③ 매출운반비   ④ 매출할인

[풀이] 총매출액 - 매출환입및에누리 - 매출할인 = 매출액

02 매출의 차감계정에 해당하지 않는 것은?
① 매출할인   ② 매출환입
③ 매출운임   ④ 매출에누리

[풀이] 매출운임은 판매비와관리비의 운반비로 처리한다.

03 판매한 상품이 주문한 상품과 품질상의 차이가 있어 값을 깎아주었을 경우 관련있는 항목은?
① 매출환입   ② 매출할인
③ 매출에누리   ④ 매입에누리

[풀이] 매출에누리란 판매한 상품에 파손이나 결함이 있어서 결제금액을 깎아주는 것을 말한다.

04 일반기업회계기준에 따르면 매출할인은 손익계산서에서 어떻게 처리하는가?
① 판매비와관리비로 처리한다.   ② 영업외비용으로 처리한다.
③ 특별손실로 처리한다.   ④ 매출액에서 차감한다.

05 다음의 매출, 매입관련 내용 중 가장 적합하지 않은 내용은?
① 매입에누리란 구매자가 구입한 상품에 결함이 발견되어 당초의 매입가격을 감액 받는 것을 말한다.
② 매입할인이란 구매자가 외상매입대금을 일정기간 이내에 지급하여 감액 받는 것이다.
③ 상품을 매입하는 경우 취득원가는 매입가격만을 말하며, 매입운반비 등은 취득원가에 포함하지 않고 비용으로 처리한다.
④ 매출할인이란 판매자가 외상매출대금을 조기에 회수하여 대금을 감액해준 경우를 말한다.

[풀이] 매입운반비는 취득원가에 가산한다.

06 다음 거래의 예를 이용하여 상품의 취득원가와 순매출액을 구하시오.

> • 상품 50개를 1개당 10,000원에 구입하고 운반비 10,000원을 지급하다.
> • 상품 50개를 1개당 15,000원에 판매하고 운반비 20,000원을 지급하다.

① 상품 510,000원, 매출액 730,000원 ② 상품 510,000원, 매출액 750,000원
③ 상품 500,000원, 매출액 750,000원 ④ 상품 500,000원, 매출액 730,000원

[풀이] 취득원가 : (50개 × 10,000) + 10,000 = 510,000원
　　　순매출액 : 50개 × 15,000 = 750,000원

07 다음 자료에 의하면 순매출액은 얼마인가?

> • 총매출액　300,000원　　　• 매출에누리　20,000원
> • 매출운임　30,000원　　　• 매출환입　20,000원

① 260,000원　　② 270,000원　　③ 280,000원　　④ 290,000원

[풀이] 총매출액(300,000) − 매출환입(20,000) − 매출에누리(20,000) = 순매출액 260,000원

08 다음의 매출거래에 대하여 설명한 것 중 옳은 것은?

> • 총매출액 6,200,000원　　• 매출할인 180,000원　　• 매출에누리 200,000원

① 순매출액은 5,820,000원이다.
② 순매출액은 6,000,000원이고, 영업외비용은 180,000원이다.
③ 순매출액은 6,020,000원이고, 영업외비용은 200,000원이다.
④ 순매출액은 6,200,000원이고, 영업외비용은 380,000원이다.

[풀이] 총매출액(6,200,000) − 매출에누리(200,000) − 매출할인(180,000) = 순매출액 5,820,000원

09 아래의 등식으로 구할 수 있는 내용은?

> 기초상품재고액 + 당기상품매입액 − 기말상품재고액

① 매출원가　　② 판매가능상품원가　　③ 매출총이익　　④ 영업이익

10 매출원가를 산출하는데 있어 관계가 없는 항목은?

① 기초재고액　　　　　　② 기말재고액
③ 매입환출액　　　　　　④ 매출액

[풀이] 기초재고 + (당기총매입액 − 매입환출및에누리 − 매입할인) − 기말재고 = 매출원가

11 다음의 자료에서 매출원가를 구하시오.

- 기초상품재고액 1,500,000원
- 기말상품재고액 2,000,000원
- 당기매입액 3,000,000원

① 2,500,000원   ② 2,600,000원   ③ 2,700,000원   ④ 2,800,000원

[풀이] 기초상품재고액 + 당기매입액 − 기말상품재고액 = 매출원가
└ 1,500,000 + 3,000,000 − 2,000,000 = 2,500,000원

12 다음 자료를 이용하면 매출원가는 얼마인가?

- 기초상품재고액 5,000,000원
- 매입환출액 2,000,000원
- 기말상품재고액 6,000,000원
- 당기총매입액 150,000,000원
- 매입할인액 3,000,000원

① 147,000,000원   ② 146,000,000원   ③ 144,000,000원   ④ 134,000,000원

[풀이] 기초재고 + (당기총매입액 − 매입환출액 − 매입할인액) − 기말재고 = 매출원가
└ 5,000,000 + (150,000,000 − 2,000,000 − 3,000,000) − 6,000,000 = 144,000,000원

13 다음 자료에 의하여 기초상품재고액을 계산하면 얼마인가?

- 당기매입액 70,000원
- 당기매출액 90,000원
- 기말상품재고액 12,000원
- 상품매출원가 80,000원

① 10,000원   ② 12,000원   ③ 22,000원   ④ 138,000원

[풀이] 기초상품재고액 + 당기매입액 − 기말상품재고액 = 상품매출원가
└ 기초상품재고액 + 70,000 − 12,000 = 80,000원   ∴ 기초상품재고액 22,000원

14 다음 자료에 의한 기말상품재고액은 얼마인가?

- 매출원가 20,000원   • 기초상품재고액 5,000원   • 당기매입액 25,000원

① 5,000원   ② 10,000원   ③ 15,000원   ④ 20,000원

[풀이] 기초상품재고액 + 당기매입액 − 기말상품재고액 = 매출원가
└ 5,000 + 25,000 − 기말상품재고액 = 20,000원   ∴ 기말상품재고액 10,000원

15 다음 자료에 의하여 기말상품재고액을 계산하면 얼마인가?

• 기초상품재고액 400,000원	• 당기총매입액 600,000원
• 매입에누리액 50,000원	• 매출원가 800,000원

① 150,000원　　② 200,000원　　③ 250,000원　　④ 300,000원

[풀이] 기초상품재고액 + (당기총매입액 − 매입에누리액) − 기말상품재고액 = 매출원가
　　　 └ 400,000 + (600,000 − 50,000) − 기말상품재고액 = 800,000원
　　　 ∴ 기말상품재고액 150,000원

16 순매출액에서 매출원가를 차감하여 구하는 것은?

① 매출총이익　　　　　　　　② 영업이익
③ 당기순이익　　　　　　　　④ 경상이익

[풀이] 순매출액 − 매출원가 = 매출총이익

17 다음 자료에 의하여 기초상품재고액을 계산하면 얼마인가?

• 당기매입액 50,000원	• 기말상품재고액 5,000원
• 당기매출액 80,000원	• 매출총이익 15,000원

① 5,000원　　② 10,000원　　③ 15,000원　　④ 20,000원

[풀이] 당기매출액 − 매출원가 = 매출총이익
　　　 └ 80,000 − 매출원가 = 15,000원　　　∴ 매출원가 65,000원
　　　 기초상품재고액 + 당기매입액 − 기말상품재고액 = 매출원가
　　　 └ 기초상품재고액 + 50,000 − 5,000 = 65,000원　　∴ 기초상품재고액 20,000원

18 다음 자료에서 당기순매출액을 계산하면 얼마인가?

• 기초상품재고액 1,000원	• 기말상품재고액 3,000원
• 당기순매입액 8,000원	• 매출총이익 2,000원

① 7,000원　　② 8,000원　　③ 9,000원　　④ 10,000원

[풀이] 당기순매출액 − (기초상품재고액 + 당기순매입액 − 기말상품재고액) = 매출총이익
　　　 └ 당기순매출액 − (1,000 + 8,000 − 3,000) = 2,000원　　∴ 당기순매출액 8,000원

19 다음 자료에 의하여 매출총이익을 계산하면 얼마인가?

• 당기매출액 2,000,000원	• 기초상품재고액 500,000원
• 당기상품매입액 600,000원	• 기말상품재고액 200,000원
• 매입운임 100,000원	

① 1,000,000원　② 1,100,000원　③ 1,200,000원　④ 1,500,000원

[풀이] 매출액 – (기초상품재고액 + 당기상품매입액 + 매입운임 – 기말상품재고액) = 매출총이익
　　　2,000,000 – (500,000 + 600,000 + 100,000 – 200,000) = 1,000,000원

20 다음 자료에서 총매출액은 얼마인가?

- 기초재고액　57,000원
- 총매입액　280,000원
- 매입환출액　13,000원
- 기말재고액　85,000원
- 매출환입액　5,000원
- 매출총이익　24,000원

① 474,000원　② 352,000원　③ 268,000원　④ 276,000원

[풀이] 기초재고액 + (총매입액 – 매입환출액) – 기말재고액 = 매출원가
　　　57,000 + (280,000 – 13,000) – 85,000 = 239,000원
　　(총매출액 – 매출환입액) – 매출원가 = 매출총이익
　　　(총매출액 – 5,000) – 239,000 = 24,000원　∴ 총매출액 268,000원

21 아래 자료에서 선입선출법과 후입선출법으로 각각 매출원가를 계산하였을 때 매출총이익은 얼마인가?

- 8월 1일　상품재고　40개　@ 1,000원　40,000원
- 8월 15일　상품매입　10개　@ 1,100원　11,000원
- 8월 20일　상품매출　20개　@ 1,200원　24,000원

　　선입선출법　후입선출법　　　　　선입선출법　후입선출법
① 4,000원　4,000원　　　② 3,000원　3,000원
③ 3,000원　4,000원　　　④ 4,000원　3,000원

[풀이] 선입선출법 매출원가 : (20개 × @1,000) = 20,000원
　　　후입선출법 매출원가 : (10개 × @1,000) + (10개 × @1,100) = 21,000원
　　　매출액(24,000원) – 선입선출법 매출원가(20,000원) = 4,000원
　　　매출액(24,000원) – 후입선출법 매출원가(21,000원) = 3,000원

정답

1. ③　2. ③　3. ③　4. ④　5. ③　6. ②　7. ①　8. ①　9. ①　10. ④
11. ①　12. ③　13. ①　14. ②　15. ①　16. ①　17. ④　18. ②　19. ①　20. ③
21. ④

제2절 판매비와관리비

판매비와관리비는 상품 등의 판매활동과 기업의 관리활동에서 발생하는 비용으로서 매출원가에 속하지 아니하는 모든 영업비용을 포함한다. 판매비와관리비는 당해 비용을 표시하는 적절한 항목으로 구분하여 표시하거나 일괄 표시할 수 있다. 일괄 표시하는 경우에는 적절한 항목으로 구분하여 이를 주석으로 기재한다. 한편, 빈번하게 발생하는 것은 아니지만 영업활동과 관련하여 비용이 감소함에 따라 발생하는 대손충당금환입 등은 판매비와관리비의 부(−)의 금액으로 표시한다.

1. 급여(801)

급여란 임직원의 근로제공에 대한 대가로서 지급하는 인건비를 말하며 임원급여, 직원의 급료와 임금 및 제수당 등을 가리킨다.

2. 복리후생비(811)

복리후생비란 임직원의 복리와 후생을 위하여 지급한 비용으로서 식대보조금, 경조금, 축의금, 건강보험료 회사부담분 등을 말한다.

[KcLep 적요] 일·숙직비, 직원식대 및 차대, 직원야유회비용, 직원식당운영비, 직원회식대, 회사부담분 국민건강보험료, 임직원경조사비, 임직원피복비

3. 여비교통비(812)

여비교통비란 임직원의 여비와 교통비를 말한다. 이 때의 여비는 통상 기업의 임직원이 업무를 수행하기 위하여 비교적 먼 곳으로 출장 가는 경우에 소요되는 경비로서, 구체적인 내용으로는 철도운임, 항공운임, 숙박료, 식사대 및 기타 출장에 따른 부대비용이며, 교통비는 상기 여비 이외의 시내출장비라든지 시내의 일시적인 주차료 등을 말한다.

[KcLep 적요] 시내교통비, 출장여비, 해외출장비, 주차료 및 통행료, 시외교통비

4. 기업업무추진비(813) = (구)접대비

기업업무추진비에는 회사의 업무와 관련하여 고객이나 거래처를 접대한 경우 이와 관련된 제반비용, 사례비 및 경조금 등을 계상한다.

[KcLep 적요] 일반 국내접대비, 해외접대비, 일반경조사비, 일반문화예술접대비, 거래처 명절선물비

5. 통신비(814)

통신비에는 전신, 전화, 팩시밀리, 우편 등의 비용을 계상한다.

[KcLep 적요] 전화료 및 전신료, 우편료, 정보통신료, 팩시밀리사용료

6. 수도광열비(815)

수도광열비는 수도료, 전기료, 가스료, 연료대 등의 비용을 말한다.

[Kclep 적요] 상하수도요금, 도시가스대금, 가스대금, 난방용 유류대

7. 세금과공과(817)

세금과공과(금)에는 주민세, 재산세, 자동차세 등의 세금과 상공회의소회비 등의 공과금을 계상한다.

[Kclep 적요] 자동차세, 분담금, 재산세, 국민연금 회사부담액, 인지구입대금, 협회 및 조합비

8. 감가상각비

건물, 기계장치, 차량운반구 등 유형자산의 당해연도 감가상각비를 계상한다.

9. 임차료(819)

(지급)임차료에는 사무실, 공장 또는 토지 등의 임차료 및 컴퓨터나 집기비품의 리스료를 계상한다.

[Kclep 적요] 사무실임차료, 리스료, 복사기임차료, 기타임차료, 상가임차료, 상품전시장임차료

10. 수선비(820)

수선비에는 건물, 건물부속설비, 집기, 비품 등의 유형자산의 수선비를 계상한다. 수선비 중 자본적 지출에 해당되는 부분은 해당 자산 계정에 가산시켜야 한다.

[Kclep 적요] 건물수선비, 공·기구수선비, 비품수선비, 기타수선비

11. 보험료(821)

보험료에는 기업이 소유하는 건물·기계장치 등의 유형자산, 상품·제품·원재료 등의 재고자산 등에 대하여 가입한 각종 손해보험(화재보험, 도난보험, 책임보험 등) 등의 비용을 계상한다. 다만, 유형자산이나 재고자산의 구입과 관련하여 소요되는 운송보험 등에 대한 보험료는 당해 자산의 취득과정에서 정상적으로 발생한 부대원가로 취급하여 취득원가에 가산한다.

[Kclep 적요] 자동차보험료, 화재보험료, 보증보험료, 책임보험료

12. 차량유지비(822)

차량유지비에는 차량운반구 유지비용으로 차량유류대, 주차비, 차량수리비 등을 계상한다.

[Kclep 적요] 유류대, 차량수리비, 정기주차료, 안전협회비, 검사비

13. 운반비

상품이나 제품을 고객이나 대리점 기타 보관소로 운송하는데 지출된 비용을 계상한다.

[Kclep 적요] 운반비, 상·하차비, 배달비

14. 교육훈련비

교육훈련비에는 임직원의 직무능력 향상을 위한 교육 및 훈련에 관련된 비용을 계상한다.

[Kclep 적요] 강사초청료, 연수원임차료, 학원연수비, 위탁교육훈련비, 해외연수비

15. 도서인쇄비

도서인쇄비에는 도서구입비 및 인쇄와 관련된 비용을 계상한다.

[KcLep 적요] 신문구독료, 도서대금, 인쇄대금, 사진현상대금, 복사대금, 명함인쇄대, 고무인대

16. 소모품비(830)

소모품비는 소모성 비품 구입에 관한 비용으로서, 사무용 용지, 소모공구 구입비, 주방용품 구입비, 문구 구입비, 기타 소모자재 등의 구입비를 계상한다.

[KcLep 적요] 소모자재대, 차·음료대, 기타소모품비

17. 수수료비용(831)

수수료비용에는 제공받은 용역의 대가를 지불할 때 사용되는 비용을 계상한다.

[KcLep 적요] 전기가스점검수수료, 기타 수수료, 기장료, 세무조정료, 수출품검사 수수료, 기타 세무자문료

18. 광고선전비(833)

광고선전비에는 상품이나 제품의 판매촉진을 위해 지출한 광고선전비로 TV·라디오·신문·잡지 등의 대중매체에 지급되는 비용을 계상한다.

[KcLep 적요] TV·신문광고료, 광고물제작비, 광고용역비, 선전용품대금, 카렌다인쇄비, 기타광고선전비, 광고물배포비용

19. 대손상각비

대손상각비는 회수가 불확실한 매출채권에 대하여 합리적이고 객관적인 기준에 따라 산출한 대손추산액을 처리하는 계정으로서 대손충당금의 상대계정이다. 이 경우 대손추산액에서 대손충당금잔액을 차감한 금액을 대손상각비로 계상한다. 한편 회수가 불가능한 채권은 대손충당금과 상계하고 대손충당금이 부족한 경우에는 그 부족액을 대손상각비로 처리한다.

20. 잡비

이상에서 열거한 비용 이외에 판매와 관리 활동과 관련되어 지출된 기타의 비용을 계상하며, 이 비용이 중요한 경우에는 잡비로 하지 않고 적절한 계정과목을 설정하여 구분 표시하여야 한다.

기/출/문/제 [실기]

다음 거래 자료를 세연상사(회사코드 : 4002)의 [일반전표입력] 메뉴에 추가 입력하시오.

01 10월 30일 10월분 직원들의 급여를 다음과 같이 보통예금에서 지급하였다.

사 원 명	급여총액	소득세	지방소득세	차감지급액
김태우 (본사)	1,500,000	21,000	2,100	1,476,900
이지영 (매장)	800,000	19,000	1,900	779,100
김상미 (본사)	700,000	15,000	1,500	683,500
계	3,000,000	55,000	5,500	2,939,500

02 10월 30일 영업직에 종사하는 종업원에 대한 10월분 급여를 다음과 같이 현금으로 지급하였다.

성 명	급 여	원천징수세액		차감지급액
		소득세	지방소득세	
박성만	3,500,000	120,000	12,000	3,368,000
김철기	2,500,000	80,000	8,000	2,412,000
계	6,000,000	200,000	20,000	5,780,000

03 10월 3일 사원 김성실의 결혼축하금 30,000원을 현금으로 지급하였다.

04 10월 4일 무사상사로부터 종업원에게 지급할 선물(참기름세트) 2,400,000원을 구입하여 나누어 주고 대금 중 반액은 현금 지급하고 잔액은 외상으로 하였다.

05 10월 5일 광오상사에서 영업직원 회식을 하고 회식비 300,000원을 외상으로 처리하였다.

06 10월 6일 사무실 직원들의 야근 식사대 100,000원을 현금으로 지급하였다.

07 10월 7일 직원 자녀들에게 줄 선물을 구입하고 대금 300,000원을 현금으로 지급하였다.

08 10월 8일 종업원의 유니폼을 용팔상사에서 구입하고 대금 300,000원은 월말에 지급하기로 하였다(전액 비용처리 할 것).

09 10월 9일 종업원 시내출장비 45,000원을 현금으로 지급하였다.

10 10월 10일 본사 영업부 부장의 국외출장을 위해 왕복항공료 1,880,000원을 삼성카드로 결제하였다.

11 10월 11일 거래처 사장과 저녁식사를 하고 식사대금 100,000원은 삼성카드로 결제하였다(신용카드 결제일 : 10월 31일).

12 10월 12일 거래처 대표이사의 모친 별세 조의금으로 현금 100,000원을 전달하였다.

13 10월 13일 추석을 맞이하여 매출처용 선물 1,000,000원과 종업원용 선물 500,000원을 이마트에서 현금으로 구매하였다.

14 10월 14일 거래처 직원과의 식대 55,000원을 삼성카드로 결제하였다.

15 10월 15일 거래처 영업부 사원 결혼축의금 100,000원을 현금으로 지급하였다.

16 10월 16일 동래우체국에서 업무서류를 등기우편으로 발송하고 우편료 30,000원을 현금으로 지급하였다.

17 10월 17일 업무용 전화요금 10월분 50,000원을 국민은행에 현금으로 납부하였다.

18 10월 18일 당월분 인터넷 통신요금 50,000원이 당사 보통예금계좌에서 자동이체 됨을 확인하고 회계처리하다.

19 10월 19일 업무용 핸드폰 통화요금 50,000원을 은행에 현금으로 납부하였다.

20 10월 20일 수도요금 54,000원을 현금으로 납부하였다.

21 10월 21일 우일상사에서 사무실 난방용 유류 80,000원을 구입하였다(유류대금은 월말에 일괄결제 함).

22 10월 22일 상공회의소 회비 50,000원을 현금으로 납부하였다.

23 10월 23일 회사보유차량에 대한 자동차세 200,000원을 현금으로 납부하였다.

24 10월 24일 사무실 건물의 임차료 200,000원을 현금으로 지급하였다.

25 10월 25일 점포임차료 400,000원을 현금으로 송금하고 송금수수료 1,000원을 현금으로 지급하였다.

26 10월 26일 매장의 10월분 임차료(매월 26일 300,000원 지급 약정)가 자금사정 악화로 미지급되었다.

27 10월 27일 상품판매계약에 따른 계약이행보증보험을 대한보증보험에 가입하고 1년분 보험료 365,000원을 현금으로 지급하였다(비용으로 처리할 것).

28 10월 28일 업무용 화물차의 자동차보험을 천안화재보험에 들고 620,000원을 현금지급하였다(전액 비용으로 회계처리 할 것).

29 10월 29일 업무용 차량의 1개월 정기주차료 100,000원을 월드컵주차장에 현금으로 지급하였다.

30 10월 30일 업무용자동차 엔진오일을 교환하고 25,000원을 현금으로 지급하였다.

31 11월 1일 거래처에 납품하기 위해 회사 업무용 화물차에 주유하고 그 대금 40,000원을 현금으로 지급하였다.

32 11월 2일 거래처 서삼상사에 상품견본을 택배로 발송하면서 택배비 10,000원을 현금으로 지급하였다.

33 11월 3일 통신판매로 인한 택배비 5,000원을 현금으로 지급하였다.

34 11월 4일 업무용양식지를 인쇄하고 인쇄대금을 130,000원을 현금으로 지급하였다.

35 11월 5일 본사 영업부서에서 구독하는 월간지와 신문대금 35,000원을 국민은행에 현금으로 납부하였다.

36 11월 6일 마케팅부서에서 사용할 경영전략과 관련된 서적을 교보문고에서 12,000원에 현금으로 구입하였다.

37 11월 7일 처칠상사에서 사무용 소모품 100,000원을 구입하고 대금은 월말에 지급하기로 하였다(소모품비 계정으로 처리).

38 11월 8일 용팔상사로부터 복사지 및 토너 등의 소모품 650,000원을 구입하고 대금결제는 전액 외상으로 하였다. 소모품에 대해서는 구입시 비용으로 처리한다.

39 11월 9일 당사의 장부기장을 의뢰하고 있는 세무사사무소에 당월분 기장수수료 200,000원을 보통예금계좌에서 인터넷뱅킹으로 이체하여 지급하였다.

40 11월 10일 신상품의 판매 촉진을 위하여 한겨레신문에 광고를 게재하고 광고비 250,000원을 당좌수표를 발행하여 지급하였다.

41 11월 11일 아침일보에 회사광고를 하고 광고료 900,000원을 현금으로 지급하였다.

42 11월 12일 대리점모집을 위한 광고용품을 제작하고 제작비용 300,000원을 현금으로 지급하였다.

43 11월 13일 재선문구에서 불특정다수인을 대상으로 한 회사홍보용 볼펜 50,000원을 현금으로 구입하였다.

44 11월 14일 광고용 전단을 인쇄하여 배포하고 인쇄대금 50,000원을 현금으로 지급하였다.

KcLep 도우미

01 10월 30일 : (차) 801.급여　　3,000,000　/　(대) 254.예수금　　　60,500
　　　　　　　　　　　　　　　　　　　　　　(대) 103.보통예금　2,939,500

02 10월 30일 : (차) 801.급여　　6,000,000　/　(대) 254.예수금　　 220,000
　　　　　　　　　　　　　　　　　　　　　　(대) 101.현금　　　5,780,000

03 10월 3일 : (차) 811.복리후생비　　30,000　/　(대) 101.현금　　　30,000

04 10월 4일 : (차) 811.복리후생비　2,400,000　/　(대) 101.현금　　1,200,000
　　　　　　　　　　　　　　　　　　　　　　(대) 253.미지급금　1,200,000
　　　　　　　　　　　　　　　　　　　　　　　(거래처 : 무사상사)

05 10월 5일 : (차) 811.복리후생비　　300,000　/　(대) 253.미지급금　300,000
　　　　　　　　　　　　　　　　　　　　　　　(거래처 : 광오상사)

06 10월 6일 : (차) 811.복리후생비　　100,000　/　(대) 101.현금　　100,000

07 10월 7일 : (차) 811.복리후생비　　300,000　/　(대) 101.현금　　300,000

08 10월 8일 : (차) 811.복리후생비　　300,000　/　(대) 253.미지급금　300,000
　　　　　　　　　　　　　　　　　　　　　　　(거래처 : 용팔상사)

09 10월 9일 : (차) 812.여비교통비　　45,000　/　(대) 101.현금　　　45,000

10 10월 10일 : (차) 812.여비교통비　1,880,000　/　(대) 253.미지급금　1,880,000
　　　　　　　　　　　　　　　　　　　　　　　(거래처 : 삼성카드)

11 10월 11일 : (차) 813.기업업무추진비　100,000　/　(대) 253.미지급금　100,000
　　　　　　　　　　　　　　　　　　　　　　　(거래처 : 삼성카드)

12 10월 12일 : (차) 813.기업업무추진비　100,000　/　(대) 101.현금　　100,000

13 10월 13일 : (차) 813.기업업무추진비　1,000,000　/　(대) 101.현금　1,500,000
　　　　　　　　(차) 811.복리후생비　　500,000

14 10월 14일 : (차) 813.기업업무추진비 55,000 / (대) 253.미지급금 55,000
　　　　　　　　　　　　　　　　　　　　　　　　　　　(거래처 : 삼성카드)

15 10월 15일 : (차) 813.기업업무추진비 100,000 / (대) 101.현금 100,000

16 10월 16일 : (차) 814.통신비 30,000 / (대) 101.현금 30,000

17 10월 17일 : (차) 814.통신비 50,000 / (대) 101.현금 50,000

18 10월 18일 : (차) 814.통신비 50,000 / (대) 103.보통예금 50,000

19 10월 19일 : (차) 814.통신비 50,000 / (대) 101.현금 50,000

20 10월 20일 : (차) 815.수도광열비 54,000 / (대) 101.현금 54,000

21 10월 21일 : (차) 815.수도광열비 80,000 / (대) 253.미지급금 80,000
　　　　　　　　　　　　　　　　　　　　　　　　　　(거래처 : 우일상사)

22 10월 22일 : (차) 817.세금과공과 50,000 / (대) 101.현금 50,000

23 10월 23일 : (차) 817.세금과공과 200,000 / (대) 101.현금 200,000

24 10월 24일 : (차) 819.임차료 200,000 / (대) 101.현금 200,000

25 10월 25일 : (차) 819.임차료 400,000 / (대) 101.현금 401,000
　　　　　　　　(차) 831.수수료비용 1,000

26 10월 26일 : (차) 819.임차료 300,000 / (대) 253.미지급금 300,000

27 10월 27일 : (차) 821.보험료 365,000 / (대) 101.현금 365,000

28 10월 28일 : (차) 821.보험료 620,000 / (대) 101.현금 620,000

29 10월 29일 : (차) 822.차량유지비 100,000 / (대) 101.현금 100,000

30 10월 30일 : (차) 822.차량유지비 25,000 / (대) 101.현금 25,000

㉛ 11월 1일 : (차) 822.차량유지비   40,000   /   (대) 101.현금   40,000

㉜ 11월 2일 : (차) 824.운반비   10,000   /   (대) 101.현금   10,000

㉝ 11월 3일 : (차) 824.운반비   5,000   /   (대) 101.현금   5,000

㉞ 11월 4일 : (차) 826.도서인쇄비   130,000   /   (대) 101.현금   130,000

㉟ 11월 5일 : (차) 826.도서인쇄비   35,000   /   (대) 101.현금   35,000

㊱ 11월 6일 : (차) 826.도서인쇄비   12,000   /   (대) 101.현금   12,000

㊲ 11월 7일 : (차) 830.소모품비   100,000   /   (대) 253.미지급금   100,000
                                              (거래처 : 처칠상사)

㊳ 11월 8일 : (차) 830.소모품비   650,000   /   (대) 253.미지급금   650,000
                                              (거래처 : 용팔상사)

㊴ 11월 9일 : (차) 831.수수료비용   200,000   /   (대) 103.보통예금   200,000

㊵ 11월 10일 : (차) 833.광고선전비   250,000   /   (대) 102.당좌예금   250,000

㊶ 11월 11일 : (차) 833.광고선전비   900,000   /   (대) 101.현금   900,000

㊷ 11월 12일 : (차) 833.광고선전비   300,000   /   (대) 101.현금   300,000

㊸ 11월 13일 : (차) 833.광고선전비   50,000   /   (대) 101.현금   50,000

㊹ 11월 14일 : (차) 833.광고선전비   50,000   /   (대) 101.현금   50,000

기/출/문/제 (필기)

01 다음 중 판매비와관리비의 설명으로 옳지 않는 것은?

① 판매비와관리비는 반드시 현금지출이 이루어져야만 결산에 반영한다.
② 판매비와관리비는 기업의 종류와 규모에 따라 당해 비용을 표시하는 적절한 과목으로 구분하여 기재한다.
③ 판매비와관리비는 상품의 판매활동 또는 기업의 관리와 유지에서 발생하는 비용이다.
④ 판매비와관리비는 매출원가에 속하지 아니하는 모든 영업비용을 포함한다.

[풀이] 수익과 비용은 현금유출입이 있는 기간이 아니라 당해 거래나 사건이 발생한 기간에 인식하므로 판매비와관리비의 결산 반영은 현금 지출과는 무관하다.

02 다음 지급 내역 중 복리후생비의 금액은?

- 종업원 회식비   5,000원
- 회사의 인터넷통신 요금 2,000원
- 거래처 선물대금   3,000원
- 출장사원 고속도로 통행료 1,000원

① 5,000원   ② 6,000원   ③ 8,000원   ④ 9,000원

[풀이] 종업원 회식비는 복리후생비, 거래처 선물대금은 기업업무추진비, 회사의 인터넷통신 요금은 통신비, 출장사원 고속도로 통행료는 여비교통비이다.

03 다음 중 복리후생비에 속하지 않는 것은?

① 종업원 작업복 지급   ② 직원 경조사비 지급
③ 사원 자녀학자금 지급   ④ 거래처 식사대 지급

[풀이] 거래처 식사대 지급은 기업업무추진비이다.

04 다음 내용에 사용하는 계정과목으로 옳은 것은?

영업활동에 소요되는 전화요금, 인터넷사용료, 이동통신요금 등

① 통신비   ② 수도광열비   ③ 세금과공과금   ④ 기업업무추진비

05 사무실 전기요금 100,000원을 보통예금계좌에서 자동이체 납부된 경우 알맞은 분개는?

① (차변) 수도광열비 100,000원 / (대변) 보통예금 100,000원
② (차변) 복리후생비 100,000원 / (대변) 보통예금 100,000원

③ (차변) 보통예금   100,000원   /   (대변) 수도광열비   100,000원
④ (차변) 수도광열비 100,000원   /   (대변) 현   금   100,000원

06 다음 중 세금과공과금이 아닌 것은?

① 종합부동산세　　　　　　② 건물 취득세
③ 주민세　　　　　　　　　④ 재산세

[풀이] 취득세 등 유형자산의 취득과 직접 관련된 제세공과금은 취득원가에 가산한다.

07 세금과공과금 계정으로 회계처리 할 수 없는 것은?

① 자동차세　　　　　　　　② 면허세
③ 토지의 취득세　　　　　　④ 건물의 재산세

08 다음 거래의 차변 계정과목으로 바르게 짝지어진 것은?

> (가) 업무용 화물차에 대한 자동차세 지급
> (나) 기업주 개인의 생명보험료 지급

① (가) 자동차세　　(나) 보험료　　② (가) 세금과공과금　(나) 보험료
③ (가) 세금과공과금　(나) 인출금　　④ (가) 차량유지비　(나) 보험료

[풀이] 사업과 관련없는 기업주 개인적인 지출은 인출금 계정을 사용한다.

09 다음 중 비용 계정과목으로 처리할 수 있는 거래는?

① 상품 매출시 운임　　　　② 토지 구입시 수수료
③ 건물 취득에 따른 취득세　④ 상품 매입시 운임

[풀이] 상품 매출시 운임은 운반비로 처리한다.

10 다음 중 판매비와관리비에 해당하는 것은?

① 유형자산처분손실　　　　② 광고선전비
③ 기부금　　　　　　　　　④ 이자비용

[풀이] 유형자산처분손실, 기부금, 이자비용은 영업외비용이다.

11 판매비와관리비에 해당하는 계정을 모두 고르시오.

> A. 광고선전비　　B. 이자비용　　C. 복리후생비　　D. 기부금

① A, B　　　② A, C　　　③ B, D　　　④ C, D

[풀이] 이자비용과 기부금은 영업외비용이다.

12 다음 지출내역서상의 판매비와관리비는 얼마인가?

> — 지 출 내 역 서 —
> - 전화요금   50,000원
> - 장애인단체에 대한 기부 700,000원
> - 종업원 회식비용   100,000원
> - 차입금 이자 지급   30,000원

① 150,000원 ② 180,000원 ③ 750,000원 ④ 780,000원

[풀이] 전화요금(통신비)과 종업원 회식비용(복리후생비)은 판매비와관리비이고, 장애인단체에 대한 기부(기부금)와 차입금 이자 지급(이자비용)은 영업외비용이다.

13 상품 도매업을 영위하는 한국상사의 판매비와관리비 계정과목이 아닌 것은?

① 퇴직급여   ② 지급임차료
③ 기부금   ④ 기업업무추진비

[풀이] 기부금은 영업외비용이다.

14 다음 계정과목에서 판매비와관리비에 해당되지 않는 것은?

① 소모품비   ② 수수료비용
③ 이자비용   ④ 복리후생비

[풀이] 이자비용은 영업외비용이다.

15 다음 중 판매비와관리비로 분류되지 않는 것은?

① 급여   ② 기업업무추진비
③ 이자수익   ④ 광고선전비

[풀이] 이자수익은 영업외수익이다.

16 다음 자료에서 제시하고 있는 계정과목이 속한 비용의 분류영역은?

> - 마케팅부서 종업원의 회식비용
> - 영업용 매장의 월세
> - 영업사무실의 인터넷 사용요금
> - 매출광고를 위한 전단지 제작비용

① 매출원가   ② 판매비와관리비
③ 영업외비용 ④ 특별손실

[풀이] 복리후생비, 통신비, 임차료, 광고선전비는 판매비와관리비에 해당한다.

17 가구판매업을 경영하는 가구상사에서 매장 건물의 사용료를 지급한 경우 비용의 분류는?

① 매출원가   ② 판매관리비

③ 영업외비용　　　　　　　　　④ 특별손실

[풀이] 건물의 사용료(임차료)는 판매비와관리비에 해당 한다.

18 다음은 판매비와관리비에 대한 설명이다. 옳지 않은 것은?

① 복리후생비는 판매비와 관리비에 속한다.
② 판매비는 상품의 판매활동에 지출되는 비용을 말한다.
③ 관리비는 기업전체의 관리 및 일반사무와 관련되어 발생하는 비용이다.
④ 외상대금을 조기에 회수함에 따라 발생하는 매출할인은 판매비와관리비에 속한다.

[풀이] 매출할인은 총매출액에서 차감한다.

19 다음 〈보기〉에서 (가)를 계산하면?

〈 보 기 〉
- 순매출액 700,000원　• 매출원가 300,000원　• 급여 50,000원　• 임차료 10,000원
- 이자비용 20,000원　• 기부금 40,000원　• 소모품비 20,000원

매출총이익 － (가) ＝ 영업이익

① 60,000원　　② 70,000원　　③ 80,000원　　④ 90,000원

[풀이] 판매비와관리비는 급여(50,000) + 임차료(10,000) + 소모품비(20,000) = 80,000원

20 다음 (가)와 관련된 적절한 내용은?

영업이익 = 매출총이익 － (가)

① 재해손실 등 비경상적으로 발생하는 비용
② 이자비용, 기부금 등 기업의 관리에서 발생하는 비용
③ 상품 등의 판매활동에서 발생하는 비용
④ 상품 매입액에 직접 소요된 제비용

[풀이] 매출총이익 − 판매비와관리비 = 영업이익

21 회사의 영업이익을 증가시키는 요인과 가장 밀접한 내용을 고른 것은?

ㄱ. 전화 요금을 줄인다.　　　　ㄴ. 사무실 전기를 절약한다.
ㄷ. 자본을 추가 출자한다.　　　ㄹ. 차입금에 대한 이자를 줄인다.

① ㄱ, ㄴ　　② ㄱ, ㄷ　　③ ㄴ, ㄷ　　④ ㄷ, ㄹ

[풀이] 판매비와관리비(통신비, 수도광열비)가 감소하면 영업이익이 증가한다.

22 주어진 자료에서 영업이익을 계산하면?

• 당기매출액　1,000,000원	• 기초상품재고액　400,000원
• 당기매입액　　500,000원	• 기말상품재고액　200,000원
• 급여　　　　　200,000원	• 이자비용　　　　20,000원

① 80,000원　　② 100,000원　　③ 120,000원　　④ 140,000원

[풀이] 당기매출액 - 매출원가 = 매출총이익
　　　　└ 1,000,000 - (400,000 + 500,000 - 200,000) = 300,000원
　　　매출총이익 - 판매비와관리비(급여) = 영업이익
　　　　└ 300,000 - 200,000 = 100,000원

23 상품 도매업을 영위하는 한국상사의 영업이익은 얼마인가?

가. 매 출 액　120,000원	나. 매출원가　　55,000원
다. 급　　여　 10,000원	라. 지급임차료　 5,000원

① 50,000원　　② 55,000원　　③ 65,000원　　④ 120,000원

[풀이] 매출액 - 매출원가 - 판매비와관리비(급여, 지급임차료) = 영업이익
　　　　└ 120,000 - 55,000 - 10,000 - 5,000 = 50,000원

24 다음 자료에 의하면 영업이익은 얼마인가?

• 매 출 액　5,000,000원	• 매출원가　3,200,000원
• 기업업무추진비 200,000원	• 기 부 금　　100,000원
• 소모품비　　 100,000원	• 이자비용　　250,000원

① 1,600,000원　　② 1,500,000원　　③ 1,400,000원　　④ 1,150,000원

[풀이] 매출액 - 매출원가 - 판매비와관리비(기업업무추진비, 소모품비) = 영업이익
　　　　└ 5,000,000 - 3,200,000 - 200,000 - 100,000 = 1,500,000원

25 A상사(도소매업)의 매출총이익은 160,000원이다. 아래자료를 이용하여 영업이익을 구하시오.

• 복리후생비 30,000원	• 기업업무추진비　5,000원	• 소모품비 10,000원
• 이자비용　 5,000원	• 급　여　　　　40,000원	

① 100,000원　　② 95,000원　　③ 85,000원　　④ 75,000원

[풀이] 매출총이익 - 판매비와관리비(복리후생비, 기업업무추진비, 소모품비, 급여) = 영업이익
　　　　└ 160,000 - 30,000 - 5,000 - 10,000 - 40,000 = 75,000원

26 의류매매업의 3월 중 거래이다. 영업이익을 계산한 금액으로 옳은 것은?

> 1. 숙녀용 의류 5벌(@50,000)을 외상으로 매입하고, 운반비 5,000원은 현금 지급
> 2. 위의 의류를 모두 450,000원에 판매하고 대금은 현금으로 받다.
> 3. 당월 분 매장 전기요금 60,000원을 현금으로 납부.

① 135,000원 ② 140,000원 ③ 195,000원 ④ 200,000원

[풀이] 매출액 - 매출원가 - 판매비와관리비(전기요금) = 영업이익
└ 450,000 - {(5벌 × @50,000) + 5,000} - 60,000 = 135,000원

27 다음과 같은 자료의 등식을 만족시키는 것은?

> (㉮) = 총매출액 - 매출환입 및 매출에누리, 매출할인
> (㉯) = 총매입액 - 매입환출 및 매입에누리, 매입할인
> 매출원가 = 기초상품재고액 + (㉰) - 기말상품재고액
> 매출총이익 = (㉱) - 매출원가

	㉮	㉯	㉰	㉱
①	순매출액	순매입액	순매출액	순매입액
②	순매출액	순매입액	순매입액	순매출액
③	순매입액	순매출액	순매입액	순매출액
④	순매입액	순매출액	순매출액	순매입액

정답

1. ① 2. ① 3. ④ 4. ① 5. ① 6. ② 7. ③ 8. ③ 9. ① 10. ②
11. ② 12. ① 13. ③ 14. ③ 15. ③ 16. ② 17. ② 18. ④ 19. ③ 20. ③
21. ① 22. ② 23. ① 24. ② 25. ④ 26. ① 27. ②

제3절 영업외수익 · 비용

❶ 영업외수익

영업외수익이란 기업의 주된 영업활동이 아닌 활동으로부터 발생한 수익과 차익을 말한다.

> 한대디 … 이하에서는 영업외수익 · 비용 전체의 내용이 아닌 전산회계 2급 자격범위에서 출제 가능한 내용만을 살펴보기로 한다.

1. 이자수익(901)

금융업 이외의 판매업, 제조업 등을 영위하는 기업이 일시적인 유휴자금을 대여하고 받은 이자를 말한다.

2. 배당금수익

주식, 출자금 등의 장 · 단기 투자자산과 관련하여 피투자회사의 이익 또는 잉여금의 분배로 받는 금전배당금을 말한다.

3. 단기매매증권평가이익

단기매매증권을 공정가치로 평가하는 경우 장부금액보다 공정가치가 상승한 경우에 그 차액을 단기매매증권평가이익으로 계상한다.

4. 단기매매증권처분이익

단기매매증권을 처분하는 경우 장부금액보다 처분금액이 더 큰 경우에 그 차액을 단기매매증권처분이익으로 계상한다.

5. 유형자산처분이익

유형자산의 매각시 장부금액(원가 - 감가상각누계액)보다 처분금액이 더 큰 경우에 그 차액을 유형자산처분이익으로 계상한다.

6. 투자자산처분이익

투자자산의 매각시 장부금액보다 처분금액이 더 큰 경우에 그 차액을 투자자산처분이익으로 계상한다.

7. 자산수증이익

회사가 주주, 채권자 등 타인으로부터 무상으로 자산을 증여받은 경우에 발생하는 이익을 계상한다.

8. 채무면제이익

회사가 주주, 채권자 및 제3자로부터 회사의 채무를 면제받은 경우 발생하는 이익을 계상한다.

9. 보험금수익

자산에 대하여 보험가입 후 보험금 지급사유가 발생하여 지급받은 보험금을 계상한다.

10. 잡이익

일반기업회계기준에 열거된 영업외수익 중 금액적으로 중요하지 않거나 그 항목이 구체적으로 밝혀지지 않은 수익은 잡이익으로 처리한다.

❷ 영업외비용

영업외비용이란 기업의 주된 영업활동이 아닌 활동으로부터 발생한 비용과 차손을 말한다.

1. 이자비용(951)

당좌차월, 장·단기차입금 등으로부터 발생하는 지급이자와 사채이자가 해당된다.

2. 기부금

업무와 관련없이 무상으로 기증하는 금전, 기타의 자산가액을 말한다.

3. 매출채권처분손실

매출채권을 금융기관 등에서 할인하는 거래에 대하여 매각거래로 회계처리 하는 경우, 동 금액은 감소된 매출채권과 실수령액과의 차액을 말한다.

4. 단기매매증권평가손실

단기매매증권을 공정가치로 평가하는 경우 장부금액보다 공정가치가 하락한 경우에 그 차액을 단기매매증권평가손실로 계상한다.

5. 단기매매증권처분손실

단기매매증권을 처분하는 경우 장부금액보다 처분금액이 더 작은 경우에 그 차액을 단기매매증권처분손실로 계상한다.

6. 재해손실

화재, 풍수해, 지진, 침수해 등 천재지변 또는 돌발적인 사건으로 인하여 발생한 손실액을 말한다.

7. 유형자산처분손실

유형자산의 매각시 장부금액(원가-감가상각누계액)보다 처분금액이 더 작은 경우에 그 차액을 유형자산처분손실로 계상한다.

8. 투자자산처분손실

투자자산의 매각시 장부금액보다 처분금액이 더 작은 경우에 그 차액을 투자자산처분손실로 계상한다.

9. 잡손실

일반기업회계기준에 열거된 영업외비용 중 그 금액이 중요하지 않거나, 그 항목이 구체적으로 밝혀지지 않는 비용은 잡손실로 처리한다.

memo

기/출/문/제 [실기]

다음 거래 자료를 세연상사(회사코드 : 4002)의 [일반전표입력] 메뉴에 추가 입력하시오.

01 11월 21일 당점 거래은행의 보통예금계좌에 이자 127,000원이 입금되었음을 확인하고 회계처리 하였다.

02 11월 22일 보유 중인 ㈜소렌토의 주식에 대하여 배당금이 확정되어 1,500,000원을 보통예금계좌로 받았다.

03 11월 23일 차입금에 대한 이자비용 300,000원을 현금으로 지급하였다.

04 11월 24일 불우이웃돕기 성금으로 현금 500,000원을 한국방송공사에 기탁하였다.

05 11월 25일 지난 폭우로 피해를 입은 수재민을 돕기 위해 1,000,000원을 현금으로 지역 신문사에 지급하였다.

KcLep 도우미

01 11월 21일 : (차) 103.보통예금   127,000 / (대) 901.이자수익   127,000

02 11월 22일 : (차) 103.보통예금   1,500,000 / (대) 903.배당금수익   1,500,000

03 11월 23일 : (차) 951.이자비용   300,000 / (대) 101.현금   300,000

04 11월 24일 : (차) 953.기부금   500,000 / (대) 101.현금   500,000

05 11월 25일 : (차) 953.기부금   1,000,000 / (대) 101.현금   1,000,000

기/출/문/제 (필기)

01 다음 중 영업외수익에 해당하지 않는 것은?

① 유형자산처분이익　　② 단기매매증권처분이익
③ 임대료　　　　　　　④ 임차료

[풀이] 임차료는 판매비와관리비이다.

02 다음 자료에서 중 영업외수익을 계산하면 얼마인가?

```
• 매출액        1,000,000원      • 매출총이익    300,000원
• 보험차익       100,000원       • 이자수익      200,000원
• 대손충당금환입  200,000원(매출채권 관련)
```

① 1,300,000원　② 1,000,000원　③ 800,000원　④ 300,000원

[풀이] 보험차익과 이자수익은 영업외수익이다. 매출채권 관련 대손충당금환입은 판매비와관리비의 부(-)의 금액으로 표시한다.

03 다음 중 영업외수익에 해당하는 계정과목끼리 올바르게 연결한 것은?

① 선수수익 - 미수수익　　② 이자수익 - 선수수익
③ 이자수익 - 미수수익　　④ 이자수익 - 잡이익

[풀이] 선수수익은 부채이고, 미수수익은 자산이다.

04 다음 중 수익에 속하는 계정과목끼리 바르게 연결한 것은?

① 잡이익 - 이자수익　　② 미수수익 - 이자비용
③ 잡손실 - 이자수익　　④ 임차료 - 수수료수익

[풀이] 이자비용, 잡손실, 임차료는 비용에 속하는 계정과목이다.

05 다음의 각 계정과목 중 수익에 해당하지 않는 것은?

① 단기매매증권처분이익　　② 선수수익
③ 임대료수익　　　　　　　④ 이자수익

[풀이] 선수수익은 부채이다.

06 다음 거래의 내용과 공통적으로 관련 있는 수익 항목은?

- 거래처로부터 업무용 화물차 10,000,000원을 기증받다.
- 거래처로부터 50,000,000원의 부채를 면제받다.

① 영업외수익 ② 매출총이익 ③ 당기순이익 ④ 영업이익

[풀이] 자산수증이익과 채무면제이익은 영업외수익이다.

07 다음의 거래에서 수익 발생으로 인식될 수 있는 거래를 모두 고른 것은?

(ㄱ) 외상매출금을 현금으로 받다.
(ㄴ) 건물에 대한 임대료를 현금으로 받다.
(ㄷ) 대여금에 대한 이자를 현금으로 받아 즉시 보통예금하다.

① (ㄱ), (ㄴ) ② (ㄱ), (ㄷ) ③ (ㄴ), (ㄷ) ④ (ㄱ), (ㄴ), (ㄷ)

[풀이] (ㄴ)은 임대료수입, (ㄷ)은 이자수익이 발생한다. 외상매출금을 현금으로 받는 경우 수익은 발생하지 않는다.

08 다음 중 영업외비용에 해당하는 것은?

① 이자비용 ② 광고선전비
③ 임차료 ④ 기업업무추진비

[풀이] 이자비용은 영업외비용, 나머지는 판매비와관리비이다.

09 다음 중 영업이익 계산과 관련이 없는 계정은?

① 이자비용 ② 세금과공과금
③ 매출채권 대손상각비 ④ 기업업무추진비

[풀이] 이자비용은 영업외비용으로 영업이익 계산과 관련이 없다.

10 수재의연금을 지급한 경우 처리하여야 할 계정과목은?

① 기업업무추진비 ② 복리후생비
③ 기부금 ④ 잡비

11 아무런 대가 없이 무상으로 지급하는 금전·기타 자산가액으로 업무와 관련 없이 지출한 경우 해당되는 계정과목은?

① 기부금 ② 기업업무추진비
③ 이자비용 ④ 채무면제이익

12 다음 중 영업이익 계산에 반영되지 않는 항목은?

① 기부금 ② 기업업무추진비
③ 상품광고선전비 ④ 직원교육훈련비

[풀이] 기부금은 영업외비용으로 영업이익 계산과 관련이 없다.

13 단기 여유 자금을 활용할 목적으로 소유하고 있던 주식을 처분하여 손실이 발생한 경우 비용의 분류 항목은?

① 영업외비용 ② 판매관리비
③ 매출원가 ④ 특별손실

[풀이] 단기매매증권처분손실은 영업외비용 항목이다.

(문제 14~15 관련)

• 기초상품재고액	200,000원	• 기말상품재고액	100,000원
• 당기상품매입액	1,000,000원	• 급 료	200,000원
• 이 자 비 용	50,000원	• 매 출 액	2,000,000원
• 접 대 비	100,000원	• 기 부 금	100,000원
• 이 자 수 익	50,000원		

14 위 자료에서 상품매출원가는?

① 900,000원 ② 1,100,000원 ③ 1,300,000원 ④ 1,500,000원

[풀이] 기초상품재고액 + 당기상품매입액 − 기말상품재고액 = 상품매출원가
200,000 + 1,000,000 − 100,000 = 1,100,000원

15 위 자료에서 영업외비용은 얼마인가?

① 150,000원 ② 200,000원 ③ 300,000원 ④ 500,000원

[풀이] 이자비용(50,000) + 기부금(100,000) = 150,000원

16 다음 자료를 이용하여 당기순이익을 구하시오.

• 이자수익	5,000원	• 임대료수익	2,500원	• 수수료수익	1,000원
• 급 여	3,000원	• 수수료비용	2,000원	• 여비교통비	500원

① 2,500원 ② 3,000원 ③ 3,500원 ④ 4,000원

[풀이] 수익(5,000 + 2,500 + 1,000) − 비용(3,000 + 2,000 + 500) = 3,000원

17 다음 자료에 의한 당기순이익은?

- 매출총이익　400,000원
- 수입임대료　50,000원
- 외환차익　80,000원
- 이자비용　20,000원
- 기부금　40,000원
- 광고선전비　20,000원

① 370,000원　　② 390,000원　　③ 410,000원　　④ 450,000원

[풀이] 매출총이익 − 판매비와관리비(광고선전비) = 영업이익
└ 400,000 − 20,000 = 380,000원
영업이익 + 영업외수익(수입임대료, 외환차익) − 영업외비용(이자비용, 기부금) = 당기순이익
└ 380,000 + (50,000 + 80,000) − (20,000 + 40,000) = 450,000원

18 다음 주어진 자료에 의하여 당기순이익을 계산하면 얼마인가?

- 매출액　100,000원
- 매출총이익　50,000원
- 차입금　40,000원
- 급여　5,000원
- 영업외수익　20,000원
- 영업외비용　10,000원

① 15,000원　　② 20,000원　　③ 55,000원　　④ 105,000원

[풀이] 매출총이익 − 판매비와관리비(급여) + 영업외수익 − 영업외비용 = 당기순이익
└ 50,000 − 5,000 + 20,000 − 10,000 = 55,000원

19 다음 자료에서 매출총이익과 순이익을 계산하면 얼마인가?

- 매출액　1,000,000원
- 매출원가　600,000원
- 광고선전비　100,000원
- 수도광열비　50,000원
- 이자비용　50,000원
- 급료　200,000원

① 매출총이익 400,000원　　순이익 400,000원
② 매출총이익 400,000원　　순이익 200,000원
③ 매출총이익 200,000원　　순이익 100,000원
④ 매출총이익 400,000원　　순이익　　　0원

[풀이] 매출액 − 매출원가 = 매출총이익
└ 1,000,000 − 600,000 = 400,000원
매출총이익 − 판매비와관리비(광고선전비, 수도광열비, 급료) − 영업외비용(이자비용) = 순이익
└ 400,000 − (100,000 + 50,000 + 200,000) − 50,000 = 0원(순이익)

정답

1. ④　2. ④　3. ④　4. ①　5. ②　6. ①　7. ③　8. ①　9. ①　10. ③
11. ①　12. ①　13. ①　14. ②　15. ①　16. ②　17. ④　18. ③　19. ④

memo

제4부

결산 및 재무제표

↘ 제1장 결산의 의의 및 절차
↘ 제2장 결산의 예비절차
↘ 제3장 결산의 본절차
↘ 제4장 재무제표 작성
↘ 제5장 마감후 이월

제 1 장 결산의 의의 및 절차

제1절 결산의 의의

기업은 일정기간을 정하여 회계기간을 설정하고 이 기간 중에 매일매일 발생하는 모든 거래를 분개하고 이를 총계정원장에 전기한다. 그러나 이것만으로는 기업의 정확한 재무상태와 경영성과를 파악할 수 없기 때문에, 회계기간 말에 기업의 재무상태를 실제로 조사하여 장부를 수정 정리하고 마감한 후 정확한 재무상태와 경영성과를 파악하여 재무제표를 작성한다. 이와 같이 **회계기간이 종료된 후 일정 시점에 있어서 기업의 재무상태, 일정기간에 있어서 기업의 경영성과를 명확히 하기 위하여 장부를 정리·마감하는 일련의 절차를 결산**(Closing)이라 한다.

> [참고] 회계순환과정
> 회계순환과정이란 회계가 그 목적을 달성하기 위하여 매 회계기간마다 반복적으로 수행하는 과정을 말한다.
> ① 사건의 발생 → ② 분개 → ③ 전기 → ④ 결산예비절차 → ⑤ 결산본절차 → ⑥ 재무제표의 작성

예제 세희상사의 다음 거래를 분개하시오. *(다음 과정의 예제 문제가 해당 입니다.)*

4월 1일 현금 500,000원을 출자하여 영업을 개시하다.
(차)   / (대)

5월 12일 비품 200,000원을 구입하고 현금을 지급하다.
(차)   / (대)

6월 3일 은행에서 현금 300,000원을 6개월간 차입하다.
(차)   / (대)

7월 14일 상품 150,000원을 현금으로 구입하다.
(차)   / (대)

8월 6일 상품을 250,000원에 외상으로 판매하다.
(차)   / (대)

9월 20일 종업원에 대한 급여 50,000원을 현금으로 지급하다.
(차)   / (대)

10월 30일 사무실 임차료 20,000원을 현금으로 지급하다.
(차)   / (대)

11월 5일 상품 80,000원을 외상으로 구입하다.
(차)   / (대)

12월 10일 외상매출금 100,000원을 현금으로 회수하다.
(차)   / (대)

세희상사의 다음 분개를 분개장에 기입하시오.

```
 4월  1일 (차) 현      금   500,000 / (대) 자 본 금    500,000
 5월 12일 (차) 비      품   200,000 / (대) 현     금  200,000
 6월  3일 (차) 현      금   300,000 / (대) 단기차입금  300,000
 7월 14일 (차) 상      품   150,000 / (대) 현     금  150,000
 8월  6일 (차) 외상매출금  250,000 / (대) 상 품 매 출 250,000
 9월 20일 (차) 급      여    50,000 / (대) 현     금   50,000
10월 30일 (차) 임  차  료    20,000 / (대) 현     금   20,000
11월  5일 (차) 상      품    80,000 / (대) 외상매입금   80,000
12월 10일 (차) 현      금   100,000 / (대) 외상매출금  100,000
```

〈 분 개 장 〉

구 분	차 변		대 변	
월/일	계정과목	금액	계정과목	금액
4/ 1				
5/12				
6/ 3				
7/14				
8/ 6				
9/20				
10/30				
11/ 5				
12/10				

세희상사의 분개장의 내용을 보고 원장에 전기하시오.

〈 분 개 장 〉

구 분	차 변		대 변	
월/일	계정과목	금액	계정과목	금액
4/ 1	현　　　　금	500,000	자　본　금	500,000
5/12	비　　　　품	200,000	현　　　　금	200,000
6/ 3	현　　　　금	300,000	단 기 차 입 금	300,000
7/14	상　　　　품	150,000	현　　　　금	150,000
8/ 6	외 상 매 출 금	250,000	상 품 매 출	250,000
9/20	급　　　　여	50,000	현　　　　금	50,000
10/30	임　차　료	20,000	현　　　　금	20,000
11/ 5	상　　　　품	80,000	외 상 매 입 금	80,000
12/10	현　　　　금	100,000	외 상 매 출 금	100,000

〈 총계정원장 〉

```
          현 금                              외상매입금
4/ 1           5/12                                  11/ 5
6/ 3           7/14
12/10          9/20
              10/30

          상 품                              단기차입금
7/14                                                 6/ 3
11/ 5

        외상매출금                             자본금
8/ 6          12/10                                  4/ 1

          비 품                              상품매출
5/12                                                 8/ 6

          급 여
9/20

          임차료
10/30
```

제2절 결산의 절차

결산의 절차는 구체적으로 ① 결산의 예비절차, ② 결산의 본절차, ③ 재무제표의 작성으로 구분한다.

1. 결산의 예비절차

① 시산표의 작성 : 분개장에서 원장으로의 전기를 검증한다.
② 재고조사표의 작성 : 부정확한 계정의 잔액을 실제 금액에 일치시키기 위하여 장부의 수정에 필요한 결산정리사항만을 기재한 일람표이다.
③ 결산정리분개
④ 수정후시산표의 작성
⑤ **정산표의 작성**(임의선택사항) : 잔액시산표를 기초로 하여 손익계산서와 재무상태표의 내용을 하나의 표에 모아서 작성하는 일람표이다.

2. 결산의 본절차

① 집합손익 계정의 설정
② 수익·비용 계정의 마감 : 집합손익 계정으로 대체하고 집합손익 계정에서 계산된 당기순손익을 자본 계정으로 대체한다.
③ 재무상태표 계정의 마감

3. 재무제표의 작성

① 재무상태표
② 손익계산서
③ 현금흐름표
④ 자본변동표
⑤ 주석

제 2 장 결산의 예비절차

제1절 시산표의 작성

1. 시산표의 정의

복식부기에서는 거래가 발생하면 분개장에 기입한 후 원장의 각 계정 계좌에 전기한다. 이때에 분개와 전기가 바르게 이루어지면 대차평균의 원리에 의하여 모든 계정의 차변합계액과 대변합계액은 반드시 일치하게 된다. 이와 같은 원리에서 원장의 전기가 정확한지를 검증하기 위하여 원장의 각 계정금액을 모아 작성하는 표를 시산표라 한다.

본 프로그램을 이용한 경우에는 [재무회계]>[전표입력]>[일반전표입력]에서 입력한 자료에 의하여 자동으로 작성된다.

2. 시산표의 종류

시산표는 작성방법에 따라 합계시산표, 잔액시산표, 합계잔액시산표로 구분할 수 있다. 본 프로그램에서는 합계잔액시산표만 작성된다.

> 시산표 등식 : 기말자산 + 총비용 = 기말부채 + 기초자본 + 총수익

3. 시산표 오류의 발견

시산표에서 발견할 수 있는 오류	시산표에서 발견할 수 없는 오류
① 원장에 전기할 때 차변금액을 잘못 기록한 경우 ② 원장에 전기할 때 대변금액을 잘못 기록한 경우 ③ 원장에 전기할 때 한쪽만을 잘못 기록한 경우	① 원장에 전기할 때 대차금액을 똑같이 잘못 기록한 경우 ② 차변과 대변 계정과목을 반대로 전기한 경우 ③ 분개가 누락되거나, 이중으로 전기한 경우 ④ 두 개의 오류가 우연히 상계된 경우 ⑤ 계정과목을 잘못 전기한 경우

세희상사의 계정을 집계하여 합계잔액시산표를 작성하시오

```
           현 금                              외상매입금
 4/ 1  500,000  5/12  200,000              | 11/ 5   80,000
 6/ 3  300,000  7/14  150,000
12/10  100,000  9/20   50,000
                10/30  20,000
           상 품                              단기차입금
 7/14  150,000                             | 6/ 3   300,000
11/ 5   80,000
          외상매출금                           자본금
 8/ 6  250,000  12/10 100,000              | 4/ 1   500,000
           비 품                             상품매출
 5/12  200,000                             | 8/ 6   250,000
           급 여
 9/20   50,000
          임차료
10/30   20,000
```

〈 합계잔액시산표 〉

차 변		계 정 과 목	대 변	
잔 액	합 계		합 계	잔 액
		〈 자 산 〉		
480,000	900,000	현 금	420,000	
150,000	250,000	외 상 매 출 금	100,000	
230,000	230,000	상 품		
200,000	200,000	비 품		
		〈 부 채 〉		
		외 상 매 입 금	80,000	80,000
		단 기 차 입 금	300,000	300,000
		〈 자 본 〉		
		자 본 금	500,000	500,000
		〈 매 출 〉		
		상 품 매 출	250,000	250,000
		〈판매비와관리비〉		
50,000	50,000	급 여		
20,000	20,000	임 차 료		
1,130,000	1,650,000	합 계	1,650,000	1,130,000

〈 합계잔액시산표 〉

차 변		계정과목	대 변	
잔 액	합 계		합 계	잔 액
1,060,000	1,580,000	〈 자 산 〉	520,000	
480,000	900,000	현 금	420,000	
150,000	250,000	외상매출금	100,000	
230,000	230,000	상 품		
200,000	200,000	비 품		
		〈 부 채 〉	380,000	380,000
		외상매입금	80,000	80,000
		단기차입금	300,000	300,000
		〈 자 본 〉	500,000	500,000
		자 본 금	500,000	500,000
		〈 매 출 〉	250,000	250,000
		상 품 매 출	250,000	250,000
70,000	70,000	〈판매비와관리비〉		
50,000	50,000	급 여		
20,000	20,000	임 차 료		
1,130,000	1,650,000	합 계	1,650,000	1,130,000

제2절 재고조사표

결산정리사항들을 정확하고 신속하게 기장하기 위해서는 모든 결산정리사항을 하나로 모아 일람표를 작성하면 편리하다. 이와 같이 원장 마감에 앞서 부정확한 계정의 잔액을 실제 금액에 일치시키기 위하여 장부의 수정에 필요한 결산정리사항만을 기재한 일람표를 재고조사표라 한다. 재고조사표에 기재될 결산정리사항은 다음과 같다.

(1) 자산 계정에 대한 결산정리
① 기말재고자산 재고액　　　② 유형자산의 감가상각 및 무형자산의 상각
③ 매출채권에 대한 대손충당금 설정　　④ 유가증권의 평가

(2) 손익 계정에 대한 결산정리
① 수익의 발생(미수수익)　　② 비용의 발생(미지급비용)
③ 수익의 이연(선수수익)　　④ 비용의 이연(선급비용)

(3) 기타의 결산정리
① 현금과부족 계정의 정리　　② 소모품의 정리
③ 가지급금·가수금 계정의 정리　　④ 소득세 등의 추산

 세희상사 결산정리사항에 의하여 재고조사표를 작성하면 다음과 같다.

(1) 기말 상품재고액 : 가방 100개　　@2,000원　　200,000원
(2) 외상매출금 잔액 150,000원에 대하여 1%의 대손충당금을 설정한다.
(3) 비품의 취득원가는 200,000원이며 당기 감가상각비는 40,000원을 상각한다.

[해설]

〈 재고 조사표 〉

계 정 과 목	적　　　　요		금　　액
상　　　　품	가방 100개 @2,000		200,000
외 상 매 출 금	기말 장부잔액	150,000	
	대손충당금 1% 설정	1,500	148,500
비　　　　품	취득원가	200,000	
	당기 감가상각비	40,000	160,000
선 급 보 험 료 등			
			508,500

기/출/문/제 (필기)

01 다음 중 회계처리의 순환과정 순서로 옳은 것은?

① 분개장 - 시산표 - 정산표 - 원장
② 분개장 - 원장 - 시산표 - 정산표
③ 시산표 - 정산표 - 원장 - 분개장
④ 시산표 - 분개장 - 원장 - 정산표

02 주어진 자료에서 회계순환 과정 순서로 바르게 나열된 것은?

A. 분개장	B. 재무상태표	C. 시산표	D. 총계정원장

① A - B - C - D
② A - B - D - C
③ A - D - B - C
④ A - D - C - B

03 회계의 순환과정 중 일부이다. (가), (나)에 들어갈 올바른 내용은?

거래의 발생 - (가) - 분개장 - (나) - 총계정원장

① (가) 분개, (나) 전기
② (가) 전기, (나) 분개
③ (가) 분개, (나) 이월
④ (가) 이월, (나) 분개

04 결산절차에서 결산의 예비절차에 속하지 않는 것은?

① 정산표의 작성
② 시산표의 작성
③ 재무상태표의 작성
④ 재고조사표의 작성

05 다음 중 (가)에 해당하는 내용은?

결산절차 : (가)예비절차 - 본절차 - 보고서 작성

① 총계정원장의 마감
② 손익계산서 작성
③ 시산표 작성
④ 재무상태표 작성

06 결산의 예비절차로 볼 수 있는 것은?
① 주요부 마감　　　　　　　② 시산표 작성
③ 손익계산서 계정 마감　　　④ 재무상태표 작성

07 분개장에 분개된 거래가 총계정원장에 바르게 전기되었는지의 정확성 여부를 대차평균의 원리에 따라 검증하기 위하여 작성하는 것은?
① 시산표　　　② 손익계산서
③ 매출장　　　④ 재무상태표

08 일정 기간 동안에 발생한 거래가 총계정원장에 바르게 전기 되었는지 점검하기 위해 작성하는 계정집계표는?
① 정산표　　　② 시산표
③ 재무상태표　④ 손익계산서

09 잔액시산표상에 그 잔액이 차변에 표시되는 계정은?
① 자본금　　　② 매출
③ 단기차입금　④ 매출채권

[풀이] 잔액시산표의 차변에는 자산·비용 계정이 표시되고 대변에는 부채·자본·수익 계정이 표시된다.

10 다음 중 시산표에 대한 설명으로 틀린 것은?
① 기중 거래기록의 정확성 여부를 검증하는 표이다.
② 결산을 위해 반드시 필요하다.
③ 복식부기의 원리가 그대로 적용되지는 않는다.
④ 합계시산표, 잔액시산표, 합계잔액시산표가 있다.

11 다음 중 시산표 작성시 발견이 가능한 오류는?
① 분개할 때 성격이 다른 계정과목을 사용하였다.
② 거래 내용의 전체가 누락되었다.
③ 같은 거래를 이중으로 기록하였다.
④ 차변과 대변의 금액을 다르게 기록하였다.

12 다음 중 시산표를 통하여 발견할 수 있는 오류는?

① 차변과 대변의 계정과목을 바꾸어 전기한 경우
② 거래 전체의 기입누락
③ 어느 한 계정의 전기를 누락시킨 경우
④ 동일 거래의 분개가 이중으로 전기된 경우

13 다음 중 기말의 결산정리분개 대상이 아닌 것은?

① 유형자산에 대한 감가상각비의 계상
② 미지급비용의 계상
③ 기간미경과 보험료의 선급비용 계상
④ 단기매매증권처분손익의 계상

14 다음 중 기말의 결산정리 분개 대상이 아닌 것은?

① 정기적금에 대한 미수이자 계상
② 차량보험료에 대한 기간미경과 선급비용 계상
③ 기계장치에 대한 감가상각비 계상
④ 신용카드사용액에 대한 미지급금 현금지급

15 기말결산정리 분개 대상이 아닌 것은?

① 기계장치에 대한 감가상각비 계상
② 보험료 미지급분 지급
③ 정기적금에 대한 미수이자 계상
④ 건물 화재보험료의 기간 미경과분을 선급비용으로 계상

16 개인기업의 기말 결산시 인출금을 정리하는 경우 대체되는 계정은?

① 자본금 계정
② 외상매입금 계정
③ 당좌예금 계정
④ 미수금 계정

 정답

1. ② 2. ④ 3. ① 4. ③ 5. ③ 6. ② 7. ① 8. ② 9. ④ 10. ③
11. ④ 12. ③ 13. ④ 14. ④ 15. ② 16. ①

제3절 결산정리분개

1. 상품매출원가의 대체분개(또는 자동분개)

상품매출액에 대응되는 원가로서 일정기간 동안 판매된 상품에 대하여 배분된 매입원가를 상품매출원가라 하며, 상품매출원가는 기초상품재고액과 당기상품매입액의 합계액에서 기말상품재고액을 차감하여 계산한다.

> 상품매출원가 = 기초상품재고액 + 당기상품매입액 − 기말상품재고액

본 프로그램의 기말 합계잔액시산표상의 상품계정 잔액은 기초상품재고액과 당기상품매입액의 합계액이다. 그러므로 기말상품재고액을 조사하여 동 금액을 차감한 금액을 상품매출원가로 대체분개하면 총 판매된 상품의 원가를 매출원가로 대체하는 결과가 된다.

  (차) 상품매출원가   ××× / (대) 상   품 ×××
                        (총 판매된 상품의 원가)

한마디 … 본서의 **(또는 자동분개)**란 [재무회계]>[결산/재무제표]>[결산자료입력]의 해당란에 해당 금액을 입력하고 상단 툴바의 [F3 전표추가]를 클릭하여 자동으로 분개를 발생시킬 수도 있다는 의미이다.

2. 유형자산의 감가상각(또는 자동분개)

유형자산은 사용에 의한 소모, 시간의 경과와 기술의 변화에 따른 진부화 등에 의해 경제적 효익이 감소하는데, 이러한 현상을 측정하여 기업의 재무상태와 경영성과에 반영시키는 절차를 감가상각이라 한다.

  (차) 감가상각비   ××× / (대) 감가상각누계액 ×××

3. 매출채권 등에 대한 대손충당금 설정(또는 자동분개)

결산시에 매출채권 등은 차기 이후에 회수하기 위하여 이월한다. 그러나 매출채권 등의 잔액이 모두 차기 이후에 회수될 금액을 정확히 나타낸다고 볼 수 없다. 왜냐하면 그 중에는 거래처의 경영악화, 부도 등의 사유로 회수할 수 없는 채권금액이 포함되어 있기 때문이다. 따라서 결산에 있어서 충당금설정법에 따라 대손예상액을 장부상에 계상해 줄 필요가 있다. 기말에 외상매출금 등의 채권잔액에 대하여 회수가 불가능하게 될 금액을 추정하여 실제 대손에 대비한다. 이 때 새로이 예상한 금액과 대손충당금 잔액을 서로 비교하여 다음과 같이 분개한다.

거래내역	차 변	대 변
① 대손충당금 잔액이 없을 경우	대손상각비 ×××	대 손 충 당 금 ×××
② 대손예상액>대손충당금 잔액	대손상각비 ×××	대 손 충 당 금 ×××
③ 대손예상액<대손충당금 잔액	대손충당금 ×××	대손충당금환입 ×××

4. 단기매매증권의 평가

단기매매증권을 취득하여 결산일 현재 보유하고 있는 경우에는 이를 공정가치로 평가하며, 공정가치의 변동분은 단기매매증권평가손익(영업외손익)으로 처리한다.

거래내역	차 변	대 변
① 공정가치>장부금액	단 기 매 매 증 권 ×××	단기매매증권평가이익 ×××
② 공정가치<장부금액	단기매매증권평가손실 ×××	단 기 매 매 증 권 ×××

5. 수익과 비용의 발생

(1) 수익의 발생

당기에 속하는 수익 중 미수된 부분이 있는 경우에는 이를 당기의 수익에 가산하고, 동시에 미수금의 성질을 가진 자산(미수수익)으로 계상하여 차기로 이월시킨다.

　　(차) 미수수익　　　　　　×××　/　(대) 이자수익　　　　　　×××

(2) 비용의 발생

당기에 속하는 비용 중 미지급된 부분이 있는 경우에는 이를 당기의 비용에 가산하고, 동시에 미지급금의 성질을 가진 부채(미지급비용)로 계상하여 차기로 이월시킨다.

　　(차) 이자비용　　　　　　×××　/　(대) 미지급비용　　　　　×××

6. 수익과 비용의 이연

(1) 수익의 이연

당기에 수입된 수익 중 차기에 속하는 수익은 당기의 수익에서 차감하고, 동시에 선수금의 성질을 가진 부채(선수수익)로 계상하여 차기로 이월시킨다.

　　(차) 이자수익　　　　　　×××　/　(대) 선수수익　　　　　　×××

(2) 비용의 이연

당기에 지출된 비용 중 차기에 속하는 비용은 당기의 비용에서 차감하고, 동시에 선급금의 성질을 가진 자산(선급비용)으로 계상하여 차기로 이월시킨다.

(차) 선급비용　　　　　×××　/　(대) 이자비용　　　　　×××

7. 현금과부족 계정의 정리

(1) 현금시재가 부족한 경우

장부상 현금잔액보다 실제 보유하고 있는 현금이 부족하여 현금과부족 계정을 설정하였으나 결산시까지 원인이 밝혀지지 않는 경우에는 잡손실로 처리한다.

(차) 잡손실　　　　　×××　/　(대) 현금과부족　　　　　×××

(2) 현금시재가 많은 경우

실제 보유하고 있는 현금잔액이 장부상 현금잔액보다 많아 현금과부족 계정을 설정하였으나 결산시까지 원인이 밝혀지지 않는 경우에는 잡이익으로 처리한다.

(차) 현금과부족　　　　　×××　/　(대) 잡이익　　　　　×××

8. 소모품의 정리

(1) 구입시 비용(소모품비) 처리한 경우

결산일 현재 미사용분이 있는 경우에는 미사용 금액을 소모품비 계정에서 차감하고 동 금액을 자산 계정인 소모품 계정으로 대체하여야 한다.

(차) 소모품　　　　　×××　/　(대) 소모품비　　　　　×××

(2) 구입시 자산(소모품) 처리한 경우

결산일에 당기의 소모품 사용액 만큼을 소모품 계정에서 차감하고 동 금액을 소모품비 계정으로 대체하여야 한다.

(차) 소모품비　　　　　×××　/　(대) 소모품　　　　　×××

 다음의 연속된 거래를 회계처리 하시오.

(1) 소모품 200,000원을 구입하고 대금은 현금으로 지급하였다. 구입시 ㉠비용으로 처리하는 경우와 ㉡자산으로 처리하는 경우의 회계처리를 하시오.
(2) 결산시 소모품 미사용액은 80,000원이다. 미사용액에 대한 결산 대체분개를 구입시 ㉠비용으로 처리한 경우와 ㉡자산으로 처리한 경우의 회계처리를 하시오.

해설 (1) ㉠ 구입시 비용으로 처리하는 경우
　　　　(차) 소모품비　　　　200,000　/　(대) 현금　　　　　200,000

　　　　ⓒ 구입시 자산으로 처리하는 경우
　　　　　(차) 소모품　　　　　　　200,000　/　(대) 현금　　　　　　　200,000
　(2) ㉠ 구입시 비용으로 처리한 경우
　　　　　(차) 소모품　　　　　　　 80,000　/　(대) 소모품비　　　　　 80,000
　　　* 미사용액 80,000원을 자산으로 대체한다.

　　　　ⓒ 구입시 자산으로 처리한 경우
　　　　　(차) 소모품비　　　　　　120,000　/　(대) 소모품　　　　　　120,000
　　　* 사용액 120,000원(200,000 - 80,000)을 비용으로 대체한다.

9. 가지급금 · 가수금 계정의 정리

가지급금 또는 가수금 등의 미결산 항목은 그 내용을 나타내는 적절한 과목으로 표시하여야 한다.
　　① (차) 해당계정과목　　　　　×××　/　(대) 가지급금　　　　　　×××
　　② (차) 가수금　　　　　　　　×××　/　(대) 해당계정과목　　　　×××

발생주의

재무제표는 발생기준에 따라 작성된다. 발생주의 회계의 기본적인 논리는 발생기준에 따라 수익과 비용을 인식하는 것이다. 발생기준은 기업실체의 경제적 거래나 사건에 대해 관련된 수익과 비용을 그 현금유출입이 있는 기간이 아니라 당해 거래나 사건이 발생한 기간에 인식하는 것을 말한다. 발생주의 회계는 발생과 이연의 개념을 포함한다.
　① 발생 : 발생이란 미수수익과 같이 미래에 수취할 금액에 대한 자산을 수익과 함께 인식하거나, 또는 미지급비용과 같이 미래에 지급할 금액에 대한 부채를 관련된 비용과 함께 인식하는 회계과정을 의미한다.
　② 이연 : 이연이란 선수수익과 같이 미래에 수익을 인식하기 위해 현재의 현금유입액을 부채로 인식하거나, 선급비용과 같이 미래에 비용을 인식하기 위해 현재의 현금 유출액을 자산으로 인식하는 회계과정을 말한다.

I. 수익과 비용의 발생

(1) 수익의 발생

당기에 속하는 수익 중 미수된 부분이 있는 경우에는 이를 당기의 수익에 가산하고, 동시에 미수금의 성질을 가진 자산(미수수익)으로 계상하여 차기로 이월시킨다.

 다음의 연속된 거래를 회계처리 하시오.

(1) ×1년 10월 1일 세연상회는 창제상회에 1,000,000원을 대여(대여기간 : 1년, 연이자율 : 12%, 이자지급일 : 만기일)하기로 하고 현금으로 지급하였다.
(2) ×1년 12월 31일 결산시에 단기대여금에 대한 이자 발생액을 인식하였다.
(3) ×2년 9월 30일 단기대여금 1,000,000원과 이자 120,000원을 현금으로 회수하였다.

해설 (1) (차) 단기대여금　　　　　1,000,000　/　(대) 현금　　　　　　　1,000,000
(2) (차) 미수수익　　　　　　 30,000　/　(대) 이자수익　　　　　　30,000
　　　* 1,000,000 × 12% × 3개월/12개월 = 30,000
(3) (차) 현금　　　　　　　1,120,000　/　(대) 단기대여금　　　1,000,000
　　　　　　　　　　　　　　　　　　　　　　　미수수익　　　　　　30,000
　　　　　　　　　　　　　　　　　　　　　　　이자수익　　　　　　90,000

(2) 비용의 발생

당기에 속하는 비용 중 미지급된 부분이 있는 경우에는 이를 당기의 비용에 가산하고, 동시에 미지급금의 성질을 가진 부채(미지급비용)로 계상하여 차기로 이월시킨다.

 다음의 연속된 거래를 회계처리 하시오.

(1) ×1년 10월 1일 창제상회는 세연상회로부터 1,000,000원을 차입(차입기간 : 1년, 연이자율 : 12%, 이자지급일 : 만기일)하기로 하고 현금으로 회수하였다.
(2) ×1년 12월 31일 결산시에 단기차입금에 대한 이자 발생액을 인식하였다.
(3) ×2년 9월 30일 단기차입금 1,000,000원과 이자 120,000원을 현금으로 지급하였다.

해설 (1) (차) 현금　　　　　　　1,000,000　/　(대) 단기차입금　　　1,000,000
(2) (차) 이자비용　　　　　　 30,000　/　(대) 미지급비용　　　　 30,000
　　　* 1,000,000 × 12% × 3개월/12개월 = 30,000
(3) (차) 단기차입금　　　　　1,000,000　/　(대) 현금　　　　　　　1,120,000
　　　미지급비용　　　　　　 30,000
　　　이자비용　　　　　　　 90,000

II. 수익과 비용의 이연

(1) 수익의 이연

당기에 수입된 수익 중 차기에 속하는 수익은 당기의 수익에서 차감하고, 동시에 선수금의 성질을 가진 부채(선수수익)로 계상하여 차기로 이월시킨다.

 다음의 연속된 거래를 회계처리 하시오.

(1) ×1년 10월 1일 세연상회는 창제상회에 1,000,000원을 대여(대여기간 : 1년, 연이자율 : 12%)하기로 하고 선이자 120,000원을 제외한 880,000원을 현금으로 지급하였다.
(2) ×1년 12월 31일 결산시에 대여금에 대한 이자수익 중 기간미경과분을 인식하였다.
(3) ×2년 9월 30일 단기대여금 1,000,000원을 현금으로 회수하였다.

해설 (1) (차) 단기대여금   1,000,000   /   (대) 현금   880,000
                                                      이자수익   120,000
     (2) (차) 이자수익   90,000   /   (대) 선수수익   90,000
        * 1,000,000 × 12% × 9개월/12개월 = 90,000
     (3) (차) 현금   1,000,000   /   (대) 단기대여금   1,000,000
             선수수익   90,000   이자수익   90,000

(2) 비용의 이연

당기에 지출된 비용 중 차기에 속하는 비용은 당기의 비용에서 차감하고, 동시에 선급금의 성질을 가진 자산(선급비용)으로 계상하여 차기로 이월시킨다.

 다음의 연속된 거래를 회계처리 하시오.

(1) ×1년 10월 1일 창제상회는 세연상회로부터 1,000,000원을 차입(차입기간 : 1년, 연이자율 : 12%)하기로 하고 선이자 120,000원을 제외한 880,000원을 현금으로 회수하였다.
(2) ×1년 12월 31일 결산시에 차입금에 대한 이자비용 중 기간미경과분을 인식하였다.
(3) ×2년 9월 30일 단기차입금 1,000,000원을 현금으로 지급하였다.

해설 (1) (차) 현금   880,000   /   (대) 단기차입금   1,000,000
             이자비용   120,000
     (2) (차) 선급비용   90,000   /   (대) 이자비용   90,000
     (3) (차) 단기차입금   1,000,000   /   (대) 현금   1,000,000
             이자비용   90,000   선급비용   90,000

기/출/문/제 (실기)

다음 결산정리사항을 세연상사(회사코드 : 4002)의 [일반전표입력] 메뉴에 입력하여 결산을 완료하시오.

01 기초 상품재고액은 1,000,000원이고 당기 상품매입액은 2,000,000원이며 기말 현재 상품재고액은 300,000원이다. 결산시 매출원가에 대한 분개를 하시오(단, 전표입력에서 구분으로 "5 : 결산차변, 6 : 결산대변"을 사용한다).

02 유형자산 중 차량운반구 1,200,000원, 비품 300,000원을 감가상각하다. 결산시 감가상각비를 계상하시오.

03 결산시 대손충당금은 매출채권(외상매출금, 받을어음) 잔액에 대하여 1%를 보충법으로 설정한다.

- 외상매출금 기말잔액 : ₩90,350,000
- 받을어음 기말잔액 : ₩67,500,000
- 대손충당금(외상매출금) 잔액 : ₩96,000
- 대손충당금(받을어음) 잔액 : ₩65,000

04 기말 정기예금에 대한 미수이자는 420,000원이다.

05 단기대여금에 대한 기말까지의 당기분 발생이자 미수액 300,000원을 수익으로 계상하다.

06 12월 31일 현재 미지급한 사무실임차료 400,000원이 비용으로 계상되지 않았다(발생되었으나 지급기일이 도래하지 않음).

07 내년 1월 15일에 지급할 단기차입금에 대한 당기말 현재까지의 발생이자는 150,000원이다.

08 이자수익 계정에는 단기대여금에 대한 기간미경과 이자 150,000원이 포함되어 있다.

09 당기 중에 입금된 이자수익 중 기말까지 기간이 미경과 되어 차기의 이자수익에 해당되는 금액은 50,000원이다.

10 기말 현재 건물에 대한 화재보험료 기간 미경과액(선급분)은 500,000원이다.

11 12월 31일 현재 차입금에 대한 이자 선급분은 56,000원이다.

12 기말 결산시 11월 1일에 발생한 현금시재 50,000원의 부족액이 기말까지 밝혀지지 않았다.

13 소모품비로 계상된 금액 중 기말현재 미사용된 소모품 80,000원이 있다.

14 자산으로 계상되어 있는 소모품 중 당기 사용액은 260,000원이다.

15 기말 현재 가지급금의 잔액 200,000원은 전부 영업부직원의 여비교통비로 확인되었다.

KcLep 도우미

01 12월 31일 : (결차) 451.상품매출원가   2,700,000   /   (결대) 146.상품   2,700,000
* (1,000,000 + 2,000,000) − 300,000 = 2,700,000원
* 자격시험에서는 기말상품재고액 만을 알려주므로 기초상품재고액과 당기상품매입액은 [합계잔액시산표]에서 12월을 조회하여 확인하여야 한다. [합계잔액시산표]의 상품 계정 차변잔액(실제 자격시험의 풀이 과정을 설명한 것이므로 세연상사의 DATA와는 금액이 다름)은 기초상품재고액과 당기상품매입액의 합계 금액이다.

차변		계정과목	대변	
잔액	합계		합계	잔액
3,000,000	3,000,000	상 품		

02 12월 31일 : (차) 818.감가상각비   1,500,000   /   (대) 209.감가상각누계액   1,200,000
                                                      (대) 213.감가상각누계액   300,000

03 12월 31일 : (차) 835.대손상각비   1,417,500   /   (대) 109.대손충당금   807,500
                                                    (대) 111.대손충당금   610,000

* 외상매출금 : (90,350,000 × 1%) − 96,000 = 807,500원
* 받을어음   : (67,500,000 × 1%) − 65,000 = 610,000원
* 실제 자격시험에서는 기말 채권잔액 및 충당금 잔액을 제시해 주지 않는 경우가 일반적이다. 이런 경우에는 아래와 같이 [합계잔액시산표] 메뉴의 12월을 조회하여 외상매출금의 차변잔액과 대손충당금의 대변잔액(실제 자격시험의 풀이 과정을 설명한 것이므로 세연상사의 DATA와는 금액이 다름)을 확인하여 추가 설정할 금액을 계산해야 한다.

차변		계정과목	대변	
잔액	합계		합계	잔액
90,350,000	×××	외상매출금		
		대손충당금	×××	96,000
67,500,000	×××	받을어음		
		대손충당금	×××	65,000

04 12월 31일 : (차) 116.미수수익   420,000   /   (대) 901.이자수익   420,000

05 12월 31일 : (차) 116.미수수익   300,000   /   (대) 901.이자수익   300,000

06 12월 31일 : (차) 819.임차료   400,000   /   (대) 262.미지급비용   400,000

07 12월 31일 : (차) 951.이자비용   150,000   /   (대) 262.미지급비용   150,000

08 12월 31일 : (차) 901.이자수익   150,000   /   (대) 263.선수수익   150,000

09 12월 31일 : (차) 901.이자수익   50,000   /   (대) 263.선수수익   50,000

10 12월 31일 : (차) 133.선급비용   500,000   /   (대) 821.보험료   500,000

11 12월 31일 : (차) 133.선급비용   56,000   /   (대) 951.이자비용   56,000

12 12월 31일 : (차) 980.잡손실   50,000   /   (대) 141.현금과부족   50,000

13 12월 31일 : (차) 173.소모품   80,000   /   (대) 830.소모품비   80,000

14 12월 31일 : (차) 830.소모품비   260,000   /   (대) 173.소모품   260,000

15 12월 31일 : (차) 812.여비교통비 200,000   /   (대) 134.가지급금   200,000

제 3 장 결산의 본절차

제1절 손익 계정의 설정

손익(또는 집합손익) 계정은 순손익을 산출하기 위하여 결산시에 설정하는 경과계정이다. 손익 계정의 차변에는 비용 계정의 잔액이 집계되고, 대변에는 수익 계정의 잔액이 집계된다. 손익 계정의 잔액이 대변인 경우 순이익을 나타내며, 잔액이 차변인 경우 순손실을 나타낸다.

손 익			손 익		
매출원가 ×××	매출액	×××	매출원가 ×××	매출액	×××
판매비와관리비 ×××			판매비와관리비 ×××	영업외수익	×××
영업외비용 ×××			영업외비용 ×××		
순이익을 나타냄	영업외수익	×××		순손실을 나타냄	

제2절 수익·비용 계정의 마감

1. 수익 계정의 마감

모든 수익 계정은 그 잔액이 대변에 발생하며, 이러한 계정잔액을 손익 계정 대변에 대체하여 마감한다.

    (차) 매출액   ×××   /   (대) 손익   ×××
         영업외수익   ×××

2. 비용 계정의 마감

모든 비용 계정은 그 잔액이 차변에 발생하며, 이러한 계정잔액을 손익 계정 차변에 대체하여 마감한다.

    (차) 손익   ×××   /   (대) 매출원가   ×××
                                                                                  판매비와관리비   ×××
                                                                      영업외비용   ×××

비용 계정		손익 계정		수익 계정	
매출원가	손익	매출원가	매출액	손익	매출액
판매관리비		판매관리비			
영업외비용		영업외비용	영업외수익		영업외수익
		순이익			

제3절 순손익의 자본 계정 대체

수익과 비용 계정의 잔액을 손익 계정에 대체하면, 손익 계정의 차변합계는 비용총액이 되고 대변합계는 수익총액이 된다. 따라서 손익 계정의 대변합계가 차변합계보다 크면 순이익이 되고, 대변합계가 차변합계보다 작으면 순손실이 된다. 이러한 순손익은 자본의 증감사항이므로 손익 계정의 잔액은 다음과 같이 분개하여 자본금 계정으로 대체되고 손익 계정은 마감된다.

1. 잔액이 대변인 경우 회계처리

(차) 손익　　　　　×××　/　(대) 자본금　　　　　×××

손 익			
매 출 원 가	×××	매 출 액	×××
판매비와관리비	×××		
영 업 외 비 용	×××		
자 본 금	×××	영 업 외 수 익	×××

2. 잔액이 차변인 경우 회계처리

(차) 자본금　　　　　×××　/　(대) 손익　　　　　×××

손 익			
매 출 원 가	×××	매 출 액	×××
판매비와관리비	×××	영 업 외 수 익	×××
영 업 외 비 용	×××	자 본 금	×××

제4절 재무상태표 계정의 마감

1. 자산 계정의 마감

자산에 속하는 계정은 차변에 잔액이 남게 되므로 대변에 차변잔액 만큼을 차기이월이라 기입하여 차변과 대변을 일치시켜 마감시킨 뒤에 그 잔액 만큼을 다음 회계연도에 차변에 기입하여 이월시킨다.

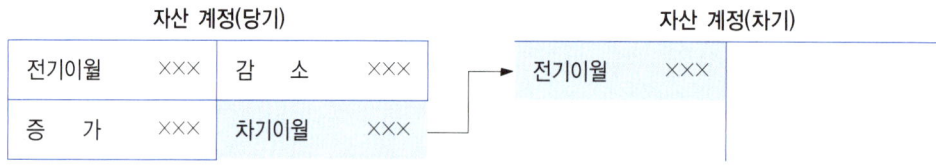

2. 부채·자본 계정의 마감

부채와 자본에 속하는 계정은 대변에 잔액이 남게 되므로 차변에 대변잔액 만큼을 차기이월이라 기입하여 차변과 대변을 일치시켜 마감시킨 뒤에 그 잔액 만큼을 다음 회계연도에 대변에 기입하여 이월시킨다.

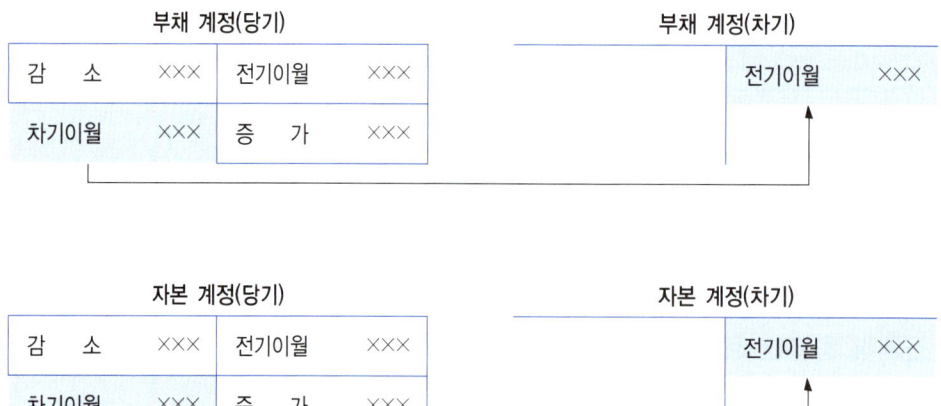

세희상사의 재고조사표를 보고 결산정리분개를 하고 계정에 기입하시오(기초상품재고액은 없으며 당기상품매입액은 230,000원).

〈 재고 조사표 〉

계 정 과 목	적 요		금 액	
상 품	가방 100개 @2,000원			200,000
외 상 매 출 금	기말 장부잔액	150,000		
	대손충당금 1% 설정	1,500		148,500
비 품	취득원가	200,000		
	당기 감가상각비	40,000		160,000
				508,500

해설 (1) (차) 상품매출원가   30,000   /   (대) 상품   30,000
  * 매출원가 = 기초(0) + 당기매입(230,000) − 기말(200,000) = 30,000원
 (2) (차) 대손상각비   1,500   /   (대) 대손충당금   1,500
 (3) (차) 감가상각비   40,000   /   (대) 감가상각누계액   40,000

```
            상 품
 7/14   150,000 │ 12/31   30,000
 11/ 5   80,000 │

         상품매출원가
 12/31   30,000 │

         대손상각비              대손충당금
 12/31    1,500 │            │ 12/31    1,500

          감가상각비             감가상각누계액
 12/31   40,000 │            │ 12/31   40,000
```

세희상사의 손익 계정을 설정하여 수익 · 비용 계정을 마감하고 순이익을 자본 계정에 대체분개하고 전기하시오.

급 여			
9/20	50,000	12/31	

임차료			
10/30	20,000	12/31	

상품매출원가			
12/31	30,000	12/31	

대손상각비			
12/31	1,500	12/31	

감가상각비			
12/31	40,000	12/31	

자본금			
		4/ 1	500,000
		12/31	

상품매출			
12/31		8/ 6	250,000

손 익			
12/31		12/31	
12/31			
12/31			
12/31			
12/31			
12/31			

해설
(1) (차) 상품매출 250,000 / (대) 손익 250,000
(2) (차) 손익 141,500 / (대) 상품매출원가 30,000
　　　　　　　　　　　　　　　　　 급여 50,000
　　　　　　　　　　　　　　　　　 임차료 20,000
　　　　　　　　　　　　　　　　　 대손상각비 1,500
　　　　　　　　　　　　　　　　　 감가상각비 40,000
(3) (차) 손익 108,500 / (대) 자본금 108,500

급 여			
9/20	50,000	12/31	50,000

임차료			
10/30	20,000	12/31	20,000

상품매출원가			
12/31	30,000	12/31	30,000

대손상각비			
12/31	1,500	12/31	1,500

감가상각비			
12/31	40,000	12/31	40,000

자본금			
		4/ 1	500,000
		12/31	108,500

상품매출			
12/31	250,000	8/ 6	250,000

손 익			
12/31	30,000	12/31	250,000
12/31	50,000		
12/31	20,000		
12/31	1,500		
12/31	40,000		
12/31	108,500		
	250,000		250,000

세희상사의 자산·부채·자본 계정을 마감하고 차기로 이월하면 다음과 같다.

[당 기]

현 금			
4/ 1	500,000	5/12	200,000
6/ 3	300,000	7/14	150,000
12/10	100,000	9/20	50,000
		10/30	20,000
		12/31 차기이월	480,000
계	900,000	계	900,000

상 품			
7/14	150,000	12/31	30,000
11/5	80,000	12/31 차기이월	200,000
계	230,000	계	230,000

외상매출금			
8/6	250,000	12/10	100,000
		12/31 차기이월	150,000
계	250,000	계	250,000

대손충당금			
12/31 차기이월	1,500	12/31	1,500
계	1,500	계	1,500

감가상각누계액			
12/31 차기이월	40,000	12/31	40,000
계	40,000	계	40,000

비 품			
5/12	200,000	12/31 차기이월	200,000
계	200,000	계	200,000

외상매입금			
12/31 차기이월	80,000	11/5	80,000
계	80,000	계	80,000

단기차입금			
12/31 차기이월	300,000	6/3	300,000
계	300,000	계	300,000

자본금			
		4/1	500,000
12/31 차기이월	608,500	12/31	108,500
계	608,500	계	608,500

[차 기]

현 금	
1/1 전기이월 480,000	

상 품	
1/1 전기이월 200,000	

외상매출금	
1/1 전기이월 150,000	

대손충당금	
	1/1 전기이월 1,500

감가상각누계액	
	1/1 전기이월 40,000

비 품	
1/1 전기이월 200,000	

외상매입금	
	1/1 전기이월 80,000

단기차입금	
	1/1 전기이월 300,000

자본금	
	1/1 전기이월 608,500

기/출/문/제 (필기)

01 대한상사는 10월 1일 보험료 24,000원의 1년 만기 화재보험에 가입하고 가입과 함께 대금을 현금으로 지불하였다. 10월 1일 회계담당자는 보험료 계정 차변에 24,000원, 현금 계정 대변에 24,000원을 기록하였다. 기말에 어느 계정에 대해 수정분개를 해야 하는가?

① 현금
② 보험료
③ 선수보험료
④ 미지급보험료

[풀이] (차)선급보험료(선급비용)   ×××   /   (대) 보험료   ×××

02 미지급비용을 가장 적절하게 설명한 것은 어느 것인가?

① 당기의 수익에 대응되며 지급된 비용
② 당기의 수익에 대응되며 미지급된 비용
③ 당기의 수익에 대응되지 않으며 지급된 비용
④ 당기의 수익에 대응되지 않으며 미지급된 비용

03 다음의 수익 계정과 비용 계정 중에서 틀린 것은?

	〈수익 계정〉	〈비용 계정〉		〈수익 계정〉	〈비용 계정〉
①	매출	매출원가	②	수입임대료	지급임차료
③	이자수익	이자비용	④	선수수익	선급비용

[풀이] 선수수익은 부채, 선급비용은 자산 계정이다.

04 다음 중 비용 계정에 해당하지 않는 것은?

① 선급임차료
② 유형자산처분손실
③ 기부금
④ 대손상각비

[풀이] 선급임차료는 자산 계정에 해당한다.

05 다음 중 비용에 속하지 않는 것은?

① 임차료
② 미지급비용
③ 감가상각비
④ 세금과공과금

[풀이] 미지급비용은 부채에 속한다.

06 수익에 해당되지 않는 계정과목은?

① 미수수익 ② 임대료수익
③ 이자수익 ④ 유형자산처분이익

[풀이] 미수수익은 자산에 해당한다.

07 다음 계정과목 중 성격이 다른 하나는?

① 선급비용 ② 선수수익
③ 미지급금 ④ 선수금

[풀이] 선급비용은 자산이고 선수수익, 미지급금, 선수금은 부채이다.

08 다음 중 선급비용에 해당하지 않는 것은?

① 선급보험료 ② 종업원에 대한 선급 급여
③ 선급임차료 ④ 선급이자

[풀이] 종업원에 대한 선급 급여는 자산(임직원등 단기채권)에 해당한다.

09 ×1년 11월 1일 정일상사에서 임대료 1,500,000원(3개월분)을 자기앞수표로 받았다. 12월 31일 결산시 계상될 선수수익은 얼마인가?

① 500,000원 ② 1,000,000원
③ 1,500,000원 ④ 계상할 금액이 없다.

[풀이] 임대료 선수분 : 1,500,000 × (차기 1개월/총 3개월) = 500,000원

10 보험기간이 ×1년 9월 1일부터 ×2년 2월 28일까지인 보험료 600,000원을 지급하였다. ×1년도 결산시 선급비용은 얼마인가? (기간은 월 단위로 계산)

① 200,000원 ② 300,000원 ③ 400,000원 ④ 600,000원

[풀이] 보험료 선급분 : 600,000 × (차기 2개월/총 6개월) = 200,000원

11 10월 1일 영업용 차량의 보험료 1년분 120,000원을 현금으로 지급한 경우 12월 31일 결산시 선급보험료에 해당하는 금액은 얼마인가? (월할 계산할 것)

① 100,000원 ② 110,000원 ③ 80,000원 ④ 90,000원

[풀이] 보험료 선급분 : 120,000 × (차기 9개월/총 12개월) = 90,000원

12 11월 1일 1년분 보험료 120,000원을 지급하고 다음과 같이 회계처리 하였다. 12월 31일 차변 계정과목과 금액으로 바른 것은? (월할 계산할 것)

(차변) 보험료 120,000	(대변) 현금 120,000

① 보험료 100,000원 ② 선급비용 100,000원

③ 선급비용 120,000원   ④ 보험료   20,000원

[풀이] 보험료 선급분 : 120,000 × (차기 10개월/총 12개월) = 100,000원

13 삼일상점은 ×1년 7월 1일 건물의 1년분 임대료 60,000원을 전액 현금으로 받고 수익 계정으로 회계처리 하였다. ×1년 12월 31일 결산 재무상태표에 보고되는 선수임대료는?

① 20,000원   ② 25,000원   ③ 30,000원   ④ 40,000원

[풀이] 임대료 선수분 : 60,000 × (차기 6개월/총 12개월) = 30,000원

14 9월 1일 건물임대료 6개월분 30,000원을 현금으로 받고 수익으로 회계 처리하였다. 12월 31일 결산시 선수임대료에 해당하는 금액은? (월할 계산할 것)

① 10,000원   ② 15,000원   ③ 20,000원   ④ 25,000원

[풀이] 임대료 선수분 : 30,000 × (차기 2개월/총 6개월) = 10,000원

15 결산 결과 당기순이익이 300,000원이었으나 아래의 사항이 누락되었음을 발견하였다. 수정 후 정확한 당기순이익을 계산하면 얼마인가?

| • 임대료 선수분 30,000원 | • 보험료 미지급액 50,000원 |

① 220,000원   ② 280,000원   ③ 320,000원   ④ 380,000원

[풀이] (차) 임대료수익   30,000 / (대) 선수수익   30,000 ☞ 수익 소멸(순이익 감소)
       (차) 보험료   50,000 / (대) 미지급비용 50,000 ☞ 비용 발생(순이익 감소)
       따라서 당기순이익이 당초의 금액보다 80,000원 감소한다.

16 결산 결과 당기순이익 10,000원이 산출되었으나 아래 사항이 누락된 것을 추후에 발견하였다. 수정 후 당기순이익은?

| • 보험료 선급분 2,000원 | • 이자 미지급분 1,000원 |

① 9,000원   ② 11,000원   ③ 12,000원   ④ 13,000원

[풀이] (차) 선급비용   2,000 / (대) 보험료   2,000 ☞ 비용 소멸(순이익 증가)
       (차) 이자비용   1,000 / (대) 미지급비용 1,000 ☞ 비용 발생(순이익 감소)
       따라서 당기순이익이 당초의 금액보다 1,000원 증가한다.

17 결산 결과 당기순이익 100,000원이 산출되었으나 다음과 같은 사항이 누락되었다. 수정 후 당기순이익은?

| • 보험료 미경과분 10,000원 | • 임대료수익 선수분 5,000원 |

① 85,000원　　② 95,000원　　③ 105,000원　　④ 115,000원

[풀이] (차) 선급비용　10,000 / (대) 보험료　　10,000 ☞ 비용 소멸(순이익 증가)
　　　 (차) 임대료수익　5,000 / (대) 선수수익　5,000 ☞ 수익 소멸(순이익 감소)
　　　 따라서 당기순이익이 당초의 금액보다 5,000원 증가한다.

18 ×1년 9월 1일 보험료 1년분 120,000원을 현금으로 지급하고 보험료 계정으로 회계처리 한 경우 결산시에 선급비용 계정에 계산되는 금액은 얼마인가?

① 40,000원　　② 60,000원　　③ 80,000원　　④ 없다.

[풀이] 보험료 선급분 : 120,000 × (차기 8개월/총 12개월) = 80,000원

19 ×1년 10월 1일 업무용 자동차 보험료 600,000원(보험기간 : ×1년 10월 1일 ~ ×2년 9월 30일)을 현금지급하면서 전액 비용처리하고, ×1년 12월 31일 결산시에 아무런 회계처리를 하지 않았다. ×1년 재무제표에 미치는 영향으로 옳은 것은?

① 손익계산서 순이익이 450,000원 과대계상
② 재무상태표 자산이 450,000원 과소계상
③ 손익계산서 순이익이 150,000원 과소계상
④ 재무상태표 자산이 150,000원 과대계상

[풀이] 보험료 선급분 : 600,000 × (차기 9개월/총 12개월) = 450,000원
　　　 결산시 회계처리 : (차) 선급비용　450,000 / (대) 보험료　450,000 ☞ 비용 소멸
　　　 위 결산시 회계처리가 누락되면 비용 450,000원을 과대계상 하여 손익계산서 순이익이 450,000원 과소계상 되고, 재무상태표에 자산(선급비용) 450,000원 과소계상 된다.

20 다음 중 결산시 손익 계정에 대체되는 계정은?

① 비품　　　　　　　　　　② 감가상각비
③ 외상매입금　　　　　　　④ 단기차입금

[풀이] 결산시 손익 계정으로 대체되는 계정은 손익계산서 계정이다.

21 기말 결산시 손익 계정으로 대체되는 계정과목은?

① 대손상각비　　　　　　　② 선수금
③ 단기차입금　　　　　　　④ 외상매출금

22 다음 손익 계정의 기입내용을 가장 적절하게 설명한 것은?

손 익	
자본금　　5,000원	

① 자본금 5,000원을 손익 계정에 대체

② 당기순손실 5,000원을 자본금 계정에 대체
③ 추가출자액 5,000원을 손익 계정에 대체
④ 당기순이익 5,000원을 자본금 계정에 대체

[풀이] (차) 손 익　　　　　　　5,000　/　(대) 자본금　　　　　　　5,000

23 다음 계정 기입의 설명으로 올바른 것은?

자 본 금

12/31 차기이월	35,000원	1/ 1 전기이월	20,000원
		12/31 손　익	15,000원

① 기초자본금은 35,000원이다.　　　② 기말자본금은 20,000원이다.
③ 당기순이익은 15,000원이다.　　　④ 당기순손실은 15,000원이다.

[풀이] 기초자본금은 자본금 계정 대변의 전기이월 20,000원, 기말자본금은 자본금 계정 차변의 차기이월 35,000원, 자본금 계정 대변의 손익 15,000원은 당기순이익을 자본금 계정에 대체한 것을 의미한다.

24 다음 중 기말 결산 후 차기로 이월되어 사용되는 것은?

① 매출액　　　　　　　　　　② 매출원가
③ 매출채권　　　　　　　　　④ 매출총이익

[풀이] 잔액을 차기로 이월할 수 있는 계정은 재무상태표 계정이다.

25 다음 ( ) 안에 적합한 계정과목은?

(	)		
당 좌 예 금	300,000원	전 기 이 월	200,000원
현　　　　금	150,000원	차 량 운 반 구	600,000원
차 기 이 월	350,000원		
	800,000원		800,000원

① 미수금　　　② 미지급금　　　③ 선급금　　　④ 외상매출금

[풀이] 대변에 전기이월 되는 것은 부채와 자본 계정이다.

정답

1. ②　2. ②　3. ④　4. ①　5. ②　6. ①　7. ①　8. ②　9. ①　10. ①
11. ④　12. ②　13. ③　14. ①　15. ①　16. ②　17. ③　18. ③　19. ②　20. ②
21. ①　22. ④　23. ③　24. ③　25. ②

제 4 장 재무제표 작성

기업은 일정한 시점의 재무상태와 일정기간 동안의 경영성과 등의 회계자료를 기업의 이해관계자인 주주, 채권자, 투자자, 정부 등에게 전달하여야 한다. 이러한 기업의 재무상태와 경영성과 등의 회계정보를 보고하기 위한 각종의 보고서를 결산보고서 또는 재무제표라 한다. 일반기업회계기준에서 규정하고 있는 재무제표는 다음과 같다.
  ① 재무상태표
  ② 손익계산서
  ③ 현금흐름표
  ④ 자본변동표
  ⑤ 주석

손익계산서와 재무상태표는 수정 후 잔액시산표를 기초로 하여 작성하게 된다. 잔액시산표의 수익·비용 계정의 잔액을 기초로 손익계산서를 작성하고, 잔액시산표의 자산·부채·자본계정을 기초로 재무상태표를 작성한다.

잔액시산표		손익계산서		재무상태표	
자산	부채	비용	수익	자산	부채
	자본	당기순이익			자본
					(당기순이익)
비용	수익				

본서에서는 전산회계 2급의 출제 범위인 개인기업의 재무상태표와 손익계산서에 대하여 프로그램에 의한 작성방법에 대하여만 설명하기로 한다.

개인기업의 재무제표 확정 작업순서

결산정리 사항을 [일반전표입력]에 결산일자로 입력하고, [결산자료입력]에서 해당 내용을 입력하고 F3 전표추가 를 클릭하여 결산을 완료하였으면 다음과 같은 순서로 재무제표를 확정한다.
① 손익계산서(당기순손익 확정) ⇨ [F3 전표추가](손익 대체 및 자본금 대체 자동분개)
② 재무상태표(당기순손익이 자본금 계정에 반영)

제1절 손익계산서

일정기간 동안의 기업의 경영성과를 나타낸 일람표를 손익계산서라 한다.

 **KcLep 길라잡이**

- [재무회계]>[결산/재무제표]>[손익계산서]를 선택하고 기간(12월)을 입력하면 다음과 같은 화면이 나타난다.

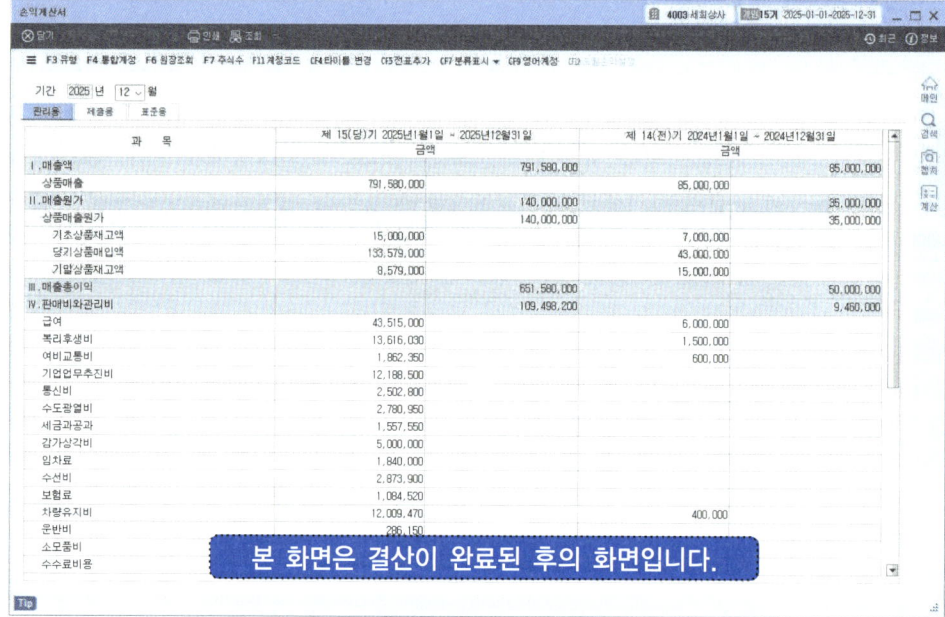

• 세희상사 [손익계산서(관리용)] 화면 •

▶ 기간

조회하고자 하는 해당 월을 입력한다.

『관리용』 탭

회사관리용으로 구체적인 계정과목으로 표시된 손익계산서가 작성된다.

『제출용』 탭

일반기업회계기준의 계정과목으로 표시된 외부보고용 손익계산서가 작성된다.

『표준용』 탭

소득세 사무처리 규정에 의하여 소득세 신고시 부속서류로 제출되는 손익계산서가 작성된다.

▶ F6 원장조회

해당 항목에 커서를 위치하고 키보드의 F6 키를 누르거나 상단 툴바의 F6 원장조회 를 클릭하면 해당 계정과목의 계정별원장 조회 및 전표를 수정할 수 있다.

▶ 전표추가

상단 툴바의 CF5 전표추가 를 클릭하면 수익과 비용 계정의 잔액을 손익 계정에 대체하여 손익계산서 계정을 마감하고, 손익 계정의 잔액을 자본금 계정에 대체하는 분개를 [일반전표입력] 메뉴 12월 31일자에 자동 발생시킨다.

① (차) 매출액　　　　　　　×××　/　(대) 손익　　　　　×××
　　　 영업외수익　　　　　 ×××

② (차) 손익　　　　　　　　×××　/　(대) 매출원가　　　×××
　　　　　　　　　　　　　　　　　　　　판매비와관리비　×××
　　　　　　　　　　　　　　　　　　　　영업외비용　　　×××

③ (차) 손익　　　　　　　　×××　/　(대) 자본금　　　　×××
또는
　　(차) 자본금　　　　　　 ×××　/　(대) 손익　　　　　×××

[참고] 손익대체분개의 일괄삭제
　자동분개 발생 후에 수정사항이 발생한 경우에는 자동분개를 삭제한 후 수정을 하여야 한다.
　① [일반전표입력]에서 결산월(12월)을 선택한 후 상단 툴바의 SF5 일괄삭제및기타 를 클릭한다.
　② 「일괄삭제」 보조창에서 선택항목검색 을 클릭하고 키보드의 F5 키를 누르고 예(Y) 를 클릭한다.

제2절 재무상태표

기업의 재무상태를 명확히 보고하기 위하여 일정 시점의 자산, 부채, 자본의 상태를 나타내는 일람표를 재무상태표라고 한다.

 **KcLcp 길라잡이**

- [재무회계]>[결산/재무제표]>[재무상태표]를 선택하고 기간(12월)을 입력하면 다음과 같은 화면이 나타난다.

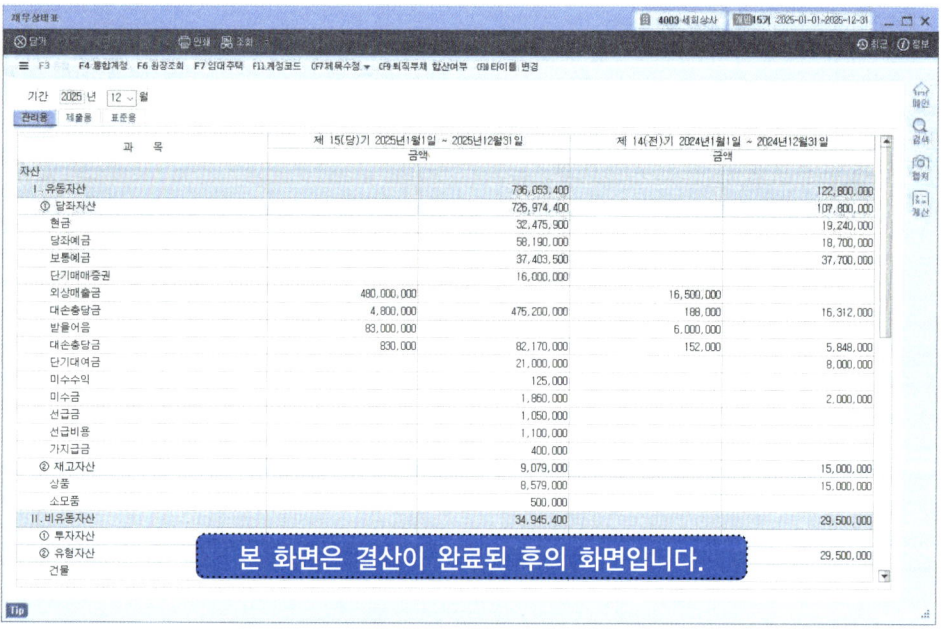

• 세희상사 [재무상태표(관리용)] 화면 •

▶ 기간

조회하고자 하는 해당 월을 입력한다.

『관리용』 탭

회사관리용으로 구체적인 계정과목으로 표시된 재무상태표가 작성된다.

『제출용』탭

기업회계기준의 계정과목으로 표시된 외부보고용 재무상태표가 작성된다.

『표준용』탭

소득세 사무처리 규정에 의하여 소득세 신고시 부속서류로 제출되는 재무상태표가 작성된다.

▶ F4 통합계정

일반기업회계기준에서는 일부 계정과목을 통합하여 재무제표를 작성하도록 하고 있으나, 실무적으로는 관리목적상 구체적인 각 계정과목을 사용한다. 그래서 실무에서는 관리목적상 구체적인 계정과목을 사용하고 외부보고용 재무제표 작성시에는 일반기업회계기준에 맞게 계정과목을 통합하여 작성되도록 하는 것이다.

▶ F6 원장조회

해당 항목에 커서를 위치하고 키보드의 F6 키를 누르거나 상단 툴바의 F6 원장조회를 클릭하면 해당 계정과목의 계정별원장 조회 및 전표를 수정할 수 있다.

기/출/문/제 (실기)

다음 결산정리사항을 세희상사(회사코드 : 4003)의 [일반전표입력] 및 [결산자료입력] 메뉴에 입력하여 결산을 완료하시오.

01 단기매매증권의 기말 현재 장부금액과 공정가치는 다음과 같다. 기말(12월 31일) 평가에 대한 회계처리를 하시오.

구 분	장부금액	공정가치
㈜종로 주식	15,000,000원	16,000,000원

02 결산일 현재 예금에 대한 당기분 이자 미수액은 125,000원이다.

03 12월분 영업부서 직원급여 2,500,000원은 다음달 5일에 지급될 예정이며, 급여에서 차감할 세금 등은 200,000원이다(급여 지급일은 다음달 5일).

04 결산일 현재 단기대여금에 대한 이자수익으로 회계처리한 금액 중 기간미경과분 40,000원이 있다.

05 12월 1일에 보험료로 계상하여 지급한 보험료 1,200,000원은 당기 12월 1일부터 차기 11월 30일 까지분이다(월할 계산할 것).

06 8월 13일의 현금과부족 반영분 10,000원(과잉분)이 결산일까지 원인불명 되다.

07 취득시 영업부문의 소모품비로 계상한 것 중 기말 현재 미사용 소모품은 500,000원이다.

08 당기말의 가수금 140,000원의 잔액은 대신완구의 미수금 회수분이다. 단, 가수금에 대한 거래처 입력은 생략한다.

09 결산일 현재 인출금 잔액을 정리하시오.

10 기말상품재고액은 8,579,000원이다(문제 10번부터 12번은 [결산자료입력] 메뉴를 이용할 것).

11 영업부서에서 사용 중인 건물 및 비품 감가상각비는 각각 4,500,000원과 500,000원이다.

12 대손충당금은 매출채권(외상매출금, 받을어음) 잔액에 대하여 1%를 보충법으로 설정한다.

KcLep 도우미

해설

① 단기매매증권의 평가

일	번호	구분	계정과목	거래처	적요	차변	대변
31	00001	차변	0107 단기매매증권			1,000,000	
31	00001	대변	0905 단기매매증권평가이익				1,000,000

② 수익의 발생

일	번호	구분	계정과목	거래처	적요	차변	대변
31	00002	대변	0901 이자수익				125,000
31	00002	차변	0116 미수수익			125,000	

③ 비용의 발생

일	번호	구분	계정과목	거래처	적요	차변	대변
31	00003	차변	0801 급여			2,500,000	
31	00003	대변	0262 미지급비용				2,500,000

④ 수익의 이연

일	번호	구분	계정과목	거래처	적요	차변	대변
31	00004	차변	0901 이자수익			40,000	
31	00004	대변	0263 선수수익				40,000

⑤ 비용의 이연

일	번호	구분	계정과목	거래처	적요	차변	대변
31	00005	대변	0821 보험료				1,100,000
31	00005	차변	0133 선급비용			1,100,000	

⑥ 현금과부족 계정의 정리

일	번호	구분	계정과목	거래처	적요	차변	대변
31	00006	차변	0141 현금과부족			10,000	
31	00006	대변	0930 잡이익				10,000

⑦ 소모품의 정리

일	번호	구분	계정과목	거래처	적요	차변	대변
31	00007	대변	0830 소모품비				500,000
31	00007	차변	0173 소모품			500,000	

⑧ 가수금 계정의 정리

일	번호	구분	계정과목	거래처	적요	차변	대변
31	00008	차변	0257 가수금			140,000	
31	00008	대변	0120 미수금	02100 대신완구			140,000

⑨ 인출금 계정의 정리

- 합계잔액시산표(12월)를 조회하여 인출금 계정잔액을 확인한다. 인출금 계정잔액이 대변에 (−)1,270,000원으로 표시되는데 이는 차변잔액이 1,270,000원이라는 의미와 같다.

일	번호	구분	계정과목	거래처	적요	차변	대변
31	00009	대변	0338 인출금				1,270,000
31	00009	차변	0331 자본금			1,270,000	

⑩ [결산자료입력] 메뉴를 이용한 자동분개

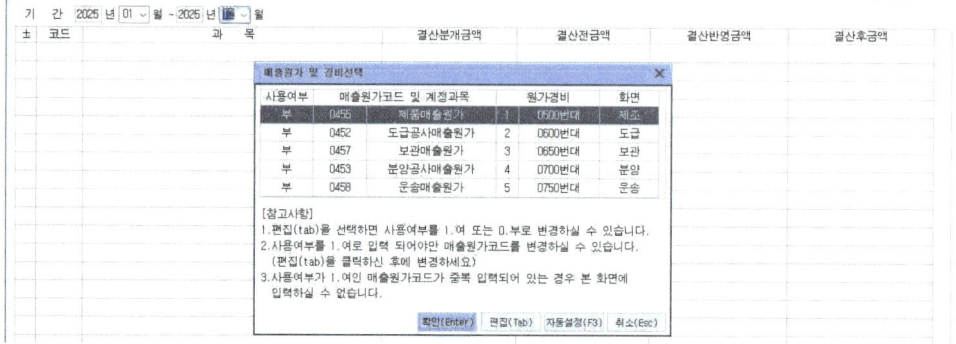

- [재무회계]>[결산/재무제표]>[결산자료입력]에서 기간(1월 ~ 12월)을 입력하고 「매출원가 및 경비선택」 보조창에서 확인(Enter) 을 클릭한다.

±	코드	과목	결산분개금액	결산전금액	결산반영금액	결산후금액
		1. 매출		791,580,000		791,580,000
	0401	상품매출		791,580,000		791,580,000
		2. 매출원가		148,579,000		140,000,000
	0451	상품매출원가				140,000,000
	0146	① 기초 상품 재고액		15,000,000		15,000,000
	0146	② 당기 상품 매입액		133,579,000		133,579,000
	0146	⑩ 기말 상품 재고액		㉮	8,579,000	8,579,000

㉮ 재고자산의 기말재고액 입력
▶ 기말 상품 재고액 : 8,579,000원

		3. 매출총이익	643,001,000	8,579,000	651,580,000
		4. 판매비와 일반관리비	99,208,200	10,290,000	109,498,200
		1). 급여 외	43,515,000		43,515,000
0801		급여	43,515,000		43,515,000
0806		2). 퇴직급여(전입액)			
0850		3). 퇴직연금충당금전입액			
0818		4). 감가상각비		5,000,000	5,000,000
0202		건물		4,500,000	4,500,000
0208		차량운반구	㉮		
0212		비품		500,000	500,000
0835		5). 대손상각		5,290,000	5,290,000
0108		외상매출금		4,612,000	4,612,000
0110		받을어음	㉯	678,000	678,000
		7). 기타비용	55,693,200		55,693,200
0811		복리후생비	13,616,030		13,616,030
0812		여비교통비	1,862,350		1,862,350

㉮ 감가상각비 입력

▶ 감가상각비 : [건물 4,500,000원] [비품 500,000원]

㉯ 매출채권에 대한 대손충당금 입력

▶ 대손상각 : [외상매출금 4,612,000원] [받을어음 678,000원]

매출채권 잔액 480,000,000	656,850,000	외 상 매 출 금	176,850,000	
		대 손 충 당 금	188,000	대손충당금 잔액 188,000
매출채권 잔액 83,000,000	92,000,000	받 을 어 음	9,000,000	
		대 손 충 당 금	152,000	대손충당금 잔액 152,000

[해설] [재무회계]>[결산/재무제표]>[합계잔액시산표]에서 12월을 조회하여 매출채권(외상매출금과 받을어음) 계정의 차변잔액과 동 대손충당금 대변잔액을 확인한다. 당기 대손충당금 설정액은 매출채권잔액의 1%이므로 당기설정액 1%에서 기 설정된 충당금잔액을 차감한 금액을 추가로 입력한다.

㉠ 외상매출금 : (480,000,000 × 1%) − 188,000 = 4,612,00원
㉡ 받을어음 : (83,000,000 × 1%) − 152,000 = 678,000원

[참고] F8 대손상각 기능키 이용하기

상단 툴바의 [F8 대손상각]을 클릭하면 「대손상각」보조창에 대손충당금 설정대상 채권의 잔액과 대손충당금 설정 전 충당금 잔액이 표시되며, [추가설정액]란이 대손율(%)에 맞게 자동 표시된다. 대손율(%)이 다른 경우 수정하고 설정대상이 아닌 채권의 [추가설정액]란은 삭제한 후 [결산반영]을 클릭하여 입력할 수도 있다.

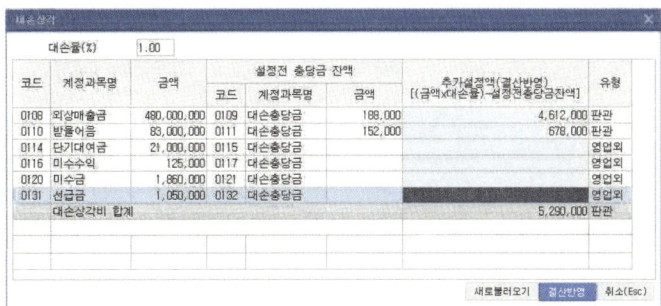

㉰ [일반전표입력] 메뉴에 전표추가 : 입력이 완료되면 상단 툴바의 [F3전표추가]를 클릭하고 대화창에서 [예(Y)]를 클릭하여 [일반전표입력] 메뉴에 전표를 추가한다.

제 5 장 마감후 이월

본 메뉴는 실무에서 기중 모든 거래 자료 입력이 완료되고 결산이 종료된 이후에 실행하는 메뉴이다. 결산의 모든 절차가 완료되면 다음연도로 자료 및 거래처를 이월시켜야 하고 작업이 종료된 데이터는 더 이상 타인이 수정하지 못하도록 안전조치를 취해야 할 것이다. 이러한 기능을 수행하는 것이 [마감후 이월] 메뉴이다. 그러므로 기중에 실수로 마감을 하게 되면 자료의 입력 및 수정이 불가능하게 되므로 기중에는 마감을 하지 않도록 해야 한다. 만약 실수로 마감을 했다면 해당 메뉴의 상단 툴바의 를 클릭한다. 동 메뉴는 자격시험과 무관하므로 이러한 절차를 자격시험 중에는 진행하지 않아야 한다.

KcLep 길라잡이

- [재무회계]>[전기분 재무제표]>[마감후 이월]을 선택하면 다음과 같은 화면이 나타난다.
- 상단 툴바의 F6 마감실행 을 클릭하면 장부가 마감되어 다음연도의 초기이월로 자동 반영된다.

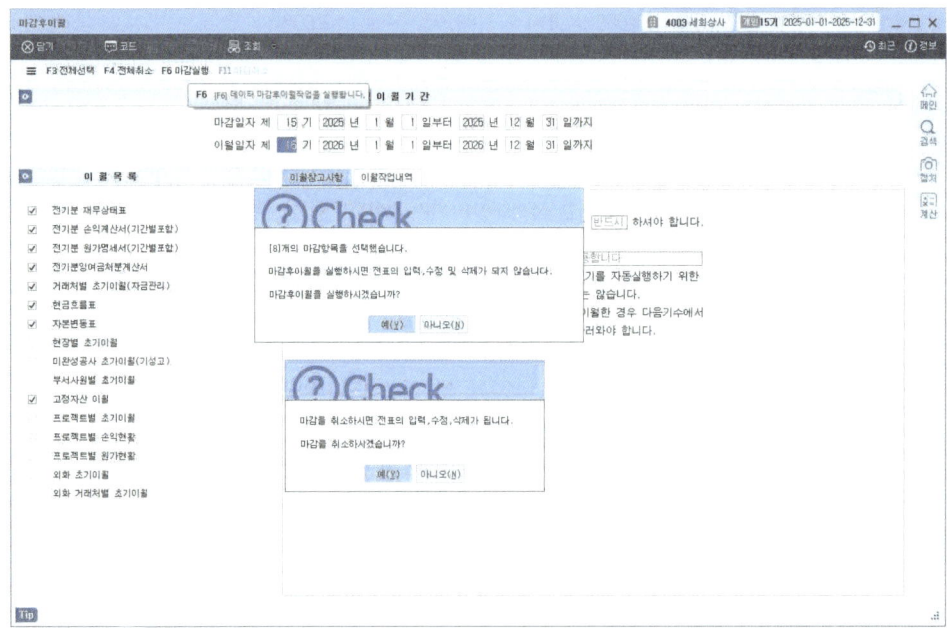

• 세연상사 [마감후 이월] 화면 •

기/출/문/제 (필기)

01 손익계산서에 대한 설명으로 틀린 것은?

① 손익계산서는 기업의 경영성과를 보여준다.
② 손익계산서의 기본요소는 수익, 비용, 당기순손익이다.
③ 수익이 비용보다 많을 때는 순이익이 생긴다.
④ 기업의 일정시점의 재무상태를 제공한다.

[풀이] 기업의 일정시점의 재무상태를 제공하는 것은 재무상태표이다.

02 손익계산서에 대한 다음 설명 중 틀린 것은?

① 수익과 비용에 대한 정보를 제공해 준다.
② 반드시 작성 대상기간을 기록하여야 한다.
③ 기업의 재무상태를 나타내는 보고서이다.
④ 수익에서 비용을 차감하여 순손익을 계산한다.

[풀이] 기업의 재무상태를 나타내는 보고서는 재무상태표이다.

03 손익계산서의 구분이익 중 마지막으로 표시되는 이익은?

① 매출총이익　　　　　　　② 당기순이익
③ 경상이익　　　　　　　　④ 영업이익

04 기업의 미래현금흐름과 수익창출능력 등의 예측에 유용한 정보를 제공하는 손익계산서에 표시되지 않는 것은?

① 매출총손익　　　　　　　② 영업손익
③ 당기순손익　　　　　　　④ 경상손익

05 다음 중 손익계산서에 영향을 미치지 않는 거래는?

① 외상매출금 600,000원이 보통예금통장으로 입금되다.
② 월말이 되어 경비용역 수수료 50,000원을 지급하다.
③ 거래처 직원이 방문하여 점심식사를 접대하다.
④ 불우이웃돕기 성금을 1,000,000원 지급하다.

[풀이] 외상매출금이 감소하고 보통예금이 증가되는 거래는 재무상태표에만 영향을 미친다.

06 다음 중 손익계산서에 나타날 수 없는 계정은?

① 광고선전비 ② 선급비용
③ 매출원가 ④ 채무면제이익

[풀이] 선급비용은 자산이므로 재무상태표에 나타난다.

07 다음 중 손익계산서를 구성하는 계정과목에 해당하지 않는 것은?

① 지급임차료 ② 감가상각비
③ 보험료 ④ 대여금

[풀이] 대여금은 자산으로 재무상태표를 구성하는 계정과목이다.

08 다음 중 손익계산서에 표시되는 계정과목이 아닌 것은?

① 기업업무추진비 ② 이자비용
③ 소모품 ④ 대손상각비

[풀이] 소모품은 자산으로 재무상태표에 표시된다.

09 다음 중 손익계산서 계정이 아닌 것은?

① 이자수익 ② 임차료
③ 세금과공과금 ④ 선급보험료

[풀이] 선급보험료는 자산으로 재무상태표 계정이다.

10 다음 중 손익계산서 항목이 아닌 것은?

① 미수수익 ② 기타의대손상각비
③ 이자수익 ④ 유형자산처분손실

[풀이] 미수수익은 자산으로 재무상태표 항목이다.

11 다음 밑줄 친 부분과 관련 있는 계정과목을 고르면?

> 회계는 일정시점에서 기업의 <u>재무상태</u>를 파악하고 일정기간 동안 기업의 경영성과를 밝히는 데 목적이 있다.

① 현금및현금성자산 ② 감가상각비
③ 기부금 ④ 이자수익

[풀이] 재무상태와 관련있는 계정과목은 자산, 부채, 자본이다.

12 다음 거래 중 재무상태표에만 영향을 주는 거래는?
① 외상대금 현금 회수
② 당월분 전기요금 현금 납부
③ 종업원의 당월분 급여 현금 지급
④ 차입금에 대한 당월분 이자 현금 지급

13 다음 보기에서 재무제표항목의 분류가 올바르지 않은 것은?
① 비품 - 자산
② 미수금 - 부채
③ 선수금 - 부채
④ 미지급금 - 부채
[풀이] 미수금은 자산이다.

14 다음 중 재무상태표에 표시되는 계정과목이 아닌 것은?
① 선급보험료   ② 노무비   ③ 대여금   ④ 미지급금
[풀이] 노무비는 비용으로 손익계산서에 표시된다.

15 다음 대화 중 (가), (나)에 들어갈 올바른 것은?

> 학 생 : 재무제표의 종류는 무엇인가요?
> 선생님 : 재무제표는 재무상태표, (가), 현금흐름표, (나)로 구성되며, 주석을 포함한단다.

(가)	(나)		(가)	(나)
① 손익계산서	자본변동표		② 정산표	손익계산서
③ 합계시산표	재고조사표		④ 재고조사표	합계시산표

[풀이] 재무제표는 재무상태표, 손익계산서, 현금흐름표, 자본변동표로 구성되며, 주석을 포함한다.

16 재무제표에 대한 설명 중 옳은 것은?
① 재무상태표의 구성요소인 자산은 유동자산과 비유동자산으로 구분한다.
② 재무상태표의 구성요소인 부채는 유동부채와 고정부채로 구분한다.
③ 손익계산서는 일정시점의 기업의 재무상태를 나타낸다.
④ 재무상태표는 일정기간의 기업의 경영성과를 나타낸다.
[풀이] 부채는 유동부채와 비유동부채로 구분한다.

17 다음의 설명된 내용과 재무제표의 연결이 바르지 않은 것은?
① 기업의 일정시점의 재무상태를 나타내는 표 - 재무상태표
② 기업의 일정기간의 경영성과를 나타내는 표 - 이익잉여금처분계산서
③ 기업의 일정기간의 자본변동을 나타내는 표 - 자본변동표
④ 기업의 일정기간의 수익·비용을 나타내는 표 - 손익계산서
[풀이] 이익잉여금처분계산서는 이익잉여금의 처분내용을 표시한 서식으로 재무제표가 아니다.

18 다음 중 재무제표에 속하지 않는 것은?

① 재무상태표　　　　　　　② 주석
③ 현금흐름표　　　　　　　④ 합계잔액시산표

19 다음 보기에서 재무제표항목의 분류가 올바르지 않은 것은?

① 자산 : 소모품, 차량운반구, 비품, 상품
② 부채 : 매입채무, 미지급비용, 미지급금
③ 수익 : 매출, 이자수익, 잡이익, 자본금
④ 비용 : 매출원가, 급여, 감가상각비, 대손상각비

[풀이] 자본금은 자본으로 분류된다.

정답

1. ④　2. ③　3. ②　4. ④　5. ①　6. ②　7. ④　8. ③　9. ④　10. ①
11. ①　12. ①　13. ②　14. ②　15. ①　16. ①　17. ②　18. ④　19. ③

제5부

제 장부의 조회

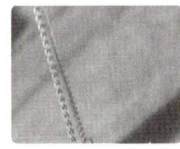
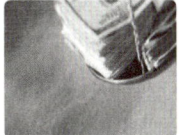

- 제1장 현금출납장
- 제2장 계정별원장
- 제3장 거래처원장
- 제4장 일계표(월계표)
- 제5장 합계잔액시산표
- 제6장 총계정원장
- 제7장 분개장

부기는 기업의 경영 활동을 기록·분류·요약하여 기업의 외부 이해관계자들에게 그 기업의 재무상태와 경영성과를 보고하는 일련의 절차이다. 이를 위해서는 거래의 발생에 따라 회계장부를 기입하고, 최종적으로 회계보고서인 재무제표를 작성한다. 따라서 회계장부는 기업에서 일어나는 모든 거래를 계산·정리하여 재무제표 작성의 근거가 된다.

일반적으로 회계장부는 주요부와 보조부로 구분한다.
"주요부"는 기업에서 발생하는 모든 거래를 기록하는 장부로서, 복식부기의 구조에서는 필수적인 장부이다. 주요부에는 거래를 발생 순서대로 분개하여 기록하는 분개장과 거래를 계정과목별로 분류하여 기입하는 총계정원장이 있다.
"보조부"는 거래의 명세를 기록하여 주요부의 기록을 보충하는 장부로서, 분개장과 총계정원장을 보조한다. 보조부는 "보조기입장"과 "보조원장"으로 구분할 수 있는데 보조기입장은 거래가 빈번하게 발생하는 특정 계정에 대하여 거래를 발생 순서별로 기입하는 보조부이고, 보조원장은 총계정원장의 어떤 계정의 거래내용을 각 계산 단위별로 분해하여 기입하는 보조부이다.

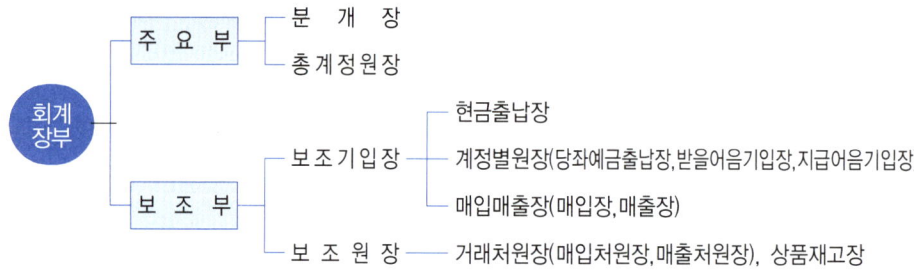

본 프로그램을 통하여 회계자료를 입력하면 그 거래의 내용은 각종 회계장부에 자동적으로 반영된다. 따라서 본 프로그램을 이용하는 경우에는 제 장부의 작성이 아닌 자동 작성된 회계장부를 보고 이해할 수 있는 능력을 필요로 한다. 따라서 자격시험에서도 이러한 능력을 검증하기 위하여 제시된 요구에 따라 가장 적합한 장부를 조회하여 해당 금액을 찾아보도록 하고 있는 것이다.

제 1 장 현금출납장

현금출납장이란 현금의 입금과 출금의 내용을 상세히 기록하는 보조기입장으로서 현금의 입·출금 거래내역이 날짜순으로 기록되어 조회 또는 출력된다.

 KcLep 길라잡이

- [재무회계]>[장부관리]>[현금출납장]을 선택하면 다음과 같은 화면이 나타난다.

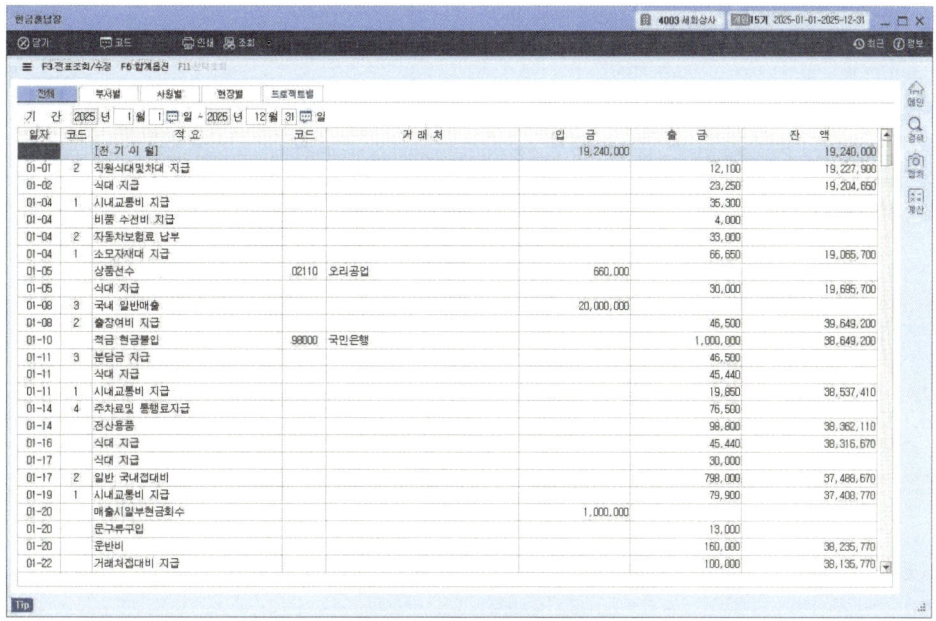

• 세희상사 [현금출납장] 화면 •

▶ 기간

조회 및 출력하고자 하는 기간을 입력한다.

▶ F3 전표조회/수정

자료 조회시 잘못된 내용이 발견되면 키보드의 F3 키를 눌러 잘못된 전표를 직접 수정하는 기능이다.

제 2 장 계정별원장

계정별원장은 거래가 빈번하게 발생하는 특정 계정에 대하여 거래를 발생순서별로 기입하는 보조기입장이다. 단, 현금 계정의 조회는 보조기입장인 [**현금출납장**]에서만 조회 가능하다.

KcLep 길라잡이

- [재무회계]>[장부관리]>[계정별원장]을 선택하면 다음과 같은 화면이 나타난다.

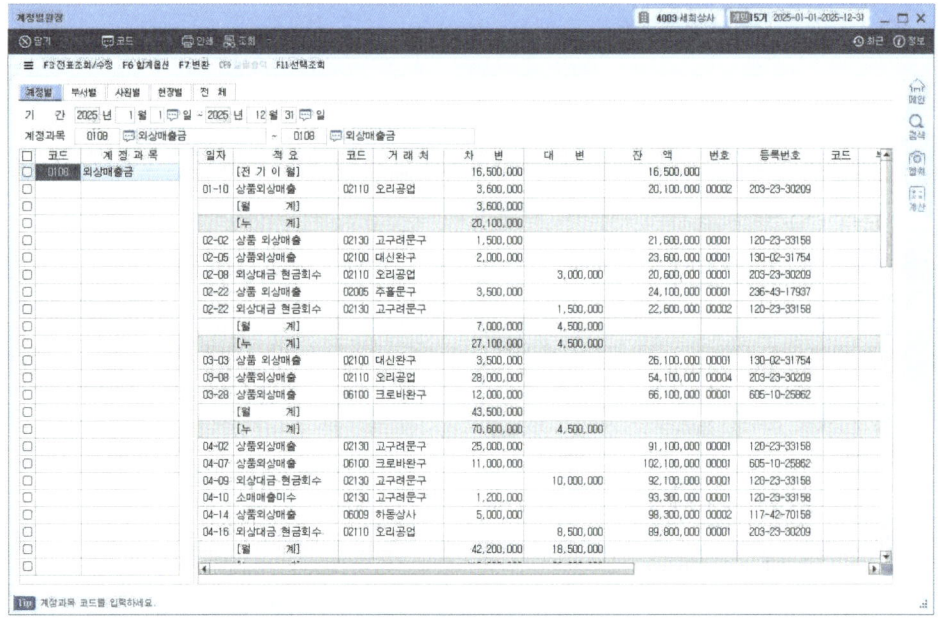

• 세희상사 [계정별원장(외상매출금)] 화면 •

▶ 기간 / 계정과목

조회 및 출력하고자 하는 기간을 입력하고 계정과목 코드를 입력한다.

▶ F3 전표조회/수정

자료 조회시 잘못된 내용이 발견되면 키보드의 F3 키를 눌러 잘못된 전표를 직접 수정하는 기능이다.

제 3 장 거래처원장

거래처원장은 총계정원장의 어떤 계정의 거래내용을 각 거래처별로 기입하는 보조원장이다.

KcLep 길라잡이

- [재무회계]>[장부관리]>[거래처원장]을 선택하면 다음과 같은 화면이 나타난다.

❶ 『잔액』 탭

선택한 기간 동안에 하나의 계정과목에 대하여 선택한 거래처의 계정잔액을 보고자 할 때 사용한다.

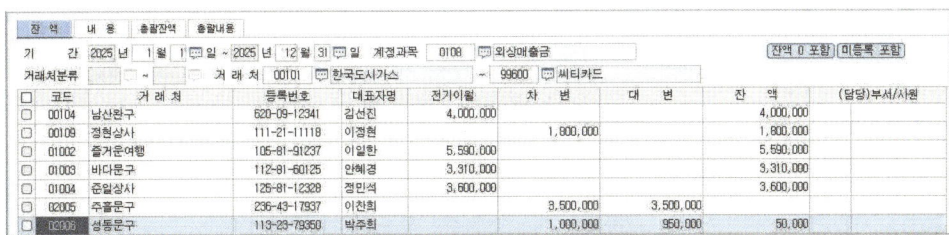

· 세희상사 [거래처원장(잔액)] 화면 ·

❷ 『내용』 탭

선택한 기간 동안에 하나의 계정과목에 대하여 선택한 거래처의 거래내용을 보고자 할 때 사용한다.

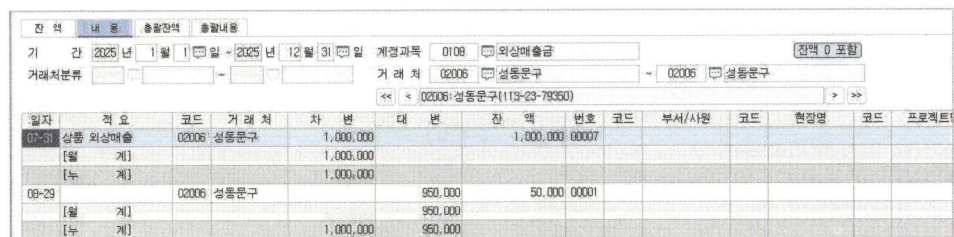

· 세희상사 [거래처원장(내용)] 화면 ·

제 4 장 일계표 (월계표)

원장에 전기를 정확하게 하기 위하여 전표에서 직접 원장에 전기하지 않고 일계표를 작성하여 원장에 전기한다. 일계표는 하루의 거래금액을 계정과목별로 총괄적으로 일람할 수 있다. 일계표는 거래량에 따라 매주 또는 매월에 작성하기도 하는데 매월 단위로 작성하는 것이 월계표이다.

 **KcLep 길라잡이**

- [재무회계]>[장부관리]>[일계표(월계표)]를 선택하면 다음과 같은 화면이 나타난다.

❶ 『일계표』 탭

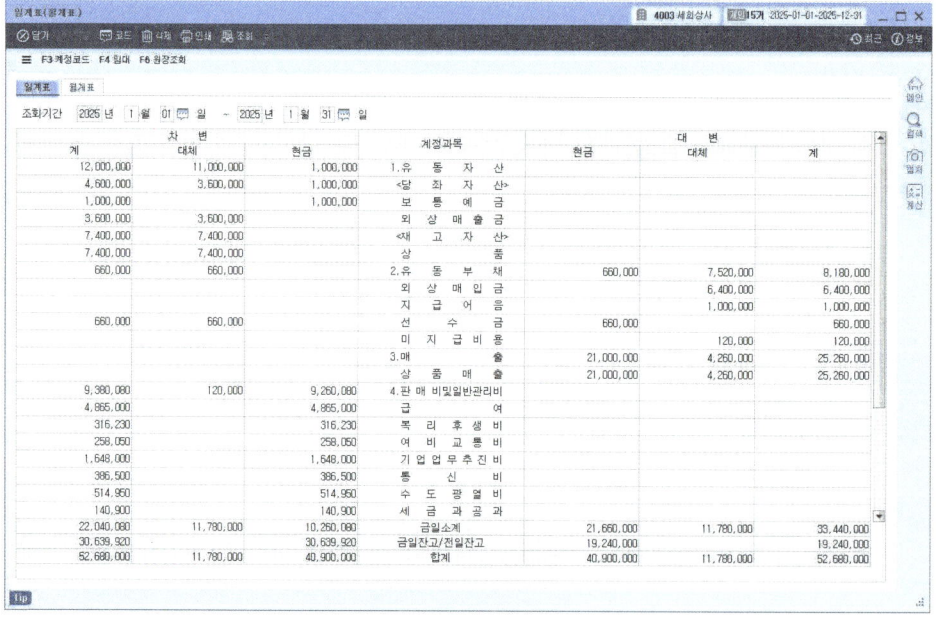

• 세희상사 [일계표] 화면 •

▶ 조회기간

조회 및 출력하고자 하는 기간을 입력한다.

▶ F6 원장조회

조회하고자 하는 계정과목에 커서를 위치한 후 더블클릭을 하거나 키보드의 F6 키를 누르면 해당기간의 계정별원장이 조회된다.

❷ 『월계표』 탭

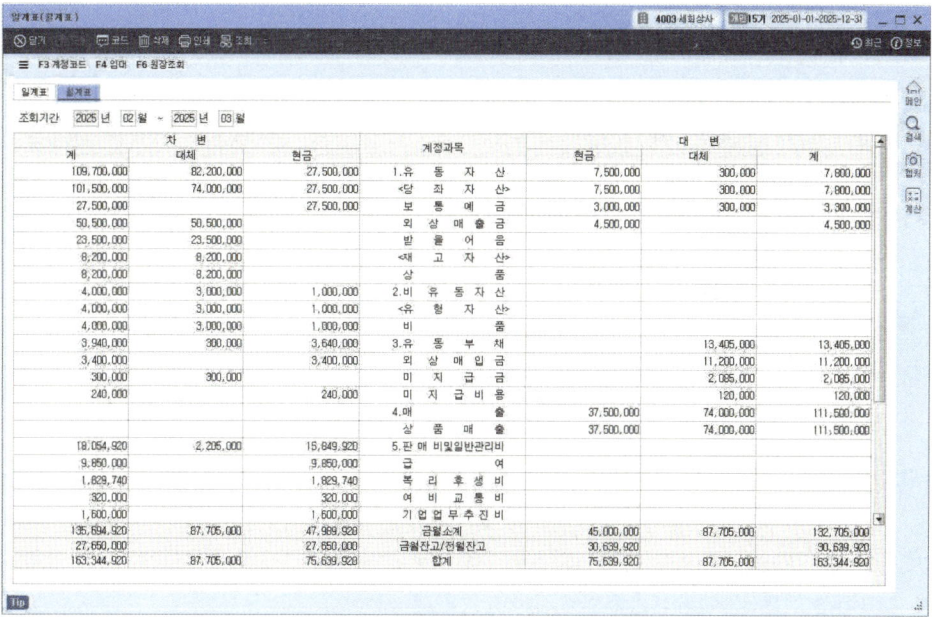

• 세희상사 [월계표] 화면 •

▶ 조회기간

조회 및 출력하고자 하는 기간을 입력한다.

▶ F6 원장조회

조회하고자 하는 계정과목에 커서를 위치한 후 더블클릭을 하거나 키보드의 F6 키를 누르면 해당기간의 계정별원장이 조회된다.

제 5 장 합계잔액시산표

복식부기에서는 거래가 발생하면 분개장에 기입한 후 원장의 각 계정 계좌에 전기한다. 이와 같은 원리에서 원장의 전기가 정확한지를 검증하기 위하여 원장의 각 계정금액을 모아 작성하는 표를 시산표라 한다. 합계잔액시산표는 원장 각 계정 차변과 대변 합계액과 그 잔액을 모아서 작성하는 표를 말한다.

 **KcLep 길라잡이**

- [재무회계]>[결산/재무제표]>[합계잔액시산표]를 선택하면 다음과 같은 화면이 나타난다.

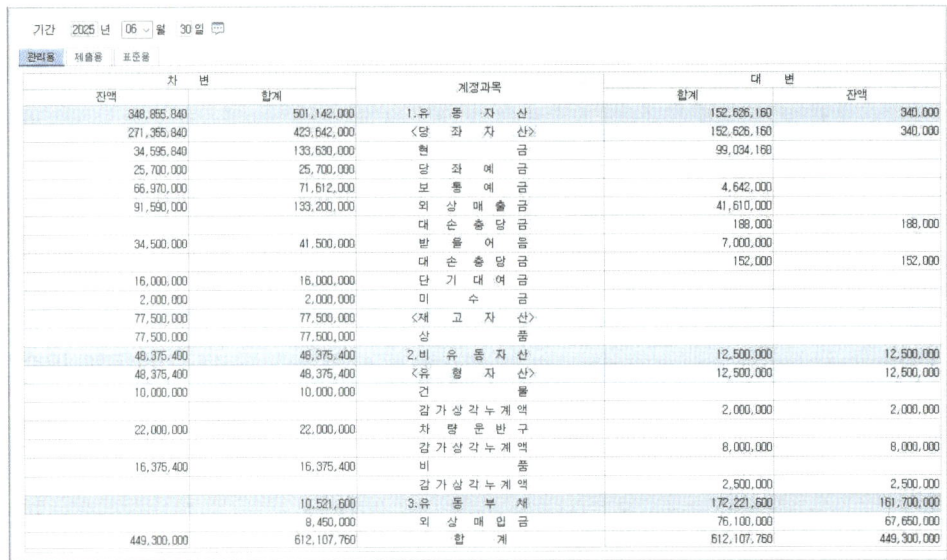

• 세희상사 [합계잔액시산표] 화면 •

▶ 기간

조회 및 출력하고자 하는 기간을 입력한다.

▶ F6 원장조회

조회하고자 하는 계정과목에 커서를 위치한 후 더블클릭을 하거나 키보드의 F6 키를 누르면 해당기간의 계정별원장이 조회된다.

제 6 장 총계정원장

분개장에 분개 기입이 끝나면 해당 계정에 옮겨 적어야 하는데, 이들 자산, 부채, 자본 및 수익, 비용 계정이 설정되어 있는 장부를 총계정원장이라 한다.

KcLep 길라잡이

- [재무회계]>[장부관리]>[총계정원장]을 선택하면 다음과 같은 화면이 나타난다.

❶ 『월별』 탭

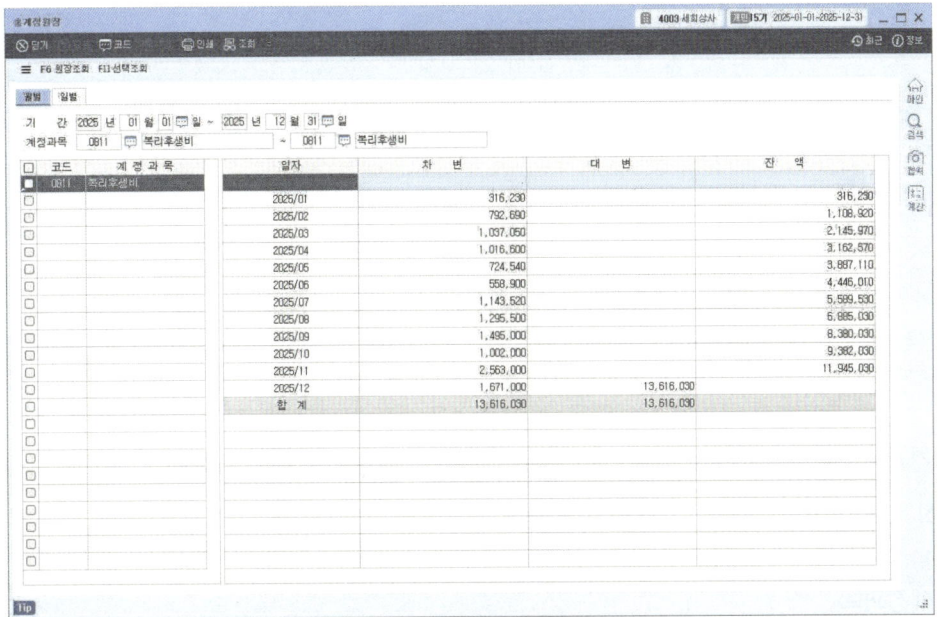

• 세희상사 [총계정원장(월별)] 화면 •

▶ 기간

조회 및 출력하고자 하는 기간을 입력한다.

▶ 계정과목

조회 및 출력하고자 하는 계정과목 코드를 입력한다.

제5부 제 장부의 조회 **321**

▶ F6 원장조회

조회하고자 하는 계정과목에 커서를 위치한 후 더블클릭을 하거나 키보드의 F6 키를 누르면 해당기간의 계정별원장이 조회된다.

❷ 『일별』 탭

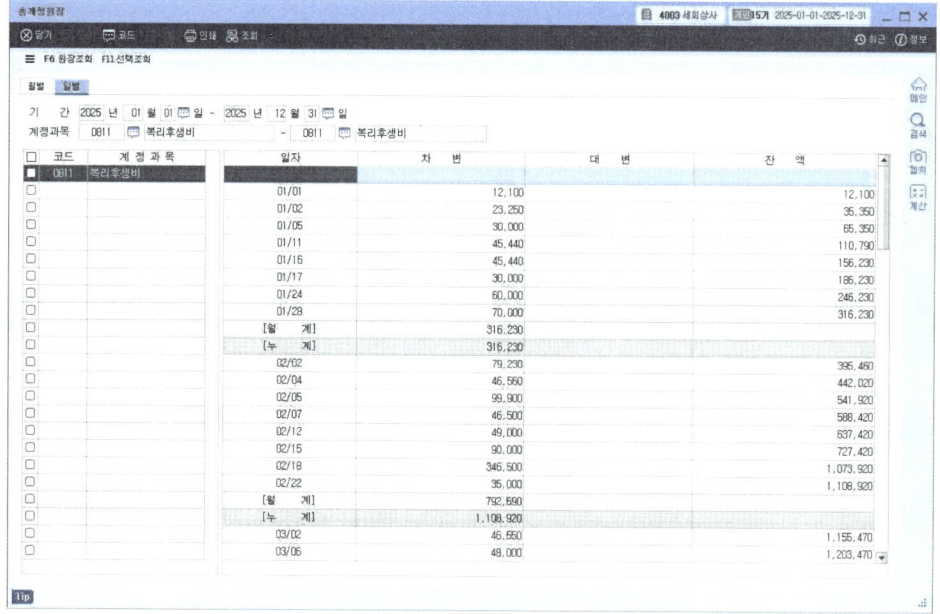

• 세희상사 [총계정원장(일별)] 화면 •

▶ 기간

조회 및 출력하고자 하는 기간을 입력한다.

▶ 계정과목

조회 및 출력하고자 하는 계정과목 코드를 입력한다.

제 7 장 분개장

분개장이란 분개를 기록하는 장부를 말한다. 분개장은 거래가 발생한 순시대로 기록하는 장부이며, 거래를 계정계좌에 전기하기 위한 중개수단이 된다.

 **KcLep 길라잡이**

- [재무회계]>[장부관리]>[분개장]을 선택하면 다음과 같은 화면이 나타난다.

• 세희상사 [분개장] 화면 •

▶ 기간

조회 및 출력하고자 하는 기간을 입력한다.

▶ 구분 / 유형

조회 및 출력할 전표의 구분(1.전체/ 2.출금/ 3.입금/ 4.대체) 및 유형(1.전체/ 2.일반전표/ 3.매입매출전표)을 선택한다.

기/출/문/제 (실기)

세희상사(회사코드 : 4003)의 입력된 자료를 검토하여 다음 사항을 기재하시오.

01 5월 중 현금 지출액은 얼마인가?

02 6월말 당좌예금 잔액과 비교하여 7월말 당좌예금 잔액의 증가액은 얼마인가?

03 4월의 외상매출금 회수금액은 얼마인가?

04 5월(5월 1일 ~ 5월 31일) 중 외상 매출 건수는 몇 건이며, 그 금액은?

05 당기 중 당사가 7월까지 약속어음을 발행한 금액은 얼마인가?

06 6월 중에 발생한 상품매출은 몇 건이며, 총 금액은 얼마인가?

07 6월말 현재 외상매출금 잔액이 가장 많은 거래처의 금액은 얼마인가?

08 4월 30일 현재 영진문구의 외상매입금 잔액은 얼마인가?

09 4월에 발생한 복리후생비 중 현금으로 지급한 금액은 얼마인가?

10 상반기(1월 ~ 6월)의 판매비와일반관리비 항목 중 현금으로 가장 많이 지출한 계정과목코드 및 그 금액은 얼마인가?

11 1분기(1.1. ~ 3.31.) 판매비와관리비 항목 중에서 거래금액이 가장 큰 계정과목코드와 금액은 얼마인가?

12 6월말 현재 유동부채의 금액은 얼마인가?

13 1월부터 6월까지 상품매출액이 가장 많은 월의 상품매출액은 얼마인가?

14 1/4분기(1월 ~ 3월)의 판매비와관리비 중 복리후생비 지출액이 가장 많은 월과 가장 적은 월의 차이금액은 얼마인가?

15 상반기(1월 ~ 6월) 중 상품매입액이 가장 많은 달은 몇 월이며, 그 금액은 얼마인가?

16 1월초부터 6월말까지의 상품매출액 합계액은 얼마인가?

17 3월말 현재 유동자산과 유동부채의 차액은 얼마인가?

18 3월 31일 현재 전기말과 대비해서 당좌자산 증가액은 얼마인가?

19 6월 30일 현재 유동부채는 전기말 대비 얼마가 증가되었는가?

20 5월말 현재 받을어음의 장부가액은 얼마인가?

 도우미

1. [장부관리]>[현금출납장]에서 기간(5월 1일 ~ 5월 31일)을 입력하고 [출금]란의 금액을 확인한다.

   > 답안: 12,288,400원

2. [계정별원장]에서 기간(6월 1일 ~ 7월 31일) / 계정과목(102.당좌예금 ~ 102.당좌예금)을 입력하고 [잔액]란의 금액을 확인한다.

   > 답안: 6,000,000원

   [해설] 7월말 잔액(31,700,000) - 6월말 잔액(25,700,000) = 6,000,000원 증가

3. [계정별원장]에서 기간(4월 1일 ~ 4월 30일) / 계정과목(108.외상매출금 ~ 108.외상매출금)을 입력하고 [대변]란의 금액을 확인한다.

   > 답안: 18,500,000원

4. [계정별원장]에서 기간(5월 1일 ~ 5월 31일) / 계정과목(108.외상매출금 ~ 108.외상매출금)을 입력하고 [차변]란의 건수와 금액을 확인한다.

   > 답안: 4건, 15,400,000원

5. [계정별원장]에서 기간(1월 1일 ~ 7월 31일) / 계정과목(252.지급어음 ~ 252.지급어음)을 입력하고 [대변]란의 금액을 확인한다.

   > 답안: 18,500,000원

   [해설] 누계(33,500,000) - 전기이월(15,000,000) = 18,500,000원

6. [계정별원장]에서 기간(6월 1일 ~ 6월 30일) / 계정과목(401.상품매출 ~ 401.상품매출)을 입력하고 [대변]란의 건수와 금액을 확인한다.

   > 답안: 4건, 11,000,000원

7. [거래처원장]의 『잔액』 탭에서 기간(1월 1일 ~ 6월 30일) / 계정과목(108.외상매출금) / 거래처(모든 거래처)를 입력하고 [잔액]란의 금액을 확인한다.

   ● 답안 : 21,200,000원 (고구려문구)

8. [거래처원장]의 『잔액』 탭에서 기간(1월 1일 ~ 4월 30일) / 계정과목(251.외상매입금) / 거래처(6370.영진문구 ~ 6370.영진문구)를 입력하고 [잔액]란의 금액을 확인한다.

   ● 답안 : 6,500,000원

9. [일계표(월계표)]의 『월계표』 탭에서 조회기간(4월 ~ 4월)을 입력하고 복리후생비 계정 차변 [현금]란의 금액을 확인한다.

   ● 답안 : 550,000원

10. [일계표(월계표)]의 『월계표』 탭에서 조회기간(1월 ~ 6월)을 입력하고 판매비및일반관리비 계정 차변 [현금]란의 금액을 확인한다.

    ● 답안 : 801.급여 27,965,000원

11. [결산/재무제표]>[합계잔액시산표]에서 기간(3월 31일)을 입력하고 판매비및일반관리비의 차변 [잔액]란의 금액을 확인한다.

    ● 답안 : 801.급여 14,715,000원

12. [합계잔액시산표]에서 기간(6월 30일)을 입력하고 유동부채 계정 대변 [잔액]란의 금액을 확인한다(또는 [재무상태표] 조회).

    ● 답안 : 161,700,000원

13. [장부관리]>[총계정원장]의 『월별』 탭에서 기간(1월 1일 ~ 6월 30일) / 계정과목(401.상품매출 ~ 401.상품매출)을 입력하고 [대변]란의 금액을 확인한다.

    ● 답안 : 2월 64,000,000원

14. [총계정원장]의 『월별』탭에서 기간(1월 1일 ~ 3월 31일) / 계정과목(811.복리후생비 ~ 811.복리후생비)을 입력하고 [차변]란의 금액을 확인한다.

> ☯ 답안 : 720,820원

[해설] 3월(1,037,050) - 1월(316,230) = 720,820원

15. [총계정원장]의 『월별』탭에서 기간(1월 1일 ~ 6월 30일) / 계정과목(146.상품 ~ 146.상품)을 입력하고 [차변]란의 금액을 확인한다.

> ☯ 답안 : 6월, 36,100,000원

16. [결산/재무제표]>[손익계산서]에서 기간(6월)을 입력하고 [상품매출]란의 금액을 확인한다 (또는 [합계잔액시산표] 조회).

> ☯ 답안 : 226,360,000원

17. [재무상태표]에서 기간(3월)을 입력하고 [유동자산]란과 [유동부채]란의 금액을 확인한다.

> ☯ 답안 : 124,225,000원

[해설] 유동자산(245,110,000) - 유동부채(120,885,000) = 124,225,000원

18. [재무상태표]에서 기간(3월)을 입력하고 [당좌자산]란의 금액을 확인한다.

> ☯ 답안 : 106,710,000원

[해설] 당기(214,510,000) - 전기(107,800,000) = 증가액 106,710,000원

19. [재무상태표]에서 기간(6월)을 입력하고 [유동부채]란의 금액을 확인한다.

> ☯ 답안 : 57,800,000원

[해설] 당기(161,700,000) - 전기(103,900,000) = 57,800,000원

20. [재무상태표]에서 기간(5월)을 입력하고 받을어음 계정과 대손충당금 계정의 금액을 확인한다.

> ☯ 답안 : 37,848,000원

[해설] 받을어음(38,000,000) - 대손충당금(152,000) = 37,848,000원

http://cafe.naver.com/choidairi

기/출/문/제 [필기]

01 다음의 장부 중 주요부에 속하는 것은?
① 총계정원장 ② 매입장
③ 현금출납장 ④ 상품재고장

[풀이] 분개장과 총계정원장이 주요부에 속한다.

02 다음에서 설명하는 장부로 올바른 것은?

- 주요부로 분개장을 작성한 후 전기하는 장부이다.
- 계정들이 모여 있는 장부이다.
- 각 계정과목별로 기록된다.

① 총계정원장   ② 상품재고장   ③ 잔액시산표   ④ 정산표

03 다음과 관련 있는 장부는?

- 총계정원장과 함께 주요부라 한다.
- 거래의 발생순서에 따라 분개하여 기록하는 장부이다.

① 보조부   ② 매입장   ③ 분개장   ④ 상품재고장

04 다음은 무엇에 관한 설명인가?

- 각 계정과목별로 기록한다.
- 분개장 기입 후 전기하는 장부이다.

① 시산표   ② 정산표   ③ 총계정원장   ④ 매출처원장

05 다음 거래가 기입될 보조부와 관련이 없는 것은?

거래처 한국상사에 갑상품 100개(@100원)를 15,000원에 매출하고, 대금 중 5,000원은 현금으로 받고 잔액은 외상으로 하다.

① 상품재고장   ② 매출장   ③ 매입처원장   ④ 현금출납장

[풀이] 상품은 상품재고장, 매출은 매출장, 현금은 현금출납장과 관련이 있다.

06 다음 거래를 기입해야 할 회계장부와 관련이 없는 것은?

> ○○상점으로부터 상품 100,000원을 외상으로 매입하고, 당점 부담 운반비 5,000원을 현금으로 지급하다.

① 매입장　　　② 상품재고장　　　③ 매출처원장　　　④ 현금출납장

[풀이] 상품은 상품재고장, 매입은 매입장, 현금은 현금출납장과 관련이 있다.

07 다음 설명 중 옳지 않은 것은?

① 상품 매입관련 비용은 상품원가에 포함한다.
② 매출에누리와 매출할인은 상품재고장에 기록하지 않는다.
③ 매출장은 상품의 매출을 거래의 순서대로 원가로 기입하는 보조기입장이다.
④ 상품재고장의 단가와 금액은 매입시와 매출시 모두 매입원가로 기록한다.

[풀이] 매출에누리와 매출할인은 매출장에 기록하고, 매출장은 시가로 기입한다.

정답

1. ①　2. ①　3. ③　4. ③　5. ③　6. ③　7. ③

[부록] 기출모의고사

데이터 설치요령

 **KcLep 길라잡이**

❶ 네이버 카페(http://cafe.naver.com/choidairi)에 접속한다.
❷ [도서출판 최대리]>[DATA 자료실] 게시판에서 "[2025] 최대리 전산회계2급(기출모의고사) Data"의 첨부파일(1)을 다운받는다.
❸ 다운받은 파일을 마우스 오른쪽 클릭하고 보조창에서 "**2025 최대리 전산회계2급(기출모의고사)....**"에 **압축풀기(W)**를 클릭한다.
❹ 압축이 풀린 폴더를 더블클릭하고 그 속에 숫자 4자리 폴더(4401 ~ 4410)를 복사해서 **로컬 디스크(C:)**에 KcLepDB > KcLep 폴더 속에 붙여 넣는다.
❺ 케이렙프로그램을 실행하고 [로그인] 화면에서 [종목선택]란에 "**전산회계2급**", [드라이브]란에 "**C:\KcLepDB**", [회사코드]란에서 "**4001.최대리**"를 선택하고 [확인(Enter)]을 클릭한다.
❻ [재무회계]>[기초정보관리]>[회사등록] 메뉴에서 상단 툴바의 "**F4 회사코드재생성**" 버튼을 클릭한다.
❼ [전체메뉴]로 돌아와서 우측 상단에 [회사] 버튼을 클릭한다. 「회사변경」 보조창에서 작업할 회사코드를 선택하고 [변경]을 클릭한다.

※ **도서출판 최대리 홈페이지(http://www.choidairi.co.kr)의 [자료실]>[데이터 자료실]에서도 다운 받을 수 있습니다.**

> 한대디 … 본서의 기출모의고사는 자격시험 원본 데이터를 수정한 내용입이다. 채점 프로그램이 공급되지 않으므로 [이론시험]은 교재에 답을 표시하고 답안과 비교하고, [실무시험]은 프로그램에 입력한 내용을 답안과 비교하여 채점하도록 한다.
>
> 두대디 … 다 풀어본 후 다시 풀어보고자 할 경우에는 위 ❹번부터 작업을 다시하면 된다.

데이터 설치요령이 잘 안되시는 분은 네이버 카페의 [도서출판 최대리]>[DATA 자료실] 게시판에서 "[2025] 최대리 전산회계2급(실기+필기) 데이터 설치하기" 동영상을 수강하세요.

제 1 회

기출 모의고사

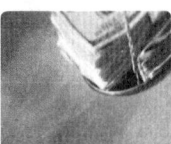

- 회사코드 : 4401
- 회 사 명 : 동해상사
- 제한시간 : 60분

이 론 시 험

다음 문제를 보고 알맞은 것을 골라 [이론문제 답안작성] 메뉴에 입력하시오(객관식 문항당 2점).

기 본 전 제

문제에서 한국채택국제회계기준을 적용하도록 하는 전제조건이 없는 경우, 일반기업회계기준을 적용한다.

---

01 다음 중 일반기업회계기준에서 규정하고 있는 재무제표가 아닌 것은?

① 합계잔액시산표 ② 재무상태표
③ 손익계산서 ④ 주석

02 다음 중 일정시점의 재무상태를 나타내는 재무보고서의 계정과목으로만 짝지어진 것이 아닌 것은?

① 보통예금, 현금 ② 선급비용, 선수수익
③ 미수수익, 미지급비용 ④ 감가상각비, 급여

03 다음 거래요소의 결합관계와 거래의 종류에 맞는 거래내용은?

거래요소의 결합관계	거래의 종류
자산의 증가 - 부채의 증가	교환거래

① 업무용 컴퓨터 1,500,000원을 구입하고 대금은 나중에 지급하기로 하다.
② 거래처로부터 외상매출금 500,000원을 현금으로 받다.
③ 거래처에 외상매입금 1,000,000원을 현금으로 지급하다.
④ 이자비용 150,000원을 현금으로 지급하다.

04 아래의 괄호 안에 각각 들어갈 계정과목으로 옳은 것은?

〈거래〉
- 5월 10일 : ㈜무릉으로부터 상품 350,000원을 매입하고, 대금은 당좌수표를 발행하여 지급하다.
- 5월 20일 : ㈜금강에 상품 500,000원을 공급하고, 대금은 매입처 발행 당좌수표로 받다.

〈분개〉
- 5월 10일 : (차) 상품　　　　　350,000원　/　(대) (㉠)　　　　　350,000원
- 5월 20일 : (차) (㉡)　　　　500,000원　/　(대) 상품매출　　　　500,000원

① ㉠ : 당좌예금, ㉡ : 당좌예금
② ㉠ : 당좌예금, ㉡ : 현금
③ ㉠ : 현금,　　 ㉡ : 현금
④ ㉠ : 현금,　　 ㉡ : 당좌예금

05 다음 자료를 이용하여 당기 외상매출액을 계산하면 얼마인가?

- 외상매출금 기초잔액　　300,000원
- 외상매출금 기말잔액　　400,000원
- 당기 외상매출금 회수액　700,000원

① 300,000원　② 700,000원　③ 800,000원　④ 1,200,000원

06 다음의 자산 항목을 유동성이 높은 순서대로 바르게 나열한 것은?

- 상품　　・토지　　・개발비　　・미수금

① 미수금 → 개발비 → 상품 → 토지
② 미수금 → 상품 → 토지 → 개발비
③ 상품 → 토지 → 미수금 → 개발비
④ 상품 → 미수금 → 개발비 → 토지

07 다음의 회계정보를 이용하여 기말의 상품매출총이익을 계산하면 얼마인가?

- 기초상품재고액　　4,000,000원
- 기말상품재고액　　6,000,000원
- 당기상품매입액　　10,000,000원
- 매입에누리　　　　100,000원
- 당기상품매출액　　11,000,000원

① 3,100,000원　② 4,100,000원　③ 7,900,000원　④ 9,100,000원

08 다음의 회계자료에 의한 당기 총수익은 얼마인가?

| • 기초자산 | 800,000원 | • 기초자본 | 600,000원 |
| • 당기총비용 | 1,100,000원 | • 기말자본 | 1,000,000원 |

① 1,200,000원 ② 1,300,000원 ③ 1,400,000원 ④ 1,500,000원

09 다음 중 유동자산이 아닌 것은?
① 당좌예금
② 현금
③ 영업권
④ 상품

10 다음 중 상품의 매입원가에 가산하지 않는 것은?
① 상품을 100,000원에 매입하다.
② 상품 매입시 발생한 하역비 100,000원을 지급하다.
③ 상품 매입시 발생한 운임 100,000원을 지급하다.
④ 매입한 상품에 하자가 있어 100,000원에 해당하는 상품을 반품하다.

11 건물 일부 파손으로 인해 유리창 교체작업(수익적 지출)을 하고, 아래와 같이 회계처리한 경우 발생하는 효과로 다음 중 옳은 것은?

| (차) 건물 | 6,000,000원 | / | (대) 보통예금 | 6,000,000원 |

① 부채의 과대계상
② 자산의 과소계상
③ 순이익의 과대계상
④ 비용의 과대계상

12 다음 중 잔액시산표에서 그 대칭 관계가 옳지 않은 것은?

	차변	대변		차변	대변
①	대여금	차입금	②	임대보증금	임차보증금
③	선급금	선수금	④	미수금	미지급금

13 다음 거래에서 개인기업의 자본금 계정에 영향을 미치지 않는 거래는?

① 현금 1,000,000원을 거래처에 단기대여하다.
② 사업주가 단기대여금 1,000,000원을 회수하여 사업주 개인 용도로 사용하다.
③ 결산시 인출금 계정의 차변 잔액 1,000,000원을 정리하다.
④ 사업주의 자택에서 사용할 에어컨 1,000,000원을 회사 자금으로 구입하다.

14 다음 중 손익계산서상의 판매비와일반관리비 항목에 속하지 않는 계정과목은?

① 기업업무추진비　　② 세금과공과
③ 임차료　　　　　　④ 이자비용

15 다음 중 영업손익과 관련이 없는 거래는 무엇인가?

① 영업부 급여 500,000원을 현금으로 지급하다.
② 상품광고를 위하여 250,000원을 보통예금으로 지급하다.
③ 수재민을 위하여 100,000원을 현금으로 기부하다.
④ 사무실 전기요금 150,000원을 현금으로 지급하다.

실 무 시 험

동해상사(코드번호 : 4401)는 가전제품을 판매하는 개인기업으로 당기(제15기) 회계기간은 2025.1.1. ~ 2025.12.31.이다. 전산세무회계 수험용 프로그램을 이용하여 다음 물음에 답하시오.

문제1 다음은 동해상사의 사업자등록증이다. [회사등록] 메뉴에 입력된 내용을 검토하여 누락분은 추가입력하고 잘못된 부분은 정정하시오(주소 입력시 우편번호는 입력하지 않아도 무방함). (6점)

사 업 자 등 록 증
(일반과세자)

등록번호 : 130-47-50505

상　　　호 : 동해상사
성　　　명 : 이학주　　　　생 년 월 일 : 1968 년 07 월 20 일
개 업 연 월 일 : 2011 년 05 월 23 일
사업장소재지 : 경기도 구리시 경춘로 10(교문동)

사 업 의 종 류 : 업태 도소매　　　　종목 가전제품

발 급 사 유 : 신규
공 동 사 업 자 :

사업자 단위 과세 적용사업자 여부 : 여(　) 부(∨)
전자세금계산서 전용 전자우편주소 :

2011 년 05 월 23 일
구 리 세 무 서 장

다음은 동해상사의 전기분 손익계산서이다. 입력되어 있는 자료를 검토하여 오류 부분은 정정하고 누락된 부분은 추가 입력하시오. (6점)

손 익 계 산 서

회사명 : 동해상사   제14기 2024.1.1. ~ 2024.12.31.   (단위 : 원)

계 정 과 목	금 액	계 정 과 목	금 액
Ⅰ 매 출 액	300,000,000	Ⅴ 영 업 이 익	44,200,000
상 품 매 출	300,000,000	Ⅵ 영 업 외 수 익	5,800,000
Ⅱ 매 출 원 가	191,200,000	이 자 수 익	2,200,000
상 품 매 출 원 가	191,200,000	임 대 료	3,600,000
기초상품재고액	13,000,000	Ⅶ 영 업 외 비 용	7,500,000
당기상품매입액	180,000,000	이 자 비 용	4,500,000
기말상품재고액	1,800,000	기 부 금	3,000,000
Ⅲ 매 출 총 이 익	108,800,000	Ⅷ 소득세차감전순이익	42,500,000
Ⅳ 판매비와관리비	64,600,000	Ⅸ 소 득 세 등	0
급 여	34,300,000	Ⅹ 당 기 순 이 익	42,500,000
복 리 후 생 비	5,700,000		
여 비 교 통 비	2,440,000		
임 차 료	12,000,000		
차 량 유 지 비	3,500,000		
소 모 품 비	3,400,000		
광 고 선 전 비	3,260,000		

 다음 자료를 이용하여 입력하시오. (6점)

1. 동해상사의 거래처별 초기이월 채권과 채무의 잔액은 다음과 같다. 주어진 자료를 검토하여 잘못된 부분을 정정하거나 추가 입력하시오(거래처코드를 사용할 것). (3점)

계정과목	거래처명	금액
외상매출금	월평상사	45,000,000원
지급어음	도륜상사	150,000,000원
단기차입금	선익상사	80,000,000원

2. 다음 자료를 이용하여 [기초정보관리]의 [거래처등록] 메뉴에서 신용카드를 추가로 등록하시오(주어진 자료 외의 다른 항목은 입력할 필요 없음). (3점)

- 거래처코드 : 99871
- 카드번호 : 1234-5678-9012-3452
- 거래처명 : 씨엔제이카드
- 카드종류(매입) : 사업용카드
- 유형 : 매입

문제4 다음의 거래 자료를 [일반전표입력] 메뉴를 이용하여 입력하시오. (24점)

입력시 유의사항

- 적요의 입력은 생략한다.
- 부가가치세는 고려하지 않는다.
- 채권·채무와 관련된 거래처명은 반드시 기 등록되어 있는 거래처코드를 선택하는 방법으로 거래처명을 입력한다.
- 회계처리시 계정과목은 등록되어 있는 계정과목 중 가장 적절한 과목으로 한다.

1. 7월 2일 성심상사로부터 상품을 6,000,000원에 매입하고, 매입대금 중 5,500,000원은 어음(만기일 12월 31일)을 발행하여 지급하고, 나머지는 현금 지급하였다. (3점)

2. 8월 5일 토지를 매각처분하면서 발생한 부동산중개수수료를 대전부동산에 현금으로 지급하고 아래의 현금영수증을 받다. (3점)

대전부동산			
305-42-23567			김승환
대전광역시 유성구 노은동 63			TEL : 1577-5974
현금영수증(지출증빙용)			
구매 2025/08/05/13:25		거래번호 : 11106011-114	
상품명	수량	단가	금액
수수료		3,500,000원	3,500,000원
202508051325001			
	공 급 대 가		3,500,000원
	합 계		3,500,000원
	받 은 금 액		3,500,000원

3. 8월 19일 탄방상사에서 단기 차입한 20,000,000원 및 단기차입금 이자 600,000원을 보통예금으로 지급하다(단, 하나의 전표로 입력할 것). (3점)

4. 8월 20일 판매용 노트북 15,000,000원과 업무용 노트북 1,000,000원을 다복상사에서 구입하였다. 대금은 모두 보통예금으로 지급하였다(단, 하나의 전표로 입력할 것). (3점)

5. 8월 23일 4월 1일 내용을 알 수 없는 출금 500,000원이 발견되어 가지급금으로 처리하였는데, 이는 거래처 소리상사에게 지급한 외상대금으로 판명되었다(가지급금 거래처는 입력하지 않아도 무방함). (3점)

6. 10월 10일 고구려상사에서 매입하기로 계약한 상품 3,000,000원을 인수하고, 10월 1일에 지급한 계약금 300,000원을 차감한 잔액은 외상으로 하다(단, 하나의 전표로 입력할 것). (3점)

7. 11월 18일 영업부가 사용하는 업무용 차량의 유류를 현금으로 구입하고, 다음의 영수증을 받다. (3점)

NO.	영수증(공급받는자용)		
		동해상사	귀하
공급자	사업자등록번호	126-01-18454	
	상 호	SK주유소 성 명	김중수
	사업장소재지	경기도 구리시 동구릉로 100	
	업 태	도소매업 종 목	주유소
작성일자	금액합계		비고
2025.11.18.	30,000원		
공급내역			
월/일	품명	수량 단가	금액
11/18	일반휘발유	15L 2,000원	30,000원
합계		30,000원	
위 금액을 영수함			

8. 12월 20일 영업부 업무용 차량에 대한 아래의 공과금을 현대카드로 납부하였다. (3점)

	2025-2기 년분 자동차세 세액 신고납부서			납세자 보관용 영수증	
납세자	동해상사				
주소	경기도 구리시 경춘로 10				
납세번호	기관번호	제목	납세년월기		과세번호
과세대상	45조4079 (비영업용, 1998cc)	구분	자동차세	지방교육세	납부할 세액 합계
		당초산출세액	199,800	59,940 (자동차세액 × 30%)	259,740 원
과세기간	2025.07.01. ~ 2025.12.31.	선납공제액(10%)			
		요일제감면액(5%)			
		납부할세액	199,800	59,940	
〈납부장소〉			위의 금액을 영수합니다. 2025년 12월 20일		

*수납인이 없으면 이 영수증은 무효입니다   *공무원은 현금을 수납하지 않습니다

문제5 [일반전표입력] 메뉴에 입력된 내용 중 다음의 오류가 발견되었다. 입력된 내용을 검토하고 수정 또는 삭제, 추가 입력하여 올바르게 정정하시오. (6점)

1. 11월 5일 영업부 직원의 10월분 급여에서 원천징수하였던 근로소득세 110,000원을 보통예금으로 납부하면서 세금과공과로 회계처리 하였음이 확인된다. (3점)

2. 11월 28일 상품 매입시 당사가 부담한 것으로 회계처리한 운반비 35,000원은 판매자인 양촌상사가 부담한 것으로 판명된다. (3점)

문제6 다음의 결산정리사항을 입력하여 결산을 완료하시오. (12점)

1. 회사의 자금사정으로 인하여 영업부의 12월분 급여 1,000,000원을 다음달 5일에 지급하기로 하였다. (3점)

2. 결산일 현재 영업부에서 사용한 소모품비는 200,000원이다. (단, 소모품 구입시 전액 자산으로 처리하였다) (3점)

3. 기말 현재 현금과부족 70,000원은 단기차입금에 대한 이자 지급액으로 판명되었다. (3점)

4. 2022년 1월 1일에 취득하였던 비품에 대한 당기분 감가상각비를 계상하다(취득원가 : 65,500,000원, 잔존가액 : 15,500,000원, 내용연수 : 10년, 정액법). (3점)

문제7 다음 사항을 조회하여 답안을 [이론문제 답안작성] 메뉴에 입력하시오. (10점)

1. 5월말 현재 외상매입금의 잔액이 가장 많은 거래처와 금액은 얼마인가? (3점)

2. 전기말과 비교하여 당기 6월말 현재 외상매출금의 대손충당금 증감액은 얼마인가? (단, 증가 또는 감소 여부를 기재할 것) (3점)

3. 6월말 현재 유동자산과 유동부채의 차액은 얼마인가? (단, 음수로 기재하지 말 것) (4점)

memo

제 2 회

기출 모의고사

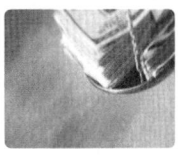
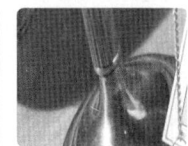

↘ 회사코드 : 4402

↘ 회 사 명 : 백두상사

↘ 제한시간 : 60분

이 론 시 험

다음 문제를 보고 알맞은 것을 골라 [이론문제 답안작성] 메뉴에 입력하시오(객관식 문항당 2점).

> **기 본 전 제**
>
> 문제에서 한국채택국제회계기준을 적용하도록 하는 전제조건이 없는 경우, 일반기업회계기준을 적용한다.

01 다음 중 혼합거래에 속하는 것은?

① 보험료 40,000원을 현금으로 지급하다.
② 비품 40,000원을 구입하고 대금은 신용카드로 결제하다.
③ 현금 10,000,000원을 출자하여 영업을 개시하다.
④ 단기대여금 1,000,000원과 이자 20,000원을 현금으로 받다.

02 다음 중 거래의 결합관계에서 동시에 나타날 수 없는 것은?

① 비용의 발생과 자산의 감소
② 자산의 증가와 부채의 증가
③ 자본의 증가와 부채의 증가
④ 자산의 증가와 수익의 발생

03 다음 중 기업 결산일의 경영성과를 나타내는 재무보고서의 계정과목에 해당하는 것은?

① 예수금
② 기부금
③ 선급비용
④ 미지급비용

04 다음 중 재무상태표에 대한 설명으로 옳지 않은 것은?

① 일정한 시점의 재무상태를 나타내는 보고서이다.
② 기초자본과 기말자본을 비교하여 당기순손익을 산출한다.
③ 재무상태표 등식은 "자산 = 부채 + 자본"이다.
④ 자산과 부채는 유동성이 낮은 순서로 기록한다.

05 다음 자료에 의한 기말 현재 대손충당금 잔액은 얼마인가?

> - 기초 대손충당금 : 150,000원
> - 전년도에 대손충당금과 상계하였던 거래처 찬희상사의 외상매출금 200,000원을 회수하였다.
> - 기초 매출채권 : 15,000,000원
> - 기말 매출채권 : 10,000,000원
> - 기말 매출채권 잔액에 대하여 1%의 대손충당금을 설정하기로 한다.

① 100,000원　　　② 240,000원　　　③ 250,000원　　　④ 300,000원

06 다음 중 재고자산에 대한 설명으로 틀린 것은?
① 재고자산의 취득원가에는 매입가액 뿐만 아니라, 매입운임 등 매입부대비용까지 포함한다.
② 선입선출법은 먼저 구매한 상품이 먼저 판매된다는 가정하에 매출원가 및 기말재고액을 구하는 방법이다.
③ 후입선출법은 나중에 구매한 상품이 나중에 판매된다는 가정하에 매출원가 및 기말재고액을 구하는 방법이다.
④ 개별법은 매입단가를 개별적으로 파악하여 매출원가와 기말재고액을 결정하는 방법이다.

07 당해연도 기말재고액이 1,000원만큼 과대계상될 경우, 이 오류가 미치는 영향으로 옳지 않은 것은?
① 당해연도 매출총이익이 1,000원만큼 과대계상 된다.
② 당해연도 기말재고자산이 1,000원만큼 과대계상 된다.
③ 다음연도 기초재고자산이 1,000원만큼 과대계상 된다.
④ 당해연도 매출원가가 1,000원만큼 과대계상 된다.

08 다음 중 아래 자료의 (가)와 (나)에 들어갈 내용으로 옳은 것은?

> 자동차를 판매용으로 취득하면 (가)으로, 영업에 사용할 목적으로 취득하면 (나)으로 처리한다.

	(가)	(나)		(가)	(나)
①	재고자산	투자자산	②	투자자산	재고자산
③	재고자산	유형자산	④	유형자산	재고자산

09 다음 중 일반기업회계기준상 유형자산의 감가상각방법으로 인정되지 않는 것은?
① 정액법
② 정률법
③ 평균법
④ 연수합계법

10 외상매입금을 조기 지급하여 매입할인을 받은 경우, 당기 손익계산서에 미치는 영향으로 가장 옳은 것은?
① 순매입액의 감소
② 순매입액의 증가
③ 매출총이익의 감소
④ 영업이익의 감소

11 결산시 선수이자에 대한 결산정리분개를 누락한 경우, 기말 재무제표에 미치는 영향으로 옳은 것은?
① 부채의 과소계상
② 수익의 과소계상
③ 자산의 과대계상
④ 비용의 과소계상

12 다음 중 자본구성 내역을 자본거래와 손익거래 결과로 구분할 때, 그 구분이 다른 것은?

① 자본금　　　　　　　　　② 자본조정
③ 이익잉여금　　　　　　　④ 자본잉여금

13 다음과 같은 자료만으로 알 수 있는 당기의 추가출자액은 얼마인가?

- 당기에 현금 50,000,000원을 출자하여 영업을 개시하다.
- 사업주가 개인사용을 목적으로 인출한 금액은 5,000,000원이다.
- 당기의 기말자본금은 70,000,000원이다.
- 당기 기말결산의 당기순이익은 10,000,000원이다.

① 5,000,000원　② 9,000,000원　③ 15,000,000원　④ 20,000,000원

14 다음 중 손익계산서의 영업이익에 영향을 미치는 것은?

① 기부금
② 차입금에 대한 이자 지급액
③ 판매촉진 목적으로 광고, 홍보, 선전 등을 위하여 지급한 금액
④ 유형자산을 장부가액보다 낮은 가격으로 처분하여 발생한 손실 금액

15 다음 중 자산에 속하는 계정과목이 아닌 것은?

① 구축물　　　　　　　　　② 개발비
③ 임대보증금　　　　　　　④ 단기금융상품

실 무 시 험

백두상사(코드번호 : 4402)는 문구 및 잡화를 판매하는 개인기업이다. 당기(제11기)의 회계기간은 2025.1.1. ~ 2025.12.31.이다. 전산세무회계 수험용 프로그램을 이용하여 다음 물음에 답하시오.

문제1 다음은 백두상사의 사업자등록증이다. [회사등록] 메뉴에 입력된 내용을 검토하여 누락분은 추가입력하고 잘못된 부분은 정정하시오(주소 입력시 우편번호는 입력하지 않아도 무방함). (6점)

사 업 자 등 록 증

(일반과세자)

등록번호 : 113-25-00916

상　　　　호 : 백두상사
성　　　　명 : 조형오　　　　생 년 월 일 : 1970 년 10 월 11 일
개 업 연 월 일 : 2015 년 03 월 09 일
사업장소재지 : 경기도 안산시 단원구 신길로 20(신길동)

사 업 의 종 류 : 업태 도소매　　　　종목 문구 및 잡화

발 급 사 유 : 신규
공 동 사 업 자 :

사업자 단위 과세 적용사업자 여부 : 여( ) 부(∨)
전자세금계산서 전용 전자우편주소 :

2015 년 03 월 09 일
안 산 세 무 서 장

문제2 다음은 백두상사의 전기분 재무상태표이다. 입력되어 있는 자료를 검토하여 오류부분은 정정하고 누락된 부분은 추가 입력하시오. (6점)

재 무 상 태 표

회사명 : 백두상사   제10기 2024.12.31. 현재   (단위 : 원)

과 목	금	액	과 목	금	액
현 금		50,000,000	외 상 매 입 금		45,000,000
보 통 예 금		30,000,000	지 급 어 음		20,000,000
정 기 예 금		20,000,000	선 수 금		20,000,000
외 상 매 출 금	50,000,000		단 기 차 입 금		40,000,000
대 손 충 당 금	500,000	49,500,000	자 본 금		212,200,000
받 을 어 음	30,000,000		(당기순이익 :		
대 손 충 당 금	300,000	29,700,000	15,000,000)		
단 기 대 여 금		10,000,000			
미 수 금		20,000,000			
상 품		80,000,000			
차 량 운 반 구	52,000,000				
감가상각누계액	23,000,000	29,000,000			
비 품	20,000,000				
감가상각누계액	1,000,000	19,000,000			
자 산 총 계		337,200,000	부채와 자본총계		337,200,000

문제3 다음 자료를 이용하여 입력하시오. (6점)

1. 백두상사는 상품을 매입하고 상품매입대금을 어음으로 지급하는 금액이 커지고 있다. "146.상품" 계정과목에 다음의 적요를 추가 등록하시오. (3점)

> 대체적요 : NO. 5 상품 어음 매입

2. 다음은 백두상사의 신규거래처이다. 아래의 자료를 이용하여 [거래처등록] 메뉴에 추가등록 하시오(주어진 자료 외의 다른 항목은 입력할 필요 없음). (3점)

- 상호 : 모닝문구
- 대표자명 : 최민혜
- 업태 : 도소매
- 유형 : 매출
- 회사코드 : 1001
- 사업자등록번호 : 305-24-63212
- 종목 : 문구 및 잡화
- 사업장소재지 : 대전광역시 대덕구 한밭대로 1000(오정동)
※ 주소입력시 우편번호는 입력하지 않아도 무방함.

문제4 다음의 거래 자료를 [일반전표입력] 메뉴를 이용하여 입력하시오. (24점)

입력시 유의사항

- 적요의 입력은 생략한다.
- 부가가치세는 고려하지 않는다.
- 채권·채무와 관련된 거래처명은 반드시 기 등록되어 있는 거래처코드를 선택하는 방법으로 거래처명을 입력한다.
- 회계처리시 계정과목은 등록되어 있는 계정과목 중 가장 적절한 과목으로 한다.

1. 7월 15일 대전중앙신협에서 사업운영자금으로 50,000,000원을 차입하여 즉시 보통예금 계좌에 입금하다. (1년 만기, 만기일 : 2026년 7월 14일, 이자율 : 연 4%, 이자지급은 만기시 일괄 지급한다) (3점)

2. 7월 16일 다음은 로뎀문구에서 상품을 매입하고 받은 거래명세표이다. 7월 5일 지급한 계약금을 제외하고, 당좌수표를 발행하여 잔금 5,940,000원을 지급하다. (3점)

권	호		거래명세표 (거래용)				
2025년 7월 16일		공급자	사업자등록번호	220-34-00176			
백두상사 귀하			상 호	로뎀문구	성 명	최한대 ㊞	
			사업장소재지	경기도 안산시 상록구 반석로 44			
아래와 같이 계산합니다.			업 태	도소매	종 목	문구 및 잡화	
합계금액			오백만 원정 (₩ 5,000,000)				
월일	품 목	규격	수 량	단 가	공 급 대 가		
7월 16일	문구		1,000개	6,600원	6,600,000원		
	계				6,600,000원		
전잔금	없음		합	계	6,600,000원		
입 금	660,000원	잔 금	5,940,000원	인수자	조형오 ㊞		
비 고	입금 660,000원은 계약금으로, 7월 5일 공급대가의 10%를 현금으로 수령한 것임						

3. 7월 28일 영업부 사원의 출장경비 중 신한카드(사업용카드)로 지급한 영수증을 받다(출장경비는 여비교통비로 처리할 것). (3점)

시설물 이용 영수증(주차비)	
명 칭	유성주차장
주 소	대전광역시 유성구 궁동 220
사업자번호	305-35-65424
사 업 자 명	이진식
발 행 일 자	2025-7-28
차 량 번 호	54거3478
지 불 방 법	신한카드
승 인 번 호	20006721
카 드 번 호	54322362****3564
입 차 일 시	2025-7-28 13:22:22
출 차 일 시	2025-7-28 14:52:22
주 차 시 간	1시간 30분
정 산 요 금	5,000원
이용해 주셔서 감사합니다.	

4. 8월 28일 씨엔제이상사에 상품을 판매하고 발급한 거래명세표이다. 판매대금 중 20,000,000원은 당좌수표로 받고, 잔액은 6개월 만기 동점 발행 약속어음으로 받았다. (3점)

권	호	거래명세표(거래용)				
2025년 8월 28일						
씨엔제이상사 귀하		공급자	사업자등록번호	113-25-00916		
			상 호	백두상사	성 명	조형오 ㉑
			사업장소재지	경기도 안산시 단원구 실길로 20		
아래와 같이 계산합니다.			업 태	도소매	종 목	문구 및 잡화
합계금액		이천오백만 원정 (₩ 25,000,000)				
월일	품 목	규격	수 량	단 가	공 급 대 가	
8월 28일	문구류		100	250,000원	25,000,000원	
		계			25,000,000원	
전잔금	없음			합 계	25,000,000원	
입금	20,000,000원	잔금	5,000,000원	인수자	최찬희 ㉑	
비 고	당좌수표 수령, 잔금은 6개월 만기 약속어음으로 수령					

5. 9월 20일 반월상사에 외상으로 9월 3일에 판매하였던 상품 3,000,000원이 견본과 다르다는 이유로 반품되었다. 반품액은 매출환입및에누리로 처리한다(단, 음수로 회계처리하지 말 것). (3점)

6. 10월 15일 조선상사에 대한 외상매입금 1,300,000원을 지급하기 위하여 발해상사로부터 매출대금으로 받은 약속어음 1,200,000원을 배서양도하고 나머지는 현금으로 지급하다. (3점)

7. 11월 27일 거래처인 비전상사의 미지급금 12,500,000원 중 10,000,000원은 당좌수표를 발행하여 지급하고, 나머지는 면제받았다(단, 매입할인은 아님). (3점)

8. 12월 30일 신규 취득한 업무용 차량에 대한 취득세를 현금으로 납부하고, 다음과 같은 영수증을 수령하였다. (3점)

인천광역시	차량취득세납부영수증		납부(납입) 서		납세자보관용 영수증	
납 세 자	백두상사					
주 소	경기도 안산시 단원구 신길로 20					
납세번호	기관번호 3806904	제목 10101503		납세년월기 202511	과세번호 0001070	
과세내역	차 번	45조4079	년식	2025	과 세 표 준 액	
	목 적	신규등록(일반등록)	특례	세율특례없음		37,683,000
	차 명	그랜저				
	차 종	승용자동차	세율	70/1000		
세 목	납부세액	납부할 세액 합계		전용계좌로도 편리하게 납부!!		
취 득 세	2,637,810			대구은행	021-08-3703795	
가 산 세	0	2,637,810원		신한은행	661-53-21533	
지방교육세	0	신고납부기한		기업은행	123-59-33333	
농어촌특별세	0			국민은행	624-24-0142-911	
합계세액	2,637,810	2025. 12. 30. 까지				
지방세법 제6조~22조, 제30조의 규정에 의하여 위와 같이 신고하고 납부 합니다.				■ 전용계좌 납부안내(뒷면참조)		
담당자		위의 금액을 영수합니다.				
권유리	납부장소 : 전국은행(한국은행제외) 우체국 농협			2025년 12월 30일	수납인	

문제5 [일반전표입력] 메뉴에 입력된 내용 중 다음의 오류가 발견되었다. 입력된 내용을 검토하고 수정 또는 삭제, 추가 입력하여 올바르게 정정하시오. (6점)

1. 9월 15일 거래처 월평문구로부터 외상매출금을 현금으로 회수하고 회계처리한 100,000원이 실제로는 월평문구와 상품 추가 판매계약을 맺고 계약금으로 현금 100,000원을 받은 것으로 확인되었다. (3점)

2. 12월 18일 영업부의 문서 출력용 프린터를 구입하면서 소모품인 A4용지 100,000원을 포함하여 비품으로 처리하였다(단, 소모품은 비용으로 처리할 것). (3점)

문제6 다음의 결산정리사항을 입력하여 결산을 완료하시오. (12점)

1. A사무실을 임대료 6,000,000원(임대기간 : 2025년 7월 1일 ~ 2026년 6월 30일)에 임대하는 것으로 계약하고, 임대료는 임대계약기간 종료일에 전액 수령하기로 하였다(단, 월할 계산할 것). (3점)

2. 3개월 전 단기투자목적으로 양촌㈜의 주식 100주(액면금액 @5,000원)를 주당 25,000원에 취득하였으며, 기말 현재 이 주식의 공정가치는 주당 30,000원이다. (3점)

3. 10월 1일에 보통예금계좌에서 이체하여 납부한 사업장의 화재보험료 120,000원(보험기간 : 2025년 10월 1일 ~ 2026년 9월 30일)은 차기분이 포함된 보험료이다(단, 보험료는 월할 계산할 것). (3점)

4. 매출채권 잔액에 대하여 1%의 대손충당금을 보충법으로 설정하시오. (3점)

문제7 다음 사항을 조회하여 답안을 [이론문제 답안작성] 메뉴에 입력하시오. (10점)

1. 상반기(1월 ~ 6월) 중 상품매출액이 가장 적은 달(月)의 상품매출액은 얼마인가? (3점)

2. 3월말 현재 비품의 장부가액은 얼마인가? (3점)

3. 6월말 현재 거래처별 선급금 잔액 중 가장 큰 금액과 가장 적은 금액의 차액은 얼마인가? (단, 음수로 입력하지 말 것) (4점)

제 3 회

기출 모의고사

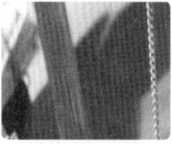

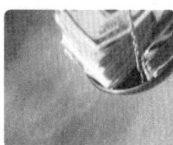
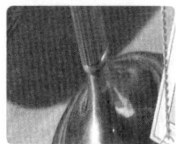

↘ 회사코드 : 4403

↘ 회 사 명 : 하나상사

↘ 제한시간 : 60분

이론시험

다음 문제를 보고 알맞은 것을 골라 [이론문제 답안작성] 메뉴에 입력하시오(객관식 문항당 2점).

기 본 전 제

문제에서 한국채택국제회계기준을 적용하도록 하는 전제조건이 없는 경우, 일반기업회계기준을 적용한다.

---

01 다음의 내용과 관련된 계정과목으로 적절한 것은?

> 기간 경과에 따라 발생하는 이자, 임대료 등의 당기 수익 중 미수액

① 외상매출금　　　　　　　② 미수금
③ 선수금　　　　　　　　　④ 미수수익

02 다음 중 기말재고자산을 과소평가하였을 때 나타나는 현상으로 옳은 것은?

	매출원가	당기순이익		매출원가	당기순이익
①	과소계상	과대계상	②	과소계상	과소계상
③	과대계상	과대계상	④	과대계상	과소계상

03 회사의 판매용 상품매입과 관련한 다음의 분개에서 (　) 안에 들어갈 수 없는 계정과목은 무엇인가?

> (차) 상품　　100,000원 / (대) (　　　)　　100,000원

① 현금　　② 보통예금　　③ 미지급금　　④ 외상매입금

04 다음 중 회계상 거래에 해당하지 않는 것은?

① 화재로 인하여 창고에 보관하고 있던 상품 2,000,000원이 소실되었다.
② 영업사원 1명을 월 급여 2,000,000원으로 채용하기로 하였다.
③ 금고에 보관 중인 현금 2,000,000원을 도난당하였다.
④ 상품을 2,000,000원에 구입하고 대금은 월말에 지급하기로 하였다.

05 다음 중 분류가 잘못된 것은?

① 재고자산 : 제품
② 유형자산 : 토지
③ 무형자산 : 특허권
④ 비유동부채 : 단기차입금

06 다음 중 당좌예금 계정을 사용하는 거래는 무엇인가?

① 종업원의 급여를 보통예금계좌에서 이체하여 지급하였다.
② 외상매출금을 현금으로 받아 즉시 당좌예금계좌에 입금하였다.
③ 상품을 매출하고 대금은 거래처가 발행한 당좌수표로 받았다.
④ 상품을 매입하고 대금은 약속어음을 발행하여 지급하였다.

07 다음 중 단기매매증권에 대한 설명으로 옳지 않은 것은?

① 주로 단기간 내의 매매차익을 목적으로 하여 취득한 유가증권으로 매수 및 매도가 빈번하게 이루어지는 것을 말한다.
② 재무상태표상 단기투자자산으로 통합하여 표시할 수 있다.
③ 취득원가는 취득 시점의 공정가치로 인식하며, 매입수수료도 취득원가에 포함한다.
④ 결산일 현재 보유하고 있는 단기매매증권은 공정가치로 평가하고, 단기매매증권의 평가손익은 영업외손익으로 보고한다.

08 약속어음 수취시 회계처리에 관한 아래의 설명에서 (   ) 안에 들어갈 적절한 계정과목은 무엇인가?

> 상품을 매출하고 대금 회수시 전액을 약속어음으로 수취하면 차변에 (   ) 계정으로 회계처리 한다.

① 지급어음　　② 외상매출금　　③ 미수금　　④ 받을어음

09 감가상각방법 중 정액법과 관련한 설명으로 가장 적합한 것은?
① 자산의 예상조업도 혹은 예상생산량에 근거하여 감가상각액을 인식하는 방법이다.
② 초기에 감가상각비가 많이 계상되는 가속상각방법이다.
③ (취득원가 – 잔존가액)을 내용연수 동안에 매기 균등하게 배분하여 상각하는 방법이다.
④ 취득원가를 내용연수의 합계로 나눈 다음 내용연수의 역순을 곱하여 계산하는 방법이다.

10 다음 자료를 참고하여 ㈜혜성이 당기 중에 처분한 업무용 승용차량의 취득가액으로 옳은 것은?

• 처분가액	1,000,000원	• 감가상각누계액	1,800,000원
• 유형자산처분이익	100,000원		

① 2,500,000원　　② 2,600,000원　　③ 2,700,000원　　④ 2,800,000원

11 다음의 자료 중 재무상태표의 자산에 포함되는 금액은 모두 얼마인가?

• 미지급금	7,000,000원	• 예수금	3,000,000원
• 선수금	2,000,000원	• 임차보증금	30,000,000원

① 10,000,000원　　② 15,000,000원　　③ 30,000,000원　　④ 40,000,000원

12 다음 자료에서 기말자산은 얼마인가?

| • 기초자산 | 500,000원 | • 기초자본 | 300,000원 | • 기초부채 | 200,000원 |
| • 총수익 | 1,500,000원 | • 총비용 | 1,000,000원 | • 기말부채 | 600,000원 |

① 1,000,000원   ② 1,200,000원   ③ 1,400,000원   ④ 1,600,000원

13 다음 자료의 (   ) 안에 들어갈 적절한 단어는 무엇인가?

(   )이란 기업이 일시적으로 맡아서 나중에 지급하는 부채이다. 일반적 상거래 이외에서 발생하는 일시적인 것으로 유동부채에 속한다.

① 예수금   ② 선급비용   ③ 선수금   ④ 가수금

14 다음의 자료에서 영업외비용에 해당하는 것을 모두 고른 것은?

가. 복리후생비   나. 이자비용   다. 기업업무추진비   라. 기부금   마. 여비교통비

① 가, 마   ② 나, 다   ③ 나, 라   ④ 다, 마

15 다음은 손익계산서의 일부이다. 매출총이익을 구하시오.

손익계산서
X1년 1월 ~ X1년 12월

매출액	기초상품재고액	당기총매입액	기말상품재고액	매출총이익
130,000원	24,000원	108,000원	20,000원	?

① 18,000원   ② 20,000원   ③ 22,000원   ④ 24,000원

실 무 시 험

하나상사(코드번호 : 4403)은 전자제품을 판매하는 개인기업이다. 당기(제11기)의 회계기간은 2025.1.1. ~ 2025.12.31.이다. 전산세무회계 수험용 프로그램을 이용하여 다음 물음에 답하시오.

문제1 다음은 하나상사의 사업자등록증이다. [회사등록] 메뉴에 입력된 내용을 검토하여 누락분은 추가입력하고 잘못된 부분은 정정하시오(주소 입력시 우편번호는 입력하지 않아도 무방함). (6점)

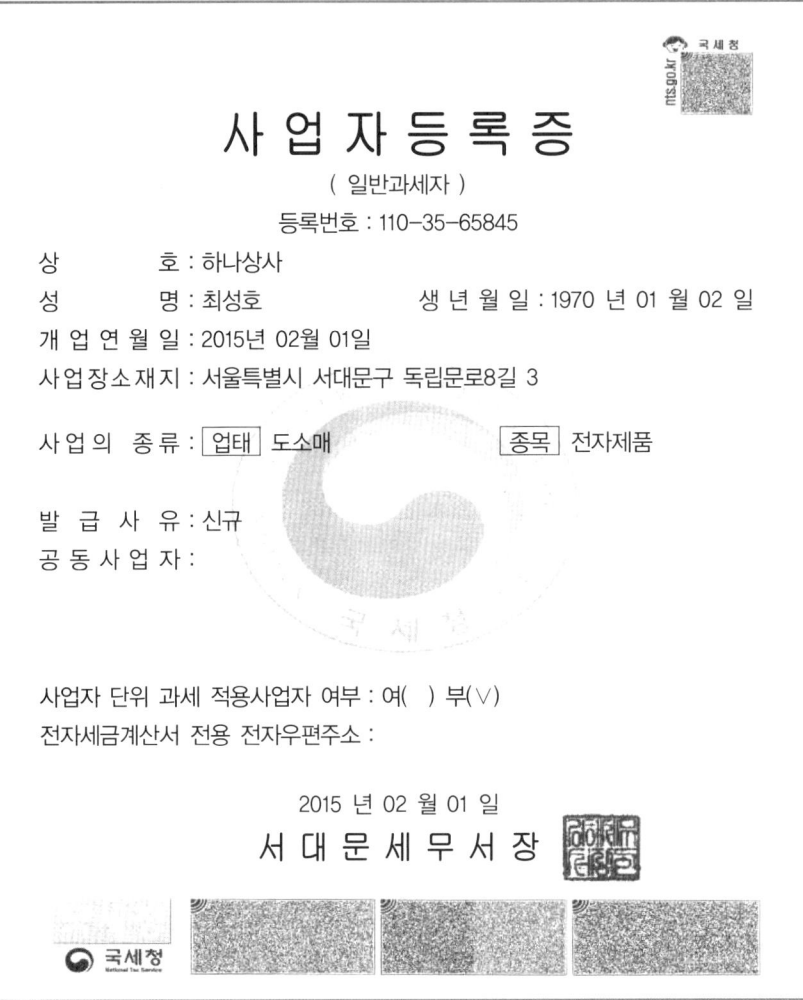

문제2 다음은 하나상사의 전기분 손익계산서이다. 입력되어 있는 자료를 검토하여 오류 부분은 정정하고 누락된 부분은 추가 입력하시오. (6점)

손 익 계 산 서

회사명 : 하나상사   제10기 2024.1.1. ~ 2024.12.31.   (단위 : 원)

계 정 과 목	금 액	계 정 과 목	금 액
Ⅰ 매 출 액	137,000,000	Ⅴ 영 업 이 익	12,200,000
상 품 매 출	137,000,000	Ⅵ 영 업 외 수 익	2,000,000
Ⅱ 매 출 원 가	107,000,000	이 자 수 익	500,000
상 품 매 출 원 가	107,000,000	잡 이 익	1,500,000
기초상품재고액	9,000,000	Ⅶ 영 업 외 비 용	50,000
당기상품매입액	115,000,000	잡 손 실	50,000
기말상품재고액	17,000,000	Ⅷ 소득세차감전순이익	14,150,000
Ⅲ 매 출 총 이 익	30,000,000	Ⅸ 소 득 세 등	0
Ⅳ 판매비와관리비	17,800,000	Ⅹ 당 기 순 이 익	14,150,000
급 여	12,400,000		
복 리 후 생 비	1,400,000		
기업업무추진비	3,320,000		
감 가 상 각 비	170,000		
보 험 료	220,000		
차 량 유 지 비	100,000		
소 모 품 비	190,000		

문제3 다음 자료를 이용하여 입력하시오. (6점)

1. 다음은 하나상사의 신규거래처이다. [거래처등록] 메뉴에서 거래처를 추가로 등록하시오(주어진 자료 외의 다른 항목은 입력할 필요 없음). (3점)

- 상호 : 영랑실업
- 대표자명 : 김화랑
- 업태 : 도소매
- 유형 : 매출
- 거래처코드 : 0330
- 사업자등록번호 : 227-32-25868
- 종목 : 전자제품
- 사업장 소재지 : 강원도 속초시 영랑로5길 3(영랑동)
  ※ 주소입력시 우편번호는 입력하지 않아도 무방함.

2. 다음 자료를 이용하여 [계정과목및적요등록] 메뉴에서 판매비및일반관리비 항목의 복리후생비 계정에 적요를 추가로 등록하시오. (3점)

> 대체적요 3. 직원회식비 신용카드 결제

문제4 다음의 거래 자료를 [일반전표입력] 메뉴를 이용하여 입력하시오. (24점)

┌─ 입력시 유의사항 ─┐
- 적요의 입력은 생략한다.
- 부가가치세는 고려하지 않는다.
- 채권·채무와 관련된 거래처명은 반드시 기 등록되어 있는 거래처코드를 선택하는 방법으로 거래처명을 입력한다.
- 회계처리시 계정과목은 등록되어 있는 계정과목 중 가장 적절한 과목으로 한다.

1. 7월 21일 거래처 영우상회로부터 회수한 외상매출금 중 2,000,000원은 현금으로 수령하고, 나머지 8,000,000원은 보통예금계좌로 입금되었다. (3점)

2. 8월 5일 매장을 신축하기 위하여 토지를 20,000,000원에 취득하고 대금은 당좌수표를 발행하여 지급하였다. 토지 취득시 취득세 400,000원은 현금으로 지급하였다. (3점)

3. 8월 26일 영업부 직원들의 국민연금보험료 회사부담분 90,000원과 직원부담분 90,000원이 보통예금계좌에서 지급하였다. (단, 회사부담분은 세금과공과 계정을 사용하시오) (3점)

4. 9월 8일 영업사원의 식사비를 서울식당에서 사업용 카드로 결제하였다. (3점)

```
            카드매출전표
-------------------------------------
카 드 종 류 :   우리카드
회 원 번 호 :   2245-1223-****-1534
거 래 일 시 :   2025.9.8. 12:53:54
거 래 유 형 :   신용승인
매  출  액 :   200,000원
합  계  액 :   200,000원
결 제 방 법 :   일시불
승 인 번 호 :   6354887765
은 행 확 인 :   우리은행
가 맹 점 명 :   서울식당
-------------------------------------
             -이 하 생 략-
```

5. 9월 20일 거래처가 사용할 KF94 마스크를 100,000원에 현금 구입하고 현금영수증을 받았다. (3점)

```
                서대문상회
  110-36-62151                 이중재
  서울특별시 서대문구 충정로 44    TEL : 1566-4451
        홈페이지 http://www.kacpta.or.kr

          현금영수증(지출증빙용)
  구매 2025/09/20/14:45    거래번호 : 20250920-0105
```

상품명	수량	단가	금액
KF94마스크	200	500	100,000원
202509200105	물 품 가 액		100,000원
	합 계		100,000원
	받 은 금 액		100,000원

6. 10월 5일 선진상사로부터 사무실 비품 2,500,000원을 구입하고, 대금은 외상으로 하였다(단, 부가가치세는 무시한다). (3점)

권	호				거래명세표(거래용)			
2025년 10월 5일								
하나상사 귀하		공급자	사업자등록번호		378-62-00158			
			상 호		선진상사	성 명	나사장	㊞
			사업장소재지		부산광역시 동래구 미남로 116번길 98, 1층			
아래와 같이 계산합니다.			업 태		도소매	종 목	전자제품	
합계금액			이백오십만 원정 (₩ 2,500,000)					
월일	품 목	규격	수 량		단 가	공 급 대 가		
10월 5일	전자제품 AF-1		1		2,500,000원	2,500,000원		
	계					2,500,000원		
전잔금	없음		합		계	2,500,000원		
입 금		잔 금	2,500,000원		인수자	김길동		㊞
비 고								

7. 11월 30일 ㈜한성과 사무실 임대차 계약을 하고, 즉시 보증금 50,000,000원을 보통예금계좌에서 이체하여 지급하였다. (단, 임대차계약 기간은 보증금 지급 즉시 시작한다) (3점)

8. 12월 9일 대한은행으로부터 5,000,000원을 4개월간 차입하기로 하고, 선이자 125,000원을 제외한 잔액이 당사 보통예금계좌에 입금되었다(선이자는 이자비용으로 회계처리하고, 하나의 전표로 입력할 것). (3점)

문제5 [일반전표입력] 메뉴에 입력된 내용 중 다음의 오류가 발견되었다. 입력된 내용을 검토하고 수정 또는 삭제, 추가 입력하여 올바르게 정정하시오. (6점)

1. 10월 1일 보통예금계좌에서 출금된 101,000원을 모두 순천상사에 대한 외상매입금 지급으로 처리하였으나, 이 중 1,000원은 계좌이체 수수료로 확인되었다. (3점)

2. 11월 26일 거래처 순천상사로부터 보통예금계좌에 입금된 400,000원을 가수금으로 처리하였으나 순천상사의 외상매출금 400,000원이 회수된 것이다. (3점)

문제6 다음의 결산정리사항을 입력하여 결산을 완료하시오. (12점)

1. 5월 1일 영업부의 업무용 자동차 보험료(보험기간 : 2025.5.1. ~ 2026.4.30.) 900,000원을 지급하고 전액 보험료로 비용처리 하였다. 기말수정분개를 하시오(단, 월할 계산하고 음수로 입력하지 말 것). (3점)

2. 가지급금 잔액 44,000원은 영업부 직원의 시외교통비 지급액으로 판명되었다. (3점)

3. 기말 현재 인출금 계정 잔액 500,000원을 자본금으로 정리하다. (3점)

4. 영업부에서 사용할 소모품을 구입하고 비용으로 처리한 금액 중 기말 현재 미사용한 금액은 200,000원이다. (3점)

문제7 다음 사항을 조회하여 답안을 [이론문제 답안작성] 메뉴에 입력하시오. (10점)

1. 6월 30일 현재 유동부채는 얼마인가? (3점)

2. 상반기 중 상품매출이 가장 많이 발생한 달(月)과 그 금액은 얼마인가? (4점)

3. 4월 30일 거래처 오렌지유통의 외상매출금 잔액은 얼마인가? (3점)

memo

제 4 회

기출 모의고사

- 회사코드 : 4404
- 회 사 명 : 보우상사
- 제한시간 : 60분

이 론 시 험

다음 문제를 보고 알맞은 것을 골라 [이론문제 답안작성] 메뉴에 입력하시오(객관식 문항당 2점).

기 본 전 제

문제에서 한국채택국제회계기준을 적용하도록 하는 전제조건이 없는 경우, 일반기업회계기준을 적용한다.

---

01 다음의 계정별원장 중 잔액의 표시가 옳은 것은?

① 선수금	② 차량운반구
500,000원	100,000원

③ 선납세금	④ 임차보증금
120,000원	800,000원

02 다음 중 영업손익에 영향을 미치지 않는 것은?

① 급여   ② 기업업무추진비
③ 이자비용   ④ 감가상각비

03 다음 재무제표의 종류 중 (A)에 해당하는 것으로 가장 옳은 것은?

(A)는/은 일정기간 동안 기업의 경영성과에 대한 정보를 제공하는 재무보고서이다. (A)는/은 해당 회계기간의 경영성과를 나타낼 뿐만 아니라 기업의 미래현금흐름과 수익창출능력 등의 예측에 유용한 정보를 제공한다.

---

① 주석   ② 손익계산서   ③ 재무상태표   ④ 자본변동표

04 다음 중 아래의 빈칸에 들어갈 내용으로 적합한 것은?

> 단기금융상품은 만기가 결산일로부터 (   )이내에 도래하는 금융상품으로서 현금성자산이 아닌 것을 말한다.

① 1개월 ② 3개월 ③ 6개월 ④ 1년

05 다음과 같이 주어진 자료에서 당기의 외상매출금 현금회수액은 얼마인가?

> • 외상매출금 기초잔액 : 2,000,000원
> • 외상매출금 기말잔액 : 3,000,000원
> • 당기에 발생한 외상매출액 : 5,000,000원
> • 당기에 발생한 외상매출금의 조기회수에 따른 매출할인액 : 40,000원
> • 외상매출금은 전액 현금으로 회수한다.

① 1,960,000원 ② 2,960,000원 ③ 3,960,000원 ④ 4,960,000원

06 재고자산의 단가결정방법 중 후입선출법에 대한 설명으로 바르지 않은 것은?

① 실제 물량흐름과 원가흐름이 대체로 일치한다.
② 기말재고가 가장 오래 전에 매입한 상품의 단가로 계상된다.
③ 물가상승시 이익이 과소계상 된다.
④ 물가상승시 기말재고가 과소평가 된다.

07 다음 중 유형자산으로 인식되기 위한 조건을 충족한 자본적 지출에 해당하지 않는 것은?

① 엘리베이터의 설치   ② 건물의 증축비용
③ 건물 피난시설 설치   ④ 건물 내부의 조명기구 교체

08 다음은 기계장치 처분과 관련된 자료이다. 해당 기계장치의 감가상각누계액은 얼마인가?

| • 취득가액 | 680,000원 | • 처분가액 | 770,000원 |
| • 유형자산처분이익 | 450,000원 | | |

① 300,000원 ② 330,000원 ③ 360,000원 ④ 390,000원

09 다음의 설명과 관련한 계정과목으로 옳은 것은?

> 현금의 입금 등이 발생하였으나, 처리할 계정과목이나 금액이 확정되지 않은 경우, 계정과목이나 금액이 확정될 때까지 일시적으로 처리하는 계정과목

① 받을어음 ② 선수금 ③ 가지급금 ④ 가수금

10 다음 중 외상매입금 계정이 차변에 기입되는 거래는?

> a. 상품구입 대금을 한 달 후에 지급하기로 한 때
> b. 외상매입대금을 현금으로 지급했을 때
> c. 외상매입대금을 보통예금계좌에서 지급했을 때
> d. 상품 매출에 대한 외상대금이 보통예금계좌로 입금된 때

① a, b ② b, c ③ c, d ④ b, d

11 다음 설명에 해당하는 계정과목으로 옳은 것은?

> 주로 기업주가 개인적으로 소비하는 것을 말하며, 개인기업의 자본금 계정에 대한 평가계정으로 자본금 계정을 대신하여 사용되는 임시계정이다. 또한 기말 결산시 자본금 계정에 대체 한다.

① 인출금 ② 예수금 ③ 미지급비용 ④ 선수금

12 다음 지출내역 중 판매비와관리비에 해당하는 것을 모두 고른 것은?

| 가. 종업원 회식비용 | ×××원 | 나. 차입금 지급이자 | ×××원 |
| 다. 장애인단체 기부금 | ×××원 | 라. 사무실 전화요금 | ×××원 |

① 가, 나　　　　② 나, 다　　　　③ 가, 라　　　　④ 나, 라

13 주어진 자료에서 당기손익으로 인식하는 금액은 얼마인가?

1. X1년 1월 1일 기계장치 취득
    • 취득가액 : 1,000,000원　• 잔존가액 : 0원　• 내용연수 : 5년　• 상각방법 : 정액법
2. 이자수익 : 100,000원

① 손실 200,000원　② 손실 100,000원　③ 이익 100,000원　④ 이익 200,000원

14 다음과 같이 주어진 자료에서 당기 기말 손익계산서에 계상되는 보험료는 얼마인가?

• 당기 보험료 현금지급액　　　　40,000원
• 기말 재무상태표에 계상된 선급보험료　10,000원

① 10,000원　　② 30,000원　　③ 40,000원　　④ 50,000원

15 다음 중 수익이 증가한 경우 재무제표에 미치는 영향으로 맞는 것은?

① 자산의 증가 또는 부채의 감소에 따라 자본의 증가
② 자산의 증가 또는 부채의 감소에 따라 자본의 감소
③ 자산의 감소 또는 부채의 증가에 따라 자본의 증가
④ 자산의 감소 또는 부채의 증가에 따라 자본의 감소

실 무 시 험

보우상사(코드번호 : 4404)는 사무기기를 판매하는 개인기업이다. 당기(제16기)의 회계기간은 2025.1.1. ~ 2025.12.31.이다. 전산세무회계 수험용 프로그램을 이용하여 다음 물음에 답하시오.

문제1 다음은 보우상사의 사업자등록증이다. [회사등록] 메뉴에 입력된 내용을 검토하여 누락분은 추가입력하고 잘못된 부분은 정정하시오(주소 입력시 우편번호는 입력하지 않아도 무방함). (6점)

사 업 자 등 록 증
(일반과세자)

등록번호 : 106-25-12340

상 호 명 : 보우상사

대 표 자 명 : 양안나

개 업 연 월 일 : 2010년 5월 9일

사업장소재지 : 광주광역시 남구 봉선중앙로123번길 1(주월동)

사업자의 종류 : [업태] 도소매   [종목] 사무기기

교 부 사 유 : 신규

사업자 단위 과세 적용사업자 여부 : 여( ) 부( )
전자세금계산서 전용 전자우편 주소 :

2010년 5월 9일

광주세무서장

NTS 국세청

문제2 다음은 보우상사의 전기분 재무상태표이다. 입력되어 있는 자료를 검토하여 오류 부분은 정정하고 누락된 부분은 추가 입력하시오. (6점)

재무상태표

회사명 : 보우상사　　제15기 2024.12.31. 현재　　(단위 : 원)

과 목	금	액	과 목	금 액
현　　　　　　금		50,000,000	외 상 매 입 금	23,200,000
당 좌 예 금		20,000,000	지 급 어 음	18,020,000
보 통 예 금		9,500,000	미 지 급 금	22,000,000
외 상 매 출 금	68,000,000		단 기 차 입 금	24,460,000
대 손 충 당 금	680,000	67,320,000	자 본 금	104,740,000
받 을 어 음	10,000,000			
대 손 충 당 금	100,000	9,900,000		
단 기 대 여 금		2,000,000		
미 　 수 　 금		1,000,000		
상　　　　　품		6,000,000		
차 량 운 반 구	35,000,000			
감가상각누계액	15,000,000	20,000,000		
비　　　　　품	7,000,000			
감가상각누계액	300,000	6,700,000		
자 산 총 계		192,420,000	부채와 자본총계	192,420,000

문제3 다음 자료를 이용하여 입력하시오. (6점)

1. 보우상사의 외상매출금과 외상매입금에 대한 거래처별 초기이월 잔액은 다음과 같다. 입력된 자료를 검토하여 잘못된 부분은 삭제 또는 수정, 추가 입력하여 주어진 자료에 맞게 정정하시오. (3점)

계정과목	거래처	잔액	합계
외상매출금	참푸른상사	15,000,000원	68,000,000원
	㈜오늘상회	53,000,000원	
외상매입금	해송상회	13,200,000원	23,200,000원
	㈜부일	10,000,000원	

2. 다음 자료를 이용하여 [기초정보관리]의 [거래처등록] 메뉴에서 거래처를 추가로 등록하시오(단, 주어진 자료 외의 다른 항목은 입력할 필요 없음). (3점)

- 거래처코드 : 01000
- 대표자 성명 : 김영석
- 거래처명 : 잘먹고잘살자
- 거래처유형 : 매입
- 사업자등록번호 : 214-13-84536
- 업태/종목 : 서비스/한식

문제4 다음의 거래 자료를 [일반전표입력] 메뉴를 이용하여 입력하시오. (24점)

1. 7월 6일 영업부 직원들의 직무역량 강화 교육을 위한 학원 수강료 100,000원을 보통예금계좌에서 이체하여 지급하다. (3점)

2. 8월 2일 강남상사로부터 임차하여 영업점으로 사용하던 건물의 임대차 계약이 만료되어 보증금 100,000,000원을 보통예금계좌로 돌려받았다(단, 보증금의 거래처를 기재할 것). (3점)

3. 8월 29일 거래처의 신규 매장 개설을 축하하기 위하여 영업부에서 거래처 선물용 화분 300,000원을 구입하고 사업용 카드(비씨카드)로 결제하였다. (3점)

카드매출전표			
상호 : 나이쁘화원		사업자번호 : 130-52-12349	
대표자 : 임꺽정		전화번호 : 041-630-0000	
[상품명]	[단가]	[수량]	[금액]
화분	300,000원	1	300,000원
		합 계 액	300,000원
		받은금액	300,000원

신용카드전표(고객용)
카드번호 : 1111-2222-3333-4444
카 드 사 : 비씨카드
거 래 일 시 : 2025.08.29. 10:30:51
거 래 유 형 : 신용승인
승 인 금 액 : 300,000원
결 제 방 법 : 일시불
승 인 번 호 : 9461464
이용해주셔서 감사합니다.
교환/환불은 영수증을 지참하여 일주일 이내 가능합니다.

3. 9월 6일 희정은행의 정기예금에 가입하고, 보통예금계좌에서 10,000,000원을 이체하였다. (3점)

4. 9월 20일 부산상사로부터 상품 1,000,000원을 매입하고 대금 중 600,000원은 당좌수표를 발행하여 지급하고 나머지는 현금으로 지급하다. (3점)

5. 9월 30일 9월 중 입사한 영업부 신입사원 김하나의 9월분 급여를 다음과 같이 보통예금으로 지급하다. (3점)

보우상사 2025년 9월 급여명세서			
이 름	김하나	지 급 일	2025.09.30.
기 본 급 여	750,000원	소 득 세	0원
직 책 수 당	0원	지 방 소 득 세	0원
상 여 금	0원	고 용 보 험	6,000원
특 별 수 당	0원	국 민 연 금	0원
자 가 운 전 보 조 금	0원	건 강 보 험	0원
교 육 지 원 수 당	0원	기 타 공 제	0원
급 여 계	750,000원	공 제 합 계	6,000원
귀하의 노고에 감사드립니다.		차 인 지 급 액	744,000원

6. 10월 11일 사업장 건물의 피난시설 설치공사를 실시하고 공사대금 3,000,000원은 보통예금으로 지급하였다(피난시설 설치공사는 건물의 자본적 지출로 처리할 것). (3점)

7. 10월 13일 미림전자의 파산으로 인하여 미림전자에 대한 외상매출금 2,600,000원을 전액 대손 처리하기로 하다(대손 처리 시점의 외상매출금에 대한 대손충당금 잔액은 300,000원이다). (3점)

문제5 [일반전표입력] 메뉴에 입력된 내용 중 다음의 오류가 발견되었다. 입력된 내용을 검토하고 수정 또는 삭제, 추가 입력하여 올바르게 정정하시오. (6점)

1. 7월 9일 인천시청에 기부한 현금 200,000원이 세금과공과(판)로 회계처리 되었음을 확인하였다. (3점)

2. 10월 12일 거래처 영랑문구의 외상매출금 5,000,000원을 보통예금계좌로 이체받은 것으로 회계처리를 하였으나 실제로는 영랑문구에 대한 단기대여금 5,000,000원이 회수된 것으로 확인되었다. (3점)

문제6 다음의 결산정리사항을 입력하여 결산을 완료하시오. (12점)

1. 결산일 현재까지 현금과부족 계정으로 처리한 현금부족액 100,000원에 대한 원인이 밝혀지지 않았다. (3점)

2. 기말 현재 가수금 계정의 잔액 500,000원은 차기 매출과 관련하여 거래처 인천상사로부터 수령한 계약금으로 확인되었다(계약금은 선수금으로 처리할 것). (3점)

3. 농협은행으로부터 연 이자율 6%로 10,000,000원을 12개월간 차입(차입기간 : 2025.9.1. ~ 2026.8.31.)하고, 이자는 12개월 후 차입금 상환 시점에 일시 지급하기로 하였다. 결산분개를 하시오(단, 이자는 월할 계산할 것). (3점)

4. 2023년 1월 1일에 영업부에서 구매하였던 차량운반구의 당기분 감가상각비를 계상하다(취득원가 : 60,000,000원, 잔존가액 : 4,000,000원, 내용연수 : 8년, 정액법). (3점)

문제7 다음 사항을 조회하여 답안을 [이론문제 답안작성] 메뉴에 입력하시오. (10점)

1. 6월 30일 현재 가지급금 잔액은 얼마인가? (3점)

2. 1월부터 6월까지의 기업업무추진비(판)를 가장 많이 지출한 달과 가장 적게 지출한 달의 차이 금액은 얼마인가? (단, 음수로 입력하지 말 것) (4점)

3. 6월말 현재 미지급금 잔액이 가장 많은 거래처의 상호와 미지급금 잔액은 얼마인가? (3점)

제 5 회

기출 모의고사

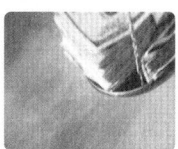

↘ 회사코드 : 4405

↘ 회 사 명 : 우리상사

↘ 제한시간 : 60분

이 론 시 험

다음 문제를 보고 알맞은 것을 골라 [이론문제 답안작성] 메뉴에 입력하시오(객관식 문항당 2점).

01 다음 중 회계상 현금으로 처리하는 것은?

(가) 자기앞수표	(다) 당좌차월
(나) 받을어음	(라) 우편환증서

① (가), (나) ② (나), (다) ③ (나), (라) ④ (가), (라)

02 아래의 자산과 부채의 유동성과 비유동성 구분 기준에 따라 분류한 것으로 다음 중 옳은 것은?

(가) 보고기간 종료일로부터 1년 이내에 현금화되는 자산
(나) 보고기간 종료일로부터 1년 이내에 상환기한이 도래하는 부채

	(가)	(나)		(가)	(나)
①	유동자산	유동부채	②	비유동자산	유동부채
③	유동자산	비유동부채	④	비유동자산	비유동부채

03 아래의 거래내용에 대하여 거래요소의 결합관계와 거래의 종류가 바르게 표시된 것은?

상품 판매전시장에서 업무용으로 사용할 목적으로 컴퓨터와 프린터기를 1,500,000원에 구매하고, 구매대금은 신용카드로 결제하다.

	거래요소의 결합관계	거래의 종류
①	자산의 증가 - 부채의 증가	교환거래
②	부채의 증가 - 자산의 감소	손익거래
③	자산의 증가 - 자본의 증가	교환거래
④	자산의 증가 - 자산의 감소	손익거래

04 다음 중 상품의 취득원가에 가산해야 하는 항목은?

① 매입환출 ② 매입에누리
③ 매입할인 ④ 상품을 수입함에 따른 관세

05 다음 자료의 누락분을 반영한 수정 후 당기순이익은 얼마인가?

> • 수정 전 당기순이익 : 1,000,000원
> • 이자비용 기간경과분 반영 누락 : 당기분 20,000원
> • 전액 비용 처리한 지급보험료의 차기분 이월 누락 : 차기분 200,000원

① 820,000원   ② 1,180,000원   ③ 1,200,000원   ④ 1,220,000원

06 다음 자료를 토대로 당기 대손상각비로 계상할 금액은 얼마인가?

> • 기초 대손충당금 잔액은 50,000원이다.
> • 10월 거래처의 파산으로 회수불가능 매출채권이 200,000원 발생하였다.

① 30,000원   ② 80,000원   ③ 150,000원   ④ 200,000원

07 재고자산 평가방법의 변경에 따른 기말재고자산 금액의 변동이 매출원가와 매출총이익에 미치는 영향으로 올바른 것은?

> (가) 기말재고자산 금액이 감소하면 매출원가가 증가한다.
> (나) 기말재고자산 금액이 감소하면 매출원가가 감소한다.
> (다) 기말재고자산 금액이 감소하면 매출총이익이 증가한다.
> (라) 기말재고자산 금액이 증가하면 매출총이익이 증가한다.

① (가), (나)   ② (다), (라)   ③ (나), (다)   ④ (가), (라)

08 다음 중 유형자산의 취득원가에 가산하는 항목이 아닌 것은?

① 취득세, 등록세 등 유형자산의 취득과 직접 관련된 제세공과금
② 매입할인, 매입에누리
③ 취득 당시 설치비
④ 취득 관련 운송비

09 다음 거래에 대한 회계처리시 차변 계정과목으로 옳은 것은?

| 사무실에서 사용하고 있는 에어컨을 처분하고 대금은 보통예금계좌로 이체 받았다. |

① 비품　　　② 보통예금　　　③ 외상매출금　　　④ 받을어음

10 다음은 무형자산에 대한 조건이다. 이에 해당하는 것으로 가장 옳은 것은?

- 물리적 실체는 없지만 식별이 가능해야 함
- 자원에 대한 통제가 가능해야 함
- 미래 경제적 효익을 가져올 수 있는 비화폐성 자산

① 기계장치　　　② 소프트웨어　　　③ 차량운반구　　　④ 받을어음

11 재무제표의 작성기준 중 유동성배열법에 의한 재무제표 작성시 다음 중 가장 나중에 배열되는 계정과목은 무엇인가?

① 사채　　　　　　　② 예수금
③ 미지급금　　　　　④ 선수수익

12 다음 자료를 이용하여 외상매입금 기초잔액을 계산하면 얼마인가?

| • 당기 외상매입액 | 1,000,000원 | • 외상매입금 중 환출액 | 50,000원 |
| • 외상매입금 지급액 | 1,100,000원 | • 외상매입금 기말잔액 | 300,000원 |

① 300,000원　② 350,000원　③ 400,000원　④ 450,000원

13 개인 회사인 대성상사의 기말자본금이 510,000원일 때, 다음 자료에서 알 수 있는 당기의 인출금은 얼마인가?

| • 기초자본금 | 1,000,000원 | • 추가출자액 | 300,000원 |
| • 총수익 | 400,000원 | • 총비용 | 290,000원 |

① 900,000원　② 1,000,000원　③ 1,100,000원　④ 1,200,000원

14 다음 중 영업손익에 영향을 미치는 거래는 무엇인가?
① 불우이웃을 돕기 위하여 기부금을 현금으로 지급하다.
② 운영경비 조달을 위한 사업용 자금 대출에 관한 이자비용을 보통예금으로 지급하다.
③ 영업부 직원의 급여를 보통예금에서 지급하다.
④ 정기예금에서 발생한 이자수익이 보통예금에 입금되다.

15 다음 자료를 이용하여 상품매출원가를 구하면 얼마인가?

• 기초상품재고액은 3,000,000원이다.
• 당기의 상품매입액은 10,000,000원이다.
• 기말상품재고액은 3,000,000원이다.

① 2,000,000원　② 3,000,000원　③ 10,000,000원　④ 12,000,000원

실무시험

우리상사(코드번호 : 4405)는 문구 및 잡화를 판매하는 개인기업이다. 당기(제15기) 회계기간은 2025.1.1. ~ 2025.12.31.이다. 전산세무회계 수험용 프로그램을 이용하여 다음 물음에 답하시오.

문제1 다음은 우리상사의 사업자등록증이다. [회사등록] 메뉴에 입력된 내용을 검토하여 누락분은 추가입력하고 잘못된 부분은 정정하시오(주소 입력시 우편번호는 입력하지 않아도 무방함). (6점)

사 업 자 등 록 증
(일반과세자)

등록번호 : 210-21-98692

상　　호　명 : 우리상사

대　표　자　명 : 손우성

개 업 연 월 일 : 2011년 3월 9일

사업장소재지 : 충청남도 홍성군 홍북읍 청사로174번길 9

사업자의 종류 : [업태] 도소매　　[종목] 문구 및 잡화

교　부　사　유 : 신규

사업자 단위 과세 적용사업자 여부 : 여( ) 부( )
전자세금계산서 전용 전자우편 주소 :

2011년 3월 9일

홍성세무서장

문제2 다음은 우리상사의 전기분 재무상태표이다. 입력되어 있는 자료를 검토하여 오류 부분은 정정하고 누락된 부분은 추가 입력하시오. (6점)

재 무 상 태 표

회사명 : 우리상사 제14기 2024.12.31. 현재 (단위 : 원)

과 목	금 액		과 목	금 액
현 금		43,000,000	외 상 매 입 금	59,000,000
당 좌 예 금		30,000,000	지 급 어 음	100,000,000
보 통 예 금		25,000,000	단 기 차 입 금	80,000,000
외 상 매 출 금	40,000,000		자 본 금	171,800,000
대 손 충 당 금	400,000	39,600,000	(당기순이익 :	
받 을 어 음	80,000,000		10,800,000)	
대 손 충 당 금	800,000	79,200,000		
상 품		100,000,000		
차 량 운 반 구	60,000,000			
감가상각누계액	14,000,000	46,000,000		
비 품	50,000,000			
감가상각누계액	2,000,000	48,000,000		
자 산 총 계		410,800,000	부채와 자본총계	410,800,000

문제3 다음 자료를 이용하여 입력하시오. (6점)

1. 다음 자료를 이용하여 [기초정보관리]의 [거래처등록] 메뉴에서 거래처(신용카드)를 추가로 등록하시오(단, 주어진 자료 외의 다른 항목은 입력할 필요 없음). (3점)

- 거래처코드 : 99811
- 카드번호 : 1000-2000-3000-4000
- 거래처명 : 나라카드
- 카드종류 : 3.사업용카드
- 유형 : 매입

2. 우리상사의 거래처별 초기이월 채권과 채무의 잔액은 다음과 같다. 입력된 자료를 검토하여 잘못된 부분은 삭제 또는 수정, 추가 입력하여 자료에 맞게 정정하시오 (거래처코드를 사용할 것). (3점)

계정과목	거래처	잔액	계
외상매출금	유통상사	10,000,000원	40,000,000원
	브런치상사	20,000,000원	
	하이상사	10,000,000원	
외상매입금	순임상사	20,000,000원	59,000,000원
	㈜다온유통	39,000,000원	

문제4 다음의 거래 자료를 [일반전표입력] 메뉴를 이용하여 입력하시오. (24점)

입력시 유의사항
- 적요의 입력은 생략한다.
- 부가가치세는 고려하지 않는다.
- 채권·채무와 관련된 거래처명은 반드시 기 등록되어 있는 거래처코드를 선택하는 방법으로 거래처명을 입력한다.
- 회계처리시 계정과목은 등록되어 있는 계정과목 중 가장 적절한 과목으로 한다.
---

1. 7월 9일 영업부에서 사용할 차량 15,000,000원을 구입하고 당좌수표를 발행하여 지급하다. (3점)

2. 8월 1일 영업부가 사용하는 본사 사무실의 관리비 300,000원을 보통예금에서 이체하였다. (3점)

3. 8월 4일 본사의 주민세 사업소분 62,500원을 현금으로 납부하였다. (3점)

4. 8월 12일 회사대표 손우성씨의 명함을 디자인명함에서 인쇄 제작하였다. 대금은 현금으로 지급하고, 현금영수증을 다음과 같이 수취하였다. (3점)

디자인명함			
107-36-25785		박한준	
서울특별시 영등포구 여의도동 44-3		TEL : 1566-5580	
홈페이지 http://www.dhan.com			
현금(지출증빙)			
구매 2025/08/12/15:35		거래번호 : 20250812-010	
상품명	수량	단가	금액
명함제작	1	20,000	20,000
202508121535010			
		합 계	20,000
		받은금액	20,000

5. 8월 18일 단기운용목적으로 ㈜우리의 발행주식 1,000주(1주당 액면금액 5,000원)를 1주당 6,000원에 취득하였다. 대금은 취득시 발생한 별도의 수수료 130,000원을 포함하여 보통예금에서 지급하였다. (3점)

6. 9월 3일 수원문구에 상품을 공급하기로 하고 7월 25일 체결한 계약에 따라 상품을 공급하면서 아래의 거래명세서를 발급하였다. 계약금을 제외한 나머지 대금은 외상으로 하다. (3점)

권		호				거래명세표 (거래용)		
2025년 9월 3일								
수원문구 귀하			공급자	사업자등록번호		210-21-98692		
				상 호		우리상사	성 명	손우성 ㊞
				사업장소재지		충청남도 홍성군 홍북읍 청사로174번길 9		
아래와 같이 계산합니다.				업 태		도소매	종 목	문구 및 잡화
합계금액				오백만 원정 (₩ 5,000,000)				
월일	품 목		규격	수 량		단 가	공 급 대 가	
9월 3일	문구			1,000개		5,000원	5,000,000원	
계							5,000,000원	
전잔금	없음			합		계	5,000,000원	
입금	500,000원		잔 금	4,500,000원		인수자	정현용 ㊞	
비 고	입금 500,000원은 계약금으로, 7월 25일 공급대가의 10%를 현금으로 수령한 것임							

7. 10월 18일 본사 영업부 사무실 건물의 유리창을 교체하고 수리비는 신용카드로 결제하였다. (3점)

```
              카드매출전표
  카 드 종 류 : 현대카드
  카 드 번 호 : 5856-4512-20**-9965
  거 래 일 시 : 2025.10.18. 09:30:51
  거 래 유 형 : 신용승인
  금       액 : 150,000원
  결 제 방 법 : 일시불
  승 인 번 호 : 10005539
  은 행 확 인 : 국민은행

           가맹점명 : 수리창호
           - 이 하 생 략 -
```

8. 11월 24일 서울시에서 주관하는 나눔천사 기부릴레이에 참여하여 서대문구청에 현금 1,000,000원을 기부하다. (3점)

문제5 [일반전표입력] 메뉴에 입력된 내용 중 다음의 오류가 발견되었다. 입력된 내용을 검토하고 삭제, 수정 또는 추가 입력하여 올바르게 정정하시오. (6점)

1. 9월 14일 영업부에서 사용하기 위한 업무용차량을 구입하면서 현금으로 지출한 취득세 130,000원을 세금과공과(판)으로 회계처리 하였다. (3점)

2. 11월 21일 당사가 현금으로 지급한 축의금 100,000원은 매출거래처 직원이 아니라 당사 영업부 직원의 결혼축의금으로 판명되었다. (3점)

문제6 다음의 결산정리사항을 입력하여 결산을 완료하시오. (12점)

1. 결산일 현재 송우상사의 단기대여금에 대하여 당기 기간경과분에 대한 이자 미수액 60,000원을 계상하다. (3점)

2. 결산일 현재 기말 가지급금 계정 잔액 150,000원은 거래처 ㈜홍상사에 대한 외상매입금 지급액으로 확인되었다. (3점)

3. 마이너스 통장인 행복은행의 보통예금 기말잔액이 -900,000원이다(기말잔액이 음수가 되지 않도록 적절한 계정으로 대체하되, 음수로 입력하지 말 것). (3점)

4. 당기 기말상품재고액은 7,000,000원이다. (3점)

문제7 다음 사항을 조회하여 답안을 [이론문제 답안작성] 메뉴에 입력하시오. (10점)

1. 2/4분기(4월 ~ 6월) 중 현금으로 지급한 수수료비용(판매비및관리비)은 얼마인가? (3점)

2. 상반기(1월 ~ 6월) 중 복리후생비(판매비및관리비)를 가장 많이 지출한 달과 가장 적게 지출한 달의 금액간 차이는 얼마인가? (단, 음수로 입력하지 말 것) (4점)

3. 6월말 현재 거래처 인천상사에 대한 선급금 잔액은 얼마인가? (3점)

memo

제 6 회

기출 모의고사

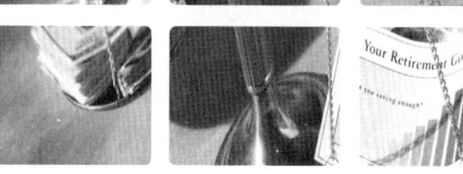

↘ 회사코드 : 4406

↘ 회 사 명 : 만세상사

↘ 제한시간 : 60분

이 론 시 험

다음 문제를 보고 알맞은 것을 골라 [이론문제 답안작성] 메뉴에 입력하시오(객관식 문항당 2점).

기 본 전 제

문제에서 한국채택국제회계기준을 적용하도록 하는 전제조건이 없는 경우, 일반기업회계기준을 적용한다.

---

01 다음 중 거래내용에 대해 거래요소의 결합관계를 바르게 표시한 것은?

	거래 내용	거래요소의 결합관계
①	현금 1,000,000원을 출자하여 영업을 개시하다.	자산의 증가 – 자산의 증가
②	외상매입금 2,000,000원을 현금으로 지급하다.	부채의 증가 – 자산의 감소
③	예금이자 300,000원을 보통예금통장으로 받다.	자산의 증가 – 수익의 발생
④	비품 500,000원을 사고 대금은 미지급하다.	자산의 증가 – 수익의 발생

02 다음 중 일정기간 동안 기업의 경영성과를 나타내는 재무보고서의 계정과목으로만 짝지어진 것은?

① 매출원가, 미지급비용　　② 매출액, 미수수익
③ 매출원가, 기부금　　　　④ 상품, 기부금

03 다음 중 재무상태표상 유동자산으로 분류되는 계정과목에 해당하지 않는 것은?

① 외상매출금　　② 선급비용
③ 차량운반구　　④ 상품

04 다음 중 계정별원장의 잔액이 항상 대변에 나타나는 것은
① 미수금   ② 선수수익
③ 선급비용   ④ 미수수익

05 다음 중 손익계산서에 관한 설명으로 옳지 않은 것은?
① 손익계산서는 일정기간 동안 기업의 경영성과에 대한 정보를 제공하는 재무보고서이다.
② 손익계산서에 보고되는 비용은 수익을 창출하기 위해 희생된 경제적 효익의 감소분을 뜻한다.
③ 손익계산서에 보고되는 수익은 한 회계기간 동안에 발생한 경제적 효익의 증가액을 뜻한다.
④ 손익계산서에 보고되는 당기순이익은 현금주의에 의해 작성될 때보다 항상 크게 보고되는 특징이 있다.

06 다음 중 손익계산서상 계정과목에 대한 설명으로 가장 적절하지 않은 것은?
① 통신비 : 업무에 관련되는 전화요금, 휴대폰요금, 인터넷요금, 등기우편요금 등
② 수도광열비 : 업무와 관련된 가스요금, 전기요금, 수도요금, 난방비
③ 기업업무추진비 : 상품 등의 판매촉진을 위하여 불특정다수인에게 선전하는 데에 소요되는 비용
④ 임차료 : 업무와 관련된 토지, 건물, 기계장치, 차량운반구 등을 빌리고 지급하는 사용료

07 다음 자료를 이용하여 상품의 매출원가를 계산하면 얼마인가?

| • 상품 전기이월액 350,000원 | • 당기매입액 770,000원 | • 매출채권 500,000원 |
| • 매출액 1,200,000원 | • 기말재고액 370,000원 | • 매입채무 300,000원 |

① 700,000원   ② 750,000원   ③ 830,000원   ④ 900,000원

08 전기 1월 1일에 취득한 기계장치(취득가액 : 20,000,000원, 정액법, 내용연수 : 5년, 잔존가액 : 500,000원)를 당기 1월 1일에 처분하고 유형자산처분손실 300,000원을 인식하였다. 동 기계장치의 처분금액은 얼마인가? (해당 유형자산은 결산시에 정액법으로 감가상각 한다)

① 15,400,000원 ② 15,800,000원 ③ 16,100,000원 ④ 16,400,000원

09 다음의 자료에서 설명하고 있는 (㉠), (㉡), (㉢)에 각각 들어갈 계정과목으로 바르게 연결된 것은?

> 판매용 건물은 (㉠), 본사 건물로 사용할 영업용 건물은 (㉡), 투자 목적으로 보유하고 있는 건물은 (㉢)(으)로 각각 회계처리 한다.

	(㉠)	(㉡)	(㉢)		(㉠)	(㉡)	(㉢)
①	건물	건물	투자부동산	②	상품	건물	투자부동산
③	상품	투자부동산	토지	④	투자부동산	건물	건물

10 다음 중 그 성격이 다른 계정과목은 무엇인가?

① 이자비용 ② 외환차손
③ 감가상각비 ④ 기타의대손상각비

11 다음 중 아래의 자료에서 설명하고 있는 성격의 자산으로 분류할 수 없는 것은?

> • 보고기간 종료일로부터 1년 이상 장기간 사용 가능한 자산
> • 물리적 형태가 있는 자산
> • 타인에 대한 임대 또는 자체적으로 사용할 목적의 자산

① 화장품을 판매하는 회사의 영업장 건물
② 휴대폰을 판매하는 회사가 보유하고 있는 판매용 휴대폰
③ 가구를 판매하는 회사가 사용하고 있는 운반용 차량운반구
④ 자동차 판매회사가 보유하고 있는 영업용 토지

12 다음 중 유형자산을 처분하고 대금을 미회수 했을 경우 처리하는 계정과목으로 올바른 것은?

① 미수수익 ② 선수수익
③ 미수금 ④ 매출채권

13 다음 중 외상매입금을 조기 지급함에 따라 매입할인을 받고 이를 영업외수익으로 회계처리 하였을 경우 손익계산서에 미치는 영향으로 옳지 않은 것은?

① 매출원가 과대계상 ② 매출총이익 과소계상
③ 영업이익 과소계상 ④ 당기순이익 과소계상

14 아래에 제시된 전표의 분개 내용을 계정별원장에 전기한 것으로 적절한 것은?

거래일	계정과목	차변	대변
12월 31일	소모품비	1,000,000원	
	미지급금		500,000원
	현　금		500,000원
	소　계	1,000,000원	1,000,000원

① ＿＿＿＿＿＿현금＿＿＿＿＿＿
　 12/31 소모품비 500,000 |

② ＿＿＿＿＿＿미지급금＿＿＿＿＿＿
　　　　　　　　　| 12/31 현금　　500,000

③ ＿＿＿＿＿＿미지급금＿＿＿＿＿＿
　 12/31 소모품비 500,000 |

④ ＿＿＿＿＿＿미지급금＿＿＿＿＿＿
　　　　　　　　　| 12/31 소모품비 500,000

15 다음의 자료에 의한 기초자본, 기말자본, 기말부채는 얼마인가?

• 기초자산　500,000원	• 기말자산　800,000원	• 기초부채　300,000원
• 총수익　1,000,000원	• 총비용　800,000원	

	기초자본	기말자본	기말부채		기초자본	기말자본	기말부채
①	400,000원	200,000원	400,000원	②	200,000원	600,000원	300,000원
③	200,000원	400,000원	400,000원	④	600,000원	300,000원	200,000원

실 무 시 험

만세상사(코드번호 : 4406)는 금속제품을 판매하는 개인기업이다. 당기(제11기) 회계기간은 2025.1.1. ~ 2025.12.31.이다. 전산세무회계 수험용 프로그램을 이용하여 다음 물음에 답하시오.

문제1 다음은 만세상사의 사업자등록증이다. [회사등록] 메뉴에 입력된 내용을 검토하여 누락분은 추가입력하고 잘못된 부분은 정정하시오(주소 입력시 우편번호는 입력하지 않아도 무방함). (6점)

사 업 자 등 록 증

(일반과세자)

등록번호 : 130-47-50505

상　호　명 : 만세상사

대　표　자　명 : 이시진

개 업 연 월 일 : 2015년 5월 1일

사업장소재지 : 경기도 부천시 경인옛로 111(괴안동)

사업자의 종류 : [업태] 도소매　　[종목] 금속제품

교　부　사　유 : 신규

사업자 단위 과세 적용사업자 여부 : 여( )　부( )
전자세금계산서 전용 전자우편 주소 :

2015년 5월 1일

남부천세무서장

NTS 국세청 NATIONAL TAX SERVICE

문제2 다음은 만세상사의 전기분 손익계산서이다. 입력되어 있는 자료를 검토하여 오류부분은 정정하고 누락된 부분은 추가 입력하시오. (6점)

손 익 계 산 서

회사명 : 만세상사   제10기 2024.1.1. ~ 2024.12.31.   (단위 : 원)

계 정 과 목	금 액	계 정 과 목	금 액
I 매 출 액	300,000,000	V 영 업 이 익	44,200,000
상 품 매 출	300,000,000	VI 영 업 외 수 익	5,800,000
II 매 출 원 가	191,200,000	이 자 수 익	2,200,000
상 품 매 출 원 가	191,200,000	임 대 료	3,600,000
기초상품재고액	13,000,000	VII 영 업 외 비 용	7,500,000
당기상품매입액	180,000,000	이 자 비 용	4,500,000
기말상품재고액	1,800,000	기 부 금	3,000,000
III 매 출 총 이 익	108,800,000	VIII 소득세차감전순이익	42,500,000
IV 판매비와관리비	64,600,000	IX 소 득 세 등	0
급 여	34,300,000	X 당 기 순 이 익	42,500,000
복 리 후 생 비	5,700,000		
여 비 교 통 비	2,440,000		
임 차 료	12,000,000		
차 량 유 지 비	3,500,000		
소 모 품 비	3,400,000		
광 고 선 전 비	3,260,000		

문제3 다음 자료를 이용하여 입력하시오. (6점)

1. 만세상사는 상품매출시 상품을 퀵 서비스로 운반하는 횟수가 증가하고 있다. 이에 상품이 매출처에 도착한 후에 퀵 서비스 요금을 보통예금계좌에서 이체하기로 하였다. 다음의 적요를 [824.운반비] 계정과목에 추가 등록하시오. (3점)

대체적요 4. 퀵 서비스 요금 보통예금 이체 지급

2. 다음 자료를 이용하여 [기초정보관리]의 [거래처등록] 메뉴에서 신용카드를 추가로 등록하시오(주어진 자료 외의 다른 항목은 입력할 필요 없음). (3점)

- 거래처코드 : 99871
- 거래처명 : 믿음카드
- 유형 : 매입
- 카드번호 : 1234-5678-9012-3452
- 카드종류(매입) : 3.사업용카드

문제4 다음 거래 자료를 [일반전표입력] 메뉴에 추가 입력하시오. (24점)

입력시 유의사항

- 적요의 입력은 생략한다.
- 부가가치세는 고려하지 않는다.
- 채권·채무와 관련된 거래처명은 반드시 기 등록되어 있는 거래처코드를 선택하는 방법으로 거래처명을 입력한다.
- 회계처리시 계정과목은 등록되어 있는 계정과목 중 가장 적절한 과목으로 한다.
---

1. 7월 2일 푸른상사에서 광고전단지를 제작하고, 제작대금 3,300,000원은 어음(만기일 : 2025.12.31.)을 발행하여 지급하다. (3점)

2. 7월 26일 좌동철강으로부터 상품 10,000,000원(1,000개, 1개당 10,000원)을 구입하기로 계약하고, 계약금으로 상품 대금의 10%를 당좌수표를 발행하여 지급하다. (3점)

3. 8월 23일 가수금 5,000,000원은 4월 1일 입금된 내용을 알 수 없었던 것으로 가수금 처리하였으나 거래처 승리상사로부터 회수한 외상 대금으로 판명되었다(가수금 거래처는 입력하지 않아도 무방함). (3점)

4. 8월 28일 강서상사에 상품을 판매하고 발급한 거래명세표이다. 대금 중 10,000,000원은 당좌예금에 입금되었고 잔액은 외상으로 하다. (3점)

거래명세표 (보관용)

권	호			
2025년 08월 28일				

공급자:
- 등록번호: 130-47-50505
- 상호: 만세상사 / 성명: 이시진 ㊞
- 사업장 소재지: 경기도 부천시 경인옛로 111
- 업태: 도소매 / 종목: 금속젬룸

강서상사 귀하
아래와 같이 계산합니다.

합계금액	이천오백만 원정 (₩ 25,000,000)

월일	품목	규격	수량	단가	공급대가
8/28	강철		100	250,000원	25,000,000원
	계				

전잔금		합계	25,000,000원		
입금	10,000,000원	잔금	15,000,000원	인수자	최영업 ㊞
비고	당좌수표 수령, 잔금은 말일까지 입금 예정				

5. 9월 10일 영업부의 우편물을 발송하고 등기우편비용(통신비) 5,000원을 현금 지급하였다. (3점)

6. 9월 28일 나나상점에 상품 10개(1개당 650,000원)를 판매하고, 판매대금 중 1,000,000원은 현금으로 받고, 잔액은 동점 발행 약속어음으로 받다. (3점)

7. 10월 28일 매출처의 신규 매장 개업식을 위하여 정원꽃집에서 화환을 주문하면서 대금은 현금으로 지급하고 아래와 같은 현금영수증을 수령하다. (3점)

현 금 영 수 증 (지 출 증 빙 용)
CASH RECEIPT

사업자등록번호	201-90-45673
현금영수증가맹점명	정원꽃집
대표자	김정원
주소	인천 동구 송림동 31
전화번호	032-459-8751

품명	생화	승인번호	54897
거래일시	2025.10.28	취소일자	

단위		백		천		원
금액 AMOUNT		1	5	0	0	0 0
부가세 V.A.T						
봉사료 TIPS						
합계 TOTAL		1	5	0	0	0 0

8. 10월 31일 영업부 출장용 승용차량의 자동차세 260,000원을 현금으로 납부하다. (3점)

문제5 [일반전표입력] 메뉴에 입력된 내용 중 다음과 같은 오류가 발견되었다. 입력된 내용을 확인하여 정정 또는 추가 입력하시오. (6점)

1. 11월 2일 천둥상점에서 받은 약속어음 10,000,000원을 만기일 전에 거래은행인 우리은행에서 할인받아 보통예금계좌에 입금된 거래를 회계처리하면서, 할인료 250,000원을 수수료비용으로 잘못 입력하였다(매각거래로 처리할 것). (3점)

2. 12월 4일 단아상사에서 상품 1,650,000원을 구입하면서 대금은 소지하고 있던 달님전자 발행 당좌수표로 지급하였으나 당점의 당좌수표를 발행하여 지급한 것으로 잘못 회계처리 하였다. (3점)

문제6 다음의 결산정리사항을 입력하여 결산을 완료하시오. (12점)

1. 2025년 7월 1일에 1년치 주차장 임대료 4,800,000원을 일시에 수령하여 전액 선수수익으로 처리하였다(단, 월할 계산하고, 음수로 입력하지 말 것). (3점)

2. 결산일 현재 인출금 계정을 자본금으로 대체하시오. (3점)

3. 결산일 현재 본사 영업부에서 사용하지 않고 남은 소모품이 300,000원이 있다. (구입 시 전액 비용으로 처리하였다) (3점)

4. 당기분 영업부 비품에 대한 감가상각비는 560,000원이며, 영업용차량의 감가상각비는 310,000원이다. (3점)

문제7 다음 사항을 조회하여 답안을 [이론문제 답안작성] 메뉴에 입력하시오. (10점)

1. 상반기(1월 ~ 6월)의 판매가능한 상품액은 얼마인가? (3점)

2. 1월 ~ 5월 기업업무추진비 지출액 중 현금으로 지출한 금액은 얼마인가? (3점)

3. 1월부터 6월까지의 판매비와관리비 중 건물관리비 지출액이 가장 많은 월의 금액과 가장 적은 월의 금액의 차액은 얼마인가? (4점)

제 7 회

기출 모의고사

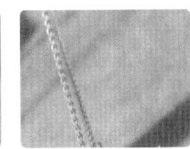
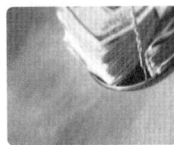

↘ 회사코드 : 4407

↘ 회 사 명 : 무궁상사

↘ 제한시간 : 60분

이 론 시 험

다음 문제를 보고 알맞은 것을 골라 [이론문제 답안작성] 메뉴에 입력하시오(객관식 문항당 2점).

기 본 전 제

문제에서 한국채택국제회계기준을 적용하도록 하는 전제조건이 없는 경우, 일반기업회계기준을 적용한다.

---

01 다음 중 회계상 거래가 아닌 것은?

① 종합소득세와 개인지방소득세 5백만원을 보통예금으로 납부하였다.
② 회사의 영업력을 강화하기 위하여 영업이사를 연봉 1억원에 스카우트하기로 구두계약 하였다.
③ 커피전문점을 창업하고자 상가를 임대하기로 하고 계약금 1천만원을 현금으로 지급하였다.
④ 사업 운영자금 목적으로 은행에서 2천만원을 현금으로 차입하였다.

02 다음 중 일정시점의 재무상태를 나타내는 재무보고서의 계정과목으로만 짝지어진 것이 아닌 것은?

① 미수금, 미지급금
② 선급비용, 선수수익
③ 미수수익, 미지급비용
④ 상여금, 기부금

03 다음 중 유동자산이 아닌 것은?

① 당좌예금
② 받을어음
③ 예수금
④ 상품

04 다음의 거래를 거래의 8요소로 분석한 것으로 옳은 것은?

> 차입금 1,000,000원과 이자 60,000원을 현금으로 지급하였다.

① (차) 비용의 발생 / (대) 자산의 감소와 수익의 발생
② (차) 자산의 증가 / (대) 자산의 감소와 수익의 발생
③ (차) 부채의 감소와 비용의 발생 / (대) 자산의 감소
④ (차) 자산의 증가와 비용의 발생 / (대) 자산의 감소

05 다음 자료를 통해 알 수 있는 외상매출금 기말잔액은 얼마인가?

• 외상매출금 기초잔액	80,000원	• 당기 외상 매출액	400,000원
• 외상매출금 중 매출할인액	20,000원	• 외상매출금 당기 회수액	240,000원
• 당기 외상 매입액	200,000원		

① 180,000원   ② 200,000원   ③ 220,000원   ④ 240,000원

06 다음 중 매출원가의 계산에 영향을 미치지 않는 것은?

① 상품 매입운반비
② 매출환입및에누리
③ 매입환출및에누리
④ 당기 상품 외상매입액

07 다음 중 재고자산에 대한 설명으로 가장 틀린 것은?

① 정상적인 영업 과정에서 판매를 위하여 보유하거나 생산과정에 있는 자산을 말한다.
② 자동차대리점에서 보유하고 있는 판매용 차량은 재고자산에 해당한다.
③ 재고자산은 감가상각을 통하여 비용으로 인식한다.
④ 재고자산의 단가결정방법에는 개별법, 선입선출법, 후입선출법, 평균법 등이 있다.

08 다음 중 유형자산에 해당하지 않는 것은?

① 본사 사옥으로 사용하기 위한 현재 완공 전의 건설중인자산
② 공장에서 사용하는 기계장치
③ 사무실에서 사용하는 비품
④ 투자 목적으로 구입한 건물

09 다음 중 손익계산서의 영업이익에 영향을 미치는 것은?

① 단기매매증권을 장부가액보다 낮게 처분하여 발생한 손실 금액
② 차입금에 대한 이자 지급 금액
③ 판매촉진 목적으로 광고, 홍보, 선전 등을 위하여 지급한 금액
④ 유형자산을 장부가액보다 낮은 가격으로 처분하여 발생한 손실 금액

10 다음 중 비용에 속하지 않는 것은?

① 판매원 급여　　　　　　　② 미지급비용
③ 법인세비용　　　　　　　④ 외환차손

11 다음 자료를 이용하여 영업이익을 계산하면 얼마인가?

| • 매출총이익 1,200,000원 | • 급여 100,000원 | • 이자수익 80,000원 |
| • 복리후생비 130,000원 | • 기부금 50,000원 | • 대손상각비 110,000원 |

① 800,000원　　② 860,000원　　③ 950,000원　　④ 1,120,000원

12 다음 중 회계의 8요소 간 결합이 불가능한 것은?

① 자산 증가 : 자산 감소　　　② 자산 증가 : 부채 증가
③ 자산 증가 : 자본 감소　　　④ 부채 감소 : 자산 감소

13 다음 중 개인기업의 자본금 계정에 영향을 미치는 거래가 아닌 것은?

① 영업용 비품을 1,000,000원에 구입하고 대금은 현금으로 지급하다.
② 당기 중에 현금 5,000,000원을 추가 출자하다.
③ 기말 결산시 인출금 3,000,000원을 자본금으로 대체하다.
④ 기말 결산시 당기순이익 300,000원을 자본금 계정으로 대체하다.

14 다음 중 아래의 빈칸에 각각 들어갈 내용으로 적합한 것은?

- 선급비용이 (㉠)되어 있다면 당기순이익은 과대계상 된다.
- 미수수익이 (㉡)되어 있다면 당기순이익은 과대계상 된다.

	㉠	㉡		㉠	㉡
①	과대계상	과소계상	②	과소계상	과소계상
③	과소계상	과대계상	④	과대계상	과대계상

15 다음은 ㈜공유(회계기간 : 1월 1일 ~ 12월 31일)의 계정별원장 일부이다. 다음의 자료를 토대로 당기 이자비용의 거래내역을 바르게 설명한 것은?

이자비용			
10/31 보통예금	300,000원	12/31 집합손익	500,000원
12/31 미지급비용	200,000원		
	500,000원		500,000원

① 당기에 현금으로 지급한 이자금액은 300,000원이다.
② 당기에 발생한 이자비용이지만 아직 지급하지 않은 금액은 500,000원이다.
③ 당기분 이자비용은 500,000원이다.
④ 차기로 이월되는 이자비용은 500,000원이다.

실 무 시 험

무궁상사(코드번호 : 4407)는 전자제품을 판매하는 개인기업으로, 당기(제12기) 회계기간은 2025.1.1. ~ 2025.12.31.이다. 전산세무회계 수험용 프로그램을 이용하여 다음 물음에 답하시오.

문제1 다음은 무궁상사의 사업자등록증이다. [회사등록] 메뉴에 입력된 내용을 검토하여 잘못된 부분은 정정하시오(주소 입력시 우편번호는 입력하지 않아도 무방함). (6점)

사 업 자 등 록 증

(일반과세자)

등록번호 256-32-41532

상　호　명 : 무궁상사
대 표 자 명 : 이민영
개 업 연 월 일 : 2014. 2. 15.
사 업 장 소 재 지 : 인천광역시 서구 가남로291번길 2(석남동)
사업자의 종류 : [업태] 도소매　　[종목] 전자제품
교 부 사 유 : 신규

사업자 단위 과세 적용사업자 여부 : 여(　) 부(✔)
전자세금계산서 전용 전자우편주소 :

2014년 2월 15일

서인천세무서장

 국세청

문제2 다음은 무궁상사의 전기분 손익계산서이다. 입력된 자료를 검토하여 오류 부분은 정정하고 누락된 부분은 추가 입력하시오. (6점)

손 익 계 산 서

회사명 : 무궁상사   제11기 2024.1.1. ~ 2024.12.31.   (단위 : 원)

계 정 과 목	금 액	계 정 과 목	금 액
Ⅰ 매 출 액	85,000,000	Ⅴ 영 업 이 익	13,190,000
상 품 매 출	85,000,000	Ⅵ 영 업 외 수 익	1,800,000
Ⅱ 매 출 원 가	60,000,000	이 자 수 익	300,000
상 품 매 출 원 가	60,000,000	임 대 료	1,500,000
기초상품재고액	15,000,000	Ⅶ 영 업 외 비 용	3,800,000
당기상품매입액	51,000,000	이 자 비 용	3,800,000
기말상품재고액	6,000,000	Ⅷ 소득세차감전순이익	11,190,000
Ⅲ 매 출 총 이 익	25,000,000	Ⅸ 소 득 세 등	0
Ⅳ 판매비와관리비	11,810,000	Ⅹ 당 기 순 이 익	11,190,000
급 여	9,200,000		
복 리 후 생 비	2,000,000		
여 비 교 통 비	120,000		
차 량 유 지 비	200,000		
소 모 품 비	130,000		
광 고 선 전 비	160,000		

문제3 다음 자료를 이용하여 입력하시오. (6점)

1. 무궁상사의 거래처별 초기이월 채권과 채무의 잔액은 다음과 같다. 주어진 자료를 검토하여 잘못된 부분을 정정하거나 추가 입력하시오(거래처코드를 사용할 것). (3점)

계정과목	거래처명	금액
외상매출금	재송상사	26,000,000원
받을어음	기장전자	9,000,000원
외상매입금	우동부품	25,000,000원
지급어음	좌동케미칼	15,000,000원
단기차입금	반송은행	10,000,000원

2. 다음 자료를 이용하여 기초정보관리의 거래처등록 메뉴에서 거래처(금융기관)를 추가로 등록하시오. (단, 주어진 자료 외의 다른 항목은 입력할 필요 없음.) (3점)

- 거래처코드 : 98003
- 거래처명 : 신나은행
- 유형 : 보통예금
- 계좌번호 : 1202-4562-48571
- 예금종류 : 보통예금
- 사업용계좌 : 여

문제4 다음 거래 자료를 [일반전표입력] 메뉴에 추가 입력하시오. (24점)

입력시 유의사항

- 적요의 입력은 생략한다.
- 부가가치세는 고려하지 않는다.
- 채권·채무와 관련된 거래처명은 반드시 기 등록되어 있는 거래처코드를 선택하는 방법으로 거래처명을 입력한다.
- 회계처리시 계정과목은 등록되어 있는 계정과목 중 가장 적절한 과목으로 한다.

1. 7월 14일 6개월 전 거래처 화성상사에 대여하였던 대여금 700,000원과 그에 대한 이자 40,000원을 현금으로 받아 즉시 당좌예금에 입금하였다. (3점)

2. 7월 15일 상품 2,500,000원을 매입하고 대금은 전액 현금으로 지급하였으며 현금영수증을 다음과 같이 수취하였다. (3점)

부산상사		
131-11-67806		부산임
부산 강서구 가락대로 1021		TEL:557-4223
현금(지출증빙)		
구매일시 2025/07/15/15:26		거래번호 : 0127-0111
상품명	수량	금액
전자제품 1043756100001	100	2,500,000원
	합 계	2,500,000원
	받은금액	2,500,000원

3. 7월 28일 대표자가 사업과 관련 없이 개인적으로 사용하는 차량에 부과된 과태료 50,000원을 현금으로 납부하였다. (3점)

4. 8월 2일 다음의 거래명세표와 같이 상품을 판매하고 대금은 10일 후에 전액 받기로 하다. (3점)

거래명세표(보관용)

권		호						
2025년 08월 02일			공급자	등록번호	256-32-41532			
재송상사 귀하				상호	무궁상사	성명	이민영 ㊞	
				사업장소재지	인천광역시 서구 가남로 291번길2			
아래와 같이 계산합니다.				업태	도소매	종목	전자제품	
합계금액			오십만 원정 (₩ 500,000)					
월일	품목	규격	수량	단가	공급가액	세액		
8/2	잡화		100개	5,000원	500,000원			
	계		100개		500,000원			
전잔금				합계	500,000원			
입금			잔금	500,000원	인수자	김학겸 ㊞		
비고								

5. 8월 25일 마법상점에서 구입한 상품에 대한 외상매입금 3,000,000원을 조기에 지급하여 2% 할인을 받고, 그 잔액을 당좌수표를 발행하여 지급하다. (3점)

6. 9월 10일 8월분 급여에 대한 소득세 및 지방소득세 110,000원을 중앙은행에 현금으로 납부하다. (3점)

7. 10월 1일 영업부에서 사용할 문구류(사무용품비)를 문구점에서 구매하고 일부는 현금으로 결제하고 나머지 금액은 신용카드(국민카드)로 결제하였다. (3점)

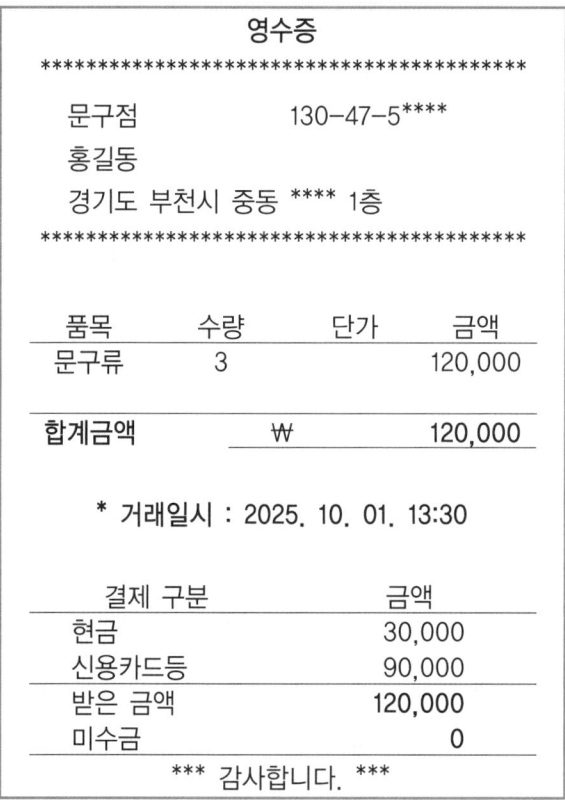

8. 10월 14일 지난 10월 3일 출장 갔던 영업부 직원 김성실이 출장에서 돌아와 출장비를 정산하였다. 제출한 여비 정산서는 다음과 같고, 초과하여 지출한 금액 70,000원은 당좌수표를 발행하여 지급하였다. 미리 출장비로 지급했던 금액은 가지급금으로 처리하였고, 거래처를 입력하시오. (3점)

소속	영업부		직위	사원	성명	김성실
출장 일정	일시	2025.10.03. ~ 2025.10.13.				
	출장지	부산광역시 동래구 충렬대로 128길 22				
출장비	지급액	200,000원	실제 사용액	270,000원	추가 지급액	70,000원
지출 내역	숙박비	150,000원	식비	70,000원	교통비	50,000원

문제5 [일반전표입력] 메뉴에 입력된 내용 중 다음과 같은 오류가 발견되었다. 입력된 내용을 확인하여 정정 또는 추가 입력하시오. (6점)

1. 10월 22일 상품인 전자제품 1,200,000원(원가)을 서울시청에 기증하였으나 이월유통에 외상 판매한 것으로 잘못 처리하였다(관련된 적요도 함께 수정 입력할 것, 거래처코드 및 거래처명은 입력하지 않아도 무방함). (3점)

2. 12월 7일 보통예금에서 출금된 5,000,000원은 임차료(판)가 아닌 ㈜세원에 지급한 임차보증금으로 확인되었다. (3점)

문제6 다음의 결산정리사항을 입력하여 결산을 완료하시오. (12점)

1. 결산일 현재 반송은행의 단기차입금에 대한 이자비용 미지급액 중 당기 귀속분은 400,000원이다. (3점)

2. 결산일 현재 농협은행의 3년 만기 정기예금에 대한 이자수익 미수금액 중 당기 귀속분은 15,000원이다. (3점)

3. 외상매출금과 받을어음의 기말잔액에 대하여 1%의 대손충당금을 보충법으로 설정하다. (3점)

4. 영업부에서 사용하기 위하여 2024년 5월 초에 취득한 비품의 당기분 감가상각비를 계상하다(취득원가 : 8,000,000원, 잔존가액 : 2,000,000원, 내용연수 : 5년, 정액법). (3점)

문제7 다음 사항을 조회하여 답안을 [이론문제 답안작성] 메뉴에 입력하시오. (10점)

1. 1월부터 6월까지의 보통예금에서 출금된 금액은 총 얼마인가? (3점)

2. 4월부터 6월까지의 상품매출액은 얼마인가? (3점)

3. 1월부터 6월까지의 판매비와관리비 중 기업업무추진비 지출액이 가장 많은 월의 금액과 가장 적은 월의 금액을 합산하면 얼마인가? (4점)

제 8 회

기출 모의고사

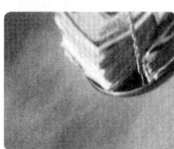
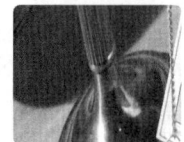

↘ 회사코드 : 4408

↘ 회 사 명 : 삼천상사

↘ 제한시간 : 60분

이 론 시 험

다음 문제를 보고 알맞은 것을 골라 [이론문제 답안작성] 메뉴에 입력하시오(객관식 문항당 2점).

기 본 전 제

문제에서 한국채택국제회계기준을 적용하도록 하는 전제조건이 없는 경우, 일반기업회계기준을 적용한다.

---

01 다음 중 재무제표에 사용되는 계정과목에 대한 설명으로 가장 잘못된 것은?

① 현금 : 통화(주화, 지폐), 타인발행수표, 우편환증서 등
② 매도가능증권 : 시장성이 있는 유가증권으로서 단기간 내의 매매차익을 얻을 목적으로 취득하고, 매수와 매도가 적극적이고 빈번하게 이루어지는 주식, 국채, 공채, 사채
③ 미수금 : 일반적인 상거래 외의 거래에서 발생된 채권
④ 상품 : 판매를 목적으로 구입한 완제품

02 차기 회계연도로 잔액이 이월되지 않는 계정과목은?

① 이익잉여금　　　　　　　　② 소모품비
③ 미지급비용　　　　　　　　④ 선수수익

03 다음 중 손익계산서상의 판매비와일반관리비에 속하지 않는 항목은?

① 영업사원 여비교통비　　　　② 영업사원 급여
③ 영업용승용차 감가상각비　　④ 영업용승용차 처분손실

04 다음 거래에 대한 결산시 ㈎, ㈏의 회계처리로 맞는 것은?

> ㈎ 당기 발생하였으나 아직 지급되지 않은 사무실임차료 400,000원
> ㈏ 당기 지급된 비용 중 차기로 이월되는 보험료 100,000원

① ㈎ (차) 임차료   400,000원 / (대) 미지급비용   400,000원
   ㈏ (차) 선급비용   100,000원 / (대) 보험료   100,000원
② ㈎ (차) 미지급비용 400,000원 / (대) 임차료   400,000원
   ㈏ (차) 보험료   100,000원 / (대) 선급비용   100,000원
③ ㈎ (차) 임차료   400,000원 / (대) 선급비용   400,000원
   ㈏ (차) 미지급비용 100,000원 / (대) 보험료   100,000원
④ ㈎ (차) 선급비용   400,000원 / (대) 임차료   400,000원
   ㈏ (차) 보험료   100,000원 / (대) 미지급비용   100,000원

05 다음 중 거래의 결합관계 종류가 다른 하나는?

① 현금 100,000원을 당좌예금계좌에 입금하다.
② 비품 50,000원을 구입하고 대금은 외상으로 하다.
③ 단기차입금에 대한 이자 50,000원을 현금으로 지급하다.
④ 상품 100,000원을 구입하고 그 대금과 운반비 5,000원은 나중에 지급하기로 하다.

06 다음 자료에 따라 유형자산처분이익(손실)을 계산하면 얼마인가?

• 유형자산 기초 자산가액	10,000,000원	• 유형자산 처분금액	6,000,000원
• 당기 중 자본적 지출금액	2,000,000원	• 감가상각누계액	5,000,000원

① 처분손실 6,000,000원   ② 처분손실 4,000,000원
③ 처분손실 1,000,000원   ④ 처분이익 1,000,000원

07 다음 중 비유동부채에 해당하는 계정과목은?

① 매입채무   ② 선수금
③ 미지급비용   ④ 장기차입금

08 다음 중 받을어음 계정이 차변에 기재되는 거래에 해당하는 것은?

① 상품을 30,000원에 매입하고 대금으로 소지하고 있던 거래처 발행 약속어음으로 지급하다.
② 상품을 50,000원에 매출하고 그 대금으로 동점발행 약속어음으로 받다.
③ 비품을 30,000원에 매입하고 대금으로 2개월 만기 약속어음을 발행하여 지급하다.
④ 비품을 50,000원(장부금액 50,000원)에 매각하고 그 대금으로 동점발행 약속어음으로 받다.

09 다음 자료에서 부채 금액은 얼마인가?

| • 외상매입금 3,000,000원 | • 미지급비용 700,000원 | • 선수금 1,000,000원 |
| • 단기차입금 2,000,000원 | • 임차보증금 1,000,000원 | • 예수금 300,000원 |

① 8,000,000원   ② 7,000,000원   ③ 6,700,000원   ④ 6,300,000원

10 아래의 거래내용과 가장 관련이 없는 계정과목은?

> 업무에 사용하기 위하여 업무용 노트북을 1,500,000원(배송비 2,500원 별도)에 구매하고 현금으로 택배기사에게 지급한 배송비를 제외한 나머지를 카드로 결제하였다.

① 비품   ② 현금   ③ 복리후생비   ④ 미지급금

11 기말자본금이 1,200,000원일 때, 다음 자료에서 알 수 있는 기초자본금은 얼마인가?

| • 인출금 | 150,000원 | • 추가출자액 | 250,000원 |
| • 총비용 | 580,000원 | • 총수익 | 700,000원 |

① 980,000원   ② 1,080,000원   ③ 1,130,000원   ④ 1,380,000원

12 기초상품재고액이 5,300,000원, 기말상품재고액이 7,600,000원, 당기상품매입액이 67,000,000원, 매출총이익이 4,700,000원이라면 상품매출액은?

① 60,000,000원 ② 69,400,000원
③ 75,200,000원 ④ 79,900,000원

13 당기말 재무상태표에 계상되어 있는 미지급 임차료는 20,000원이고, 당기 손익계산서에 계상되는 임차료는 120,000원인 경우 당기에 지급한 임차료는 얼마인가? (단, 전기이월 미지급임차료는 없음)

① 20,000원 ② 80,000원 ③ 100,000원 ④ 120,000원

14 재고자산과 관련된 지출 금액 중 취득원가에서 차감되는 것은?

① 매입운임 ② 매출 운반비
③ 매입할인 ④ 매입 수수료비용

15 아래의 결산 회계처리가 재무상태표상 자산과 손익계산서에 미치는 영향으로 가장 적절한 것은?

결산과정에서 당초 현금과부족으로 처리했던 현금부족액 100만원의 원인이 판명되지 않아서 잡손실 계정으로 처리하였다.

① 재무상태표상 자산 : 영향 없음,   손익계산서 : 영향 없음
② 재무상태표상 자산 : 영향 없음,   손익계산서 : 당기순이익 증가
③ 재무상태표상 자산 : 자산 증가,   손익계산서 : 당기순이익 증가
④ 재무상태표상 자산 : 자산 감소,   손익계산서 : 당기순이익 감소

실 무 시 험

삼천상사(코드번호 : 4408)는 문구 및 잡화를 판매하는 개인기업이다. 당기(제14기) 회계기간은 2025.1.1. ~ 2025.12.31.이다. 전산세무회계 수험용 프로그램을 이용하여 다음 물음에 답하시오.

문제1 다음은 삼천상사의 사업자등록증이다. [회사등록] 메뉴에 입력된 내용을 검토하여 누락분은 추가입력하고 잘못된 부분은 정정하시오(주소 입력시 우편번호는 입력하지 않아도 무방함). (6점)

사 업 자 등 록 증
(일반과세자)
등록번호 : 623-14-01167

상 호 명 : 삼천상사

대 표 자 명 : 김문기

개 업 연 월 일 : 2012. 3. 15.

사업장소재지 : 부산광역시 해운대구 해운대로 1138, 106호(송정동)

사업자의 종류 : 업태 : 도소매   종목 : 문구 및 잡화

교 부 사 유 : 신규

사업자 단위 과세 적용사업자 여부 : 여( ) 부( )
전자세금계산서 전용 전자우편 주소 :

2012년 3월 15일

해운대세무서장

 국세청

문제2 다음은 삼천상사의 전기분 재무상태표이다. 입력되어 있는 자료를 검토하여 오류부분은 정정하고 누락된 부분은 추가 입력하시오. (6점)

재 무 상 태 표

회사명 : 삼천상사　　　제13기 2024.12.31. 현재　　　(단위 : 원)

과 목	금 액		과 목	금 액
현　　　　금		30,000,000	외 상 매 입 금	20,000,000
당 좌 예 금		15,000,000	지 급 어 음	11,000,000
보 통 예 금		10,000,000	미 지 급 금	8,000,000
외 상 매 출 금	25,000,000		단 기 차 입 금	22,000,000
대 손 충 당 금	300,000	24,700,000	장 기 차 입 금	30,000,000
받 을 어 음	8,000,000		자 본 금	73,920,000
대 손 충 당 금	80,000	7,920,000	(당기순이익 :	
단 기 대 여 금		10,000,000	10,000,000)	
미 수 금		4,000,000		
선 급 금		3,000,000		
상　　　　품		16,000,000		
건　　　　물	35,000,000			
감가상각누계액	1,500,000	33,500,000		
차 량 운 반 구	7,000,000			
감가상각누계액	2,500,000	4,500,000		
비　　　　품	7,000,000			
감가상각누계액	700,000	6,300,000		
자 산 총 계		164,920,000	부채와 자본총계	164,920,000

문제3 다음 자료를 이용하여 입력하시오. (6점)

1. 삼천상사의 거래처별 초기이월 채권과 채무잔액은 다음과 같다. 자료에 맞게 추가 입력이나 정정 및 삭제하시오. (3점)

계정과목	거래처	잔액	계
단기대여금	석동상사	1,500,000원	10,000,000원
	충남상회	5,000,000원	
	남서상사	3,500,000원	
단기차입금	기업은행	10,000,000원	22,000,000원
	하나은행	2,000,000원	
	영광상사	10,000,000원	

2. 신규거래처인 시티공업㈜와 조이럭정공㈜를 [거래처등록] 메뉴에 추가등록 하시오 (단, 사업장 소재지 입력시 우편번호 입력은 생략하고 직접 입력할 것). (3점)

시티공업㈜ (코드 : 3100)	• 대표자명 : 이보람 • 거래처유형 : 매입 • 사업장소재지 : 경기도 구리시 체육관로 94(교문동)	• 사업자등록번호 : 126-81-50039 • 업태/종목 : 도매/금속광물
조이럭정공㈜ (코드 : 4210)	• 대표자명 : 안진홍 • 거래처유형 : 매출 • 사업장소재지 : 경기도 시흥시 마산로 104(조남동)	• 사업자등록번호 : 130-86-00120 • 업태/종목 : 제조/금속가구

문제4 다음 거래 자료를 [일반전표입력] 메뉴에 추가 입력하시오. (24점)

```
─────────── 입력시 유의사항 ───────────
• 적요의 입력은 생략한다.
• 부가가치세는 고려하지 않는다.
• 채권·채무와 관련된 거래처명은 반드시 기 등록되어 있는 거래처코드를 선택하는 방법으로
  거래처명을 입력한다.
• 회계처리시 계정과목은 등록되어 있는 계정과목 중 가장 적절한 과목으로 한다.
```

1. 7월 2일 전기에 대손처리한 핑크상사의 외상매출금 중 *100,000원*이 당좌예금에 입금되었다. (3점)

2. 7월 24일 당점은 보유하고 있던 차량운반구(취득가액 *7,000,000원*, 감가상각누계액 *2,500,000원*)를 금성중고자동차에 *5,000,000원*에 매각하고 대금은 1주일 후 받기로 하다. (3점)

3. 7월 25일 기업 운영자금을 확보하기 위해서 *10,000,000원*을 한국은행으로부터 2년 후 상환조건으로 차입하고 차입금은 보통예금계좌로 이체 받았다. (3점)

4. 8월 5일 영업사원 김진희의 7월 급여를 다음과 같이 당사 보통예금통장에서 이체하다. (3점)

삼천상사 2025년 7월 급여내역			
이 름	김 진 희	지 급 일	2025년 8월 5일
기본급여	1,800,000원	소 득 세	88,000원
직책수당		지방소득세	8,800원
상 여 금		고용보험	20,200원
특별수당		국민연금	81,000원
차량유지		건강보험	54,000원
급 여 계	1,800,000원	공제합계	252,000원
노고에 감사드립니다.		지급총액	1,548,000원

5. 8월 28일 사업장 이전을 위하여 새롭게 세진상사와 임대차계약을 맺고 계약금을 보통예금에서 지급하였다. (3점)

〈임대차계약서일부〉

상가임대차계약서			
임대물건	경기도 부천시 조마루로 248번길 52, 408호 전체 (중동, 네이버시티)		
임대면적	33㎡	임대용도	사무실
임대조건			
임대개시일	2025. 09. 11.	임대종료일	2026. 09. 10.
임대보증금	10,000,000원	월 임차료	500,000원 (매월 11일, 선불)
대금 지급조건			
구분	금액	지급일	비고
계약금	1,000,000원	계약일 당일	
잔금	9,000,000원	2025. 09. 11.	
계약일 : 2025. 08. 28.			

6. 9월 8일 영업부 직원들의 단합을 위해 은하수 식당에서 회식을 하고, 회식비를 아래와 같이 국민카드로 결제하다. (3점)

```
단말기번호
9452362154                    1254789653245
카드종류
국민카드                       신용승인
회원번호
4625-5897-4211-5552
승인일
2025/09/08 14:56:28
일반
일시불                         금액          100,000원
은행확인                       세금           10,000원
국민
판매자                         봉사료              0원
                              합계          110,000원
대표자
김정용
사업자등록번호
107-25-44563
가맹점명
은하수식당
가맹점주소
서울 양천구 신정3동 123
                              서명
                              Leesunna
```

7. 9월 12일 영업부사원 최영업으로부터 9월 10일부터 9월 11일까지 대전 출장시 지급받은 200,000원(지급시 가지급금으로 회계처리 하였고 거래처 입력은 생략한다.)의 출장비용에 대하여 다음과 같이 출장비 사용 내역을 보고 받고 차액은 현금으로 지급하다. (3점)

〈출장비 사용 내역서〉

교통비 : 50,000원,   숙박비 : 100,000원,   식사비 : 60,000원

8. 11월 16일 당사 상품을 구매한 고객에게 한진퀵서비스를 통해 상품을 퀵으로 보냈다. 상품 운송비용은 현금으로 지급하고 영수증을 수취하였다. (3점)

영 수 증					
공급자	사업자 등록번호	111-**-*****			
	상호	한진퀵서비스	대표자		김세무
	사업장 소재지	경기도 부천시			
	업태	서비스 운수	종목		퀵, 운송사업
작성년월일		공급가액 총액		인수자	
2025년 11월 16일		25,000원		홍길동	
출발지		도착지	도착예상시간		
부천		마포구	50분		

문제5 [일반전표입력] 메뉴에 입력된 내용 중 다음과 같은 오류가 발견되었다. 입력된 내용을 확인하여 정정 또는 추가입력 하시오. (6점)

1. 9월 20일 거래처 재송문구로부터 상품매출 계약금으로 당좌수표 5,000,000원을 받은 회계처리는 실제로는 재송문구의 외상매출금 5,000,000원이 재송문구가 발행한 당좌수표로 회수되었던 것으로 확인되다. (3점)

2. 11월 29일 본사 건물 엘리베이터 설치대금 30,000,000원을 현금으로 지급하면서, 자본적 지출로 처리해야 할 것을 수익적 지출로 잘못 처리하였다. (3점)

문제6 다음의 결산정리사항을 입력하여 결산을 완료하시오. (12점)

1. 우리은행의 장기차입금에 대한 12월분 이자 120,000원은 차기 1월 2일에 지급할 예정이다(거래처입력은 생략). (3점)

2. 결산일에 현금의 실제가액이 장부가액보다 50,000원 많음을 발견하였다. 그 원인은 알 수 없다. (3점)

3. 기말 매출채권(외상매출금, 받을어음) 잔액에 대하여 1%의 대손충당금을 보충법으로 설정하다. (3점)

4. 기말상품재고액은 4,000,000원이다(단, 전표입력에서 구분으로 "5 : 결산차변, 6 : 결산대변"을 사용할 것). (3점)

문제7 다음 사항을 조회하여 답안을 [이론문제 답안작성] 메뉴에 입력하시오. (10점)

1. 5월 31일 현재 매입처 ㈜코스모스의 외상매입금 잔액은 얼마인가? (3점)

2. 당기 6월말 현재 상품매출액은 전기말과 비교하여 얼마나 증가하였는가? (3점)

3. 4월말 외상매출금 잔액이 가장 많은 거래처 상호와 금액은 얼마인가? (4점)

제 9 회

기출 모의고사

- 회사코드 : 4409
- 회 사 명 : 화려상사
- 제한시간 : 60분

이론시험

다음 문제를 보고 알맞은 것을 골라 [이론문제 답안작성] 메뉴에 입력하시오(객관식 문항당 2점).

기 본 전 제

문제에서 한국채택국제회계기준을 적용하도록 하는 전제조건이 없는 경우, 일반기업회계기준을 적용한다.

---

01 다음 중 회계상 거래가 아닌 것은?

① 사무실 임대차계약을 체결하고 임차보증금 3,000만원을 현금으로 지급하다.
② 창고에 화재가 발생하여 원가 500만원의 마스크가 소실되다.
③ 마스크 8만장을 800만원에 구입하겠다고 상품의 주문서를 메일로 발송하다.
④ 카드대금 50만원이 통장에서 이체되다.

02 다음의 계정 중 성격이 다른 것은?

① 미수금 ② 선수금
③ 차량운반구 ④ 당좌예금

03 다음 중 현금및현금성자산에 포함되지 않는 것은?

① 당좌예금 ② 통화대용증권
③ 우편환증서 ④ 받을어음

04 다음 자료를 활용하여 총수익을 바르게 계산한 것은? 단, 주어진 자료만 고려한다.

• 기초자산	800,000원	• 기초자본	640,000원
• 기말자산	1,200,000원	• 기말부채	300,000원
• 총비용	100,000원		

① 160,000원　② 260,000원　③ 360,000원　④ 960,000원

05 다음의 내용과 관련한 예시 중 성격이 다른 것은?

유형자산의 내용연수를 연장시키거나 가치를 실질적으로 증가시키는 지출은 자본적 지출로 하고, 당해 유형자산의 원상을 회복시키거나 능률유지를 위한 지출은 수익적 지출로 한다.

① 건물의 피난시설 설치　　② 파손된 건물유리의 교체
③ 건물의 엘리베이터의 설치　④ 건물의 용도를 변경하기 위한 개조

06 다음 중 영업이익에 영향을 미치지 않는 거래는?
① 영업부 직원들의 야근식대 100,000원을 현금으로 지급하다.
② 거래처에 상품을 판매하고 배송비 5,000원을 현금으로 지급하다.
③ 광고용 전단지 인쇄대금 30,000원을 보통예금 통장에서 이체하여 주다.
④ 소망상사에게 단기차입금 10,000,000원에 대한 이자 100,000원을 현금으로 지급하다.

07 아래 분개의 내용을 계정별 원장에 전기한 것으로 가장 적절한 것은?

| 12월 1일 : (차) 기업업무추진비　1,000원　/　(대) 현금　1,000원 |

① 현금
12/1 기업업무추진비 1,000 |

② 현금
| 12/1 기업업무추진비 1,000

③ 기업업무추진비
12/1 기업업무추진비 1,000 |

④ 기업업무추진비
| 12/1 현금 1,000

08 다음 중 거래의 8요소와 그 예시로 가장 적절하지 않은 것은?

① 자산증가 / 자본증가 : 자기자본 50,000,000원을 대표자 명의 통장에서 출자하다.
② 자산증가 / 자산감소 : 기계장치 7,000,000원을 보통예금에서 지급하여 구입하다.
③ 자산증가 / 부채증가 : 금융기관에서 100,000,000원을 1년 만기로 차입하고 현금으로 지급받다.
④ 부채증가 / 자산감소 : 약속어음 3,000,000원을 발행하여 외상매입금을 지급하다.

09 아래의 설명에서 (   )안의 적절한 단어는 무엇인가?

> (   )는 제품, 상품 등의 매출액에 대응되는 원가로서 판매된 제품이나 상품 등에 대한 제조원가 또는 매입원가이다. (   )의 산출과정은 손익계산서 본문에 표시하거나 주석으로 기재한다.

① 판매촉진비   ② 매출원가   ③ 판매비와관리비   ④ 광고선전비

10 다음 중 감가상각을 하지 않는 유형자산은?

① 건물   ② 비품
③ 기계장치   ④ 건설중인자산

11 다음 자료를 참고하여 기말자산을 바르게 계산한 것은? 단, 부채 총액은 기초와 기말이 동일하며 주어진 자료만 고려한다.

• X1년 1월 1일(기초) : 자본 총액 550,000원,   부채 총액 800,000원
• X1년 12월 31일(기말) : 수익 총액 480,000원,   비용 총액 720,000원

① 240,000원   ② 310,000원   ③ 1,110,000원   ④ 1,350,000원

12 물리적 실체가 없지만 미래의 경제적 효익을 갖는 비화폐성자산과 관련한 계정으로 올바른 것은?

① 기계장치 ② 특허권
③ 급여 ④ 지급임차료

13 상품매출에 대한 계약금을 거래처로부터 현금으로 받고 대변에 상품매출 계정으로 분개하였다. 이로 인해 재무상태표와 손익계산서에 미치는 영향으로 옳은 것은?

① 자산이 과소계상 되고, 수익이 과소계상 된다.
② 자산이 과대계상 되고, 수익이 과소계상 된다.
③ 부채가 과대계상 되고, 수익이 과대계상 된다.
④ 부채가 과소계상 되고, 수익이 과대계상 된다.

14 다음 중 자산, 부채, 자본의 개념에 대한 설명으로 틀린 것은?

① 자산은 미래의 경제적 효익으로 미래 현금흐름 창출에 기여하는 잠재력을 말한다.
② 자본은 자산 총액에서 부채 총액을 차감한 잔여액 또는 순자산으로서 자산에 대한 소유주의 잔여청구권이다.
③ 부채는 과거의 거래나 사건의 결과로 미래에 자원의 유입이 예상되는 의무이다.
④ 복식부기를 적용시 대차평균의 원리가 사용된다.

15 다음 자료를 이용하여 매출총이익을 계산하면 얼마인가?

| • 매출액 100,000,000원 | • 매출환입 1,500,000원 | • 매출에누리 1,500,000원 |
| • 매출원가 70,000,000원 | • 급여 1,500,000원 | • 기업업무추진비 3,000,000원 |

① 24,500,000원 ② 27,000,000원 ③ 28,500,000원 ④ 30,000,000원

실 무 시 험

화려상사(코드번호 : 4409)는 사무기기를 판매하는 개인기업이다. 당기(제14기) 회계기간은 2025.1.1. ~ 2025.12.31.이다. 전산세무회계 수험용 프로그램을 이용하여 다음 물음에 답하시오.

문제1 다음은 화려상사의 사업자등록증이다. [회사등록] 메뉴에 입력된 내용을 검토하여 누락분은 추가입력하고 잘못된 부분은 정정하시오(주소 입력시 우편번호는 입력하지 않아도 무방함). (6점)

사 업 자 등 록 증
(일반과세자)
등록번호 : 106-25-12340

상 호 명 : 화려상사

대 표 자 명 : 이대한

개 업 연 월 일 : 2012. 1. 2.

사업장소재지 : 서울특별시 금천구 가마산로 76(가산동)

사업자의 종류 : [업태] 도소매 [종목] 사무기기

교 부 사 유 :

사업자 단위 과세 적용사업자 여부 : 여( ) 부( )
전자세금계산서 전용 전자우편 주소 :

2012년 1월 2일

금천세무서장

 국세청
NATIONAL TAX SERVICE

문제2 다음 자료를 이용하여 입력하시오. (6점)

1. 다음 자료를 이용하여 [거래처등록] 메뉴에서 거래처(신용카드)를 추가로 등록하시오(단, 주어진 자료 외의 다른 항목은 입력할 필요 없음). (3점)

   - 거래처코드 : 99603
   - 카드번호(매입) : 1234-5678-9001-2341
   - 거래처명 : 국민카드
   - 카드종류(매입) : 사업용카드
   - 유형 : 매입

2. 화려상사의 전기분 받을어음 계정과 지급어음 계정의 기말 잔액은 다음과 같다. 거래처별 초기이월을 검토하여 수정 또는 추가 입력하시오. (3점)

계정과목	거래처명	금 액	계정과목	거래처명	금 액
받을어음	서귀포상사 협재상사 애월상사	3,100,000원 2,400,000원 3,800,000원	지급어음	한라산상사 중문상사 함덕상사	3,900,000원 7,200,000원 1,100,000원

문제3 다음은 화려상사의 전기분 손익계산서이다. 입력되어 있는 자료를 검토하여 오류부분을 정정하고 누락된 부분을 추가 입력하시오. (6점)

손 익 계 산 서

회사명 : 화려상사   제13기 2024.1.1. ~ 2024.12.31.   (단위 : 원)

계 정 과 목	금 액	계 정 과 목	금 액
Ⅰ 매 출 액	35,000,000	Ⅴ 영 업 이 익	19,190,000
상 품 매 출	35,000,000	Ⅵ 영 업 외 수 익	450,000
Ⅱ 매 출 원 가	10,000,000	이 자 수 익	300,000
상 품 매 출 원 가	10,000,000	임 대 료	150,000
기초상품재고액	3,000,000	Ⅶ 영 업 외 비 용	9,800,000
당기상품매입액	11,000,000	이 자 비 용	9,800,000
기말상품재고액	4,000,000	Ⅷ 소득세차감전순이익	9,840,000
Ⅲ 매 출 총 이 익	25,000,000	Ⅸ 소 득 세 등	0
Ⅳ 판매비와관리비	5,810,000	Ⅹ 당 기 순 이 익	9,840,000
급 여	3,200,000		
복 리 후 생 비	2,000,000		
여 비 교 통 비	120,000		
차 량 유 지 비	200,000		
소 모 품 비	130,000		
광 고 선 전 비	160,000		

문제4 다음 거래 자료를 [일반전표입력] 메뉴에 추가 입력하시오. (24점)

> **입력시 유의사항**
> - 적요의 입력은 생략한다.
> - 부가가치세는 고려하지 않는다.
> - 채권·채무와 관련된 거래처명은 반드시 기 등록되어 있는 거래처코드를 선택하는 방법으로 거래처명을 입력한다.
> - 회계처리시 계정과목은 등록되어 있는 계정과목 중 가장 적절한 과목으로 한다.

1. 7월 1일 국제상사로부터 상품을 15,000,000원에 매입하기로 계약하고, 계약금 1,500,000원을 당사의 당좌예금계좌에서 이체하다. (3점)

2. 7월 29일 솔파전자의 외상매출금 30,000,000원이 보통예금계좌에 10,000,000원, 나머지는 당좌예금계좌에 입금되었다. (3점)

3. 8월 7일 당사는 보유하고 있던 토지(취득원가 50,000,000원)를 영동상사에 60,000,000원에 매각하고 대금 중 40,000,000원은 보통예금으로 지급받았으며, 나머지는 다음달 10일 수령하기로 하였다. (3점)

4. 9월 16일 당사 상품을 구매한 고객에게 ee로지스를 통해 상품을 퀵으로 보냈다. 상품 운송비용은 현금으로 지급하고 영수증을 수취하였다. (3점)

영 수 증					
공급자	사업자 등록번호	111-12-12513			
	상호	ee로지스	대표자		김이현
	사업장 소재지	경기도 부천시			
	업태	운수업	종목		용달화물
작성년월일		공급가액 총액		인수자	
2025년 9월 16일		25,000원		홍길동	
출발지		도착지		도착예상시간	
부천		인천 서구		30분	

5. 10월 2일 송정상사의 파산으로 인하여 송정상사의 외상매출금 1,200,000원을 전액 대손처리하기로 하다. 10월 2일 현재 대손충당금 잔액은 900,000원이다. (3점)

6. 10월 9일 당사 영업부 건물의 수리 및 설치 관련해서 다음과 같이 지출하고 대금은 보통예금에서 지급하였다. (엘리베이터 설치는 건물 계정을, 화장실 타일수선은 수선비 계정을 사용하시오) (3점)

권	호			거래명세표 (보관용)				
2025 년 10 월 09 일		공급자	등록번호	112-34-90173				
화려상사　귀하			상호	수선왕		성명	김수선	㉑
			사업장소재지	서울시 강남구 역삼동 1				
아래와 같이 계산합니다.			업태	건설업		종목	인테리어	
합계금액		일백오십일만 원정 (₩　1,510,000　)						
월일	품　목	규격	수량	단가		공급가액		세액
10/9	엘리베이터 설치			1,500,000		1,500,000		
10/9	화장실 타일 수선			10,000		10,000		
	계							
전잔금				합　계		1,510,000원		
입　금		잔　금		인수자				㉑
비　고								

7. 11월 20일 판매부서 직원의 건강보험료 회사부담분 220,000원과 직원부담분 220,000원을 보통예금통장에서 이체하였다. (단, 회사부담분은 복리후생비 계정을 사용하시오) (3점)

8. 11월 25일 하나은행으로부터 6개월 후 상환조건으로 20,000,000원을 차입하고, 보통예금계좌로 입금 받다. (3점)

문제5 [일반전표입력] 메뉴에 입력된 내용 중 다음과 같은 오류가 발견되었다. 입력된 내용을 확인하여 정정 또는 추가입력 하시오. (6점)

1. 7월 18일 영업부 건물 화재보험료(2025년 4월 25일 ~ 2025년 12월 31일 귀속분) 820,000원을 건물로 회계처리 하였다. (3점)

2. 9월 20일 금호상사에서 상품을 3,000,000원에 매입하기로 하고 현금으로 지급한 계약금 300,000원을 선수금으로 입금처리 하였음이 확인되다. (3점)

문제6 다음의 결산정리사항을 입력하여 결산을 완료하시오. (12점)

1. 결산일 현재 보통예금에 대한 기간경과분 발생이자는 15,000원이다. (3점)

2. 기말 현재 현금과부족 80,000원은 대표자가 개인적인 용도로 사용한 금액으로 판명되었다. (3점)

3. 4월 1일 우리은행으로부터 30,000,000원을 연이자율 5%로 12개월간 차입(차입기간 : 2025.4.1. ~ 2026.3.31.)하고, 이자는 12개월 후 차입금 상환시 일시에 지급하기로 하였다. 결산분개를 하시오(단 이자는 월할 계산할 것). (3점)

4. 받을어음과 단기대여금 잔액에 대하여 1%의 대손충당금을 보충법으로 설정하시오. (3점)

문제7 다음 사항을 조회하여 답안을 [이론문제 답안작성] 메뉴에 입력하시오. (10점)

1. 5월 31일 현재 유동자산 잔액은 얼마인가? (3점)

2. 1월말의 미수금 장부가액은 전기말과 대비하여 얼마나 증가하였는가? (3점)

3. 상반기(1월 ~ 6월) 중 기업업무추진비를 가장 많이 지출한 월과 가장 적게 지출한 월의 차이 금액은 얼마인가? (4점)

제 10 회

기출 모의고사

- 회사코드 : 4410
- 회 사 명 : 강산상사
- 제한시간 : 60분

이 론 시 험

다음 문제를 보고 알맞은 것을 골라 [이론문제 답안작성] 메뉴에 입력하시오(객관식 문항당 2점).

기 본 전 제

문제에서 한국채택국제회계기준을 적용하도록 하는 전제조건이 없는 경우, 일반기업회계기준을 적용한다.

---

01 다음 중 유동자산에 해당하지 않는 것은 무엇인가?

① 보통예금 ② 임차보증금
③ 재고자산 ④ 단기매매증권

02 다음 자료에서 거래의 8요소 중 차변요소와 대변요소의 구분으로 올바른 것은?

| 가. 부채의 증가 | 나. 자본의 감소 | 다. 수익의 발생 |

① 가. 대변, 나. 대변, 다. 대변
② 가. 대변, 나. 대변, 다. 차변
③ 가. 차변, 나. 차변, 다. 대변
④ 가. 대변, 나. 차변, 다. 대변

03 다음 중 재무상태표 작성에 관한 설명으로 옳지 않은 것은?

① 단기매매 목적으로 보유하는 자산은 유동자산으로 분류한다.
② 자산과 부채는 유동성이 낮은 항목부터 배열하는 것을 원칙으로 한다.
③ 자산과 부채는 원칙적으로 상계하여 표시하지 않는다.
④ 보고기간 종료일로부터 1년 이내에 상환되어야 하는 단기차입금 등의 부채는 유동부채로 분류한다.

04 다음 자료에 의하여 상품의 당기총매입액은 얼마인가?

| • 기초상품재고액 | 80,000원 | • 기말상품재고액 | 45,000원 |
| • 당기매출원가 | 160,000원 | • 매입에누리 | 20,000원 |

① 145,000원 ② 120,000원 ③ 115,000원 ④ 110,000원

05 현금으로 지급되었으나 계정과목과 금액을 확정할 수 없을 때 일시적으로 처리하는 계정으로 올바른 것은?

① 미수금 ② 외상매입금
③ 선급금 ④ 가지급금

06 다음 중 계정잔액의 표시로 옳지 않은 것은?

① 예수금 | 100,000원
② 토지 | 100,000원
③ 보통예금 100,000원 |
④ 외상매입금 | 100,000원

07 당기에 발생한 비용 중 차기분을 이연하는 이유로 올바른 것은?

① 현금주의 인식 ② 당기순이익의 과대공시
③ 수익과 비용의 대응 ④ 차기순이익의 과소공시

08 다음 거래를 회계처리 하였을 때, 차변 또는 대변에 기록하는 계정과목이 아닌 것은?

> 3월 2일 : ㈜송파로부터 상품 2,000,000원을 주문받고 계약금 400,000원을 현금으로 받다.
> 3월 26일 : 3월 2일에 주문받았던 상품을 인도하고 계약금 400,000원을 제외한 1,600,000원은 약속어음으로 받다.

① 선수금 ② 예수금 ③ 현금 ④ 받을어음

09 다음 중 회계상의 거래에 해당하는 것은?

① 화재로 인해 상품의 일부가 파손되다.
② 신입사원 김사랑씨를 채용하다.
③ 신규 거래처로 ㈜희망상사를 선정하다.
④ 사업 확장을 위해 새로운 건물을 임차하기로 결정하다.

10 내용연수 경과에 따른 감가상각비 변화를 나타낸 그래프와 관련 없는 감가상각방법은?

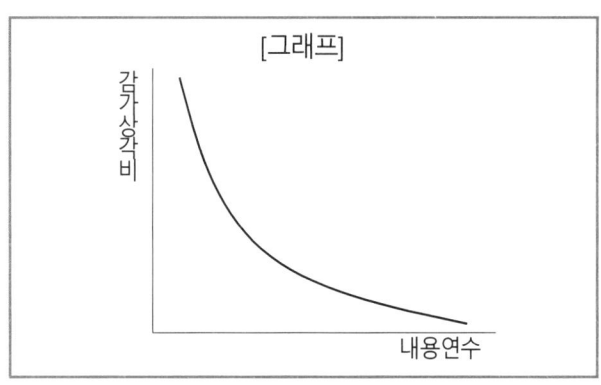

| A. 정률법 | B. 연수합계법 | C. 이중체감법 | D. 정액법 |

① A, B, C, D ② B, C, D ③ C, D ④ D

11 다음 중 비유동부채에 해당하는 것은 무엇인가?
  ① 퇴직급여충당부채　　② 유동성장기부채
  ③ 미지급세금　　　　　④ 선수금

12 다음 제시된 자료에 의하여 제2기 기말자본금을 계산하면 얼마인가? (자본거래는 없음)

구분	기초자본금	기말자본금	총수익	총비용	순이익
1기	300,000원	( )	100,000원	( )	30,000원
2기	( )	( )	400,000원	330,000원	( )

  ① 200,000원　　② 330,000원　　③ 400,000원　　④ 500,000원

13 손익계산서상의 계정과목 중 영업외비용에 해당하는 항목은?
  ① 급여　　　　② 복리후생비
  ③ 이자비용　　④ 기업업무추진비

14 아래의 거래내용과 관련이 없는 계정과목은?

> 업무에 사용 중인 토지를 20,000,000원(취득가액은 10,000,000원)에 처분하였다. 대금 중 5,000,000원은 보통예금으로 이체받고, 나머지는 만기가 3개월 후인 어음으로 받았다.

  ① 보통예금　　② 감가상각누계액　　③ 미수금　　④ 유형자산처분이익

15 다음 중 경영성과에 영향을 미치는 거래는?
  ① 예수금을 보통예금으로 지급하다.　　② 미수금을 현금으로 지급받다.
  ③ 통신비를 현금으로 지급하다.　　　　④ 차입금을 현금으로 상환하다.

실 무 시 험

강산상사(코드번호 : 4410)는 전자제품을 판매하는 개인기업이다. 당기(제16기) 회계기간은 2025.1.1. ~ 2025.12.31.이다. 전산세무회계 수험용 프로그램을 이용하여 다음 물음에 답하시오.

문제1 다음은 강산상사의 사업자등록증이다. [회사등록] 메뉴에 입력된 내용을 검토하여 누락분은 추가입력하고 잘못된 부분은 정정하시오. (6점)

사 업 자 등 록 증
(일반과세자)

등록번호 : 130-47-50505

상　　호　명 : 강산상사

대　표　자　명 : 이도진

개 업 연 월 일 : 2010. 1. 31.

사업장소재지 : 경기도 부천시 길주로 288(중동)

사업자의 종류 : [업태] 도소매　　[종목] 전자제품

교　부　사　유 : 신규

사업자 단위 과세 적용사업자 여부 : 여(　) 부(　)
전자세금계산서 전용 전자우편 주소 :

2010년 1월 31일

부천세무서장

문제2 다음 자료를 이용하여 입력하시오. (6점)

1. 강산상사의 여비교통비와 관련하여 다음의 적요를 등록하시오. (3점)

코드	계정과목	적요 구분	적요 등록사항
812	여비교통비	현금적요	6. 거제도 판매 관련 출장비
812	여비교통비	현금적요	7. 분당 판매 관련 출장비

2. 강산상사의 거래처별 초기이월 채권과 채무 잔액은 다음과 같다. 주어진 자료를 검토하여 잘못된 부분을 정정하거나 추가입력 하시오. (3점)

계정과목	거래처	잔액	계
받을어음	믿음컴퓨터	4,500,000원	9,000,000원
	금호상사	2,000,000원	
	소망사무	2,500,000원	
미지급금	푸른가구	2,400,000원	3,700,000원
	삼성카드	1,300,000원	

문제3 다음은 강산상사의 전기분 재무상태표이다. 입력되어 있는 자료를 검토하여 오류부분은 정정하고 누락된 부분은 추가 입력하시오. (6점)

재 무 상 태 표

회사명: 강산상사　　　제15기 2024.12.31. 현재　　　(단위: 원)

과 목	금 액		과 목	금 액	
현　　　　금		10,000,000	외 상 매 입 금		8,000,000
당 좌 예 금		3,000,000	지 급 어 음		6,500,000
보 통 예 금		10,500,000	미 지 급 금		3,700,000
외 상 매 출 금	5,400,000		예 수 금		700,000
대 손 충 당 금	100,000	5,300,000	단 기 차 입 금		10,000,000
받 을 어 음	9,000,000		자 본 금		49,950,000
대 손 충 당 금	50,000	8,950,000			
미 　수 　금		4,500,000			
상　　　　품		12,000,000			
차 량 운 반 구	22,000,000				
감가상각누계액	12,000,000	10,000,000			
비　　　　품	7,000,000				
감가상각누계액	2,400,000	4,600,000			
임 차 보 증 금		10,000,000			
자 산 총 계		78,850,000	부채와 자본총계		78,850,000

문제4 다음 거래 자료를 [일반전표입력] 메뉴에 추가 입력하시오. (24점)

> **입력시 유의사항**
> - 적요의 입력은 생략한다.
> - 부가가치세는 고려하지 않는다.
> - 채권·채무와 관련된 거래처명은 반드시 기 등록되어 있는 거래처코드를 선택하는 방법으로 거래처명을 입력한다.
> - 회계처리시 계정과목은 등록되어 있는 계정과목 중 가장 적절한 과목으로 한다.

1. 8월 10일 단기 운용목적으로 매수와 매도가 빈번하게 이루어지는 ㈜아이콘 발행주식 100주(1주당 액면 10,000원)를 1주당 12,000원에 구입하다. 대금은 보통예금에서 지급하였다. (3점)

2. 8월 13일 강원기기의 외상매입금 2,500,000원을 지급하기 위해 소망사무로부터 받아서 보관 중인 약속어음 2,500,000원을 배서양도하다. (3점)

3. 9월 16일 판매할 상품을 거래처 한국상사에서 구입하고 현대카드(신용카드)로 결제하였다. (계정과목은 외상매입금 계정을 사용하시오) (3점)

```
             카드매출전표
-------------------------------------
카드종류  : 현대카드
카드번호  : 5856-4512-20**-9965
거래일시  : 2025.9.16. 09 : 30 : 51
거래유형  : 신용승인
금    액  : 15,000,000원
결제방법  : 일시불
승인번호  : 10005539
은행확인  : 국민은행
-------------------------------------
가맹점명  : 한국상사
            - 이 하 생 략 -
```

4. 10월 15일 판매용 컴퓨터 10,000,000원과 업무용 컴퓨터 3,000,000원을 ㈜하나컴퓨터에서 구입하였다. 대금 중 판매용 컴퓨터는 당좌수표를 발행하여 지급하고, 업무용 컴퓨터는 외상으로 하였다. (하나의 전표로 회계처리 하시오) (3점)

5. 11월 25일 미림전자에 컴퓨터 5대를 판매하고 발급한 거래명세서이다. 계약금을 제외한 나머지는 외상으로 한다. (3점)

거래명세표 (보관용)

권	호			
2025년 11월 25일	등록번호	130-47-50505		
미림전자 귀하	상호	강산상사	성명	이도진 ⑪
	사업장소재지	경기도 부천시 길주로 288		
아래와 같이 계산합니다.	업태	도소매	종목	전자제품

합계금액: 오백만 원정 (₩ 5,000,000)

월일	품목	규격	수량	단가	공급가액	세액
11/25	컴퓨터		5	1,000,000	5,000,000	
	계					

전잔금		합계	5,000,000원	
입금	11/20 계약금 600,000원	잔금	4,400,000원	인수자 김선태 ⑪
비고				

6. 12월 1일 플러스화원에서 영업부 사무실에 둘 화분을 구입하고 지출한 금액 63,000원 중 33,000원은 현금으로 결제하고, 30,000원은 사업용카드(농협카드)로 결제하였다(단, 화분의 구입은 소모품비로 처리할 것). (3점)

플러스화원

플러스화원   사업자번호 130-52-12349
대표자 홍길동   전화번호   032-321-0000
****

[상품명]	[단가]	[수량]	[금액]
화분			63,000
총 합계			63,000
현금			33,000
신용카드			30,000

신용카드전표(고객용)

카드번호   019092-*********
지불금액   30,000
할 부   0
승인번호   614055

이용해주셔서 감사합니다.
교환/환불은 영수증을 지참하여 일주일 이내 가능합니다.

7. 12월 9일 ㈜부동산나라에서 투자목적으로 건물을 70,000,000원에 매입하고 전액 약속어음을 발행하여 교부하다. 건물 매입에 따른 취득세 770,000원은 현금으로 납부하다. (하나의 전표로 회계처리 하시오) (3점)

8. 12월 10일 코로나로 인한 치료 지원을 위하여 현금 5,000,000원을 한국복지협의회에 기부하였다. (3점)

문제5 [일반전표입력] 메뉴에 입력된 내용 중 다음과 같은 오류가 발견되었다. 입력된 내용을 확인하여 정정 또는 추가입력 하시오. (6점)

1. 7월 15일 당사가 현금으로 지급한 운반비 300,000원은 상품매입에 따른 운반비가 아니라 상품매출에 따른 운반비로 판명되다. (3점)

2. 8월 25일 대표자 개인소유의 차량에 대한 취득세 3,250,000원을 회사 보통예금에서 계좌이체 하였으나 세금과공과 및 당좌예금 계정과목으로 회계처리 하였다. (3점)

문제6 다음의 결산정리사항을 입력하여 결산을 완료하시오. (12점)

1. 7월 1일에 1년치 영업부 보증보험료(보험기간 : 2025년 7월 1일 ~ 2026년 6월 30일) 1,200,000원을 보통예금계좌에서 이체하면서 전액 비용 계정인 보험료로 처리하였다. 기말수정분개를 하시오(단, 월할 계산할 것). (3점)

2. 기말 현재 강산상사가 단기매매차익을 목적으로 보유하고 있는 주식(100주, 1주당 취득원가 5,000원)의 기말 현재 공정가치는 주당 7,000원이다. (3점)

3. 회사는 외상매출금과 받을어음의 기말 잔액에 대하여 1%의 대손충당금을 보충법으로 설정하다. (3점)

4. 당기 기말상품재고액은 2,780,000원이다(단, 전표입력에서 구분으로 "5 : 결산차변, 6 : 결산대변"을 사용할 것). (3점)

문제7 다음 사항을 조회하여 답안을 [이론문제 답안작성] 메뉴에 입력하시오. (10점)

1. 6월 30일 현재 매출처 우진상사의 외상매출금 잔액은 얼마인가? (3점)

2. 상반기(1월 ~ 6월) 중 통신비(판)가 가장 많이 발생한 달의 금액은 얼마인가? (3점)

3. 상반기(1월 ~ 6월) 중 기업업무추진비를 가장 적게 지출한 월과 그 금액은 얼마인가? (4점)

memo

답안 및 해설

✔ 답안 및 해설 (제1회)

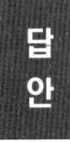 이론 시험

답안					
	1. ①	2. ④	3. ①	4. ②	5. ③
	6. ②	7. ①	8. ④	9. ③	10. ④
	11. ③	12. ②	13. ①	14. ④	15. ③

01 재무제표는 재무상태표, 손익계산서, 현금흐름표, 자본변동표로 구성되며, 주석을 포함한다. (일반기업회계기준 2.4)

02 재무상태표는 일정시점 현재 기업이 보유하고 있는 자산(보통예금, 현금, 선급비용, 미수수익)과 부채(선수수익, 미지급비용), 그리고 자본에 대한 정보를 제공하는 재무보고서이다.

> [해설] ④ 감가상각비와 급여는 일정기간 동안 기업의 경영성과에 대한 정보를 제공하는 재무보고서인 손익계산서 계정과목이다.

03 ① (차) 비품(자산증가)   1,500,000 / (대) 미지급금(부채증가) 1,500,000 : 교환거래
② (차) 현금(자산증가)   500,000 / (대) 외상매출금(자산감소) 500,000 : 교환거래
③ (차) 외상매입금(부채감소) 1,000,000 / (대) 현금(자산감소)   1,000,000 : 교환거래
④ (차) 이자비용(비용발생)   150,000 / (대) 현금(자산감소)   150,000 : 손익거래

> [해설]
> • 손익거래 : 거래요소의 어느 한쪽이 수익 또는 비용의 발생으로만 결합한 거래
> • 교환거래 : 자산, 부채, 자본은 증감하지만 수익과 비용이 발생하지 않는 거래
> • 혼합거래 : 하나의 거래에 손익거래와 교환거래가 혼합되어 동시에 결합한 거래

04 ㉠ 당좌수표를 발행하면 당좌예금의 감소로 처리하고, ㉡ 타인이 발행한 당좌수표를 받으면 이는 통화대용증권이므로 현금으로 처리한다.

05 외상매출금 기초잔액 + 당기 증가액 − 당기 감소액 = 기말잔액
외상매출금 기초잔액 + 당기 외상매출액 − 당기 외상매출금 회수액 = 기말잔액
└ 300,000 + 당기 외상매출액 − 700,000 = 400,000원
∴ 당기 외상매출액 800,000원

06 유동성 배열 순서 : 당좌자산(미수금) → 재고자산(상품) → 투자자산 → 유형자산(토지) → 무형자산(개발비) → 기타비유동자산

07 매출액 - 매출원가 = 매출총이익

기초상품재고액 + 당기상품순매입액(매입액 - 매입에누리) - 기말상품재고액 = 상품매출원가
└ 4,000,000 + (10,000,000 - 100,000) - 6,000,000 = 7,900,000원

상품매출액(11,000,000) - 상품매출원가(7,900,000) = 상품매출총이익 3,100,000원

08 기말자본(1,000,000) - 기초자본(600,000) = 순이익 400,000원

총수익 - 총비용(1,100,000) = 순이익(400,000)

∴ 총수익 1,500,000원

09 유동자산이란 보고기간 종료일로부터 1년 이내에 현금화 또는 실현될 것으로 예상되는 자산으로 그 성격에 따라 당좌자산(당좌예금, 현금)과 재고자산(상품)으로 분류한다.

[해설] ③ 영업권은 비유동자산(무형자산)에 해당한다.

10 재고자산의 취득원가(매입원가)는 매입가액에 매입운임, 하역료 및 보험료 등 취득과정에서 정상적으로 발생한 부대원가를 가산한 금액이다. 매입과 관련된 할인, 에누리 및 기타 유사한 항목은 매입원가에서 차감한다.

[해설] ④ 매입환출및에누리는 매입원가에서 차감한다.

11 수익적 지출(비용으로 처리)을 자본적 지출(자산으로 처리)로 잘못 처리한 경우

㉠ 자산이 과대계상 → 자본이 과대계상

㉡ 비용이 과소계상 → 당기순이익이 과대계상

12 잔액시산표의 차변에는 자산(대여금, 임차보증금, 선급금, 미수금)과 비용 계정이 표시되고, 대변에는 부채(차입금, 임대보증금, 선수금, 미지급금)와 자본 그리고 수익 계정이 표시된다.

[해설] 시산표 등식 : 기말자산 + 총비용 = 기말부채 + 기초자본 + 총수익

13 ① 분개 : (차) 단기대여금   1,000,000 / (대) 현금   1,000,000
② 분개 : (차) 인출금   1,000,000 / (대) 단기대여금   1,000,000
③ 분개 : (차) 자본금   1,000,000 / (대) 인출금   1,000,000
④ 기말 : (차) 인출금   1,000,000 / (대) 현금 등   1,000,000

[해설] 회계기간 중에 자본에 관한 모든 거래를 자본금 계정에 기입하면 자본금 계정의 기장이 복잡해지고 기초 자본금을 알 수도 없다. 그러므로 회계기간 중의 자본에 관한 거래는 인출금 계정을 설정하여 기입하고, 기말에 자본금 계정에 대체하기도 한다.

14. 이자비용은 영업외비용 항목에 속하는 계정과목이다.

15. 매출총이익 − 판매비와관리비(① 급여, ② 광고선전비, ④ 수도광열비) = 영업손익

[해설] ③ 영업외비용(기부금)은 영업손익에 영향을 미치지 않는다.

실무 시험

1. 회사등록

[기초정보관리] > [회사등록]에서
① [사업자등록번호]란 "135-27-40377" ➡ "130-47-50505" 수정 입력
② [대표자명]란 "김지술" ➡ "이학주" 수정 입력
③ [개업연월일]란 "2007-03-20" ➡ "2011-05-23" 수정 입력

2. 전기분 손익계산서

[전기분재무제표] > [전기분손익계산서]에서
① [차량유지비]란 "50,500,000원" ➡ "3,500,000원" 수정 입력
② [이자수익]란 "2,500,000원" ➡ "2,200,000원" 수정 입력
③ "953.기부금 3,000,000원" 추가 입력

3. 거래처별 초기이월 / 거래처등록

1. [전기분재무제표] > [거래처별초기이월]에서
① 외상매출금 : 월평상사 "35,000,000원" ➡ "45,000,000원" 수정 입력
② 지급어음 : 도륜상사 "100,000,000원" ➡ "150,000,000원" 수정 입력
③ 단기차입금 : "선익상사 80,000,000원" 추가 입력

2. [기초정보관리] > [거래처등록]의 『신용카드』 탭에서 코드 99871번으로 "씨엔제이카드" 추가 입력

4. 일반전표입력

1. 7월 2일 : (차) 146.상품　　　　　6,000,000　/　(대) 252.지급어음　　　5,500,000
　　　　　　　　　　　　　　　　　　　　　　(거래처 : 성심상사)
　　　　　　　　　　　　　　　　　　　　(대) 101.현금　　　　　　500,000

2. 8월 5일 : (차) 831.수수료비용　　3,500,000　/　(대) 101.현금　　　　　3,500,000

3. 8월 19일 : (차) 260.단기차입금　20,000,000　/　(대) 103.보통예금　　20,600,000
　　　　　　　　(거래처 : 탄방상사)
　　　　　　(차) 951.이자비용　　　 600,000

4. 8월 20일 : (차) 146.상품　　　　15,000,000　/　(대) 103.보통예금　　16,000,000
　　　　　　(차) 212.비품　　　　　1,000,000

5. 8월 23일 : (차) 251.외상매입금　　500,000　/　(대) 134.가지급금　　　500,000
　　　　　　　　(거래처 : 소리상사)

6. 10월 10일 : (차) 146.상품　　　　3,000,000　/　(대) 131.선급금　　　　300,000
　　　　　　　　　　　　　　　　　　　　　　(거래처 : 고구려상사)
　　　　　　　　　　　　　　　　　　　　(대) 251.외상매입금　　2,700,000
　　　　　　　　　　　　　　　　　　　　　　(거래처 : 고구려상사)

7. 11월 18일 : (차) 822.차량유지비　　30,000　/　(대) 101.현금　　　　　　30,000

8. 12월 20일 : (차) 817.세금과공과　　259,740　/　(대) 253.미지급금　　　259,740
　　　　　　　　　　　　　　　　　　　　　　(거래처 : 현대카드)

5. 오류수정

1. [일반전표입력]에서 11월 5일 전표를 다음과 같이 수정한다.
　수정 전 : (차) 817.세금과공과　　110,000　/　(대) 103.보통예금　　　110,000
　수정 후 : (차) 254.예수금　　　　110,000　/　(대) 103.보통예금　　　110,000

2. [일반전표입력]에서 11월 28일 전표를 다음과 같이 수정한다.
　수정 전 : (차) 146.상품　　　　　7,535,000　/　(대) 251.외상매입금　7,500,000
　　　　　　　　　　　　　　　　　　　　　　(거래처 : 양촌상사)
　　　　　　　　　　　　　　　　　　　　(대) 253.미지급금　　　35,000

　수정 후 : (차) 146.상품　　　　　7,500,000　/　(대) 251.외상매입금　7,500,000
　　　　　　　　　　　　　　　　　　　　　　(거래처 : 양촌상사)

6. 결산정리사항

[일반전표입력]에서 결산일자(12월 31일)로 결산정리사항을 입력한다.

1. 12월 31일 : (차) 801. 급여   1,000,000 / (대) 262. 미지급비용   1,000,000
                                                                                                                                           (또는 253. 미지급금)

2. 12월 31일 : (차) 830. 소모품비   200,000 / (대) 173. 소모품   200,000

3. 12월 31일 : (차) 951. 이자비용   70,000 / (대) 141. 현금과부족   70,000
    [해설] [합계잔액시산표] 메뉴에서 기간(12월 31일)을 입력하고 현금과부족 계정의 차변잔액을 확인한다.

4. 12월 31일 : (차) 818. 감가상각비   5,000,000 / (대) 213. 감가상각누계액   5,000,000
    [해설] 정액법 연 감가상각비 : (65,500,000 - 15,500,000) ÷ 10년 = 5,000,000원

7. 장부조회

1. [장부관리]>[거래처원장]의 『잔액』 탭에서 기간(1월 1일 ~ 5월 31일) / 계정과목(251. 외상매입금) / 거래처(모든거래처)를 입력하고 [잔액]란의 금액을 확인한다.

> 답안 : 갈마상사, 76,300,000원

2. [결산/재무제표]>[재무상태표]에서 기간(6월)을 입력하고 외상매출금 [대손충당금]란의 금액을 확인한다.

> 답안 : 1,500,000원

[해설] 당기 6월말 잔액(2,000,000) - 전기말 잔액(500,000) = 1,500,000원 증가

3. [재무상태표]에서 기간(6월)을 입력하고 [유동자산]란과 [유동부채]란의 금액을 확인한다.

> 답안 : 116,633,300원

[해설] 유동자산(463,769,900) - 유동부채(347,136,600) = 116,633,300원

답안 및 해설 (제2회)

이론 시험

답안					
	1. ④	2. ③	3. ②	4. ④	5. ①
	6. ③	7. ④	8. ③	9. ③	10. ①
	11. ①	12. ③	13. ③	14. ③	15. ③

01
① 손익거래 : (차) 보험료　　　　40,000　　/　(대) 현금　　　　40,000
② 교환거래 : (차) 비품　　　　　40,000　　/　(대) 미지급금　　40,000
③ 교환거래 : (차) 현금　　　10,000,000　　/　(대) 자본금　　10,000,000
④ 혼합거래 : (차) 현금　　　　1,020,000　　/　(대) 단기대여금　1,000,000
　　　　　　　　　　　　　　　　　　　　　　　　이자수익　　　　20,000

[해설]
- 손익거래 : 거래요소의 어느 한쪽이 수익 또는 비용의 발생으로만 결합한 거래
- 교환거래 : 자산, 부채, 자본은 증감하지만 수익과 비용이 발생하지 않는 거래
- 혼합거래 : 하나의 거래에 손익거래와 교환거래가 혼합되어 동시에 결합한 거래

02 자본의 증가와 부채의 증가는 모두 대변에 기록하므로 동시에 나타날 수 없다.

[해설]　　　　　- 거래요소의 결합관계 -
　　(차변) 자산의 증가 ×××　/　(대변) 자산의 감소 ×××
　　(차변) 부채의 감소 ×××　/　(대변) 부채의 증가 ×××
　　(차변) 자본의 감소 ×××　/　(대변) 자본의 증가 ×××
　　(차변) 비용의 발생 ×××　/　(대변) 수익의 발생 ×××

03 경영성과를 나타내는 재무보고서는 손익계산서이며, 기부금은 영업외비용으로 손익계산서 계정에 해당한다.

[해설] 예수금과 미지급비용은 부채, 선급비용은 자산으로 재무상태표 계정에 해당한다.

04 자산과 부채는 유동성이 큰 항목부터 배열하는 것을 원칙으로 한다. (일반기업회계기준 2.19)

[해설] ② 기말자본 - 기초자본 = 순이익(△순손실)

05 기말 매출채권 × 설정률 = 기말 대손충당금 잔액
　└ 10,000,000 × 1% = 100,000원

06 후입선출법은 나중에 구매한 상품이 먼저 판매된다는 가정하에 매출원가 및 기말재고액을 구하는 방법이다.

07 기말재고자산 과대계상 → 매출원가 과소계상 → 매출총이익 과대계상

[해설]
- (기초재고 + 당기매입) - 기말재고(↑) = 매출원가(↓)
- 매출액 - 매출원가(↓) = 매출총이익(↑)

08 판매할 목적으로 취득한 자산은 재고자산으로 처리하고, 영업활동에 사용할 목적으로 취득한 자산은 유형자산으로 처리한다.

09 유형자산의 감가상각방법에는 정액법, 체감잔액법(예를 들면, 정률법 등), 연수합계법, 생산량비례법 등이 있다. (일반기업회계기준 10.40)

10 매입할인을 받은 경우에는 총매입액에서 차감하여 순매입액을 계산한다. 순매입액이 감소하면 매출원가가 감소하여 매출총이익 및 영업이익이 증가한다.

[해설]
- 기초재고 + 순매입액(총매입액 - 매입할인) - 기말재고 = 매출원가(↓)
- 매출액 - 매출원가(↓) = 매출총이익(↑) ~ 영업이익(↑)

11 누락 분개 : (차) 이자수익(수익의 감소)   × × ×   /   (대) 선수수익(부채의 증가)   × × ×

[해설] 결산시 선수이자에 대한 분개를 누락하면 기말 재무제표에 부채가 과소계상 되고 수익이 과대계상 된다.

12 이익잉여금은 손익거래의 결과이고, 나머지는 자본거래의 결과이다.

[해설]

자본거래	• 자본금 : 주주가 납입한 법정자본금 • 자본잉여금 : 주주와의 거래에서 발생하여 자본을 증가시키는 잉여금 • 자본조정 : 자본거래에 해당하나 자본금이나 자본잉여금으로 분류할 수 없는 임시적인 자본 항목
손익거래	• 기타포괄손익누계액 : 손익계산서의 당기손익으로 분류하기 어려운 손익항목의 잔액 • 이익잉여금(또는 결손금) : 기업의 영업활동에 의하여 축적된 이익으로서 사외로 유출되지 않고 기업내부에 유보된 금액

13 기초자본금 - 인출한 금액 + 당기의 추가출자액 + 당기순이익 = 기말자본금
    └ 50,000,000 - 5,000,000 + 당기의 추가출자액 + 10,000,000 = 70,000,000원

∴ 당기의 추가출자액 15,000,000원

14. 매출총이익 − 판매비와관리비(광고선전비) = 영업이익

[해설] ① 기부금, ② 이자비용, ④ 유형자산처분손실은 영업외비용에 해당하므로 영업이익에 영향을 미치지 않는다.

15. 임대보증금(추후에 임차인에게 반환해야 하는 채무)은 부채에 속하는 계정과목이다.

[해설] ① 구축물은 유형자산, ② 개발비는 무형자산, ④ 단기금융상품은 당좌자산에 속하는 계정과목이다.

실무 시험

1. 회사등록
[기초정보관리]>[회사등록]에서
① [종목]란 "컴퓨터 부품" ➡ "문구 및 잡화" 수정 입력
② [개업연월일]란 "2015-01-05" ➡ "2015-03-09" 수정 입력
③ [사업장관할세무서]란 "145.관악" ➡ "134.안산" 수정 입력

2. 전기분 재무상태표
[전기분재무제표]>[전기분재무상태표]에서
① [정기예금]란 "2,000,000원" ➡ "20,000,000원" 수정 입력
② [209.감가상각누계액]란 "13,000,000원" ➡ "23,000,000원" 수정 입력
③ [외상매입금]란 "17,000,000원" ➡ "45,000,000원" 수정 입력

3. 계정과목 및 적요등록 / 거래처등록

1. [기초정보관리]>[계정과목및적요등록]에서 "146.상품" 계정의 [대체적요]란에 추가 입력

2. [거래처등록]의 『일반거래처』 탭에서 코드 1001번으로 "모닝문구" 추가 입력

4. 일반전표입력

1. 7월 15일 : (차) 103.보통예금　　50,000,000　　/　(대) 260.단기차입금　　50,000,000
　　　　　　　　　　　　　　　　　　　　　　　　　　　　(거래처 : 대전중앙신협)

2. 7월 16일 : (차) 146.상품　　　　 6,600,000　　/　(대) 131.선급금　　　　　660,000
　　　　　　　　　　　　　　　　　　　　　　　　　　　　(거래처 : 로뎀문구)
　　　　　　　　　　　　　　　　　　　　　　　　　　(대) 102.당좌예금　　　5,940,000

3. 7월 28일 : (차) 812.여비교통비   5,000   /   (대) 253.미지급금   5,000
           (거래처 : 신한카드)

4. 8월 28일 : (차) 101.현금   20,000,000   /   (대) 401.상품매출   25,000,000
           (차) 110.받을어음   5,000,000
           (거래처 : 씨엔제이상사)

5. 9월 20일 : (차) 402.매출환입및에누리   3,000,000   /   (대) 108.외상매출금   3,000,000
           (거래처 : 반월상사)

6. 10월 15일 : (차) 251.외상매입금   1,300,000   /   (대) 110.받을어음   1,200,000
           (거래처 : 조선상사)   (거래처 : 발해상사)
                                          (대) 101.현금   100,000

7. 11월 27일 : (차) 253.미지급금   12,500,000   /   (대) 102.당좌예금   10,000,000
           (거래처 : 비전상사)   (대) 918.채무면제이익   2,500,000

8. 12월 30일 : (차) 208.차량운반구   2,637,810   /   (대) 101.현금   2,637,810
   [해설] 차량의 취득과 직접 관련되는 원가(취득세)는 자산의 원가에 가산한다.

5. 오류수정

1. [일반전표입력]에서 9월 15일 전표를 다음과 같이 수정한다.
   수정 전 : (차) 101.현금   100,000   /   (대) 108.외상매출금   100,000
                                                (거래처 : 월평문구)

   수정 후 : (차) 101.현금   100,000   /   (대) 259.선수금   100,000
                                                (거래처 : 월평문구)

2. [일반전표입력]에서 12월 18일 전표를 다음과 같이 수정한다.
   수정 전 : (차) 212.비품   1,100,000   /   (대) 101.현금   1,100,000

   수정 후 : (차) 212.비품   1,000,000   /   (대) 101.현금   1,100,000
           (차) 830.소모품비   100,000

6. 결산정리사항

[일반전표입력]에서 결산일자(12월 31일)로 결산정리사항을 입력한다.

1. 12월 31일 : (차) 116.미수수익   3,000,000   /   (대) 904.임대료   3,000,000
   [해설] 임대료 미수분 : 6,000,000 × (당기 6개월/총 12개월) = 3,000,000원

2. 12월 31일 : (차) 107.단기매매증권   500,000   / (대) 905.단기투자산평가이익   500,000

[해설] 단기매매증권평가이익 : (@30,000 − @25,000) × 100주 = 500,000원

[단대디] … 2025년 프로그램 개정과목 기본값이 아래와 같이 변경되었습니다.
*   905.단기매매증권평가이익   ⇨   905.단기투자자산평가이익
*   906.단기매매증권처분이익   ⇨   906.단기투자자산처분이익
*   957.단기매매증권평가손실   ⇨   957.단기투자자산평가손실
*   958.단기매매증권처분손실   ⇨   958.단기투자자산처분손실

3. 12월 31일 : (차) 133.선급비용   90,000   / (대) 821.보험료   90,000

[해설] 보험료 선급분 : 120,000 × (차기 9개월/총 12개월) = 90,000원

4. 12월 31일 : (차) 835.대손상각비   3,343,300   / (대) 109.대손충당금   3,021,300
                                                   / (대) 111.대손충당금   322,000

[해설] [합계잔액시산표] 메뉴에서 기간(12월 31일)을 입력하고 대손충당금 추가 설정액을 계산한다.
  ㉠ 외상매출금 : (352,130,000 × 1%) − 500,000 = 3,021,300원
  ㉡ 받을어음 : (62,200,000 × 1%) − 300,000 = 322,000원

7. 장부조회

1. [장부관리]>[총계정원장]의 『월별』 탭에서 기간(1월 1일 ~ 6월 30일) / 계정과목(401.상품매출 ~ 401.상품매출)을 입력하고 [대변]란의 금액을 확인한다.

> 답안 : 2,800,000원

2. [결산/재무제표]>[재무상태표]에서 기간(3월)을 입력하고 [비품]란의 금액을 확인한다.

> 답안 : 34,000,000원

[해설] 비품(35,000,000) − 감가상각누계액(1,000,000) = 장부가액 34,000,000원

3. [장부관리]>[거래처원장]의 『잔액』 탭에서 기간(1월 1일 ~ 6월 30일) / 계정과목(131.선급금) / 거래처(모든 거래처)를 입력하고 [잔액]란의 금액을 확인한다.

> 답안 : 1,638,000원

[해설] 광진상사(1,770,000) − 우림상사(132,000) = 1,638,000원

답안 및 해설 (제3회)

이론 시험

답안					
	1. ④	2. ④	3. ③	4. ②	5. ④
	6. ②	7. ③	8. ④	9. ③	10. ③
	11. ③	12. ③	13. ①	14. ③	15. ①

01 미수수익이란 당기에 속하는 수익 중 미수된 금액을 말한다. 주로 계약에 의하여 계속적으로 제공한 용역 중 발생주의에 따라서 보고기간 종료일까지 발생한 수익을 예상한 금액으로서 보고기간 종료일 현재 미수된 금액을 말한다.

02 기말재고자산 과소평가 → 매출원가 과대계상 → 당기순이익 과소계상

[해설] • (기초재고 + 당기매입) − 기말재고(↓) = 매출원가(↑)
• 매출액 − 매출원가(↑) = 매출총이익(↓) ~ 영업이익(↓) ~ 당기순이익(↓)

03 미지급금은 일반적인 상거래 이외의 거래나 계약 등에 의하여 발생한 것으로서, 보고기간 종료일로부터 1년 이내에 상환기일이 도래하는 채무를 말한다.

04 직원을 채용하기로 한 것은 회계상 거래에 해당하지 않는다.

05 단기차입금은 유동부채로 분류된다.

06 ① 분개 : (차) 급여 ××× / (대) 보통예금 ×××
② 분개 : (차) 당좌예금 ××× / (대) 외상매출금 ×××
③ 분개 : (차) 현금 ××× / (대) 상품매출 ×××
④ 분개 : (차) 상품 ××× / (대) 지급어음 ×××

07 단기매매증권의 취득원가는 취득 시점의 공정가치로 인식하며, 매입수수료는 공정가치에 가산하지 않고 당기비용으로 처리한다.

[해설] ② 단기매매증권은 유동자산으로 분류한다. 이 경우, 단기매매증권을 "단기투자자산"의 과목으로 통합하여 재무상태표에 표시할 수 있다. 단기투자자산은 기업이 여유자금의 활용 목적으로 보유하는 단기

예금, 단기매매증권, 단기대여금 및 유동자산으로 분류되는 매도가능증권과 만기보유증권 등의 자산을 포함한다.

08 분개 : (차) 받을어음　　　　　×××　/　(대) 상품매출　　　　　×××

09 정액법 연 감가상각비 = (취득원가 − 잔존가치) ÷ 내용연수

　[해설] ① 생산량비례법 연 감가상각비 = (원가 − 잔존가치) × 당기실제생산량/총추정생산량
　　　　④ 연수합계법 연 감가상각비 = (원가 − 잔존가치) × 연수의 역순/내용연수의 합계

10 처분가액 − 장부가액(취득가액 − 감가상각누계액) = 유형자산처분이익
　└ 1,000,000 − (취득가액 − 1,800,000) = 100,000원
　∴ 취득가액 2,700,000원

11 임차보증금은 자산(기타비유동자산) 계정이고, 나머지는 부채(유동부채) 계정이다.

12 총수익(1,500,000) − 총비용(1,000,000) = 순이익 500,000원
　기초자본(300,000) + 순이익(500,000) = 기말자본 800,000원
　기말자산 − 기말부채(600,000) = 기말자본(800,000)
　∴ 기말자산 1,400,000원

13 예수금이란 일반적인 상거래 이외에서 발생한 일시적 제 예수액을 말한다.

14 이자비용과 기부금은 영업외비용에 해당하고, 나머지는 판매비와관리비에 해당한다.

15 매출액 − 매출원가 = 매출총이익
　매출액 − (기초상품재고액 + 당기총매입액 − 기말상품재고액) = 매출총이익
　└ 130,000 − (24,000 + 108,000 − 20,000) = 180,000원

실무 시험

1. 회사등록
[기초정보관리]>[회사등록]에서
① [대표자명]란 "최기수" ➡ "최성호" 수정 입력
② [개업연월일]란 "2017-02-01" ➡ "2015-02-01" 수정 입력
③ [업태]란 "제조" ➡ "도소매" 수정 입력

2. 전기분 손익계산서
[전기분재무제표]>[전기분손익계산서]에서
① [급여]란 "21,400,000원" ➡ "12,400,000원" 수정 입력
② "830.소모품비 190,000원" 추가 입력
③ "953.기부금 50,000원" ➡ "980.잡손실 50,000원" 수정 입력

3. 거래처등록 / 계정과목 및 적요등록

1. [기초정보관리]>[거래처등록]의 『일반거래처』 탭에서 코드 330번으로 "영랑실업" 추가 입력

2. [계정과목및적요등록]에서 "811.복리후생비" 계정의 [대체적요]란에 추가 입력

4. 일반전표입력

1. 7월 21일 : (차) 101.현금　　　　　2,000,000　/　(대) 108.외상매출금　　10,000,000
　　　　　　 (차) 103.보통예금　　　8,000,000　　　　(거래처 : 영우상회)

2. 8월 5일 : (차) 201.토지　　　　　20,400,000　/　(대) 102.당좌예금　　　20,000,000
　　　　　　　　　　　　　　　　　　　　　　　　　 (대) 101.현금　　　　　　400,000

[해설] 토지의 취득과 직접 관련되는 원가(취득세 등)는 자산의 원가에 가산한다.

3. 8월 26일 : (차) 254.예수금　　　　90,000　/　(대) 103.보통예금　　　　180,000
　　　　　　　 (차) 817.세금과공과　　90,000

4. 9월 8일 : (차) 811.복리후생비　　200,000　/　(대) 253.미지급금　　　　200,000
　　　　　　　　　　　　　　　　　　　　　　　　　(거래처 : 우리카드)

5. 9월 20일 : (차) 813.기업업무추진비   100,000   /   (대) 101.현금   100,000

6. 10월 5일 : (차) 212.비품   2,500,000   /   (대) 253.미지급금   2,500,000
                                                                                              (거래처 : 선진상사)

7. 11월 30일 : (차) 232.임차보증금   50,000,000   /   (대) 103.보통예금   50,000,000
                 (거래처 : ㈜한성)

8. 12월 9일 : (차) 951.이자비용   125,000   /   (대) 260.단기차입금   5,000,000
               (차) 103.보통예금   4,875,000   (거래처 : 대한은행)

5. 오류수정

1. [일반전표입력]에서 10월 1일 전표를 다음과 같이 수정한다.
      수정 전 : (차) 251.외상매입금   101,000   /   (대) 103.보통예금   101,000
                  (거래처 : 순천상사)

      수정 후 : (차) 251.외상매입금   100,000   /   (대) 103.보통예금   101,000
                  (거래처 : 순천상사)
                (차) 831.수수료비용   1,000

2. [일반전표입력]에서 11월 26일 전표를 다음과 같이 수정한다.
      수정 전 : (차) 103.보통예금   400,000   /   (대) 257.가수금   400,000
                                                                          (거래처 : 순천상사)

      수정 후 : (차) 103.보통예금   400,000   /   (대) 108.외상매출금   400,000
                                                                          (거래처 : 순천상사)

6. 결산정리사항

[일반전표입력]에서 결산일자(12월 31일)로 결산정리사항을 입력한다.

1. 12월 31일 : (차) 133.선급비용   300,000   /   (대) 821.보험료   300,000
     [해설] 보험료 선급분 : 900,000 × (차기 4개월/총 12개월) = 300,000원

2. 12월 31일 : (차) 812.여비교통비   44,000   /   (대) 134.가지급금   44,000
     [해설] [합계잔액시산표] 메뉴에서 기간(12월 31일)을 입력하고 가지급금 계정의 잔액이 차변에 있는 것을 확인할 수 있다.

3. 12월 31일 : (차) 331.자본금   500,000   /   (대) 338.인출금   500,000

[해설] [합계잔액시산표] 메뉴에서 기간(12월 31일)을 입력하고 인출금 계정의 잔액을 확인한다. 차변 잔액인 경우 대변에 음수로 표시하는 프로그램의 특성이 있다.

4. 12월 31일 : (차) 173.소모품   200,000   /   (대) 830.소모품비   200,000

7. 장부조회

1. [결산/재무제표]>[재무상태표]에서 기간(6월)을 입력하고 [유동부채]란의 금액을 확인한다.

> **답안** : 95,000,000원

2. [장부관리]>[총계정원장]의 『월별』 탭에서 기간(1월 1일 ~ 6월 30일) / 계정과목(401.상품매출 ~ 401.상품매출)을 입력하고 [대변]란의 금액을 확인한다.

> **답안** : 5월, 60,000,000원

3. [거래처원장]의 『잔액』 탭에서 기간(1월 1일 ~ 4월 30일) / 계정과목(108.외상매출금) / 거래처(280.오렌지유통 ~ 280.오렌지유통)를 입력하고 [잔액]란의 금액을 확인한다.

> **답안** : 3,200,000원

✓ 답안 및 해설 (제4회)

이론 시험

답안					
	1. ④	2. ③	3. ②	4. ④	5. ③
	6. ①	7. ④	8. ③	9. ④	10. ②
	11. ①	12. ③	13. ②	14. ②	15. ①

01 자산 계정(차량운반구, 선납세금, 임차보증금)의 잔액은 차변에 표시되고, 부채 계정(선수금)과 자본 계정의 잔액은 대변에 표시된다.

[해설] ③ 선납세금이란 기중에 원천징수 된 법인세나 중간예납 한 법인세 등이 처리되는 계정이다. 이는 기말 결산시 법인세비용 계정으로 대체된다.

02 매출총이익 - 판매비와관리비(급여, 기업업무추진비, 감가상각비) = 영업손익

[해설] ③ 이자비용은 영업외비용에 해당하므로 영업손익에 영향을 미치지 않는다.

03 손익계산서는 일정기간 동안 기업의 경영성과에 대한 정보를 제공하는 재무보고서이다. 손익계산서는 당해 회계기간의 경영성과를 나타낼 뿐만 아니라 기업의 미래현금흐름과 수익창출능력 등의 예측에 유용한 정보를 제공한다. (일반기업회계기준 2.44)

04 금융기관이 취급하는 정기예금, 정기적금 및 기타 정형화된 상품 등으로 단기적 자금운용목적으로 소유하거나 만기가 보고기간 종료일로부터 1년 이내에 도래하는 것은 단기금융상품(유동자산)으로 분류하고, 만기가 보고기간 종료일로부터 1년 이후에 도래하는 것은 장기금융상품(비유동자산)으로 분류한다.

05 외상매출금 기초잔액 + 당기 증가액 - 당기 감소액 = 기말잔액

외상매출금 기초잔액 + 당기 외상매출액 - (매출할인액 + 당기 회수액) = 기말잔액
└ 2,000,000 + 5,000,000 - (40,000 + 당기 회수액) = 3,000,000원

∴ 당기 회수액 3,960,000원

06 후입선출법은 실제 물량흐름과 원가흐름이 일치하지 않는다.

07 건물 내부의 조명기구 교체는 수익적 지출이며, 나머지는 자본적 지출에 해당된다.

[요약] 자본적 지출과 수익적 지출의 예시(법인세법 시행규칙)

자본적 지출	수익적 지출
① 본래의 용도를 변경하기 위한 개조	① 건물 또는 벽의 도장
② 엘리베이터 또는 냉·난방장치의 설치	② 파손된 유리나 기와의 대체
③ 빌딩 등에 있어서 피난시설 등의 설치	③ 기계의 소모된 부속품의 대체와 벨트의 대체
④ 재해 등으로 인하여 멸실 또는 훼손되어 본래의 용도에 이용할 가치가 없는 건축물·기계·설비 등의 복구	④ 자동차의 타이어의 대체
	⑤ 재해를 입은 자산에 대한 외장의 복구, 도장, 유리의 삽입
⑤ 기타 개량·확장·증설 등 위 각호와 유사한 성질의 것	⑥ 기타 조업 가능한 상태의 유지 등 위 각호와 유사한 성질의 것

08 처분가액 − 장부가액(취득가액 − 감가상각누계액) = 유형자산처분이익
    └ 770,000 − (680,000 − 감가상각누계액) = 450,000원
  ∴ 감가상각누계액 360,000원

09 가수금 계정에 대한 설명이다.

10 a 분개 : (차) 상품   ××× / (대) 외상매입금 ×××
    b 분개 : (차) 외상매입금 ××× / (대) 현금 ×××
    c 분개 : (차) 외상매입금 ××× / (대) 보통예금 ×××
    d 분개 : (차) 보통예금 ××× / (대) 외상매출금 ×××

11 인출금 계정에 대한 설명이다.

12 가는 복리후생비, 라는 통신비로 판매비와관리비에 해당한다.
    [해설] 나는 이자비용, 다는 기부금으로 영업외비용에 해당한다.

13 정액법 연 감가상각비 = (취득원가 − 잔존가치) ÷ 내용연수
    └ (1,000,000 − 0) ÷ 5년 = 200,000원
  이자수익(100,000) − 감가상각비(200,000) = 손실 100,000원

14 지급시 : (차) 보험료   40,000 / (대) 현금   40,000
    결산시 : (차) 선급비용(선급보험료) 10,000 / (대) 보험료 10,000
    손익계산서에 계상되는 보험료 : 40,000 − 10,000 = 30,000원

15 수익이 증가한 경우, 자산의 증가 또는 부채의 감소에 따라 자본이 증가한다.

 **실무 시험**

1. 회사등록
[기초정보관리]>[회사등록]에서
① [과세유형]란 "간이과세" ➡ "일반과세" 수정 입력
② [개업연월일]란 "2010-05-19" ➡ "2010-05-09" 수정 입력
③ [사업장주소]란 "광주광역시 남구 봉선중앙로 153번길" ➡ "광주광역시 남구 봉선중앙로 123번길 1(주월동)" 수정 입력

2. 전기분 재무상태표
[전기분재무제표]>[전기분재무상태표]에서
① [보통예금]란 "5,900,000원" ➡ "9,500,000원" 수정 입력
② "120.미수금 1,000,000원" 추가 입력
③ [단기차입금]란 "23,000,000원" ➡ "24,460,000원" 수정 입력

3. 거래처별 초기이월 / 거래처등록

1. [전기분재무제표]>[거래처별초기이월]에서
① 외상매출금 : 참푸른상사 "8,500,000원" ➡ "15,000,000원" 수정 입력
② 외상매입금 : ㈜부일 "6,000,000원" ➡ "10,000,000원" 수정 입력

2. [기초정보관리]>[거래처등록]의 『일반거래처』 탭에서 코드 1000번으로 "잘먹고잘살자" 추가 입력

4. 일반전표입력

1. 7월 6일 : (차) 825.교육훈련비 100,000 / (대) 103.보통예금 100,000

2. 8월 2일 : (차) 103.보통예금 100,000,000 / (대) 232.임차보증금 100,000,000
(거래처 : 강남상사)

3. 8월 29일 : (차) 813.기업업무추진비 300,000 / (대) 253.미지급금 300,000
(거래처 : 비씨카드)

4. 9월 6일 : (차) 105.정기예금　　　10,000,000　　/　(대) 103.보통예금　　　10,000,000

5. 9월 20일 : (차) 146.상품　　　　　1,000,000　　/　(대) 102.당좌예금　　　　600,000
　　　　　　　　　　　　　　　　　　　　　　　　　　　　(대) 101.현금　　　　　　400,000

6. 9월 30일 : (차) 801.급여　　　　　　750,000　　/　(대) 254.예수금　　　　　　6,000
　　　　　　　　　　　　　　　　　　　　　　　　　　　　(대) 103.보통예금　　　　744,000

7. 10월 11일 : (차) 202.건물　　　　　3,000,000　　/　(대) 103.보통예금　　　3,000,000

8. 10월 13일 : (차) 109.대손충당금　　　300,000　　/　(대) 108.외상매출금　　2,600,000
　　　　　　　(차) 835.대손상각비　　2,300,000　　　　　(거래처 : 미림전자)

[해설] 회수가 불가능한 채권은 대손충당금과 상계하고 대손충당금 잔액이 부족한 경우에는 그 부족액을 대손상각비로 처리한다.

5. 오류수정

1. [일반전표입력]에서 7월 9일 전표를 다음과 같이 수정한다.
　　수정 전 : (차) 817.세금과공과　　　200,000　　/　(대) 101.현금　　　　　　200,000

　　수정 후 : (차) 953.기부금　　　　　200,000　　/　(대) 101.현금　　　　　　200,000

2. [일반전표입력]에서 10월 12일 전표를 다음과 같이 수정한다.
　　수정 전 : (차) 103.보통예금　　　5,000,000　　/　(대) 108.외상매출금　　5,000,000
　　　　　　　　　　　　　　　　　　　　　　　　　　　　(거래처 : 영랑문구)

　　수정 후 : (차) 103.보통예금　　　5,000,000　　/　(대) 114.단기대여금　　5,000,000
　　　　　　　　　　　　　　　　　　　　　　　　　　　　(거래처 : 영랑문구)

6. 결산정리

[일반전표입력]에서 결산일자(12월 31일)로 결산정리사항을 입력한다.

1. 12월 31일 : (차) 980.잡손실　　　　100,000　　/　(대) 141.현금과부족　　　100,000
　　[해설] [합계잔액시산표]에서 기간(12월 31일)을 입력하고 현금과부족 계정 차변잔액을 확인한다.

2. 12월 31일 : (차) 257.가수금　　　　500,000　　/　(대) 259.선수금　　　　　500,000
　　　　　　　　　　　　　　　　　　　　　　　　　　　　(거래처 : 인천상사)
　　[해설] [합계잔액시산표] 메뉴에서 기간(12월 31일)을 입력하고 가수금 계정의 대변잔액을 확인한다.

3. 12월 31일 : (차) 951.이자비용　　　200,000　　/　(대) 262.미지급비용　　200,000
　　[해설] 이자 미지급분 : 10,000,000 × 6% × (당기 4개월/총 12개월) = 200,000원

4. 12월 31일 : (차) 818.감가상각비　　7,000,000　　/　(대) 209.감가상각누계액　7,000,000
　　[해설] 정액법 연 감가상각비 : (60,000,000 − 4,000,000) ÷ 8년 = 7,000,000원

7. 장부조회

1. [장부관리]>[계정별원장]에서 기간(1월 1일 ~ 6월 30일) / 계정과목(134.가지급금 ~ 134.가지급금)을 입력하고 [잔액]란을 확인한다.

> ● 답안 : 44,000원

2. [총계정원장]의 『월별』 탭에서 기간(1월 1일 ~ 6월 30일) / 계정과목(813.기업업무추진비 ~ 813.기업업무추진비)을 입력하고 [차변]란의 금액을 확인한다.

> ● 답안 : 1,400,000원

[해설] 2월(2,000,000) − 5월(600,000) = 1,400,000원

3. [거래처원장]의 『잔액』 탭에서 기간(1월 1일 ~ 6월 30일) / 계정과목(253.미지급금) / 거래처(모든 거래처)를 입력하고 [잔액]란의 금액을 확인한다.

> ● 답안 : 타이거상사　540,000원

답안 및 해설 (제5회)

이론 시험

답안					
	1. ④	2. ①	3. ①	4. ④	5. ②
	6. ③	7. ④	8. ②	9. ②	10. ②
	11. ①	12. ④	13. ①	14. ③	15. ③

01 회계상 현금으로 처리하는 것은 통화뿐만 아니라 언제든지 아무런 제약 없이 통화로 전환할 수 있는 통화대용증권(자기앞수표, 우편환증서)까지 포함된다.

[해설] 당좌월은 단기차입금으로 처리하고, 받을어음은 매출채권으로 처리한다.

02 유동자산이란 보고기간 종료일로부터 1년 이내에 현금화 또는 실현될 것으로 예상되는 자산을 말하며, 유동부채란 보고기간 종료일로부터 1년 이내에 상환되어야 하는 채무를 말한다.

03 분개 : (차) 비품(자산의 증가)　　　1,500,000　/　(대) 미지급금(부채의 증가)　　1,500,000

[해설]
- 손익거래 : 거래요소의 어느 한쪽이 수익 또는 비용의 발생으로만 결합한 거래
- 교환거래 : 자산, 부채, 자본은 증감하지만 수익과 비용이 발생하지 않는 거래
- 혼합거래 : 하나의 거래에 손익거래와 교환거래가 혼합되어 동시에 결합한 거래

04 재고자산의 취득원가(매입원가)는 매입가액에 매입운임, 하역료 및 보험료 등 취득과정에서 정상적으로 발생한 부대원가를 가산한 금액이다. 매입과 관련된 할인, 에누리 및 기타 유사한 항목은 매입원가에서 차감한다.

05 누락 분개 : (차) 이자비용(순이익 감소)　　20,000　/　(대) 미지급비용　　　　　　　20,000
　　　　　　 (차) 선급비용　　　　　　　　200,000　/　(대) 보험료(순이익 증가)　　200,000

수정 전 당기순이익 − 이자 미지급분 + 보험료 선급분 = 수정 후 당기순이익
└ 1,000,000 − 20,000 + 200,000 = 1,180,000원

06 분개(10월) : (차) 대손충당금　　　50,000　/　(대) 매출채권　　　　　200,000
　　　　　　　　　　대손상각비　　　150,000

[해설] 회수가 불가능한 채권은 대손충당금과 상계하고 대손충당금 잔액이 부족한 경우에는 그 부족액을 대손상각비로 처리한다.

07 기말재고자산 감소(증가) → 매출원가 증가(감소) → 매출총이익 감소(증가)

[해설] • (기초재고 + 당기매입) − 기말재고(↓)·(↑) = 매출원가(↑)·(↓)
• 매출액 − 매출원가(↑)·(↓) = 매출총이익(↓)·(↑)

08 유형자산의 취득원가는 구입원가 또는 제작원가 및 경영진이 의도하는 방식으로 자산을 가동하는데 필요한 장소와 상태에 이르게 하는데 직접 관련되는 원가와 관련된 지출(외부 운송 및 취급비, 설치비, 취득세·등록세 등 유형자산의 취득과 직접 관련된 제세공과금) 등으로 구성된다. 매입할인 등이 있는 경우에는 이를 차감하여 취득원가를 산출한다.

09 분개 : (차) 보통예금　　　　　×××　　/　(대) 비품　　　　　×××

10 무형자산이란 재화의 생산이나 용역의 제공, 타인에 대한 임대 또는 관리에 사용할 목적으로 기업이 보유하고 있으며, 물리적 형체가 없지만 식별가능하고, 기업이 통제하고 있으며, 미래 경제적 효익이 있는 비화폐성자산을 말한다. 소프트웨어는 무형자산에 해당한다.

[해설] 기계장치와 차량운반구는 유형자산에 해당하고, 받을어음은 유동자산에 해당한다.

11 유동성 배열 순서 : 유동부채(예수금, 미지급금, 선수수익) → 비유동부채(사채)

12 외상매입금 기초잔액 + 당기 증가액 − 당기 감소액 = 기말잔액
외상매입금 기초잔액 + 당기 외상매입액 − (환출액 + 당기 지급액) = 기말잔액
└ 외상매입금 기초잔액 + 1,000,000 − (50,000 + 1,100,000) = 300,000원
∴ 외상매입금 기초잔액 450,000원

13 기초자본금 − 당기의 인출금 + 추가출자액 ± 순손익(총수익 − 총비용) = 기말자본금
└ 1,000,000 − 당기의 인출금 + 300,000 + (400,000 − 290,000) = 510,000원
∴ 당기의 인출금은 900,000원

14 매출총이익 − 판매비와관리비(③ 급여) = 영업손익

[해설] 영업외비용(① 기부금, ② 이자비용)과 영업외수익(④ 이자수익)은 영업손익에 영향을 미치지 않는다.

15 (기초상품재고액 + 당기의 상품매입액) − 기말상품재고액 = 상품매출원가
└ (3,000,000 + 10,000,000) − 3,000,000 = 10,000,000원

실무 시험

1. 회사등록
[기초정보관리]>[회사등록]에서
① [과세유형]란 "간이과세" ➡ "일반과세" 수정 입력
② [대표자명]란 "손희정" ➡ "손우성" 수정 입력
③ [업태]란 "서비스" ➡ "도소매" 수정 입력

2. 전기분 재무상태표
[전기분재무제표]>[전기분재무상태표]에서
① [현금]란 "3,000,000원" ➡ "43,000,000원" 수정 입력
② "109.대손충당금 400,000원" 추가 입력
③ [209.감가상각누계액]란 "1,200,000원" ➡ "14,000,000원" 수정 입력

3. 거래처등록 / 거래처별 초기이월

1. [기초정보관리]>[거래처등록]의 『신용카드』 탭에서 코드 99811번으로 "나라카드" 추가 입력

2. [전기분재무제표]>[거래처별초기이월]에서
① 외상매출금 : 유통상사 "9,000,000원" ➡ "10,000,000원" 수정 입력
　　　　　　　브런치상사 "21,000,000원" ➡ "20,000,000원" 수정 입력
② 외상매입금 : "순임상사 20,000,000원" 추가 입력

4. 일반전표입력

1. 7월 9일 : (차) 208.차량운반구　　15,000,000　/　(대) 102.당좌예금　　15,000,000

2. 8월 1일 : (차) 837.건물관리비　　300,000　/　(대) 103.보통예금　　300,000

3. 8월 4일 : (차) 817.세금과공과　　62,500　/　(대) 101.현금　　62,500

4. 8월 12일 : (차) 826.도서인쇄비　　20,000　/　(대) 101.현금　　20,000

5. 8월 18일 : (차) 107.단기매매증권　　6,000,000　/　(대) 103.보통예금　　6,130,000
　　　　　　　(차) 984.수수료비용　　130,000

[해설] 당사는 문구 및 잡화를 판매하는 기업으로 단기매매증권을 취득하는 거래가 판매활동과 관리활동이 아니므로 주식 취득시 발생한 수수료는 영업외비용의 범위에 있는 수수료비용으로 처리해야 한다.

6. 9월 3일 : (차) 259.선수금　　　　500,000　　/　(대) 401.상품매출　　5,000,000
　　　　　　　(거래처 : 수원문구)
　　　　　　(차) 108.외상매출금　4,500,000
　　　　　　　(거래처 : 수원문구)

7. 10월 18일 : (차) 820.수선비　　　　150,000　　/　(대) 253.미지급금　　150,000
　　　　　　　　　　　　　　　　　　　　　　(거래처 : 현대카드)

8. 11월 24일 : (차) 953.기부금　　　1,000,000　　/　(대) 101.현금　　　1,000,000

5. 오류수정

1. [일반전표입력]에서 9월 14일 전표를 다음과 같이 수정한다.
　　수정 전 : (차) 817.세금과공과　　130,000　　/　(대) 101.현금　　　130,000
　　수정 후 : (차) 208.차량운반구　　130,000　　/　(대) 101.현금　　　130,000
　　　[해설] 차량운반구의 취득과 직접 관련되는 원가(취득세, 기타매입부대비용 등)는 자산의 원가에 가산한다.

2. [일반전표입력]에서 11월 21일 전표를 다음과 같이 수정한다.
　　수정 전 : (차) 813.기업업무추진비　100,000　　/　(대) 101.현금　　　100,000
　　수정 후 : (차) 811.복리후생비　　100,000　　/　(대) 101.현금　　　100,000

6. 결산정리사항

[일반전표입력]에서 결산일자(12월 31일)로 결산정리사항을 입력한다.

1. 12월 31일 : (차) 116.미수수익　　　60,000　　/　(대) 901.이자수익　　60,000

2. 12월 31일 : (차) 251.외상매입금　　150,000　　/　(대) 134.가지급금　　150,000
　　　　　　　(거래처 : 홍상사)
　　　[해설] [합계잔액시산표] 메뉴에서 기간(12월 31일)을 입력하고 가지급금 계정의 차변잔액을 확인한다.

3. 12월 31일 : (차) 103.보통예금　　　900,000　　/　(대) 260.단기차입금　　900,000
　　　　　　　　　　　　　　　　　　　　　(거래처 : 행복은행)

4. 12월 31일 : (결차) 451.상품매출원가　222,920,000　　/　(결대) 146.상품　　222,920,000

[해설] [합계잔액시산표] 메뉴에서 기간(12월 31일)을 입력하고 상품 계정의 차변 [잔액]란을 확인한다.
　　※ 계산식 : 상품 계정 차변잔액(229,920,000) − 기말상품재고액(7,000,000) = 222,920,000원

7. 장부조회

1. [장부관리]>[일계표(월계표)]의 『월계표』 탭에서 조회기간(4월 ~ 6월)을 입력하고 수수료비용 계정 차변 [현금]란의 금액을 확인한다.

> ● 답안 : 600,000원

2. [총계정원장]의 『월별』 탭에서 기간(1월 1일 ~ 6월 30일) / 계정과목(811.복리후생비 ~ 811.복리후생비)을 입력하고 [차변]란의 금액을 확인한다.

> ● 답안 : 1,500,000원

[해설] 2월(1,800,000) − 5월(300,000) = 1,500,000원

3. [거래처원장]의 『잔액』 탭에서 기간(1월 1일 ~ 6월 30일) / 계정과목(131.선급금) / 거래처(116.인천상사 ~ 116.인천상사)를 입력하고 [잔액]란의 금액을 확인한다.

> ● 답안 : 5,200,000원

답안 및 해설 (제6회)

이론 시험

답안

1. ③	2. ③	3. ③	4. ②	5. ④
6. ③	7. ②	8. ②	9. ②	10. ③
11. ②	12. ③	13. ④	14. ④	15. ③

01 ① 분개 : (차) 현금(자산 증가)   1,000,000 / (대) 자본금(자본 증가)   1,000,000
② 분개 : (차) 외상매입금(부채 감소) 2,000,000 / (대) 현금(자산 감소)   2,000,000
③ 분개 : (차) 보통예금(자산 증가)   300,000 / (대) 이자수익(수익 발생)   300,000
④ 분개 : (차) 비품(자산 증가)   500,000 / (대) 미지급금(부채의증가)   500,000

02 일정기간 동안 기업의 경영성과에 대한 정보를 제공하는 재무보고서는 손익계산서이다. 손익계산서에 기재되는 수익(매출액)·비용(매출원가, 기부금)에 속하는 계정을 손익계산서 계정이라 한다.

[해설] 재무상태표에 기재되는 자산(미수수익, 상품)·부채(미지급비용)·자본에 속하는 계정을 재무상태표 계정이라 한다.

03 유동자산이란 보고기간 종료일로부터 1년 이내에 현금화 또는 실현될 것으로 예상되는 자산으로 그 성격에 따라 당좌자산(외상매출금, 선급비용)과 재고자산(상품)으로 분류한다.

[해설] ③ 차량운반구는 비유동자산(유형자산)에 해당한다.

04 자산 계정(미수금, 선급비용, 미수수익)의 잔액은 차변에 표시되고, 부채 계정(선수수익)과 자본 계정의 잔액은 대변에 표시된다.

05 현금주의에 의해 작성된 손익계산서와 발생주의에 의해 작성된 손익계산서 간의 당기순이익의 크기는 발생한 상황에 따라 달라질 수 있으므로, 어떤 방법에 의한 당기순이익이 더 크게 보고되는지는 알 수 없다.

06 상품 등의 판매촉진을 위하여 불특정다수인에게 선전하는 데에 소요되는 비용은 광고선전비이다.

[해설] ③ 기업업무추진비에는 회사의 업무와 관련하여 고객이나 거래처를 접대한 경우 이와 관련된 제반비용, 사례비 및 경조금 등을 계상한다.

07 (기초상품재고액 + 당기상품매입액) − 기말상품재고액 = 상품매출원가

(상품 전기이월액 + 당기매입액) − 기말재고액 = 상품매출원가
└ (350,000 + 770,000) − 370,000 = 750,000원

08 정액법 연 감가상각비 = (취득원가 − 잔존가치) ÷ 내용연수
└ (20,000,000 − 500,000) ÷ 5년 = 3,900,000원

장부가액(취득가액 − 감가상각누계액) − 처분금액 = 유형자산처분손실
└ (20,000,000 − 3,900,000) − 처분금액 = 300,000원

∴ 처분금액 15,800,000원

09 판매 목적의 자산은 재고자산(상품), 영업활동에 사용할 목적의 자산은 유형자산(건물), 투자 목적의 자산은 투자자산(투자부동산)으로 회계처리 한다.

10 감가상각비는 판매비와관리비에 해당하고, 나머지는 영업외비용에 해당한다.

[해설] ② 외환차손이란 외화채권·채무의 대금을 수취하거나 지급하였을 경우에 발생하는 손실을 말한다. 즉, 장부상 환율과 결제시점의 환율과의 차이로 인한 손실로 영업외비용에 속한다.
④ 매출채권에 대한 대손비용은 대손상각비(판매비와관리비)로, 기타채권에 대한 대손비용은 기타의대손상각비(영업외비용)로 처리한다.

11 유형자산이란 재화의 생산, 용역의 제공, 타인에 대한 임대 또는 자체적으로 사용할 목적으로 보유하는 물리적 형체가 있는 자산으로서, 1년을 초과하여 사용할 것이 예상되는 자산을 말한다. ① 건물, ③ 차량운반구, ④ 토지는 유형자산에 해당한다.

[해설] ② 판매 목적의 자산은 재고자산이다.

12 미수금이란 일반적인 상거래 이외의 거래에서 발생한 채권을 말한다. 즉, 상품·제품이 아닌 차량이나 비품의 매각대금 등이 입금되지 않은 경우를 말한다.

13 매입할인은 매입원가에서 차감해야 하는데 이를 영업외수익으로 잘못 처리한 경우

㉠ 당기매입액 과대계상 → 매출원가 과대계상 → 매출총이익 및 영업이익이 과소계상

㉡ 매입할인을 영업외수익으로 회계처리 하였으므로 당기순이익은 변함이 없다.

[해설]
- (기초재고 + 당기매입(↑)) − 기말재고 = 매출원가(↑)
- 매출액 − 매출원가(↑) = 매출총이익(↓)
- 매출총이익(↓) − 판매비와관리비 = 영업이익(↓)
- 영업이익(↓) + 영업외수익(↑) − 영업외비용 = 당기순이익(변함 없음)

14.

소모품비			미지급금	
12/31 제좌 1,000,000				12/31 소모품비 500,000

현금	
	12/31 소모품비 500,000

15. 기초자산(500,000) − 기초부채(300,000) = 기초자본 200,000원
   총수익(1,000,000) − 총비용(800,000) = 순이익 200,000원
   기초자본(200,000) + 순이익(200,000) = 기말자본 400,000원
   기말자산(800,000) − 기말자본(400,000) = 기말부채 400,000원

실무 시험

1. 회사등록
[기초정보관리]>[회사등록]에서
① [사업자등록번호]란 "460-47-53502" ➡ "130-47-50505" 수정 입력
② [개업연월일]란 "2015-01-05" ➡ "2015-05-01" 수정 입력
③ [사업장관할세무서]란 "145.관악" ➡ "152.남부천" 수정 입력

2. 전기분 손익계산서
[전기분재무제표]>[전기분손익계산서]에서
① [급여]란 "50,500,000원" ➡ "34,300,000원" 수정 입력
② [차량유지비]란 "2,500,000원" ➡ "3,500,000원" 수정 입력
③ "953.기부금 3,000,000원" 추가 입력

3. 계정과목 및 적요등록 / 거래처등록

1. [기초정보관리]>[계정과목및적요등록]에서 "824.운반비" 계정의 [대체적요]란에 추가 입력

2. [거래처등록]의 『신용카드』 탭에서 코드 99871번으로 "믿음카드" 추가 입력

4. 일반전표입력

1. 7월 2일 : (차) 833.광고선전비   3,300,000 / (대) 253.미지급금   3,300,000
                                                         (거래처 : 푸른상사)

2. 7월 26일 : (차) 131.선급금　　　　1,000,000　　/　(대) 102.당좌예금　　1,000,000
　　　　　　　(거래처 : 좌동철강)

3. 8월 23일 : (차) 257.가수금　　　　5,000,000　　/　(대) 108.외상매출금　5,000,000
　　　　　　　　　　　　　　　　　　　　　　　　(거래처 : 승리상사)

4. 8월 28일 : (차) 102.당좌예금　　10,000,000　　/　(대) 401.상품매출　　25,000,000
　　　　　　 (차) 108.외상매출금　15,000,000
　　　　　　　(거래처 : 강서상사)

5. 9월 10일 : (차) 814.통신비　　　　　5,000　　/　(대) 101.현금　　　　　5,000

6. 9월 28일 : (차) 101.현금　　　　　1,000,000　　/　(대) 401.상품매출　　6,500,000
　　　　　　 (차) 110.받을어음　　5,500,000
　　　　　　　(거래처 : 나나상점)

7. 10월 28일 : (차) 813.기업업무추진비　150,000　　/　(대) 101.현금　　　　150,000

8. 10월 31일 : (차) 817.세금과공과　　260,000　　/　(대) 101.현금　　　　260,000

5. 오류수정

1. [일반전표입력]에서 11월 2일 전표를 다음과 같이 수정한다.
　수정 전 : (차) 102.보통예금　　9,750,000　　/　(대) 110.받을어음　　10,000,000
　　　　　 (차) 831.수수료비용　　250,000　　　　　(거래처 : 천둥상점)

　수정 후 : (차) 102.보통예금　　9,750,000　　/　(대) 110.받을어음　　10,000,000
　　　　　 (차) 956.매출채권처분손실　250,000　　　(거래처 : 천둥상점)

2. [일반전표입력]에서 12월 4일 전표를 다음과 같이 수정한다.
　수정 전 : (차) 146.상품　　1,650,000　　/　(대) 102.당좌예금　　1,650,000

　수정 후 : (차) 146.상품　　1,650,000　　/　(대) 101.현금　　　　1,650,000

6. 결산정리사항

[일반전표입력]에서 결산일자(12월 31일)로 결산정리사항을 입력한다.

1. 12월 31일 : (차) 263.선수수익　　2,400,000　　/　(대) 904.임대료　　2,400,000
　　　　[해설] 당기분 임대료 : 4,800,000 × (당기 6개월/총 12개월) = 2,400,000원

2. 12월 31일 : (차) 331.자본금　　　　658,000　　/　(대) 338.인출금　　　　658,000

> [해설] [합계잔액시산표] 메뉴에서 기간(12월 31일)을 입력하고 인출금 계정의 잔액을 확인한다. 차변 잔액인 경우 대변에 음수로 표시하는 프로그램의 특성이 있다.

3. 12월 31일 : (차) 173.소모품　　　　300,000　　/　(대) 830.소모품비　　　300,000

4. 12월 31일 : (차) 818.감가상각비　　 870,000　　/　(대) 213.감가상각누계액　560,000
　　　　　　　　　　　　　　　　　　　　　　　　　 (대) 209.감가상각누계액　310,000

7. 장부조회

1. [결산/재무제표]>[합계잔액시산표]에서 기간(6월 30일)을 입력하고 상품 계정 차변 [잔액]란의 금액을 확인한다(또는 재무상태표 조회).

> 답안 : 70,248,000원

> [해설] [합계잔액시산표] 메뉴의 상품 계정 잔액란의 금액은 판매가능상품, 즉 기초상품재고액과 당기상품매입액의 합계액이다.

2. [장부관리]>[일계표(월계표)]의 『월계표』 탭에서 조회기간(1월 ~ 5월)을 입력하고 기업업무추진비 계정 차변 [현금]란의 금액을 확인한다.

> 답안 : 3,750,000원

3. [총계정원장]의 『월별』 탭에서 기간(1월 1일 ~ 6월 30일) / 계정과목(837.건물관리비 ~ 837.건물관리비)을 입력하고 [차변]란의 금액을 확인한다.

> 답안 : 250,000원

> [해설] 2월(430,000) - 6월(180,000) = 250,000원

답안 및 해설 (제7회)

이론 시험

1. ②	2. ④	3. ③	4. ③	5. ③
6. ②	7. ③	8. ④	9. ③	10. ②
11. ②	12. ③	13. ①	14. ④	15. ③

01 영업이사를 스카우트하기로 구두계약한 것은 회계상 거래가 아니다.

02 일정시점의 재무상태를 나타내는 재무보고서는 재무상태표이다. 재무상태표에 기재되는 자산(미수금, 선급비용, 미수수익)·부채(미지급금, 선수수익, 미지급비용)·자본에 속하는 계정을 재무상태표 계정이라 한다.

[해설] ④ 손익계산서에 기재되는 수익·비용(상여금, 기부금)에 속하는 계정을 손익계산서 계정이라 한다.

03 유동자산이란 보고기간 종료일로부터 1년 이내에 현금화 또는 실현될 것으로 예상되는 자산으로 그 성격에 따라 당좌자산(당좌예금, 받을어음)과 재고자산(상품)으로 분류한다.

[해설] ③ 예수금은 유동부채에 해당한다.

04 분개 : (차) 차입금(부채의 감소)   1,000,000 / (대) 현금(자산의 감소)   1,060,000
　　　　　　 이자비용(비용의 발생)   60,000

05 외상매출금 기초잔액 + 당기 증가액 - 당기 감소액 = 기말잔액

　외상매출금 기초잔액 + 당기 외상매출액 - (매출할인액 + 당기 회수액) = 기말잔액
　└ 80,000 + 400,000 - (20,000 + 240,000) = 220,000원

06　기초상품재고액
　　+ 당기상품매입액(당기 총매입액 + 상품 매입운반비 - 매입환출및에누리 - 매입할인액)
　　<u>- 기말상품재고액</u>
　　= 상품매출원가

[해설] ② 당기 총매출액에서 매출환입및에누리를 차감하여 당기 순매출액을 계산한다.

07 재고자산은 수량결정방법(실지재고조사법, 계속기록법)과 원가결정방법(개별법, 선입선출법, 후입선출법, 평균법)에 따라 판매된 재고자산의 수량과 단가를 적용하여 매출원가로 비용을 인식한다.

[해설] ③ 감가상각을 통하여 비용으로 인식하는 것은 유형자산과 무형자산이다.

08 투자 목적으로 구입한 건물은 투자자산(투자부동산)에 해당한다.

09 매출총이익 – 판매비와관리비(광고선전비) = 영업이익

[해설] ① 단기매매증권처분손실, ② 이자비용, ④ 유형자산처분손실은 영업외비용으로 영업이익에 영향을 미치지 않는다.

10 발생주의에 따라 당기에 속하는 비용 중 미지급된 부분이 있는 경우에는 이를 당기의 비용에 가산하고, 동시에 미지급금의 성질을 가진 부채(미지급비용)로 계상하여 차기로 이월시킨다.

[해설] ③ 법인세법 등의 법령에 의하여 각 회계연도에 부담할 법인세 및 법인세에 부가되는 세액의 합계액을 법인세비용으로 처리한다.
④ 외환차손이란 외화채권·채무의 대금을 수취하거나 지급하였을 경우에 발생하는 손실을 말한다. 즉, 장부상 환율과 결제시점의 환율과의 차이로 인한 손실로 영업외비용에 속한다.

11 매출총이익 – 판매비와관리비(급여, 복리후생비, 대손상각비) = 영업이익
└ 1,200,000 – (100,000 + 130,000 + 110,000) = 860,000원

[해설] 이자수익은 영업외수익에 해당하고, 기부금은 영업외비용에 해당한다.

12 [거래요소의 결합관계]

(차변) 자산의 증가	×××	/	(대변) 자산의 감소	×××
(차변) 부채의 감소	×××	/	(대변) 부채의 증가	×××
(차변) 자본의 감소	×××	/	(대변) 자본의 증가	×××
(차변) 비용의 발생	×××	/	(대변) 수익의 발생	×××

13 ① 분개 : (차) 비품 1,000,000 / (대) 현금 1,000,000
② 분개 : (차) 현금 5,000,000 / (대) 인출금 5,000,000
　기말 : (차) 인출금 5,000,000 / (대) 자본금 5,000,000
③ 분개 : (차) 인출금 3,000,000 / (대) 현금 등 3,000,000
　기말 : (차) 자본금 3,000,000 / (대) 인출금 3,000,000
④ 기말 : (차) 수익 계정 1,000,000 / (대) 손익 1,000,000
　　　　(차) 손익 700,000 / (대) 비용 계정 700,000
　　　　(차) 손익(당기순이익을 의미함) 300,000 / (대) 자본금 300,000

[해설] ② 회계기간 중에 자본에 관한 모든 거래를 자본금 계정에 기입하면 자본금 계정의 기장이 복잡해지고 기초자본금을 알 수도 없다. 그러므로 회계기간 중의 자본에 관한 거래는 인출금 계정을 설정하여 기입하고, 기말에 자본금 계정에 대체하기도 한다.

③ 인출금이란 사업과 관련 없이 기업주가 개인적인 용도로 인출한 금액을 의미한다. 한편, 인출금 계정이란 자본금 계정에 대해 가감하는 형식의 평가 계정으로, 위 지문에 말하는 인출금이란 표현은 인출금 계정을 의미하는 것이 아니다.

④ 수익과 비용 계정의 잔액을 손익 계정에 대체하면, 손익 계정의 차변합계는 비용총액이 되고 대변합계는 수익총액이 된다. 따라서 손익 계정의 대변합계가 차변합계보다 크면 순이익이 된다. 이러한 순이익은 자본의 증가사항이므로 손익 계정의 잔액은 자본금 계정으로 대체되고 손익 계정은 마감된다.

14 ㉠ 분개 : (차) 선급비용(자산의 증가) ××× / (대) 이자비용(비용의 취소) ×××
㉡ 분개 : (차) 미수수익(자산의 증가) ××× / (대) 이자수익(수익의 발생) ×××

[해설] ㉠ 선급비용은 당기에 지출된 비용 중 차기에 속하는 비용을 당기의 비용에서 차감하고, 동시에 선급금의 성질을 가진 자산으로 대체시켜 차기로 이월시키는 것이므로, 선급비용을 과대계상하면 당기의 비용이 과소계상 되어 당기순이익이 과대계상 된다.

㉡ 미수수익은 당기에 속하는 수익 중 차기에 속하는 수익을 당기의 수익에서 차감하고, 동시에 미수금의 성질을 가진 자산으로 대체시켜 차기로 이월시키는 것이므로, 미수수익을 과대계상하면 당기의 수익이 과대계상 되어 당기순이익이 과대계상 된다.

15 10월 31일 : (차) 이자비용   300,000 / (대) 보통예금   300,000
12월 31일 : (차) 이자비용   200,000 / (대) 미지급비용   200,000
12월 31일 : (차) 집합손익   500,000 / (대) 이자비용   500,000

[해설] ① 당기에 보통예금으로 지급한 이자금액은 300,000원이다.
② 당기에 발생한 이자비용이지만 아직 지급하지 않은 금액은 200,000원이다.
④ 재무상태표 계정은 차기이월 방식을 통하여 장부를 마감하고, 손익계산서 계정은 집합손익 계정에 대체하는 방식으로 장부를 마감한다. 따라서 차기로 이월되는 이자비용은 없다.

 실무 시험

1. 회사등록

[기초정보관리]>[회사등록]에서
① [사업자등록번호]란 "266-31-41554" ➡ "256-32-41532" 수정 입력
② [종목]란 "문구및잡화" ➡ "전자제품" 수정 입력
③ [사업장관할세무서]란 "131.남동" ➡ "137.서인천" 수정 입력

2. 전기분 손익계산서

[전기분재무제표]>[전기분손익계산서]에서
① [상품매출]란 "58,000,000원" ➡ "85,000,000원" 수정 입력
② [급여]란 "2,900,000원" ➡ "9,200,000원" 수정 입력
③ "951.이자비용 3,800,000원" 추가 입력

3. 거래처별 초기이월 / 계정과목 및 적요등록

1. [전기분재무제표]>[거래처별초기이월]에서
① 받을어음 : 기장전자 "6,500,000원" ➡ "9,000,000원" 수정 입력
② 지급어음 : 좌동케미칼 "60,000,000원" ➡ "15,000,000원" 수정 입력
③ 단기차입금 : "반송은행 10,000,000원" 추가 입력

2. [기초정보관리]>[거래처등록]의 『금융기관』 탭에서 코드 98003번으로 "신나은행" 추가 입력

4. 일반전표입력

1. 7월 14일 : (차) 102.당좌예금   740,000   / (대) 114.단기대여금   700,000
                                                          (거래처 : 화성상사)
                                                      (대) 901.이자수익   40,000

2. 7월 15일 : (차) 146.상품   2,500,000   / (대) 101.현금   2,500,000

3. 7월 28일 : (차) 338.인출금   50,000   / (대) 101.현금   50,000
              (또는 331.자본금)

4. 8월 2일 : (차) 108.외상매출금   500,000   / (대) 401.상품매출   500,000
              (거래처 : 재송상사)

5. 8월 25일 : (차) 251.외상매입금   3,000,000   / (대) 148.매입할인   60,000
              (거래처 : 마법상점)   (대) 102.당좌예금   2,940,000

6. 9월 10일 : (차) 254.예수금   110,000   / (대) 101.현금   110,000

7. 10월 1일 : (차) 829.사무용품비   120,000   / (대) 101.현금   30,000
                                                      (대) 253.미지급금   90,000
                                                          (거래처 : 국민카드)

8. 10월 14일 : (차) 812.여비교통비   270,000   /   (대) 134.가지급금   200,000
                                                              (거래처 : 김성실)
                                                              (대) 102.당좌예금   70,000

5. 오류수정

1. [일반전표입력]에서 10월 22일 전표를 다음과 같이 수정한다.
    수정 전 : (차) 108.외상매출금   1,200,000   /   (대) 401.상품매출   1,200,000
                (거래처 : 이월유통)

    수정 후 : (차) 953.기부금   1,200,000   /   (대) 140.상품   1,200,000
                                                                              (적요 : 8.타계정으로 대체액)

> [해설] 상품이 판매과정 이외의 다른 용도로 사용되면 상품의 원가를 제거하고 적요 8번을 입력하여 상품매출원가에서 차감되도록 한다.

2. [일반전표입력]에서 12월 7일 전표를 다음과 같이 수정한다.
    수정 전 : (차) 819.임차료   5,000,000   /   (대) 103.보통예금   5,000,000

    수정 후 : (차) 232.임차보증금   5,000,000   /   (대) 102.당좌예금   5,000,000
                (거래처 : ㈜세원)

6. 결산정리사항

[일반전표입력]에서 결산일자(12월 31일)로 결산정리사항을 입력한다.

1. 12월 31일 : (차) 951.이자비용   400,000   /   (대) 262.미지급비용   400,000

2. 12월 31일 : (차) 116.미수수익   15,000   /   (대) 901.이자수익   15,000

3. 12월 31일 : (차) 835.대손상각비   1,001,300   /   (대) 109.대손충당금   568,300
                                                                                        (대) 111.대손충당금   433,000

> [해설] [합계잔액시산표]에서 기간(12월 31일)을 입력하고 대손충당금 추가 설정액을 계산한다.
> ㉠ 외상매출금 : (82,830,000 × 1%) − 260,000 = 568,300원
> ㉡ 받을어음 : (52,300,000 × 1%) − 90,000 = 433,000원

4. 12월 31일 : (차) 818.감가상각비   1,200,000   /   (대) 213.감가상각누계액   1,200,000
> [해설] 정액법 연 감가상각비 : (8,000,000 − 2,000,000) ÷ 5년 = 1,200,000원

7. 장부조회

1. [장부관리]>[계정별원장]에서 기간(1월 1일 ~ 6월 30일) / 계정과목(103.보통예금 ~ 103.보통예금)을 입력하고 [대변]란의 가장 아래의 [누계]란의 금액을 확인한다(또는 총계정원장 조회).

> ◉ 답안 : 27,616,000원

2. [일계표(월계표)]의 『월계표』 탭에서 조회기간(4월 ~ 6월)을 입력하고 상품매출 계정 대변 [계]란의 금액을 확인한다(또는 계정별원장 조회).

> ◉ 답안 : 93,400,000원

3. [총계정원장]의 『월별』 탭에서 기간(1월 1일 ~ 6월 30일) / 계정과목(813.기업업무추진비 ~ 813.기업업무추진비)을 입력하고 [차변]란의 금액을 확인한다.

> ◉ 답안 : 2,148,000원

[해설] 1월(1,5480,000) + 2월(600,000) = 2,148,000원

답안 및 해설 (제8회)

이론 시험

답안					
	1. ②	2. ②	3. ④	4. ①	5. ③
	6. ③	7. ④	8. ②	9. ②	10. ③
	11. ①	12. ②	13. ③	14. ③	15. ④

01 매도가능증권이란 단기매매증권이나 만기보유증권으로 분류되지 아니하는 유가증권을 말한다.

[해설] ② 단기매매증권은 주로 단기간 내의 매매차익을 얻을 목적으로 취득한 유가증권으로서 매수와 매도가 적극적이고 빈번하게 이루어지는 증권을 말한다.

02 재무상태표 계정(이익잉여금, 미지급비용, 선수수익)은 차기이월 방식을 통하여 장부를 마감하고, 손익계산서 계정(소모품비)은 집합손익 계정에 대체하는 방식으로 장부를 마감한다.

03 영업용승용차 처분손실(유형자산처분손실)은 영업외비용에 해당한다.

04 (가) 당기에 속하는 비용 중 미지급된 부분이 있는 경우에는 당기의 비용에 가산하고, 동시에 미지급금의 성질을 가진 부채(미지급비용)로 계상하여 차기로 이월시킨다.

(나) 당기에 지출된 비용 중 차기에 속하는 비용은 당기의 비용에서 차감하고, 동시에 선급금의 성질을 가진 자산(선급비용)으로 계상하여 차기로 이월시킨다.

05 ① 교환거래 : (차) 당좌예금　　　100,000　/　(대) 현금　　　　　100,000

② 교환거래 : (차) 비품　　　　　　50,000　/　(대) 미지급금　　　50,000

③ 손익거래 : (차) 이자비용　　　　50,000　/　(대) 현금　　　　　50,000

④ 교환거래 : (차) 상품　　　　　 105,000　/　(대) 외상매입금　 100,000
　　　　　　　　　　　　　　　　　　　　　　　　미지급금　　　　5,000

[해설] • 손익거래 : 거래요소의 어느 한쪽이 수익 또는 비용의 발생으로만 결합한 거래
• 교환거래 : 자산, 부채, 자본은 증감하지만 수익과 비용이 발생하지 않는 거래
• 혼합거래 : 하나의 거래에 손익거래와 교환거래가 혼합되어 동시에 결합한 거래

06 처분금액 − 장부금액 = ±유형자산처분손익

처분금액 − (기초 자산가액 + 자본적 지출금액 − 감가상각누계액) = ±처분손익
└ 6,000,000 − (10,000,000 + 2,000,000 − 5,000,000) = −1,000,000원(처분손실)

07 장기차입금은 비유동부채에 해당하는 계정과목이고, 나머지는 유동부채에 해당하는 계정과목이다.

08 ① 분개 : (차) 상품　　　　　　 30,000　　/　(대) 받을어음　　　　　 30,000
② 분개 : (차) 받을어음　　　　　 50,000　　/　(대) 상품매출　　　　　 50,000
③ 분개 : (차) 비품　　　　　　　 30,000　　/　(대) 미지급금　　　　　 30,000
④ 분개 : (차) 미수금　　　　　　 50,000　　/　(대) 비품　　　　　　　 50,000

[해설] 받을어음(지급어음)이란 일반적인 상거래에서 발생한 어음상의 권리(의무)로서, 그 지급기일이 보고기간 종료일로부터 1년 이내에 도래하는 어음을 말한다.

09 외상매입금 + 미지급비용 + 선수금 + 단기차입금 + 예수금 = 부채 금액
└ 3,000,000 + 700,000 + 1,000,000 + 2,000,000 + 300,000 = 7,000,000원

[해설] 임차보증금은 기타비유동자산이다.

10 분개 : (차) 비품　　　　　　　 1,502,500　　/　(대) 현금　　　　　　 2,500
　　　　　　　　　　　　　　　　　　　　　　　　　　미지급금　　　　 1,500,000

[해설] 유형자산 취득시 지급한 운반비(배송비)는 자산의 원가에 가산한다.

11 기초자본금 − 인출금 + 추가출자액 ± 순손익(총수익 − 총비용) = 기말자본금
└ 기초자본금 − 150,000 + 250,000 + (700,000 − 580,000) = 1,200,000원
∴ 기초자본금은 980,000원

12 상품매출액 − 상품매출원가 = 매출총이익
상품매출액 − (기초상품재고액 + 당기상품매입액 − 기말상품재고액) = 매출총이익
└ 상품매출액 − (5,300,000 + 67,000,000 − 7,600,000) = 4,700,000원
∴ 상품매출액은 69,400,000원

13 당기 손익계산서에 계상되는 임차료 = 당기에 지급한 임차료 + 당기 미지급임차료
└ 120,000원 = 당기에 지급한 임차료 + 20,000원
∴ 당기에 지급한 임차료는 100,000원

[해설] 만약, 전기이월 미지급임차료가 있는 경우라면 해당 금액만큼 당기에 지급한 임차료는 증가한다. 이는 해당 급수의 범위를 초과하는 것으로 학습이 불필요하여 설명을 생략한다.

14. 재고자산의 취득원가(매입원가)는 매입가액에 매입운임, 하역료 및 보험료 등 취득과정에서 정상적으로 발생한 부대원가를 가산한 금액이다. 매입과 관련된 할인, 에누리 및 기타 유사한 항목은 매입원가에서 차감한다.

[해설] ② 매출 운반비는 판매비와관리비로 처리한다.

15. 기중 분개 : (차) 현금과부족　　　1,000,000　/　(대) 현금　　　　　　　　1,000,000
　　결산 분개 : (차) 잡손실(비용 발생)　1,000,000　/　(대) 현금과부족(자산 감소)　1,000,000

[해설] 재무상태표상 자산이 감소하고, 손익계산서상 비용이 발생하여 당기순이익이 감소한다.

실무 시험

1. 회사등록
① [사업자등록번호]란 "624-14-01166" ➡ "623-14-01167" 수정 입력
② [사업장주소]란 "부산광역시 해운대구 중동 777" ➡ "부산광역시 해운대구 해운대로 1138, 106호(송정동)" 수정 입력
③ [종목]란 "신발 의류 잡화" ➡ "문구 및 잡화" 수정 입력

2. 전기분 재무상태표
[전기분재무제표]>[전기분재무상태표]에서
① [보통예금]란 "1,500,000원" ➡ "10,000,000원" 수정 입력
② "203.감가상각누계액 1,500,000원" 추가 입력
③ [지급어음]란 "8,000,000원" ➡ "11,000,000원" 수정 입력

3. 거래처별 초기이월 / 거래처등록

1. [전기분재무제표]>[거래처별초기이월]에서
① 단기대여금 : "1026.김형상사" ➡ "1109.남서상사" 수정입력.
② 단기차입금 : 영광상사 "1,000,000원" ➡ "10,000,000원" 수정 입력

2. [거래처등록]의 『일반거래처』 탭에서
① 코드 3100번으로 "시티공업㈜" 추가 입력
② 코드 4210번으로 "조이력정공㈜" 추가 입력

4. 일반전표입력

1. 7월 2일 : (차) 102.당좌예금　　　100,000　/　(대) 109.대손충당금　　　100,000
   [해설] 전기 이전에 대손처리된 채권을 회수한 경우에는 대손충당금을 증가시킨다.

2. 7월 24일 : (차) 209.감가상각누계액　2,500,000　/　(대) 208.차량운반구　　　7,000,000
   　　　　　 (차) 120.미수금　　　　 5,000,000　　(대) 914.유형자산처분이익　 500,000
   　　　　　 (거래처 : 금성중고자동차)

3. 7월 25일 : (차) 103.보통예금　　 10,000,000　/　(대) 293.장기차입금　　 10,000,000
   　　　　　　　　　　　　　　　　　　　　　　　　　(거래처 : 한국은행)

4. 8월 5일 : (차) 801.급여　　　　　1,800,000　/　(대) 254.예수금　　　　　 252,000
   　　　　　　　　　　　　　　　　　　　　　　　　(대) 103.보통예금　　　 1,548,000

5. 8월 28일 : (차) 131.선급금　　　　1,000,000　/　(대) 103.보통예금　　　 1,000,000
   　　　　　 (거래처 : 세진상사)

6. 9월 8일 : (차) 811.복리후생비　　　110,000　/　(대) 253.미지급금　　　　 110,000
   　　　　　　　　　　　　　　　　　　　　　　　　　　　　　　(거래처 : 국민카드)

7. 9월 12일 : (차) 812.여비교통비　　　210,000　/　(대) 134.가지급금　　　　 200,000
   　　　　　　　　　　　　　　　　　　　　　　　(대) 101.현금　　　　　　　 10,000

8. 11월 16일 : (차) 824.운반비　　　　 25,000　/　(대) 101.현금　　　　　　 25,000

5. 오류수정

1. [일반전표입력]에서 9월 20일 전표를 다음과 같이 수정한다.
   수정 전 : (차) 101.현금　　　　　5,000,000　/　(대) 259.선수금　　　　 5,000,000
   　　　　　　　　　　　　　　　　　　　　　　　　(거래처 : 재송문구)

   수정 후 : (차) 101.현금　　　　　5,000,000　/　(대) 108.외상매출금　　 5,000,000
   　　　　　　　　　　　　　　　　　　　　　　　　(거래처 : 재송문구)

2. [일반전표입력]에서 11월 29일 전표를 다음과 같이 수정한다.
   수정 전 : (차) 820.수선비　　　 30,000,000　/　(대) 101.현금　　　　 30,000,000
   수정 후 : (차) 202.건물　　　　 30,000,000　/　(대) 101.현금　　　　 30,000,000

6. 결산정리

[전표입력]>[일반전표입력]에서 결산일자(12월 31일)로 결산정리사항을 입력한다.

1. 12월 31일 : (차) 951.이자비용　　　120,000　　/　(대) 262.미지급비용　　　120,000

2. 12월 31일 : (차) 101.현금　　　　　 50,000　　/　(대) 930.잡이익　　　　　50,000

3. 12월 31일 : (차) 835.대손상각비　　657,500　　/　(대) 109.대손충당금　　 398,500
　　　　　　　　　　　　　　　　　　　　　　　　　　　(대) 111.대손충당금　　 259,000

> [해설] [합계잔액시산표] 메뉴에서 기간(12월 31일)을 입력하고 대손충당금 추가 설정액을 계산한다.
> ㉠ 외상매출금 : (79,850,000 × 1%) − 400,000 = 398,500원
> ㉡ 받을어음 : (33,900,000 × 1%) − 80,000 = 259,000원

4. 12월 31일 : (결차) 451.상품매출원가 121,663,400　/　(결대) 146.상품　　121,663,400

> [해설] [합계잔액시산표] 메뉴에서 기간(12월 31일)을 입력하고 상품 계정의 차변 [잔액]란을 확인한다.
> ※ 계산식 : 상품계정 차변잔액(125,663,400) − 기말상품재고액(4,000,000) = 121,663,400원

7. 장부조회

1. [장부관리]>[거래처원장]의 『잔액』 탭에서 기간(1월 1일 ~ 5월 31일) / 계정과목(251.외상매입금) / 거래처(1021.㈜코스모스 ~ 1021.㈜코스모스)를 입력하고 [잔액]란의 금액을 확인한다.

> ● 답안 :　1,850,000원

2. [결산/재무제표]>[손익계산서]에서 기간(6월)을 입력하고 상품매출 계정의 금액을 확인한다.

> ● 답안 :　156,060,000원

> [해설] 6월말 금액(186,060,000) − 전기말 금액(30,000,000) = 156,060,000원

3. [장부관리]>[거래처원장]의 『잔액』 탭에서 기간(1월 1일 ~ 4월 30일) / 계정과목(108.외상매출금) / 거래처(모든 거래처)를 입력하고 [잔액]란의 금액을 확인한다.

> ● 답안 :　해왕성상사,　13,500,000원

답안 및 해설 (제9회)

이론 시험

답안					
	1. ③	2. ②	3. ④	4. ③	5. ②
	6. ④	7. ②	8. ④	9. ②	10. ④
	11. ③	12. ②	13. ④	14. ③	15. ②

01 상품의 주문서를 메일로 발송하는 것은 회계상 거래가 아니다.

02 선수금은 부채 계정이고, 나머지는 자산 계정이다.

03 현금및현금성자산은 현금(통화, 통화대용증권)과 예금(당좌예금, 보통예금) 및 현금성자산으로 한다. 우편환증서는 통화대용증권에 해당한다.

[해설] ④ 받을어음은 매출채권에 해당한다.

04 기말자산(1,200,000) − 기말부채(300,000) = 기말자본 900,000원

기말자본(900,000) − 기초자본(640,000) = 순이익 260,000원

총수익 − 총비용(100,000) = 순이익(260,000)

∴ 총수익 360,000원

05 파손된 건물유리의 교체는 수익적 지출이며, 나머지는 자본적 지출에 해당된다.

[해설] 자본적 지출과 수익적 지출의 예시(법인세법 시행규칙)

자본적 지출	수익적 지출
① 본래의 용도를 변경하기 위한 개조	① 건물 또는 벽의 도장
② 엘리베이터 또는 냉·난방장치의 설치	② 파손된 유리나 기와의 대체
③ 빌딩 등에 있어서 피난시설 등의 설치	③ 기계의 소모된 부속품의 대체와 벨트의 대체
④ 재해 등으로 인하여 멸실 또는 훼손되어 본래의 용도에 이용할 가치가 없는 건축물·기계·설비 등의 복구	④ 자동차의 타이어의 대체
	⑤ 재해를 입은 자산에 대한 외장의 복구, 도장, 유리의 삽입
⑤ 기타 개량·확장·증설 등 위 각호와 유사한 성질의 것	⑥ 기타 조업 가능한 상태의 유지 등 위 각호와 유사한 성질의 것

06 매출총이익 − 판매비와관리비(① 복리후생비, ② 운반비, ③ 광고선전비) = 영업이익

[해설] ④ 이자비용은 영업외비용에 해당하므로 영업이익에 영향을 미치지 않는다.

07

기업업무추진비		현금	
12/1 현금 1,000			12/1 기업업무추진비 1,000

08 ① 분개 : (차) 자산(자산 증가)   50,000,000 / (대) 자본금(자본 증가)   50,000,000
　　② 분개 : (차) 기계장치(자산증가)   7,000,000 / (대) 보통예금(자산 감소)   7,000,000
　　③ 분개 : (차) 현금(자산 증가)   100,000,000 / (대) 단기차입금(부채 증가) 100,000,000
　　④ 분개 : (차) 외상매입금(부채 감소)   3,000,000 / (대) 지급어음(부채 증가)   3,000,000

09 매출원가는 제품, 상품 등의 매출액에 대응되는 원가로서 판매된 제품이나 상품 등에 대한 제조원가 또는 매입원가이다. 매출원가의 산출과정은 손익계산서 본문에 표시하거나 주석으로 기재한다. (일반기업회계기준 2.48)

10 건설중인자산은 아직 취득을 완료한 것이 아니므로 감가상각을 하지 않는다.

11 총비용(720,000) − 총수익(480,000) = 순손실 240,000원
　　기초자본(550,000) − 순손실(240,000) = 기말자본 310,000원
　　기말자본(310,000) + 기말부채(800,000) = 기말자산 1,110,000원

12 무형자산이란 재화의 생산이나 용역의 제공, 타인에 대한 임대 또는 관리에 사용할 목적으로 기업이 보유하고 있으며, 물리적 형체가 없지만 식별가능하고, 기업이 통제하고 있으며, 미래 경제적 효익이 있는 자산을 말한다. 특허권은 무형자산에 해당한다.

[해설] 기계장치는 유형자산에 해당하고, 급여와 지급임차료는 판매비와관리비에 해당한다.

13 선수금(부채)으로 계상할 것을 상품매출(수익)로 계상하였으므로, 부채가 과소계상 되고 수익이 과대계상 된다.

14 부채는 과거의 거래나 사건의 결과로 현재 기업실체가 부담하고 있고 미래에 자원의 유출 또는 사용이 예상되는 의무이다. (재무회계 개념체계 문단 97)

[해설] ① 자산은 과거의 거래나 사건의 결과로서 현재 기업실체에 의해 지배되고 미래에 경제적 효익을 창출할 것으로 기대되는 자원이다. 자산에 내재된 미래의 경제적 효익이란 직접 또는 간접적으로 기업실체의 미래 현금흐름 창출에 기여하는 잠재력을 말한다. (재무회계 개념체계 문단 90, 91)

② 자본은 기업실체의 자산 총액에서 부채 총액을 차감한 잔여액 또는 순자산으로서 자산에 대한 소유주의 잔여청구권이다. (재무회계 개념체계 문단 104)

15 매출액 - 매출환입 - 매출에누리 = 순매출액
  └ 100,000,000 - 1,500,000 - 1,500,000 = 97,000,000원

  순매출액 - 매출원가 = 매출총이익
  └ 97,000,000 - 70,000,000 = 27,000,000원

실무 시험

1. 회사등록
① [대표자명]란 "이한대" ➡ "이대한" 수정 입력
② [종목]란 "컴퓨터" ➡ "사무기기" 수정 입력
③ [사업장관할세무서]란 "106.용산" ➡ "119.금천" 수정 입력

2. 거래처 등록 / 거래처별 초기이월

1. [기초정보관리]>[거래처등록]의 『신용카드』 탭에서 코드 99603번으로 "국민카드" 추가 입력

2. [전기분재무제표]>[거래처별 초기이월]에서
① 받을어음 : 서귀포상사 "3,200,000원" ➡ "3,100,000원" 수정 입력
    협재상사 "2,500,000원" ➡ "2,400,000원" 수정 입력
② 지급어음 : 한라산상사 "4,100,000원" ➡ "3,900,000원" 수정 입력
    중문상사 "5,100,000원" ➡ "7,200,000원" 수정 입력
    "1001.함덕상사 1,100,000원" 추가 입력

3. 전기분 손익계산서
[전기분재무제표]>[전기분손익계산서]에서
① [상품매출]란 "20,000,000원" ➡ "35,000,000원" 수정 입력
② "812.여비교통비 120,000원" 추가 입력
③ [광고선전비]란 "850,000원" ➡ "160,000원" 수정 입력

4. 일반전표입력

1. 7월 1일 : (차) 131.선급금   1,500,000 / (대) 102.당좌예금   1,500,000
        (거래처 : 국제상사)

2. 7월 29일 : (차) 103.보통예금   10,000,000 / (대) 108.외상매출금   30,000,000
         (차) 102.당좌예금   20,000,000   (거래처 : 솔파전자)

3. 8월 7일 : (차) 103.보통예금   40,000,000 / (대) 201.토지   50,000,000
        (차) 120.미수금   20,000,000   (대) 914.유형자산처분이익 10,000,000
        (거래처 : 영동상사)

4. 9월 16일 : (차) 824.운반비   25,000 / (대) 101.현금   25,000

5. 10월 2일 : (차) 109.대손충당금   900,000 / (대) 108.외상매출금   1,200,000
         (차) 835.대손상각비   300,000   (거래처 : 송정상사)

  [해설] 회수가 불가능한 채권은 대손충당금과 상계하고 대손충당금 잔액이 부족한 경우에는 그 부족액을 대손상각비로 처리한다.

6. 10월 9일 : (차) 202.건물   1,500,000 / (대) 103.보통예금   1,510,000
         (차) 820.수선비   10,000

7. 11월 20일 : (차) 254.예수금   220,000 / (대) 103.보통예금   440,000
          (차) 811.복리후생비 220,000

8. 11월 25일 : (차) 103.보통예금 20,000,000 / (대) 260.단기차입금 20,000,000
                              (거래처 : 하나은행)

5. 오류수정

1. [일반전표입력]에서 7월 18일 전표를 다음과 같이 수정한다.
   수정 전 : (차) 202.건물   820,000 / (대) 101.현금   820,000

   수정 후 : (차) 821.보험료   820,000 / (대) 101.현금   820,000

2. [일반전표입력]에서 9월 20일 전표를 다음과 같이 수정한다.
   수정 전 : (차) 101.현금   300,000 / (대) 259.선수금   300,000
                            (거래처 : 금호상사)

   수정 후 : (차) 131.선급금   300,000 / (대) 101.현금   300,000
        (거래처 : 금호상사)

6. 결산정리

[일반전표입력]에서 결산일자(12월 31일)로 결산정리사항을 입력한다.

1. 12월 31일 : (차) 116.미수수익　　　　15,000　／　(대) 901.이자수익　　　　15,000

2. 12월 31일 : (차) 338.인출금　　　　80,000　／　(대) 141.현금과부족　　　　80,000
　　[해설] [합계잔액시산표] 메뉴에서 기간(12월 31일)을 입력하고 현금과부족 계정 차변 잔액을 확인한다.

3. 12월 31일 : (차) 951.이자비용　　　　1,125,000　／　(대) 262.미지급비용　　　　1,125,000
　　[해설] 이자 미지급분 : 30,000,000 × 5% × (당기 9개월/총 12개월) = 1,125,000원

4. 12월 31일 : (차) 835.대손상각비　　　　197,000　／　(대) 111.대손충당금　　　　197,000
　　　　　　　 (차) 954.기타의대손상각비　　50,000　／　(대) 115.대손충당금　　　　50,000
　　[해설] [합계잔액시산표] 메뉴에서 기간(12월 31일)을 입력하고 대손충당금 추가 설정액을 계산한다.
　　　　㉠ 받을어음 : (34,700,000 × 1%) - 150,000 = 197,000원
　　　　㉡ 단기대여금 : (5,000,000 × 1%) - 0 = 50,000원

7. 장부조회

1. [결산/재무제표]＞[재무상태표]에서 기간(5월)을 입력하고 [유동자산]란의 금액을 확인한다.

　　● 답안 : 194,642,000원

2. [재무상태표]에서 기간(1월)을 입력하고 [미수금]란의 금액을 확인한다.

　　● 답안 : 500,000원

　　[해설] 당기 1월말(2,500,000) - 전기말(2,000,000) = 500,000원

3. [장부관리]＞[총계정원장]의 『월별』 탭에서 기간(1월 1일 ~ 6월 30일) / 계정과목(813.기업업무추진비 ~ 813.기업업무추진비)을 입력하고 [차변]란의 금액을 확인한다.

　　● 답안 : 700,000원

　　[해설] 2월(1,030,000) - 4월(330,000) = 700,000원

답안 및 해설 (제10회)

 이론 시험

1. ②	2. ④	3. ②	4. ①	5. ④
6. ②	7. ③	8. ②	9. ①	10. ④
11. ①	12. ③	13. ③	14. ②	15. ③

01 유동자산이란 보고기간 종료일로부터 1년 이내에 현금화 또는 실현될 것으로 예상되는 자산으로 그 성격에 따라 당좌자산(보통예금, 단기매매증권)과 재고자산으로 분류한다.

[해설] ② 임차보증금은 비유동자산(기타비유동자산)에 해당한다.

02 부채의 증가는 대변, 자본의 감소는 차변, 수익의 발생은 대변에 기록한다.

[해설]   – 거래요소의 결합관계 –
    (차변) 자산의 증가 ××× / (대변) 자산의 감소 ×××
    (차변) 부채의 감소 ××× / (대변) 부채의 증가 ×××
    (차변) 자본의 감소 ××× / (대변) 자본의 증가 ×××
    (차변) 비용의 발생 ××× / (대변) 수익의 발생 ×××

03 자산과 부채는 유동성이 큰 항목부터 배열하는 것을 원칙으로 한다. (일반기업회계기준 2.19)

[해설] ① 단기매매 목적으로 보유하는 자산은 유동자산으로 분류한다. (일반기업회계기준 2.20)
     ③ 자산과 부채는 원칙적으로 상계하여 표시하지 않는다. (일반기업회계기준 2.41)
     ④ 보고기간 종료일로부터 1년 이내에 상환되어야 하는 단기차입금 등의 부채는 유동부채로 분류한다. (일반기업회계기준 2.22)

04 기초상품재고액 + 당기상품매입액 – 기말상품재고액 = 상품매출원가
기초상품재고액 + (당기총매입액 – 매입에누리) – 기말상품재고액 = 상품매출원가
└ 80,000 + (당기총매입액 – 20,000) – 45,000 = 160,000원
∴ 당기총매입액 145,000원

05 가지급금이란 실제로 현금 등의 지출은 있었으나, 계정과목이나 금액을 확정할 수 없을 때 일시적으로 처리하는 자산 계정이다.

06 자산 계정(토지, 보통예금)의 잔액은 차변에 표시되고, 부채 계정(예수금, 외상매입금)과 자본 계정의 잔액은 대변에 표시된다.

07 당기에 발생한 비용 중 차기분을 이연하는 것은 당기의 손익계산서에 있어서 수익과 비용의 적절한 대응을 가능하게 하고, 회계 기말의 재무상태를 정확히 표현하기 위해 필요한 절차이다. (발생주의회계)

[해설] 당기에 발생한 비용 중 차기분을 이연시키지 않으면
㉠ 당기에 비용이 과대계상 되어 당기순이익의 과소공시 문제가 발생할 수 있고,
㉡ 차기에 비용이 과소계상 되어 차기순이익의 과대공시 문제가 발생할 수 있다.

08 3월 2일 : (차) 현금   400,000   / (대) 선수금   400,000
    3월 26일 : (차) 선수금   400,000   / (대) 상품매출   2,000,000
              받을어음   1,600,000

09 화재로 인해 상품의 일부가 파손되면 자산의 감소 변화를 일으키므로 회계상의 거래에 해당한다.

10 내용연수 초기에 감가상각비가 크고 후반부로 갈수록 감가상각비가 작아지는 감가상각방법으로는 정률법, 연수합계법, 이중체감법 등이 있다.

[해설] • 정액법 연 감가상각비 = (원가 − 잔존가치) × (1/내용연수)
• 정률법 연 감가상각비 = 미상각잔액 × 정률(%)
• 이중체감법 연 감가상각비 = 미상각잔액 × (1/내용연수) × 2
• 연수합계법 연 감가상각비 = (원가 − 잔존가치) × 내용연수의 역순/내용연수의 합계

11 퇴직급여충당부채는 비유동부채에 해당하며, 나머지는 유동부채에 해당한다.

[해설] ① 퇴직급여충당부채란 장래에 종업원이 퇴직할 때 지급하게 될 퇴직금에 대비하여 설정한 준비액으로서, 종업원이 노동력을 제공한 기간에 발생된 퇴직금이라는 비용을 인식함에 따라 발생한 부채이다.
② 미지급세금이란 회사가 납부하여야 할 법인세부담액 중 아직 납부하지 못한 금액을 말한다.

12 1기 : 기초자본금(300,000) + 순이익(30,000) = 기말자본금 330,000원(2기 기초자본금)
2기 : 총수익(400,000) − 총비용(330,000) = 순이익 70,000원
2기 : 기초자본금(330,000) + 순이익(70,000) = 기말자본금 400,000원

13 이자비용은 영업외비용에 해당하고, 나머지는 판매비와관리비에 해당한다.

14. 분개 : (차) 보통예금   5,000,000 / (대) 토지   10,000,000
          미수금   15,000,000   유형자산처분이익   10,000,000

15. ① 분개 : (차) 예수금(부채 감소)   ××× / (대) 보통예금(자산 감소) ×××
    ② 분개 : (차) 현금(자산 증가)   ××× / (대) 미수금(자산 감소)   ×××
    ③ 분개 : (차) 통신비(비용 발생)   ××× / (대) 현금(자산 감소)   ×××
    ④ 분개 : (차) 차입금(부채 감소)   ××× / (대) 현금(자산 감소)   ×××

    [해설] ③ 경영성과에 영향을 미치는 거래는 손익계산서 계정인 수익 또는 비용이 발생하는 거래이다.

실무 시험

1. 회사등록
① [사업자등록번호]란 "460-47-88704" → "130-47-50505" 수정 입력
② [대표자명]란 "김종한" → "이도진" 수정 입력
③ [사업장관할세무서]란 "149.관악" → "130.부천" 수정 입력

2. 계정과목 및 적요등록 / 거래처별 초기이월

1. [기초정보관리]>[계정과목및적요등록]에서 "812.여비교통비" 계정의 [현금적요]란에 추가 입력

2. [전기분재무제표]>[거래처별초기이월]에서
① 받을어음 : "201.금호상사 2,000,000원" 추가 입력
② 미지급금 : 푸른가구 "1,400,000원" → "2,400,000원"으로 수정 입력

3. 전기분 재무상태표
[전기분재무제표]>[전기분재무상태표]에서
① "111.대손충당금 50,000원" 추가 입력
② [209.감가상각누계액]란 "6,000,000원" → "12,000,000원" 수정 입력
③ [단기차입금]란 "11,000,000원" → "10,000,000원" 수정 입력

4. 일반전표입력

1. 8월 10일 : (차) 107.단기매매증권   1,200,000 / (대) 103.보통예금   1,200,000

2. 8월 13일 : (차) 251.외상매입금　　2,500,000　/　(대) 110.받을어음　　2,500,000
　　　　　　　　(거래처 : 강원기기)　　　　　　　　　　(거래처 : 소망사무)

3. 9월 16일 : (차) 146.상품　　　　15,000,000　/　(대) 251.외상매입금　15,000,000
　　　　　　　　　　　　　　　　　　　　　　　　　　(거래처 : 현대카드)

4. 10월 15일 : (차) 146.상품　　　　10,000,000　/　(대) 102.당좌예금　10,000,000
　　　　　　　(차) 212.비품　　　　 3,000,000　/　(대) 253.미지급금　 3,000,000
　　　　　　　　　　　　　　　　　　　　　　　　　　(거래처 : ㈜하나컴퓨터)

5. 11월 25일 : (차) 259.선수금　　　　 600,000　/　(대) 401.상품매출　 5,000,000
　　　　　　　　(거래처 : 미림전자)
　　　　　　　(차) 108.외상매출금　 4,400,000
　　　　　　　　(거래처 : 미림전자)

6. 12월 1일 : (차) 830.소모품비　　　　63,000　/　(대) 101.현금　　　　33,000
　　　　　　　　　　　　　　　　　　　　　　　　/　(대) 253.미지급금　　30,000
　　　　　　　　　　　　　　　　　　　　　　　　　　(거래처 : 농협카드)

7. 12월 9일 : (차) 183.투자부동산　 70,770,000　/　(대) 253.미지급금　70,000,000
　　　　　　　　　　　　　　　　　　　　　　　　　　(거래처 : ㈜부동산나라)
　　　　　　　　　　　　　　　　　　　　　　　/　(대) 101.현금　　　 770,000

[해설] 투자자산의 취득과 직접 관련되는 원가(취득세, 기타매입부대비용 등)는 자산의 원가에 가산한다.

8. 12월 10일 : (차) 953.기부금　　　 5,000,000　/　(대) 101.현금　　 5,000,000

5. 오류수정

1. [일반전표입력]에서 7월 15일 전표를 다음과 같이 수정한다.
　수정 전 : (차) 146.상품　　　　　 300,000　/　(대) 101.현금　　　　 300,000
　수정 후 : (차) 824.운반비　　　　 300,000　/　(대) 101.현금　　　　 300,000

[해설] 상품을 판매하는 과정에서 당점이 부담하는 운반비는 판매비와관리비로 처리한다.

2. [일반전표입력]에서 8월 25일 전표를 다음과 같이 수정한다.
　수정 전 : (차) 817.세금과공과　 3,250,000　/　(대) 102.당좌예금　 3,250,000
　수정 후 : (차) 338.인출금　　　 3,250,000　/　(대) 103.보통예금　 3,250,000

6. 결산정리

[일반전표입력]에서 결산일자(12월 31일)로 결산정리사항을 입력한다.

1. 12월 31일 : (차) 133.선급비용　　600,000　/　(대) 821.보험료　　600,000
　　[해설] 보험료 선급분 : 1,200,000 × (차기 6개월/총 12개월) = 600,000원

2. 12월 31일 : (차) 107.단기매매증권　200,000　/　(대) 905.단기투자자산평가이익　200,000

3. 12월 31일 : (차) 835.대손상각비　947,300　/　(대) 109.대손충당금　　587,300
　　　　　　　　　　　　　　　　　　　　　　　　　(대) 111.대손충당금　　360,000
　　[해설] [합계잔액시산표]에서 기간(12월 31일)을 입력하고 대손충당금 추가 설정액을 계산한다.
　　　㉠ 외상매출금 : (68,730,000 × 1%) - 100,000 = 587,300원
　　　㉡ 받을어음 : (41,000,000 × 1%) - 50,000 = 360,000원

4. 12월 31일 : (결차) 451.상품매출원가 192,850,000　/　(결대) 146.상품　192,850,000
　　[해설] [합계잔액시산표] 메뉴에서 기간(12월 31일)을 입력하고 상품 계정의 차변 [잔액]란을 확인한다.
　　　※ 계산식 : 상품 계정 차변잔액(195,630,000) - 기말상품재고액(2,780,000) = 192,850,000원

7. 장부조회

1. [장부관리]>[거래처원장]의 『잔액』 탭에서 기간(1월 1일 ~ 6월 30일) / 계정과목(108.외상매출금) / 거래처(114.우진상사 ~ 114.우진상사)를 입력하고 [잔액]란의 금액을 확인한다.

　　● 답안 : 8,000,000원

2. [총계정원장]의 『월별』 탭에서 기간(1월 1일 ~ 6월 30일) / 계정과목(814.통신비 ~ 814.통신비)을 입력하고 [차변]란의 금액을 확인한다.

　　● 답안 : 94,000원

3. [총계정원장]의 『월별』 탭에서 기간(1월 1일 ~ 6월 30일) / 계정과목(813.기업업무추진비 ~ 813.기업업무추진비)을 입력하고 [차변]란의 금액을 확인한다.

　　● 답안 : 2월, 672,000원

- **편 저 자**   최 남 규

- **주 요 약 력**   광주고등학교 졸업
                    조선대학교 경영학과 졸업
                    홍익대학교 세무대학원 졸업
                    前 세무사 오기현 사무소
                       ㈜더존디지털웨어 강남지점 세무회계팀
                       ㈜더존디지털웨어 강사
                       신구대학 세무회계과 겸임교수
                       웅지세무대학교 겸임교수
                    現 ㈜유비온 금융교육팀 교수

- **출 간 목 록**   최대리 전산회계 1급(실기+필기)   (도서출판 最大利)
                    최대리 전산회계 1급(기출문제)   (도서출판 最大利)
                    최대리 전산세무 2급(실기+필기)   (도서출판 最大利)
                    최대리 전산세무 2급(기출문제)   (도서출판 最大利)
                    최대리 전산세무 1급(실기+필기)   (도서출판 最大利)
                    최대리 전산세무 1급(법인조정)   (도서출판 最大利)

- **네이버 카페**   http://cafe.naver.com/choidairi (최대리 전산회계)
- **온라인 강좌**   http://www.wowpass.com (와우패스)
- **홈 페 이 지**   http://www.choidairi.co.kr (도서출판 최대리)
- **문 의 전 화**   (031) 942-4596   FAX : (031) 943-4598

최대리 전산회계2급 (실기+필기)

2006년 2월 26일 초판 1쇄 펴냄 2025년 2월 10일 20판 1쇄 펴냄	편저자 발행인 발행처 반송처 등 록 학습문의	최남규 최남규 도서출판 최대리 경기도 일산동구 장항동 856-2 파크프라자 903호 2005.4.1(등록번호 제313-2005-60호) http://cafe.naver.com/choidairi
저자와의 합의하에 인지를 생략함		

ISBN 979-11-94230-00-7 13320   정가 22,000원

본서의 독창적인 부분에 대한 무단 인용·전재·복제를 금합니다.
이 책에 실려 있는 내용은 모두 저자에게 저작권이 있습니다. 저자의 서면 허락 없이 이 책의 내용의 일부 또는 전부를 무단
인용·전재·복제하면 저작권 침해로서 5년 이하의 징역 또는 5천만원 이하의 벌금에 처하거나 이를 병과할 수 있습니다.